CHINA'S
CULTURAL
ENTERPRISE
DEVELOPMENT REPORT
(2015)

文化发展智库报告系列

中国文化企业发展报告（2015）

China's Cultural Enterprise Development Report（2015）

张晓明　史东辉／主编

社会科学文献出版社
SOCIAL SCIENCES ACADEMIC PRESS (CHINA)

　　本书由中国社会科学院文化研究中心"文化产业重大课题研究计划"和上海市高校内涵建设项目（085）"都市社会发展与智慧城市建设"内涵建设项目联合资助。

目　录

前　言

　　《中国文化企业发展报告（2015）》系中国社会科学院文化研究中心、上海大学城市经济研究所"文化发展智库报告系列"联合课题组的又一项研究成果，并由中国社会科学院文化研究中心"文化产业重大课题研究计划"和上海市高校内涵建设项目（085）"都市社会发展与智慧城市建设"共同资助。

　　《中国文化企业发展报告（2015）》以"从第三次经济普查看中国文化企业"为主题，基于第三次全国经济普查数据，通过一系列统计分析和专项调研，围绕企业数量、从业人员、资产、产出、盈利性、劳动生产率等项指标，从部分、大类、中类三个层面全面深入地揭示中国文化企业的现状与特征，并从发展文化产业、推动国有文化企业改革的高度，进一步剖析有关需要加以关注的问题。同时，本报告还对2013年以来沪、深两市文化类上市公司的生产经营做了专题研究，也对2013年以来文化企业发展的相关重大事件进行了必要的梳理。

　　本报告所言的中国文化企业，是指根据国家统计局颁布的《文化及相关产业分类（2012）》（参见附录一），属于"文化及相关产业"的企业法人单位，包括两大部分、10个大类、50个中类、120个小类。同时，按照国家统计局的日常统计口径，中国文化企业又可分为以下6类：

（1）规模以上文化制造业企业：指《文化及相关产业分类（2012）》所规定行业范围内，年主营业务收入在 2000 万元及以上的工业企业法人；

（2）限额以上文化批零业企业：指《文化及相关产业分类（2012）》所规定行业范围内，年主营业务收入在 2000 万元及以上的批发企业法人和年主营业务收入在 500 万元及以上的零售业企业法人；

（3）规模以上文化服务业企业：指《文化及相关产业分类（2012）》所规定行业范围内，从业人员在 50 人及以上或年主营业务收入在 500 万元及以上的服务业企业法人；

（4）规模以下文化制造业企业：指《文化及相关产业分类（2012）》所规定行业范围内，年主营业务收入在 2000 万元以下的工业企业法人；

（5）限额以下文化批零业企业：指《文化及相关产业分类（2012）》所规定行业范围内，年主营业务收入在 2000 万元以下的批发企业法人和年主营业务收入在 500 万元以下的零售业企业法人；

（6）规模以下文化服务业企业：指《文化及相关产业分类（2012）》所规定行业范围内，从业人员在 50 人以下或年主营业务收入在 500 万元以下的服务业企业法人。

在第三次全国经济普查中，上述 6 类企业均被纳入了普查范围。不过在国家统计局非普查年份的统计工作中，则只有上述（1）、（2）、（3）类企业被纳入联网直报统计平台。就此而言，中国文化企业通常也可分为联网直报单位和非联网直报单位两部分，而国家统计局在非普查年份发布的文化企业统计也主要是联网直报单位的数据。为便于表述，本项研究把上述联网直报单位统一称为"规模以上企业"，而非联网直报单位则以"规模以下企业"冠之。根据第三次全国经济普查数据，在 2013 年全国文化企业的数量、年末从业人员、年末资产总额、营业收入、主营业务收入 5 项指标中，规模以上企业所占的比重依次为

5.3%、48.7%、60.3%、76.4%、76.4%。

在《中国文化企业发展报告（2013～2014）》中，我们采用的就是规模以上文化企业的相关统计数据。从第三次全国经济普查的结果来看，以规模以上文化企业的统计数据反映全国文化企业的发展现状，难免有若干不足，主要包括：第一，难以准确描述全国文化企业的总量；第二，难以准确描述全国文化企业的产业结构和区域结构；第三，难以准确判断全国文化企业的增长态势。为此，本书尽最大可能采用了全部文化企业的经济普查数据，万不得已才沿用规模以上文化企业的统计数据。在研究内容上，我们既从总量和结构两个方面较完整考察了中国文化企业的现状，又对规模以上文化企业的总量和结构特征做了进一步剖析。

当然也需要特别说明的是，由数据可得性所致，本项研究在统计分析方面尚存在若干局限，兹说明如下：

（1）关于全国文化企业统计。在第三次经济普查中，规模以下文化企业的统计不包括资产、盈利等诸多方面指标，如所有者权益、利润总额、净利润，故在描述分析全国文化企业的现状时，我们无法考察其盈利性，以致有关盈利性的分析只能局限于规模以上文化企业的范围。

（2）关于纵向比较。第一、第二次经济普查是以《国民经济行业分类》（GB/T4754—2002）为基础的，第三次经济普查则基于《国民经济行业分类》（GB/T4754—2011），加之《文化及相关产业分类（2012）》相对于《文化及相关产业分类（2004）》又做了不小的调整补充，以致从纵向比较的角度来看，在2013年文化企业经济普查数据中，与前两次普查年份具有可比性的仅包括2个大类、25个中类、75个小类。为此，本报告无从进行中国文化企业或是其中规模以上文化企业发展的历史比较研究，而只能就2012、2013两年规模以上文化企业的数据加以必要的分析比较。

（3）关于增加值。增加值是反映企业生产过程中产出超过这一过程中间投入的价值，是反映企业真实产出的基本指标之一。不仅如此，由产业属性的差异所致，在跨产业经济分析中，增加值较之营业收入显然能够更切合实际地反映各个产业的产出规模及相应差别。然而国家统计局迄今并未见有企业、小类、中类、大类4个层面的增加值统计，为此我们只能以营业收入及主营业务收入作为衡量中国文化企业产出的主要指标，并按增加值统计的收入法估算了2013年全国规模以上文化企业的增加值及其构成。

全书由总报告、四篇专题报告、两篇附录组成。其中，总报告由史东辉、张晓明执笔，专题报告一由黄晨、徐晨杰、邓焜执笔，专题报告二由苏杭、唐政伟、魏良鹏执笔，专题报告三由余平安、常青、王芬执笔，专题报告四由张德成执笔，附录二由苏杭编撰，张晓明、史东辉对全书做了修改并定稿。另外，本项研究得到了国家统计局社会科技和文化产业统计司的大力支持。本书引用的数据除特别注明者之外，均来自第三次全国经济普查结果。

总报告　从第三次经济普查看中国
文化企业的发展

根据第三次全国经济普查结果，2013 年我国文化企业共计 785615 户，年末从业人员共计 15482686 人，年末资产总额达 95422.05 亿元，实现营业收入 83743.43 亿元，其中主营业务收入为 82610.98 亿元。

一　中国文化企业的产业结构

按照国家统计局于 2012 年发布的《文化及相关产业分类 (2012)》，我国文化产业包括"文化产品的生产"、"文化相关产品的生产"两大部分，在此基础上还可以进一步细分为 10 个大类、50 个中类、120 个小类及延伸层。鉴于篇幅和数据可得性，本报告对全国文化企业产业分布的研究将主要着眼于部分、大类、中类三个层面。

（一）从"部分"层面看中国文化企业的产业结构

在全国文化企业中，2013 年"文化产品的生产部分"虽然占据了文化企业数量、年末从业人员、年末资产总额的相对多数，但其营业收入和主营业务收入只获得了相对少数的份额。

据第三次全国经济普查数据披露，2013年"文化产品的生产"企业有528933户，年末从业人员8245850人，年末资产总额达58932.78亿元，实现营业收入38180.30亿元，其中主营业务收入为37655.54亿元；"文化相关产品的生产"企业有256682户，年末从业人员7236836人，年末资产总额达36489.27亿元，实现营业收入45563.13亿元，其中主营业务收入为44955.44亿元。

从构成来看，在2013年全国文化企业数量、年末就业人员数量、年末资产总额、营业收入、主营业务收入中，"文化产品的生产"企业所占的比重分别为67.3%、53.3%、61.8%、45.6%、45.6%，"文化相关产品的生产"企业所占的比重则分别为32.7%、46.7%、38.2%、54.4%、54.4%（参见图1）。

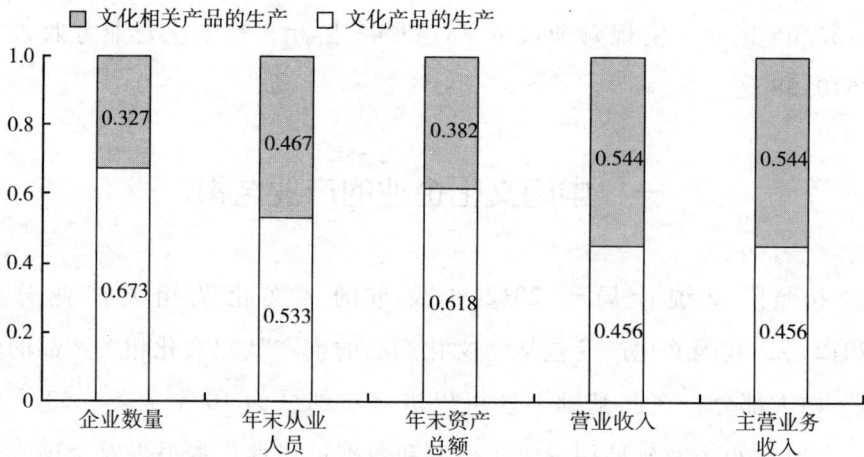

图1　2013年两大部分文化企业若干经济指标占全国文化企业合计值的比重

（二）从大类层面看中国文化企业的产业结构

2013年全国文化企业各项主要经济指标的大类构成如表1所示。其主要特点如下。

表1　2013年全国文化企业各项主要经济指标的大类构成

单位：%

经济指标 \ 大类	企业数量	年末从业人员数量	年末资产总额	营业收入	主营业务收入
新闻出版发行服务	2.5	3.6	6.7	3.9	3.8
广播电视电影服务	1.6	1.7	4.4	1.5	1.4
文化艺术服务	5.0	2.3	2.9	0.8	0.8
文化信息传输服务	2.4	3.8	7.2	3.7	3.6
文化创意和设计服务	30.7	18.4	20.4	14.3	14.4
文化休闲娱乐服务	13.7	7.6	9.4	2.3	2.2
工艺美术品的生产	11.5	15.9	10.8	19.1	19.2
文化产品生产的辅助生产	16.6	15.7	12.5	12.6	12.6
文化用品的生产	14.5	27.1	22.1	34.9	34.8
文化专用设备的生产	1.6	3.9	3.6	6.9	7.0
全国合计	100.0	100.0	100.0	100.0	100.0

1. 文化用品的生产大类的总体规模最大

在全部10个大类文化企业中，2013年文化用品的生产大类的总体规模明显大于其他9个大类。据统计，当年该大类企业共有企业户数114024户，年末从业人员4199437人，年末资产总额达21068.1亿元，实现营业收入29190.4亿元，其中主营业务收入28743.6亿元，分别占同期全国文化企业总计的14.5%、27.1、22.1%、34.9%、34.8%。除了企业数量占比之外，其他4项占比不仅位居各大类第一，而且分别比排在第二位的大类的相应指标高出8.7、1.7、15.8、15.6个百分点。

2. 工艺美术品的生产、文化创意和设计服务、文化产品生产的辅助生产3个大类的总体规模也相对较大

2013年工艺美术品的生产、文化创意和设计服务、文化产品生产的辅助生产3个大类的营业收入占全国文化企业总营业收入的比重依次为19.1%、14.3%、12.6%，主营业务收入占比也依次为19.2%、14.4%、12.6%；同时，当年这3个大类在全国文化企业中的企业数量占比分别为

11.5%、30.7%、16.6%，年末从业人员数量占比分别为15.9%、18.4%、15.7%，年末资产总额占比分别为10.8%、20.4%、12.5%。

3. 其余6个大类的总体规模相对较小

除了上述4个大类之外，余下的文化专用设备的生产、新闻出版发行服务、文化信息传输服务、文化休闲娱乐服务、广播电视电影服务、文化艺术服务6个大类的总体规模明显较小，它们在全国文化企业中的营业收入占比分别为6.9%、3.9%、3.7%、2.3%、1.5%、0.8%，主营业务收入占比分别为7.0%、3.8%、3.6%、2.2%、1.4%、0.8%，企业数量占比分别为1.6%、2.5%、2.4%、13.7%、1.6%、5.0%，2013年年末从业人员数量占比分别为3.9%、3.6%、3.8%、7.6%、1.7%、2.3%，年末资产总额占比依次为3.6%、6.7%、7.2%、9.4%、4.4%、2.9%。不仅如此，这6个大类合计值在全国文化企业中的营业收入占比、主营业务收入占比、企业数量占比、年末从业人员数量占比、年末资产总额占比也分别只有19.1%、18.8%、26.8%、22.9%、34.2%。

（三）从中类层面看中国文化企业的产业结构

2013年全国文化企业各项主要经济指标的中类构成如表2所示。其主要特点如下。

表2　2013年全国文化企业各项主要经济指标的中类构成

单位：%

中类＼经济指标	企业数量	年末从业人员	年末资产总额	营业收入	主营业务收入
新闻服务	0.03	0.10	0.16	0.05	0.04
出版服务	0.57	1.74	4.06	1.64	1.61
发行服务	1.89	1.75	2.44	2.21	2.19
广播电视服务	0.17	0.45	1.30	0.53	0.49
电影和影视录音服务	1.43	1.25	3.13	0.96	0.94

续表

中类	企业数量	年末从业人员	年末资产总额	营业收入	主营业务收入
文艺创作与表演服务	1.01	0.97	1.04	0.35	0.34
图书馆与档案馆服务	0.04	0.02	0.01	0.01	0.01
文化遗产保护服务	0.13	0.10	0.38	0.03	0.03
群众文化服务	0.60	0.19	0.31	0.06	0.06
文化研究和社团服务	0.11	0.06	0.03	0.01	0.01
文化艺术培训服务	0.86	0.36	0.13	0.08	0.08
其他文化艺术服务	2.24	0.62	1.03	0.27	0.27
互联网信息服务	1.96	1.95	3.37	2.40	2.38
增值电信服务（文化部分）	0.09	0.26	0.28	0.25	0.25
广播电视传输服务	0.32	1.60	3.55	1.02	1.00
广告服务	18.44	7.24	9.31	6.45	6.47
文化软件服务	2.80	3.72	3.81	2.75	2.75
建筑设计服务	4.48	4.72	4.81	3.46	3.48
专业设计服务	4.96	2.68	2.43	1.69	1.69
景区游览服务	1.15	2.26	6.92	0.88	0.86
娱乐休闲服务	11.54	4.78	2.35	1.26	1.25
摄影扩印服务	1.05	0.52	0.15	0.14	0.14
工艺美术品的制造	5.85	11.88	6.44	12.01	12.10
园林、陈设艺术及其他陶瓷制品的制造	0.44	1.25	0.36	0.72	0.73
工艺美术品的销售	5.17	2.77	3.96	6.37	6.41
版权服务	0.18	0.12	0.09	0.07	0.07
印刷复制服务	8.30	12.39	7.43	9.93	9.96
文化经纪代理服务	0.45	0.16	0.26	0.08	0.08
文化贸易代理与拍卖服务	0.74	0.36	0.57	0.97	0.98
文化出租服务	0.10	0.04	0.05	0.02	0.02
会展服务	3.29	1.34	2.29	0.95	0.95
其他文化辅助生产	3.50	1.27	1.82	0.59	0.59
办公用品的制造	0.71	1.52	0.61	1.03	1.03
乐器的制造	0.22	0.63	0.53	0.43	0.43
玩具的制造	1.15	5.64	1.24	2.51	2.53
游艺器材及娱乐用品的制造	0.18	0.38	0.23	0.34	0.34
视听设备的制造	0.55	4.96	4.53	8.93	8.76
焰火、鞭炮产品的制造	0.70	3.53	0.69	1.95	1.97
文化用纸的制造	0.62	3.02	6.40	5.64	5.62

续表

中类	企业数量	年末从业人员	年末资产总额	营业收入	主营业务收入
文化用油墨颜料的制造	0.28	0.59	0.60	0.94	0.94
文化用化学品的制造	0.06	0.43	0.95	0.86	0.86
其他文化用品的制造	0.82	2.37	1.56	2.77	2.79
文具乐器照相器材的销售	5.09	1.75	1.95	3.32	3.34
文化用家电的销售	1.80	1.33	1.73	4.55	4.59
其他文化用品的销售	2.33	0.97	1.06	1.58	1.59
印刷专用设备的制造	0.33	0.55	0.43	0.52	0.52
广播电视电影专用设备的制造	0.32	1.56	1.22	1.64	1.63
其他文化专用设备的制造	0.16	1.32	0.83	1.73	1.73
广播电视电影专用设备的批发	0.49	0.32	0.88	2.47	2.49
舞台照明设备的批发	0.30	0.18	0.29	0.60	0.60
全国合计	100.00	100.00	100.00	100.00	100.00

1. 极少数中类占有了中国文化企业的大多数产出份额

在全部 50 个中类文化企业中，按 2013 年营业收入和主营业务收入占全国文化企业合计值的比重排序，工艺美术品的制造中类产出规模最大，其营业收入及主营业务收入的占比分别高达 12.01% 和 12.10%。同时，印刷复制服务、视听设备的制造、广告服务、工艺美术品的销售、文化用纸的制造、文化用家电的销售 6 个中类的产出规模也明显较大，它们所占全国文化企业营业收入的比重依次为 9.93%、8.93%、6.45%、6.37%、5.64%、4.55%，所占全国文化企业主营业务收入的比重也依次达到了 9.96%、8.76%、6.47%、6.41%、5.62%、4.59%。上述 7 个中类合计值所占全国文化企业营业收入和主营业务收入的比重，也分别高达 53.89% 和 53.91%。另外，若分别以营业收入和主营业务收入最大的前 10 个中类计，则它们合计所占全国文化企业相应值的比重更是分别达到了 63.43% 和 63.52%。

2. 极少数中类创造了中国文化企业的大多数就业机会

在全国文化企业 2013 年末从业人员总数中，印刷复制服务、工艺美术品的制造、广告服务、玩具的制造、视听设备的制造、娱乐休闲服务、建筑设计服务 7 个中类所占的比重明显较大，依次为 12.39%、11.88%、7.24%、5.64%、4.96%、4.78%、4.72%；同时，这 7 个中类合计所占的比重则高达 51.61%。如果以年末从业人员数量最多的前 10 个中类计，那么它们合计所占全国文化企业年末从业人员总数的比重更是高达 61.88%。

3. 各中类在相关指标中所占比重的差异极大

计算显示，2013 年各中类所占全国文化企业年末从业人员数量比重的差异最大，其标准差竟达到了 8.3%，标准差系数也达 4.15。同时，在全国文化企业数量、年末资产总额、营业收入、主营业务收入 4 项指标中，各中类占比分布的标准差分别为 3.28%、2.21%、2.64%、2.64%，标准差系数则分别为 1.64、1.11、1.32、1.32。

二　中国文化企业的区域结构

本报告对中国文化企业区域结构的分析聚焦于省（直辖市、自治区，以下简称为"省份"）这一个层面。

（一）中国文化企业的区域分布

2013 年中国文化企业数量、年末从业人员、年末资产总额、营业收入 4 项指标的省域构成如表 3 所示。其主要特点有两种。

1. 粤、苏、鲁、沪、浙、京占据了中国文化企业的大半"江山"

据统计，在 2013 年全国各省份文化企业数量、年末从业人员、年末资产总额、营业收入 4 项指标排名中，广东、江苏、山东、上海、浙江、北京 6 个省份均囊括了前 6 位（除上海居年末从业人员第六位外），它们合计所占全国文化企业相应值的比重依次达到了 56.7%、57.7%、63.1%、65.7%。特别是广东省在这 4 项指标中的排名均列各省份榜首，其所占全国文化企业相应合计值的比重也依次高达 12.4%、

20.6%、14.2%、17.9%。

2. 各省份文化企业的产出差异巨大

在全国 31 个省份文化企业中，2013 年广东、江苏、山东、上海、浙江、北京 6 个省份的营业收入明显较大，依次为 15030.21、11101.76、8078.03、7763.25、6580.70、6408.51 亿元，它们所占全国文化企业合计值的比重则依次达到了 17.9%、13.3%、9.6%、9.3%、7.9%、7.7%。此外，所占全国文化企业营业收入的比重为 4%～5% 的有 1 个省份，为 3%～4% 的有 2 个省份，为 2%～3% 的有 6 个省份，为 1%～2% 的有 2 个省份，为 0.5%～1% 的有 3 个省份，而内蒙古、山西、黑龙江、吉林、贵州、海南、甘肃、新疆、青海、宁夏、西藏等 11 个省份所占的比重均不足 0.5%。

表3　2013 年各省份在全国文化企业主要经济指标中所占的比重

单位：%

省份	企业数量	年末从业人员	年末资产总额	营业收入	省份	企业数量	年末从业人员	年末资产总额	营业收入
北京	12.1	5.4	9.7	7.7	河南	3.1	4.4	3.2	3.4
天津	2.3	2.1	3.9	2.7	湖北	3.4	2.7	3.4	2.3
河北	3.1	2.6	2.0	1.9	湖南	3.6	5.2	2.8	4.2
辽宁	2.9	2.1	1.8	1.8	广西	1.6	1.6	0.9	0.9
上海	4.6	4.4	8.1	9.3	内蒙古	0.8	0.5	0.6	0.4
江苏	10.9	11.7	12.5	13.3	重庆	2.1	1.8	1.9	2.2
浙江	10.0	8.0	8.7	7.9	四川	2.2	2.4	2.8	2.4
福建	3.6	4.5	2.8	3.6	贵州	1.0	0.6	0.7	0.3
山东	6.7	7.6	9.9	9.6	云南	1.2	1.0	1.1	0.6
广东	12.4	20.6	14.2	17.9	西藏	0.1	0.1	0.04	0.03
海南	0.4	0.3	0.9	0.3	陕西	1.8	1.4	1.5	0.9
山西	1.2	0.9	0.8	0.8	甘肃	0.8	0.6	0.4	0.2
吉林	0.7	0.6	0.5	0.3	青海	0.2	0.2	0.2	0.2
黑龙江	0.8	0.6	0.4	0.3	宁夏	0.2	0.2	0.2	0.1
安徽	4.0	2.9	2.4	2.7	新疆	0.6	0.4	0.3	0.2
江西	1.5	2.9	1.5	2.1					

（二）各大类文化企业的区域分布

1. 各大类文化企业产出的省域集中程度较高

如表4所示，2013年各大类文化企业营业收入的省域集中比率较高。其中，营业收入最大的前2个省份所占全国相应大类合计值的比重最高的接近50%，最低的也接近30%；营业收入最大的前4个省份所占全国相应大类合计值的比重最高的超过了2/3，最低的也超过了40%；营业收入最大的前6个省份所占全国相应大类合计值的比重最高的达到了80%以上，最低的也超过了50%；而营业收入最大的前10个省份所占全国相应大类合计值的比重最高的达90.7%，最低的也超过了2/3。

表4 2013年各大类文化企业营业收入的省域集中比率

单位：%

		CR2	CR4	CR6	CR10
一	新闻出版发行服务	29.0	41.8	51.9	67.9
二	广播电视电影服务	38.0	59.8	73.4	85.2
三	文化艺术服务	34.2	54.3	64.8	79.1
四	文化信息传输服务	39.6	67.0	77.2	84.8
五	文化创意和设计服务	34.9	61.8	71.4	83.3
六	文化休闲娱乐服务	26.0	41.6	53.4	69.6
七	工艺美术品的生产	34.6	52.0	68.5	84.3
八	文化产品生产的辅助生产	27.8	46.8	59.6	75.4
九	文化用品的生产	36.3	56.7	63.7	81.3
十	文化专用设备的生产	49.1	72.7	81.1	90.7

2. 苏、粤、鲁、浙、京5个省份在若干大类营业收入中的份额明显较大

在2013年排名各省份文化企业营业收入前6位的广东、江苏、山东、上海、浙江、北京6个省份中，江苏、广东各自在6个大类中所占

营业收入比重超过了 10%，北京在 5 个大类中所占营业收入比重高于 10%，山东在 4 大类中所占营业收入比重超过了 10%，上海、浙江则分别在 3 个和 2 个大类营业收入中所占比重高于 10%（参见表 5）。

表 5　2013 年全国各大类文化企业营业收入中占比高于 10% 的省份

大类	省份（所占该大类营业收入比重）
一　新闻出版发行服务	北京（21.1%）
二　广播电视电影服务	北京（21.4%），浙江（16.7%），上海（13.3%）
三　文化艺术服务	北京（18.0%），陕西（16.2%），江苏（13.3%）
四　文化信息传输服务	浙江（20.2%），北京（19.4%），广东（17.9%）
五　文化创意和设计服务	上海（18.5%），北京（16.5%），广东（14.8%），江苏（12.2%）
六　文化休闲娱乐服务	江苏（15.9%），山东（10.1%）
七　工艺美术品的生产	广东（23.2%），山东（11.4%）
八　文化产品生产的辅助生产	广东（16.4%），江苏（11.4%），山东（11.3%）
九　文化用品的生产	广东（18.7%），江苏（17.6%），山东（12.4%）
十　文化专用设备的生产	上海（27.2%），广东（21.9%），江苏（15.3%）

（三）各省份文化企业的产出结构

虽然 2013 年全国有 30 个省份拥有全部 10 个大类的文化企业，只有西藏拥有 9 个大类，没有文化专用设备的生产大类的企业，但是各省份文化企业以营业收入衡量的产出结构仍然有较为明显的差异。这主要表现如下。

1. 大多数省份文化企业的大类产出结构存在较大的差异

一般而言，不同国家或是地区之间产出结构的差异程度可以所谓产业结构相似系数来衡量，其计算公式为：

$$S_{ij} = \frac{\sum (X_{in} X_{jn})}{\sqrt{(\sum X_{in}^2)(\sum X_{jn}^2)}}$$

其中，S_{ij} 表示结构相似系数，X_{in} 与 X_{jn} 分别表示部门 n 在地区 i 和

地区 j 的产出或是其他指标中所占的比重。$0 \leq S_{ij} \leq 1$，当 $S_{ij} = 1$ 时，说明两个地区的产业结构完全相同；当 $S_{ij} = 0$ 时，则表明两个地区的产业结构完全不同。

我们运用结构相似系数公式，以北京市文化企业营业收入的大类构成为基准，测算了每个省份与北京市文化企业的大类结构相似系数（参见图 2）。结果显示：第一，新疆和西藏文化企业营业收入的大类构成与北京的差异很小，它们的相似系数分别高达 0.92、0.91。第二，云南、湖北、甘肃、上海、贵州、宁夏、内蒙古、陕西、山西、辽宁 10 个省份文化企业营业收入的大类构成较之北京的差异程度较小，它们的相似系数均在 0.8 ~ 0.9，依次为 0.88、0.87、0.87、0.87、0.86、0.86、0.85、0.84、0.83、0.82。第三，黑龙江、天津、吉林、广东、浙江、海南、福建、河南、重庆、河北、安徽、江苏、广西、江西、山东 15 个省份文化企业营业收入的大类构成较之北京有较为明显的差异，它们的相似系数均在 0.6 ~ 0.8，依次为 0.78、0.78、0.76、0.73、0.72、0.72、0.71、0.69、0.69、0.67、0.66、0.64、0.63、0.63、0.60。第四，四川、湖南、青海 3 个省份文化企业营业收入的大类构成较之北京的差异较大，它们的相似系数均在 0.4 ~ 0.6，依次为 0.58、0.50、0.41。

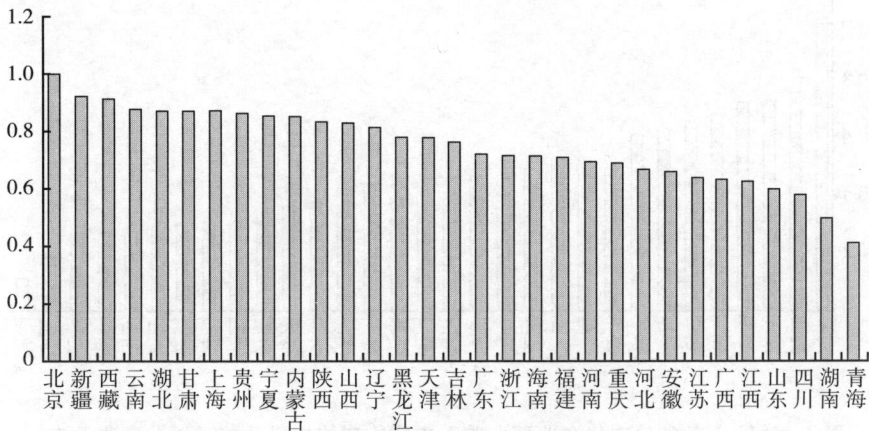

图 2　2013 年各省份文化企业营业收入大类构成的相似系数（以北京为基准）

2. 全国各省份文化企业的中类产出结构的差异程度明显高于大类产出结构

我们同样运用结构相似系数公式，以北京市文化企业营业收入的中类构成为基准，测算了每个省份与北京市文化企业的中类结构相似系数（参见图3）。结果显示：第一，其他30个省份文化企业的中类产出结构与北京之间的相似系数均小于0.8。第二，相似系数在0.6~0.8的省份包括西藏、上海、云南、甘肃、山西、新疆、陕西7个省份，依次为0.75、0.73、0.73、0.68、0.66、0.63、0.61。第三，相似系数在0.4~0.6的有11个省份，包括宁夏、湖北、浙江、贵州、重庆、黑龙江、内蒙古、辽宁、海南、安徽、吉林，它们的相似系数依次为0.54、0.53、0.53、0.49、0.48、0.47、0.45、0.44、0.44、0.44、0.43。第四，与各省份大类产业结构的相似系数分布不同的是，在中类层面上全国还有12个省份的相似系数小于0.4，包括广东、天津、江苏、河北、福建、广西、山东、河南、江西、四川、湖南、青海，它们的相似系数依次为0.38、0.36、0.36、0.31、0.31、0.30、0.29、0.27、0.27、0.27、0.19、0.11。

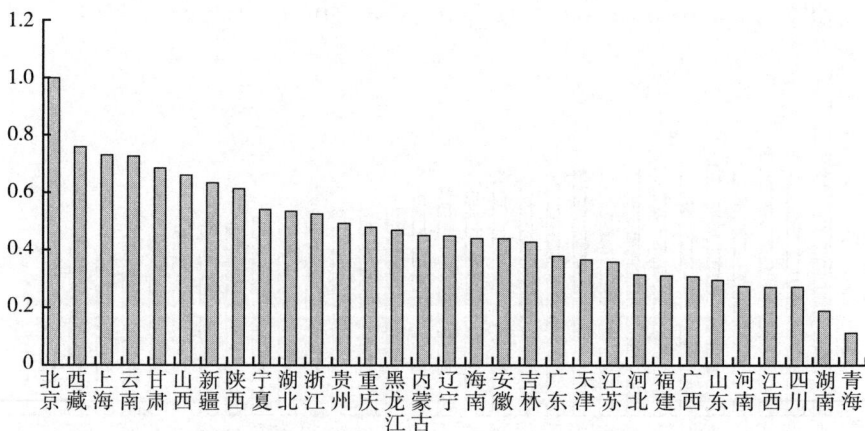

图3 2013年各省份文化企业营业收入中类构成的相似系数（以北京为基准）

三　中国规模以上文化企业

在非经济普查年份，规模以上文化企业乃是现阶段企业法人单位统计的主要对象。所谓规模以上文化企业，是指纳入国家统计局联网直报平台统计范围的企业法人单位。它由三类单位组成：①年主营业务收入2000万元及以上的工业法人单位；②年主营业务收入2000万元及以上的批发业和年主营业务收入500万元及以上的零售业法人；③从业人员在50人及以上或年主营业务收入500万元及以上的服务业法人单位。就此而言，规模以上文化企业也可以说是一定规模以上的企业法人单位，而规模以下文化企业即一定规模以下的企业法人单位。

（一）规模以上文化企业的相对规模

1. 规模以上文化企业占据了全国文化企业大部分资产和产出

2013年，全国文化企业中规模以上文化企业共有41351户，年末从业人员计7537781人，年末资产总额为57568.48亿元，实现营业收入64000.69亿元，其中主营业务收入63135.61亿元。在全国文化企业上述5项指标中，规模以上文化企业所占的比重只是在年末资产总额、营业收入、主营业务收入3项指标中居于绝对多数，分别为60.3%、76.4%、76.4%。同时，规模以上文化企业所占全国文化企业数量、年末从业人员数量的比重却分别只有5.3%、48.7%（参见图4）。

2. 规模以上文化企业在8个大类文化企业的产出中占据绝对多数

如图5所示，在2013年全国文化企业产出中，规模以上企业占据绝对多数份额大类计有8个。这些大类包括文化专用设备的生产、文化用品的生产、文化信息传输服务、新闻出版发行服务、工艺美术品的生产、广播电视电影服务、文化产品生产的辅助生产、文化创意和设计服务，它们所占全国文化企业营业收入的比重依次为87.4%、85.3%、

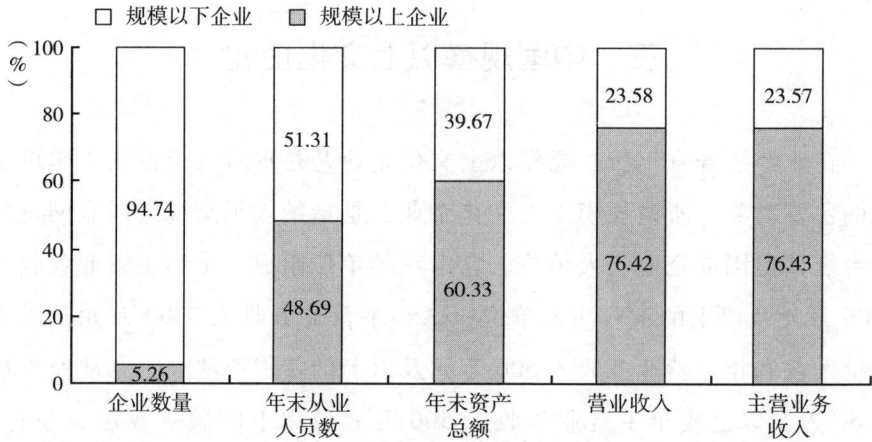

图4　2013年全国文化企业主要经济指标中规模以上文化企业所占的比重

82.3%、81.5%、79.2%、70.9%、66.1%、59.9%，所占全国文化企业主营业务收入的比重依次为87.5%、85.3%、82.4%、80.7%、79.2%、70.2%、60.8%、60.2%。另外，文化艺术服务、文化休闲娱乐服务2个大类中规模以上文化企业的产出份额相对较少，它们所占全国文化企业营业收入的比重分别为41.3%、38.2%，所占全国文化企业主营业务收入的比重分别为41.3%、38.2%。

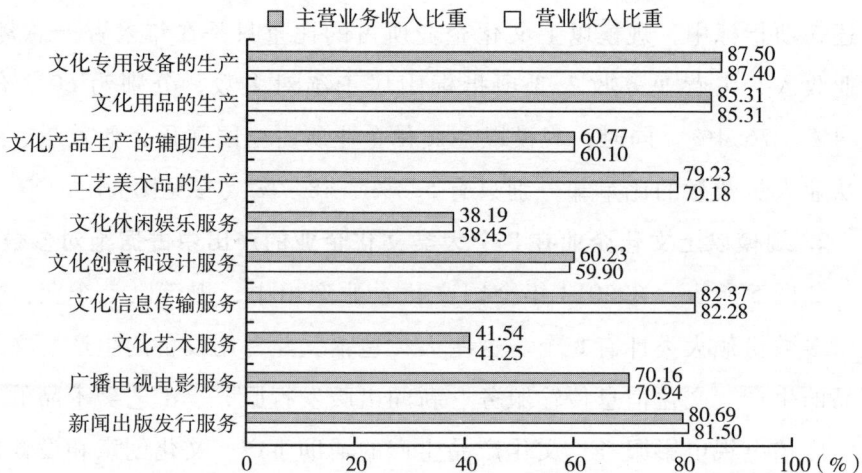

图5　2013年全国各大类文化企业产出中规模以上企业所占的比重

3. 规模以上文化企业在 36 个中类文化企业的产出中占据绝对多数

如表 6 所示，2013 年规模以上文化企业占各中类文化企业营业收入和主营业务收入的比重都极其接近甚至相同。其中，文化用化学品的

表 6　2013 年规模以上企业占各中类文化企业主要产出指标的比重

单位：%

中类	营业收入	主营业务收入	中类	营业收入	主营业务收入
文化用化学品的制造	97.7	97.7	增值电信服务（文化部分）	72.9	73.5
视听设备的制造	97.0	97.0	印刷复制服务	72.4	72.5
其他文化专用设备的制造	96.8	96.9	景区游览服务	66.9	66.8
文化用纸的制造	96.0	96.0	建筑设计服务	66.3	66.5
广播电视电影专用设备的制造	92.0	92.0	版权服务	64.5	64.4
文化用油墨颜料的制造	90.0	90.0	电影和影视录音服务	64.1	64.0
广播电视电影专用设备的批发	89.4	89.5	文艺创作与表演服务	59.2	59.5
其他文化用品的制造	88.4	88.4	文具乐器照相器材的销售	58.4	58.6
互联网信息服务	86.1	86.1	广告服务	53.4	53.7
出版服务	85.5	83.6	其他文化用品的销售	53.1	53.4
文化用家电的销售	83.6	83.6	会展服务	51.7	51.9
广播电视服务	83.3	82.0	舞台照明设备的批发	49.2	49.3
新闻服务	82.5	81.9	文化贸易代理与拍卖服务	45.7	45.8
玩具的制造	82.5	82.6	专业设计服务	45.2	45.6
乐器的制造	81.8	82.0	文化出租服务	44.4	45.0
游艺器材及娱乐用品的制造	81.8	81.8	文化经纪代理服务	37.9	38.2
工艺美术品的制造	81.4	81.5	其他文化辅助生产	33.6	33.7
园林、陈设艺术及其他陶瓷制品的制造	80.0	80.2	文化遗产保护服务	33.5	33.5
发行服务	78.6	78.6	群众文化服务	30.7	31.0
印刷专用设备的制造	76.9	77.0	其他文化艺术服务	29.4	30.0
文化软件服务	76.4	76.5	摄影扩印服务	24.1	24.3
焰火、鞭炮产品的制造	76.4	76.6	文化艺术培训服务	22.4	22.7
广播电视传输服务	75.6	75.6	娱乐休闲服务	20.1	20.1
工艺美术品的销售	74.9	74.9	图书馆与档案馆服务	7.0	6.7
办公用品的制造	74.0	74.1	文化研究和社团服务	6.2	6.3

制造、视听设备的制造、其他文化专用设备的制造、文化用纸的制造、广播电视电影专用设备的制造、文化用油墨颜料的制造6个中类的比重在90%或以上；另外，比重在80%～90%之间的有12个中类，在70%～80%之间的有9个中类，在60%～70%之间的有4个中类，在50%～60%之间的有5个中类，在40%～50%之间的有4个中类，在30%～40%之间的有4个中类，在20%～30%之间的有4个中类，另有2个中类中规模以上文化企业所占的比重不足10%。

（二）规模以上文化企业的产业结构

1. 规模以上文化企业产出的大类构成与全部文化企业产出的大类构成极其相似

2013年，在全国规模以上文化企业营业收入中，新闻出版发行服务、广播电视电影服务、文化艺术服务、文化信息传输服务、文化创意和设计服务、文化休闲娱乐服务、工艺美术品的生产、文化产品生产的辅助生产、文化用品的生产、文化专用设备的生产等大类所占的比重依次为3.9%、1.5%、0.8%、3.7%、14.3%、2.3%、19.1%、12.6%、34.9%、6.9%，较之全国文化企业营业收入中相应大类所占的比重仅依次相差0.3、0.1、0.4、0.3、3.1、1.1、0.7、1.6、4.1、1.0个百分点（参见图6）。进一步计算显示，若以2013年全国文化企业营业收入的大类构成为基准（即设为1），则当年规模以上文化企业营业收入的大类构成与它的相似系数高达0.994。

2. 规模以上文化企业产出的中类构成与全部文化企业产出的中类构成极其相似

如表7所示，2013年规模以上文化企业营业收入中各中类所占的比重较之当年全部文化企业营业收入中各中类所占的比重也极其相似。其中，两者差距在2个百分点以上的有1个中类，在1～2个百分点之间的有2个中类，在0.8～1个百分点之间的有1个中类，在0.6～0.8个

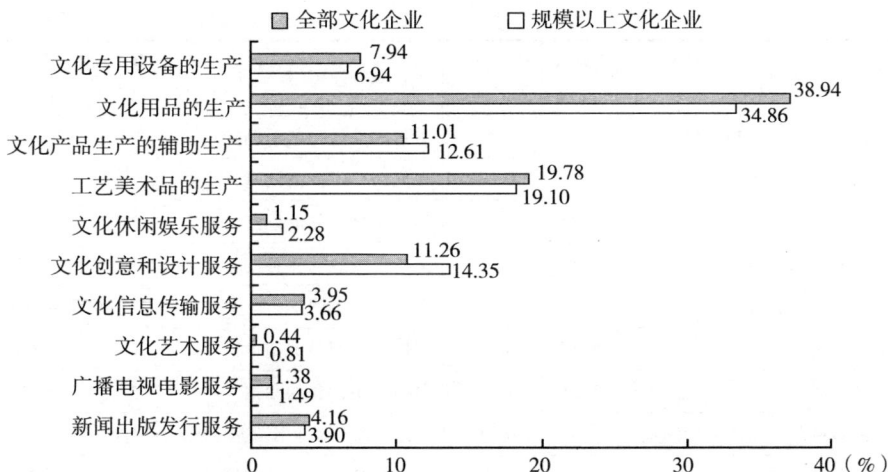

图6　2013年全国文化企业及规模以上文化企业营业收入的大类构成

表7　2013年全国文化企业及规模以上文化企业营业收入的中类构成

单位：%

中类	全部文化企业	规模以上文化企业	中类	全部文化企业	规模以上文化企业
新闻服务	0.05	0.05	广播电视传输服务	1.02	1.01
出版服务	1.64	1.83	广告服务	6.45	4.51
发行服务	2.21	2.28	文化软件服务	2.75	2.75
广播电视服务	0.53	0.58	建筑设计服务	3.46	3.00
电影和影视录音服务	0.96	0.80	专业设计服务	1.69	1.00
文艺创作与表演服务	0.35	0.27	景区游览服务	0.88	0.77
图书馆与档案馆服务	0.01	0.0005	娱乐休闲服务	1.26	0.33
文化遗产保护服务	0.03	0.01	摄影扩印服务	0.14	0.04
群众文化服务	0.06	0.03	工艺美术品的制造	12.01	12.79
文化研究和社团服务	0.01	0.001	园林、陈设艺术及其他陶瓷制品的制造	0.72	0.75
文化艺术培训服务	0.08	0.02	工艺美术品的销售	6.37	6.24
其他文化艺术服务	0.27	0.10	版权服务	0.07	0.06
互联网信息服务	2.40	2.70	印刷复制服务	9.93	9.41
增值电信服务（文化部分）	0.25	0.24	文化经纪代理服务	0.08	0.04

17

中类	全部文化企业	规模以上文化企业	中类	全部文化企业	规模以上文化企业
文化贸易代理与拍卖服务	0.97	0.58	文化用油墨颜料的制造	0.94	1.10
文化出租服务	0.02	0.01	文化用化学品的制造	0.86	1.10
会展服务	0.95	0.64	其他文化用品的制造	2.77	3.21
其他文化辅助生产	0.59	0.26	文具乐器照相器材的销售	3.32	2.54
办公用品的制造	1.03	0.99	文化用家电的销售	4.55	4.98
乐器的制造	0.43	0.46	其他文化用品的销售	1.58	1.09
玩具的制造	2.51	2.71	印刷专用设备的制造	0.52	0.52
游艺器材及娱乐用品的制造	0.34	0.36	广播电视电影专用设备的制造	1.64	1.97
视听设备的制造	8.93	11.34	其他文化专用设备的制造	1.73	2.19
焰火、鞭炮产品的制造	1.95	1.95	广播电视电影专用设备的批发	2.47	2.88
文化用纸的制造	5.64	7.09	舞台照明设备的批发	0.60	0.38

百分点之间的有 3 个中类，在 0.4 ~ 0.6 个百分点之间的有 7 个中类，在 0.2 ~ 0.4 个百分点之间的有 8 个中类，在 0.1 ~ 0.2 个百分点之间的有 7 个中类，其余 21 个中类的两者差距均不足 0.1 个百分点。进一步计算还显示，若以 2013 年全国文化企业营业收入的中类构成为基准（即设为 1），则当年规模以上文化企业营业收入的中类构成与它的相似系数亦高达 0.987。

（三）规模以上文化企业的区域结构

1. 粤、苏、沪、鲁、京、浙 6 个省份规模以上文化企业的总体规模明显较大

与各省份文化企业总体规模的分布相似，2013 年广东、江苏、上海、山东、北京、浙江 6 个省份规模以上文化企业的总体规模也明显大于其余 25 个省份（参见表 8）。其中，广东规模以上文化企业的数量、年末从业人员数量、年末资产总额、营业收入均居全国各省份榜

首，同时江苏、山东、北京、浙江的上述 4 项指标也都进入了当年全
国各省份规模以上文化企业前 6 位，上海则在营业收入、年末资产总
额 2 项指标上进入了前 6 位。不仅如此，这 6 个省份的企业数量、年
末资产总额、年末从业人员数量、营业收入 4 项指标的合计值，也分
别占全国规模以上文化企业相应指标总计的 61.1% 、65.8% 、
61.8% 、67.2% 。

表 8　2013 年全国规模以上文化企业营业收入的省份构成

单位：%

省　份	企业数量		年末资产总额		年末从业人员		营业收入	
	规模以上文化企业	全部文化企业	规模以上文化企业	全部文化企业	规模以上文化企业	全部文化企业	规模以上文化企业	全部文化企业
北　京	9.6	12.1	10.0	9.7	5.5	5.4	8.1	7.7
天　津	2.1	2.3	3.5	3.9	1.9	2.1	2.7	2.7
河　北	2.3	3.1	1.4	2.0	1.9	2.6	1.6	1.9
辽　宁	2.5	2.9	1.9	1.8	2.3	2.1	1.8	1.8
上　海	5.0	4.6	9.7	8.1	4.6	4.4	10.2	9.3
江　苏	14.3	10.9	13.6	12.5	13.3	11.7	13.1	13.3
浙　江	8.9	10.0	9.3	8.7	6.7	8.0	7.0	7.9
福　建	4.6	3.6	2.7	2.8	4.9	4.5	3.5	3.6
山　东	7.8	6.7	7.4	9.9	7.1	7.6	9.5	9.6
广　东	15.5	12.4	15.9	14.2	24.4	20.6	19.4	17.9
海　南	0.3	0.4	0.9	0.9	0.3	0.3	0.2	0.3
山　西	0.8	1.2	0.5	0.8	0.5	0.9	0.3	0.4
吉　林	0.6	0.7	0.4	0.6	0.4	0.6	0.3	0.3
黑龙江	0.5	0.8	0.2	0.4	0.3	0.6	0.2	0.3
安　徽	3.1	4.0	2.5	2.4	2.5	2.9	2.5	2.7
江　西	1.7	1.5	1.3	1.5	2.2	2.9	2.0	2.1
河　南	4.0	3.1	3.4	3.2	4.9	4.4	3.6	3.4
湖　北	3.4	3.4	2.7	3.4	2.5	2.7	2.3	2.3
湖　南	5.4	3.6	3.1	2.8	5.4	5.2	4.2	4.2

续表

省　份	企业数量		年末资产总额		年末从业人员		营业收入	
	规模以上文化企业	全部文化企业	规模以上文化企业	全部文化企业	规模以上文化企业	全部文化企业	规模以上文化企业	全部文化企业
广　西	1.3	1.6	0.9	0.8	1.8	1.6	0.9	0.9
内蒙古	0.4	0.8	0.4	0.6	0.3	0.5	0.3	0.4
重　庆	1.2	2.1	1.9	1.9	1.3	1.8	1.9	2.2
四　川	1.8	2.2	2.9	2.8	2.3	2.4	2.4	2.4
贵　州	0.5	1.0	0.4	0.7	0.3	0.6	0.2	0.3
云　南	0.8	1.0	1.0	1.1	0.7	1.0	0.5	0.6
西　藏	0.0	0.1	0.01	0.04	0.02	0.1	0.01	0.03
陕　西	0.9	1.8	1.5	1.5	0.7	1.4	0.7	0.9
甘　肃	0.4	0.8	0.2	0.4	0.2	0.6	0.1	0.2
青　海	0.1	0.2	0.2	0.2	0.1	0.2	0.2	0.2
宁　夏	0.1	0.3	0.1	0.2	0.1	0.2	0.04	0.1
新　疆	0.2	0.6	0.2	0.3	0.2	0.4	0.1	0.2

2. 全国规模以上文化企业产出的省份构成与全部文化企业产出的省份构成相似

据统计，2013 年各省份在全国规模以上文化企业营业收入中所占的比重与在全部文化企业营业收入中各省份所占的比重相比，差距在 1 个百分点以上的只有 1 个省份，差距在 0.8 ~ 1.0 个百分点之间的有 2 个省份，差距在 0.4 ~ 0.5 个百分点之间的有 1 个省份，差距在 0.2 ~ 0.4 个百分点之间的有 3 个省份，差距在 0.1 ~ 0.2 个百分点之间的有 7 个省份，其余 17 个省份的差距均不足 0.1 个百分点。另据测算，若以当年全国文化企业营业收入的省份构成为基准（即设为 1），则同年全国归属于文化企业的规模以上文化企业营业收入的省份构成与它的相似系数约为 0.998，显示了极高的相似程度。

（四）规模以上文化企业的经济增长

2013 年全国规模以上文化企业的企业数量、年末从业人员数量、年末资产总额、营业收入分别比 2012 年增长了 13.4%、7.8%、14.4%、13.8%。其中营业收入的增长主要有两个特点。

1. 9 个大类企业的营业收入有所增长，各大类增长率差异较大

与 2012 年相比，在全部 10 个大类规模以上文化企业中，有 9 个大类实现了营业收入增长（参见图 7）。其中，营业收入高于全部规模以上文化企业平均增长率的有 6 个大类，包括文化休闲娱乐服务、广播电视电影服务、文化艺术服务、工艺美术品的生产、文化信息传输服务、文化产品生产的辅助生产，它们营业收入增长率分别达到 60.4%、53.4%、50.6%、42.3%、24.5%、20.0%；同时，新闻出版发行服务、文化创意和设计服务、文化用品的生产 3 个大类营业收入的增长率低于全国规模以上文化企业平均水平，分别为 11.9%、5.1%、4.2%。另外，文化专用设备的生产大类的营业收入则比 2012 年减少了 0.3%。进一步测算表明，当年全部 10 个大类营业收入增长率的标准差约为 21.51%，标准差系数约为 0.79，显示了各大类之间较大的增长率差异。

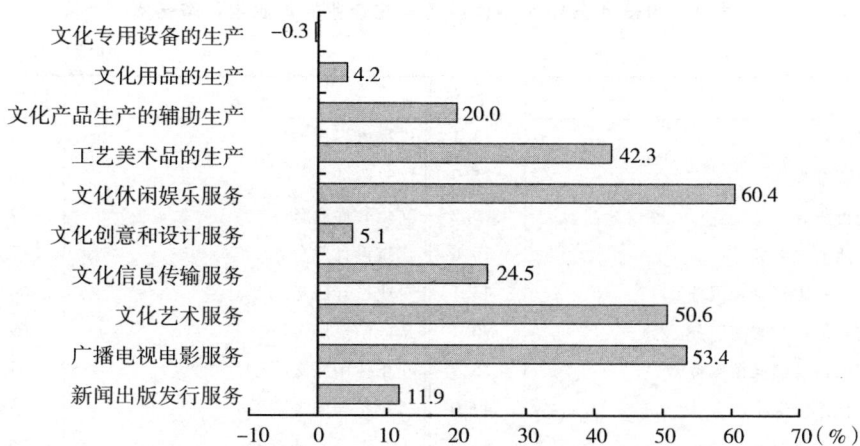

图 7　2013 年各大类规模以上文化企业的营业收入增长率

2. 38 个中类的营业收入有所增长，各中类增长率差异很大

与 2012 年相比，2013 年全国规模以上文化企业的营业收入有所增长的中类达 38 个，其中有 11 个中类的增长率超过了 50%，包括专业设计服务，园林、陈设艺术及其他陶瓷制品的制造，其他文化艺术服务，工艺美术品的销售，广播电视服务，文艺创作与表演服务，景区游览服务，其他文化用品的销售，文化经纪代理服务，群众文化服务，娱乐休闲服务，它们的营业收入增长率依次为 204.6%、153.6%、88.8%、77.3%、 70.6%、 70.1%、 69.3%、 69.2%、 65.2%、 51.9%、51.9%。同时需要关注的是，2013 年建筑设计服务、文化用纸的制造、广播电视电影专用设备的批发、其他文化辅助生产、文化软件服务、文化研究和社团服务、版权服务、文化用家电的销售、增值电信服务（文化部分）、文化艺术培训服务、舞台照明设备的批发、文化贸易代理与拍卖服务 12 个中类营业收入都比 2012 年有所减少（参见表 9）。另据测算，2013 年各中类规模以上文化企业营业收入增长率分布的标准差达 47.75%，标准差系数竟达 1.999，显示了很高的离散程度。

表 9　2013 年各中类规模以上文化企业的营业收入增长率

单位：%

中类	增长率	中类	增长率
新闻服务	3.1	广播电视传输服务	35.0
出版服务	15.9	广告服务	26.3
发行服务	9.2	文化软件服务	-22.8
广播电视服务	70.6	建筑设计服务	-7.6
电影和影视录音服务	43.1	专业设计服务	204.6
文艺创作与表演服务	70.1	景区游览服务	69.3
图书馆与档案馆服务	15.7	娱乐休闲服务	51.9
文化遗产保护服务	47.0	摄影扩印服务	8.0
群众文化服务	51.9	工艺美术品的制造	26.8
文化研究和社团服务	-29.8	园林、陈设艺术及其他陶瓷制品的制造	153.6
文化艺术培训服务	-50.9	工艺美术品的销售	77.3
其他文化艺术服务	88.8	版权服务	-33.8
互联网信息服务	37.7	印刷复制服务	39.9
增值电信服务（文化部分）	-48.0	文化经纪代理服务	65.2

续表

中类	增长率	中类	增长率
文化贸易代理与拍卖服务	-60.1	文化用油墨颜料的制造	9.9
文化出租服务	2.6	文化用化学品的制造	8.8
会展服务	16.6	其他文化用品的制造	15.9
其他文化辅助生产	-15.6	文具乐器照相器材的销售	43.2
办公用品的制造	31.2	文化用家电的销售	-34.0
乐器的制造	13.6	其他文化用品的销售	69.2
玩具的制造	23.4	印刷专用设备的制造	11.6
游艺器材及娱乐用品的制造	24.5	广播电视电影专用设备的制造	41.1
视听设备的制造	17.0	其他文化专用设备的制造	11.4
焰火、鞭炮产品的制造	23.2	广播电视电影专用设备的批发	-10.2
文化用纸的制造	-7.8	舞台照明设备的批发	-58.7

四 需要进一步关注的若干问题

从不同的角度来看，2013 年中国文化企业尚存在一系列需要进一步关注的问题，这些问题主要在集中于以下三个方面。

（一）从"工商服"看中国文化企业的构成

按照国家统计局的统计口径，中国文化企业可分为文化制造业企业、文化流通业企业、文化服务业企业三类。其中，文化制造业包括工艺美术品的制造等 16 个中类，文化批零业包括发行服务等 8 个中类，文化服务业包括新闻服务等 26 个中类（参见表 10）。

表 10 文化制造业、文化批零业、文化服务业的中类构成

类别	包含中类
文化制造业	工艺美术品的制造,园林、陈设艺术及其他陶瓷制品的制造,印刷复制服务,办公用品的制造,乐器的制造,玩具的制造,游艺器材及娱乐用品的制造,视听设备的制造,焰火、鞭炮产品制造,文化用纸的制造,文化用油墨原料的制造,文化用化学品的制造,其他文化用品的制造,印刷专用设备的制造,广播电视电影专用设备的制造,其他文化专用设备的制造

类别	包含中类
文化批零业	发行服务,文化贸易代理与拍卖服务,广播电视电影专用设备的批发,舞台照明设备的批发,工艺美术品的销售,文具乐器照相器材的销售,文化用家电的销售,其他文化用品的销售
文化服务业	新闻服务,出版服务,广播电视服务,电影和影视录音服务,文艺创作与表演服务,图书馆与档案服务,文化遗产保护服务,群众文化服务,文化研究和社团服务,文化艺术培训服务,其他文化艺术服务,互联网信息服务,增值电信服务,广播电视传输服务,广告服务,文化软件服务,建筑设计服务,专业设计服务,景区游览服务,娱乐休闲服务,摄影扩印服务,版权服务,文化经纪代理服务,文化出租服务,会展服务,其他文化辅助生产

从文化企业的"工商服"构成来看,中国文化企业需要引起进一步关注的问题主要有以下几个方面。

1. 制造业文化企业依然占据了产出和就业的绝对多数

如表 11 所示,在 2013 年全国文化企业年末从业人员、营业收入、主营业务收入 3 项指标中,文化制造业企业所占的比重超过了 50%,分别达到了 52.0%、51.9%、51.9%。与此形成鲜明对照的是,当年文化服务业企业虽然分别占据了全国文化企业数量、年末资产总额的 61.1%、52.8%,但其所占全国文化企业营业收入、主营业务收入两项指标的比重却分别只有 25.9%、25.8%。

表 11　2013 年全国文化企业主要经济指标中各类企业所占的比重

单位：%

	文化制造业	文化批零业	文化服务业
企业数量	20.7	17.8	61.1
年末从业人员	52.0	9.4	38.4
年末资产总额	34.0	12.9	52.8
营业收入	51.9	22.1	25.9
主营业务收入	51.9	22.2	25.8

2. 文化制造业规模以上企业的产出和就业多数地位有所加强

在全国规模以上文化企业中，2013 年文化制造业规模以上企业所占年末从业人员数量、营业收入、主营业务收入的比重也都居于绝对多数地位，分别高达66.1%、58.0%、57.9%，同时当年其所占规模以上文化企业数量、净利润的比重也分别达到了 43.7%、47.5%。不仅如此，与2012 年相比，文化制造业规模以上文化企业所占相应指标的比重还分别提高了0.3、3.0、2.9 个百分点。另外，2013 年文化服务业企业虽然分别占据了全部规模以上文化企业年末资产总额、年末所有者权益、净利润的44.4%、48.3%、43.7%，但是其所占营业收入和主营业务收入的比重却分别只有21.1%、20.9%。

表 12 全国规模以上文化企业主要经济指标中三类文化企业所占的比重

单位：%

类别	文化制造业		文化流通业		文化服务业	
年份	2012	2013	2012	2013	2012	2013
单位数	43.7	43.7	18.6	18.4	37.7	37.9
年末从业人员	65.8	66.1	7.3	6.6	26.9	27.2
年末资产总额	43.0	43.1	15.3	12.6	41.7	44.4
年末所有者权益	42.3	43.0	9.8	8.7	47.9	48.3
营业收入	55.0	58.0	24.1	21.0	20.9	21.1
主营业务收入	55.0	57.9	24.2	21.1	20.8	20.9
净利润	48.9	47.5	7.1	8.8	44.0	43.7

（二）从"关注度"看中国文化企业的构成

众所周知的是，虽然《文化及相关产业分类（2012）》和《文化及相关产业分类（2004）》都明确给出了中国文化产业的具体构成，但是从官方文献来看，在发展文化产业的旗号下，并不是所有的大类或中类或小类产业都无一例外地受到了决策当局的高度关注。例如在 2009 年9 月发布的《文化产业振兴规划》中，国务院明确提出了发展重点文化产业的基本任务，即"以文化创意、影视制作、出版发行、印刷复制、广告、演艺娱乐、文化会展、数字内容和动漫等产业为重点，加大扶持力度，完善产业政策体系，实现跨越式发展。文化创意产业要着重发展文化科技、音乐制作、艺术创作、动漫游戏等企业，增强影响力和带动力，拉动相关服务业和制造业的发展。影视制作业要提升影片、电视剧和电视节目的生产能力，扩大影视制作、发行、播映和后产品开发，满足多种媒体、多种终端对影视数字内容的需求。出版业要推动产业结构调整和升级，加快从主要依赖传统纸介质出版物向多种介质形态出版物的数字出版产业转型。出版物发行业要积极开展跨地区、跨行业、跨所有制经营，形成若干大型发行集团，提高整体实力和竞争力。印刷复制业要发展高新技术印刷、特色印刷，建成若干各具特色、技术先进的印刷复制基地。演艺业要加快形成一批大型演艺集团，加强演出网络建设。动漫产业要着力打造深受观众喜爱的国际化动漫形象和品牌，成为文化产业的重要增长点"[①]。

又如 2011 年 10 月，《中共中央关于深化文化体制改革推动社会主义文化大发展大繁荣若干重大问题的决定》提出了加快发展文化产业，推动文化产业成为国民经济支柱性产业的最新战略，要求必须构建结构合理、门类齐全、科技含量高、富有创意、竞争力强的现代文化产业体系，明确指出应发展壮大出版发行、影视制作、印刷、广告、演艺、娱乐、会展等传统文化产业，加快发展文化创意、数字出版、移动多媒体、动漫游戏等新兴文化产业，同时推动文化产业与旅游、体育、信息、物流、建筑等产业融合发展，增加相关产业文化含量，延伸文化产业链，提高附加值。

根据上述官方文献，我们认为 20 个中类属于"高关注度"产业，包括新闻服务、出版服务、发行服务、广播电视服务、电影和影视录音

---

① 引自《文化产业振兴规划》，中央人民政府网站。

服务、文艺创作与表演服务、互联网信息服务、增值电信服务（文化部分）、广播电视传输服务、广告服务、文化软件服务、建筑设计服务、专业设计服务、娱乐休闲服务、版权服务、印刷复制服务、文化经纪代理服务、文化贸易代理与拍卖服务、会展服务、景区游览服务。显然，对这些"高关注度"产业的现状与变迁加以梳理，不仅有助于我们进一步深化对中国文化产业结构的认识，而且能够更准确地反映中国文化产业核心部分的现状与演变特点。

1. "高关注度"文化企业的总体规模相对较小

在全国文化企业中，2013 年 20 个"高关注度"中类的企业数量、年末从业人员数量、年末资产总额、营业收入、主营业务收入 5 项指标合计所占的比重分别为 63.8%、49.8%、59.6%、37.9%、37.8%。显然，其总体产出规模和就业规模相对其所受关注度而言并不大（参见表 13）。

表 13　2013 年全国文化企业主要经济指标中各"高关注度"中类所占的比重

单位：%

中类＼指标	企业数量	年末从业人员	年末资产总额	营业收入	主营业务收入
新闻服务	0.03	0.1	0.2	0.05	0.04
出版服务	0.6	1.7	4.1	1.6	1.6
发行服务	1.9	1.8	2.4	2.2	2.2
广播电视服务	0.2	0.5	1.3	0.5	0.5
电影和影视录音服务	1.4	1.3	3.1	1.0	0.9
文艺创作与表演服务	1.0	1.0	1.0	0.3	0.3
互联网信息服务	2.0	1.9	3.4	2.4	2.4
增值电信服务（文化部分）	0.1	0.3	0.5	0.3	0.3
广播电视传输服务	0.3	1.6	3.6	1.0	1.0
广告服务	18.4	7.2	9.3	6.4	6.5
文化软件服务	2.8	3.7	3.8	2.7	2.8

续表

中类 \ 指标	企业数量	年末从业人员	年末资产总额	营业收入	主营业务收入
建筑设计服务	4.5	4.7	4.8	3.5	3.5
专业设计服务	5.0	2.7	2.4	1.7	1.7
娱乐休闲服务	11.5	4.8	2.4	1.3	1.3
版权服务	0.2	0.1	0.1	0.1	0.1
印刷复制服务	8.3	12.4	7.4	9.9	10.0
文化经纪代理服务	0.5	0.2	0.3	0.1	0.1
文化贸易代理与拍卖服务	0.7	0.4	0.6	1.0	1.0
会展服务	3.3	1.3	2.3	1.0	0.9
景区游览服务	1.2	2.3	6.9	0.9	0.9
合 计	63.8	49.8	59.6	37.9	37.8

不仅如此，这20个中类之间的相对规模也大小各异。其中，印刷复制服务、广告服务2个中类的就业和产出规模明显较大，它们所占全部文化企业年末从业人员的比重分别为7.2%、12.4%，所占全部文化企业营业收入的比重也分别达到了6.4%、9.9%。如果将这2个中类单列，那么其余18个中类的企业数量、年末就业人员数量、年末资产总额、营业收入、主营业务收入5项指标合计所占全国文化企业的比重分别只有37.1%、30.2%、42.9%、21.6%、21.3%。

2. "高关注度"规模以上文化企业的总体规模也相对较小

在全国规模以上文化企业中，上述20个中类的单位数量、年末从业人员数量、年末资产总额、年末所有者权益、营业收入、主营业务收入、净利润7项指标合计所占的比重分别为52.7%、41.0%、54.3%、59.7%、32.8%、32.8%、55.5%。就它们所受到的高关注度而言，这显然也表明其总体规模依然不大（参见表14）。

进一步观察显示，在这20个中类规模以上文化企业中，印刷复制服务中类的规模明显较大，其所占全国规模以上文化企业数量、年末从

业人员数量、年末资产总额、年末所有者权益、营业收入、主营业务收
入、净利润的比重分别达到了 12.2%、12.1%、7.9%、8.9%、9.4%、
9.4%、10.1%。若不计该中类，则其余 19 个中类合计所占全国规模以
上文化企业相应指标的比重分别只有 40.5%、28.9%、46.4%、
50.8%、23.4%、23.4%、45.4%。

表 14　2013 年全国规模以上文化企业主要经济指标中各
"高关注度"中类所占的比重

单位：%

中　　　　类　＼　　指　　标	单位数	年末从业人员	年末资产总额	年末所有者权益	营业收入	主营业务收入	净利润
新闻服务	0.05	0.2	0.2	0.3	0.05	0.05	0.05
出版服务	2.7	2.6	5.2	7.2	1.8	1.8	3.9
发行服务	4.2	2.2	3.1	3.1	2.3	2.3	1.9
广播电视服务	0.5	0.6	1.8	2.7	0.6	0.5	1.8
电影和影视录音服务	2.2	0.8	3.1	3.1	0.8	0.8	2.4
文艺创作与表演服务	0.8	0.5	1.0	0.8	0.3	0.3	0.3
互联网信息服务	1.5	2.1	4.3	4.8	2.7	2.7	13.2
增值电信服务（文化部分）	0.3	0.4	0.3	0.5	0.2	0.2	0.4
广播电视传输服务	1.2	2.2	3.7	4.4	1.0	1.0	2.4
广告服务	7.8	2.4	3.8	3.2	4.5	4.5	3.6
文化软件服务	4.0	4.4	4.1	5.2	2.7	2.8	6.2
建筑设计服务	5.5	4.7	4.4	3.6	3.0	3.0	4.2
专业设计服务	1.6	1.1	1.0	1.3	1.0	1.0	1.3
娱乐休闲服务	2.3	1.3	1.6	1.3	0.3	0.3	0.3
版权服务	0.2	0.1	0.1	0.1	0.1	0.1	0.1
印刷复制服务	12.2	12.1	7.9	8.9	9.4	9.4	10.1
文化经纪代理服务	0.2	0.04	0.1	0.2	0.04	0.0	0.1
文化贸易代理与拍卖服务	0.3	0.1	0.3	0.2	0.6	0.6	0.4
会展服务	2.0	0.6	1.8	2.2	0.6	0.6	1.2
景区游览服务	3.1	2.6	6.1	6.6	0.8	0.8	1.6
合　　计	52.7	41.0	54.3	59.7	32.8	32.8	55.5

（三）2013 年规模以上文化企业的盈利性

2013 年全国规模以上文化企业的平均总资产报酬率为 9.7%，平均净资产收益率为 16.8%。不过仍然有两个问题令人关注。

1. 大多数"高关注度"中类规模以上文化企业的盈利性低于全国平均水平

据测算，2013 年前述"高关注度"的 20 个中类规模以上文化企业的平均总资产报酬率、平均净资产收益率分别为 10.6%、16.2%，与全部规模以上文化企业的平均水平相差无几。尽管如此，在这 20 个中类规模以上文化企业中，多数中类的盈利性却相对低于全国平均水平（参见图 8）。其中，平均净资产收益率低于全国平均水平的有 14 个中类，包括文化软件服务、文化经纪代理服务、广播电视服务、版权服务、电影和影视录音服务、广播电视传输服务、发行服务、会展服务、出版服务、文艺创作与表演服务、增值电信服务（文化部分）、景区游览服务、娱乐休闲服务、新闻服务；同时，平均总资产报酬率低于全国平均水平的也有 14 个中类，包括文化经纪代理服务、电影和影视录音服务、建筑设计服务、会展服务、广播电视传输服务、出版服务、版权服务、文化贸易代理与拍卖服务、发行服务、增值电信服务（文化部分）、文艺创作与表演服务、景区游览服务、娱乐休闲服务、新闻服务。

2. 国有控股企业的盈利性明显较差

在不同控股类型规模以上文化企业中，2013 年港澳台商控股、私人控股 2 类企业的平均总资产报酬率相对较高，依次达到了 16.0%、12.1%；外商控股、集体控股、其他、国有控股 4 类企业的平均总资产报酬率则相对相低，依次为 8.8%、7.8%、7.7%、6.1%。另外，港澳台商控股、私人控股 2 类企业的平均净资产收益率也相对较高，依次达到了 29.4%、22.2%；外商控股、集体控股、其他、国有控股 4 类企业的平均总资产报酬率则相对相低，依次为 15.8%、14.2%、13.0%、

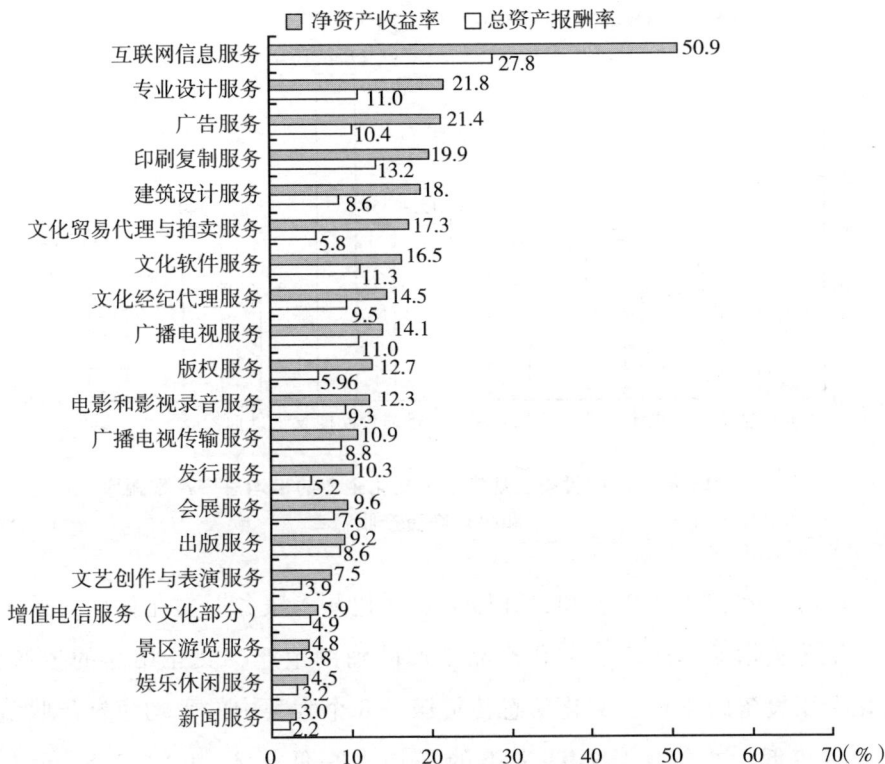

图8 2013年20个"高关注度"中类规模以上文化企业的主要利润率指标

9.6%（参见图9）。

不仅如此，从大类层面来看，2013年国有控股企业的平均总资产报酬率只是在广播电视电影服务、新闻出版发行服务2个大类中比相应大类的平均水平分别高出0.3、0.2个百分点，却在文化休闲娱乐服务、文化艺术服务、文化创意和设计服务、工艺美术品的生产、文化产品生产的辅助生产、文化用品的生产、文化专用设备的生产、文化信息传输服务8个大类中显得相对较低，并依次比相应大类的平均水平低0.9、1.2、2.0、2.4、4.0、4.2、6.6、10.8个百分点。另外，当年国有控股企业在广播电视电影服务、新闻出版发行服务2个大类中的平均净资产收益率相对较高，并依次比各自大类的平均水平高出0.4、0.1个百分

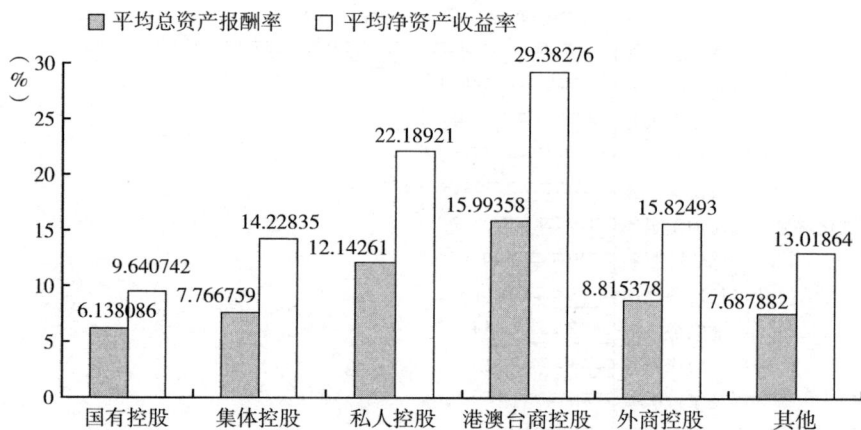

**图9 2013年不同控股类型规模以上文化企业的平均总资产报酬率
和平均净资产收益率**

点；同时，其在文化创意和设计服务、文化艺术服务、文化休闲娱乐服务、工艺美术品的生产、文化产品生产的辅助生产、文化用品的生产、文化专用设备的生产、文化信息传输服务8个大类中的平均净资产收益率相对较低，并依次比这些大类的平均水平低1.3、1.8、1.8、3.3、8.1、10.1、14.9、19.8个百分点（参见表15）。

表15 2013年各大类国有控股规模以上文化企业的主要利润率指标

单位：%

	平均总资产报酬率		平均净资产收益率	
	大类平均	国有控股	大类平均	国有控股
新闻出版发行服务	5.9	6.1	9.4	9.5
广播电视电影服务	9.9	10.2	13.0	13.4
文化艺术服务	4.3	3.1	8.0	6.2
文化信息传输服务	17.0	6.2	29.1	9.3
文化创意和设计服务	10.1	8.1	18.5	17.2
文化休闲娱乐服务	3.7	2.8	4.8	3.0
工艺美术品的生产	13.5	11.1	24.9	21.6
文化产品生产的辅助生产	10.4	6.4	15.6	7.5
文化用品的生产	8.7	4.5	16.6	6.5
文化专用设备的生产	9.1	2.5	17.6	2.7

专题报告一　2013 年中国文化企业的产业分布

按照国家统计局于 2012 年发布的《文化及相关产业分类（2012）》，我国文化产业包括"文化产品的生产"、"文化相关产品的生产"两大部分，在此基础上还可以进一步细分为 10 个大类、50 个中类、120 个小类及延伸层。鉴于篇幅和数据可得性，本报告对全国文化企业产业分布的研究将主要着眼于部分、大类、中类三个层面，旨在较为全面地揭示 2013 年各类文化企业的资产、就业、产出、盈利性等方面的具体表现及一系列重要特征。

一　中国文化企业的数量及构成

根据第三次全国经济普查结果，2013 年我国文化企业共计 785615户。其中，属于国家统计局规模以上文化企业的有 41351 户，占全国文化企业数量的 5.3%，比 2012 年增加了 13.4%；规模以下文化企业有744264 户，占 2013 年全国文化企业数量的 94.7%。

（一）各部分文化企业的数量及构成

在全国文化企业中，2013 年"文化产品的生产"部分有 528933

户，占比为 67.3%；"文化相关产品的生产"部分有 256682 户，占比为 32.7%（参见表 1）。

表 1　2013 年我国文化企业的数量

单位：户

	规模以上企业	规模以下企业	合计
第一部分：文化产品的生产	22626	506307	528933
第二部分：文化相关产品的生产	18725	237957	256682
合　计	41351	744264	785615

在规模以上文化企业中，"文化产品的生产"部分有 22626 户，较之 2012 年增加了 19.6%，其占规模以上文化企业数量的比重也达到了 54.7%，比 2012 年提高了 2.8 个百分点；"文化相关产品的生产"部分有 18725 户，较之 2012 年增加了 6.7%，其占规模以上文化企业数量的比重为 45.3%，比 2012 年下降了 2.8 个百分点。

在规模以下文化企业中，"文化产品的生产"部分有 506307 户，"文化相关产品的生产"部分有 237957 户，占比分别为 68.0% 和 32.0%。另外，在"文化产品的生产"部分文化企业数量中，规模以上文化企业和规模以下文化企业所占的比重分别为 4.3% 和 95.7%；在"文化相关产品的生产"部分文化企业数量中，规模以上文化企业和规模以下文化企业所占的比重则分别为 7.3% 和 92.7%。

（二）各大类文化企业的数量及构成

1. 全国文化企业数量的大类构成

就全国文化企业而言，2013 年各大类企业数量差别较大（参见图 1）。其中，文化创意和设计服务、文化产品生产的辅助生产、文化用品的生产、文化休闲娱乐服务、工艺美术品的生产 5 个大类的企

业数量明显较多，依次为 241008、130172、114024、107936、90019
户，占全国文化企业总数的比重则分别达 30.7%、16.6%、14.5%、
13.7%、11.5%；同时，文化艺术服务、新闻出版发行服务、文化信
息传输服务、广播电视电影服务、文化专用设备的生产 5 个大类的企
业数量明显较少，依次只有 39202、19542、18648、12578、12486
户，所占全国文化企业总数的比重分别只有 5.0%、2.5%、2.4%、
1.6%、1.6%。

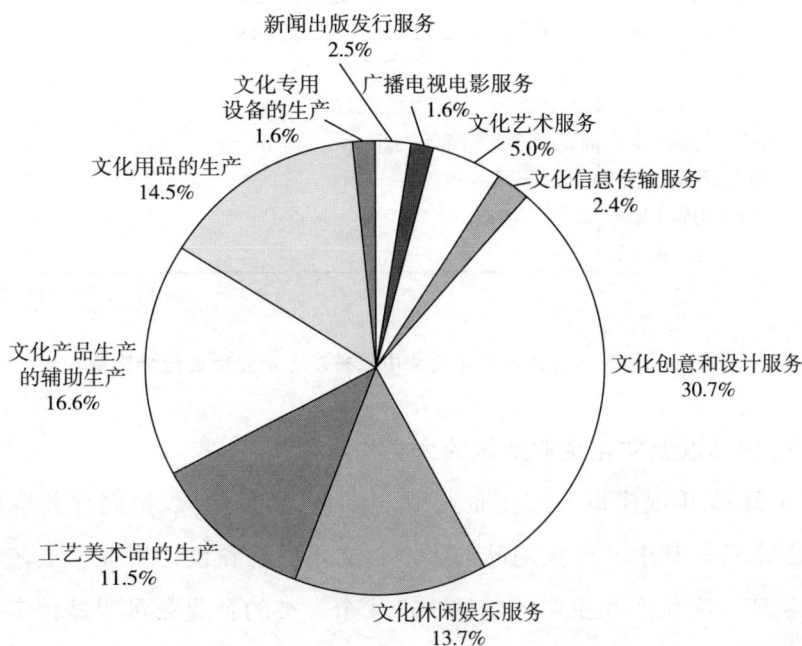

图 1　2013 年全国文化企业数量的大类构成

2. 全国各大类文化企业中规模以上企业和规模以下企业的构成

　　在全国各大类文化企业中，2013 年规模以上企业都只占了很少一
部分。不仅如此，当年全国各大类文化企业中规模以上企业数量的分布
也相差较大（参见图 2）。其中，新闻出版发行服务、文化专用设备的
生产、文化用品的生产、广播电视电影服务、工艺美术品的生产、文化

信息传输服务 6 个大类中规模以上企业所占各自大类文化企业数量的比重相对较高，依次为 14.7%、11.3%、9.5%、8.8%、7.3%、6.6%，而文化艺术服务、文化休闲娱乐服务、文化创意和设计服务、文化产品生产的辅助生产 4 个大类中规模以上企业的数量占比相对较小，依次只有 1.5%、2.2%、3.2%、5.0%。

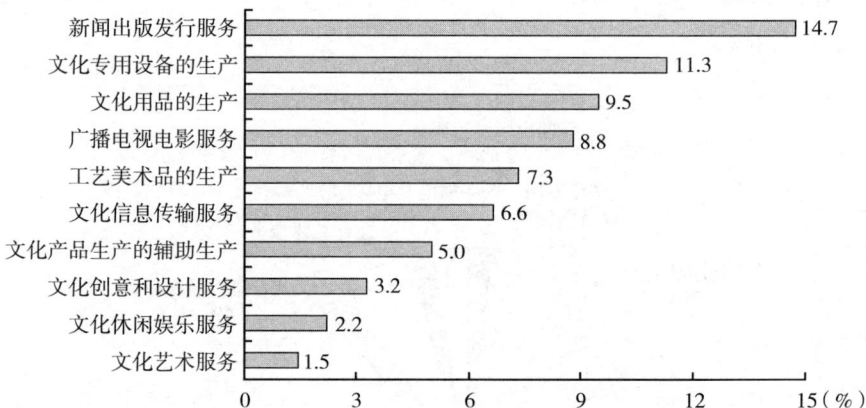

图2　2013年各大类文化企业中规模以上企业所占数量比重

3. 规模以上文化企业数量的大类构成

在 2013 年规模以上文化企业中，各大类的企业数量同样差别较大（参见图 3）。其中，文化用品的生产、文化创意和设计服务、工艺美术品的生产、文化产品生产的辅助生产 4 个大类的企业数量明显较多，依次为 10804、7829、6584、6511 户，占全部规模以上文化企业数量的比重分别达到了 26.1%、18.9%、15.9%、15.7%；同时，新闻出版发行服务、文化休闲娱乐服务、文化专用设备的生产、文化信息传输服务、广播电视电影服务、文化艺术服务 6 个大类的企业数量明显较少，依次只有 2879、2409、1410、1236、1107、582 户，所占全部规模以上文化企业数量的比重分别只有 7.0%、5.8%、3.4%、3.0%、2.7%、1.4%。

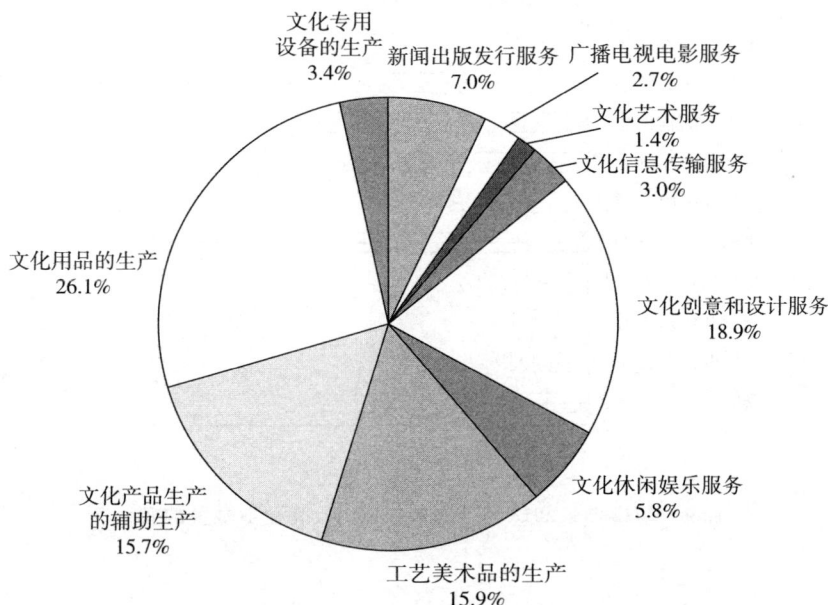

图 3　2013 年全国文化规模以上文化企业数量的大类构成

与 2012 年相比，2013 年全部 10 个大类文化产业中规模以上文化企业的数量均有所增长（参见图 4）。其中增长率相对较高的包括文化休闲娱乐服务、广播电视电影服务、文化艺术服务、工艺美术品的生产、文化信息传输服务 5 个大类，它们的增长率依次为 47.4%、40.7%、39.9%、32.5%、19.1%，同时它们在全部规模以上文化企业数量中所占的比重也分别比 2012 年提高了 1.3、0.5、0.3、2.3、0.1 个百分点；增长率相对较低的则包括文化产品生产的辅助生产、新闻出版发行服务、文化创意和设计服务、文化用品的生产、文化专用设备的生产 5 个大类，它们的增长率依次为 13.1%、8.2%、5.6%、3.8%、1.9%，同时它们在全部规模以上文化企业数量中所占的比重也分别比 2012 年下降了 0.04、0.3、1.4、2.4、0.4 个百分点。

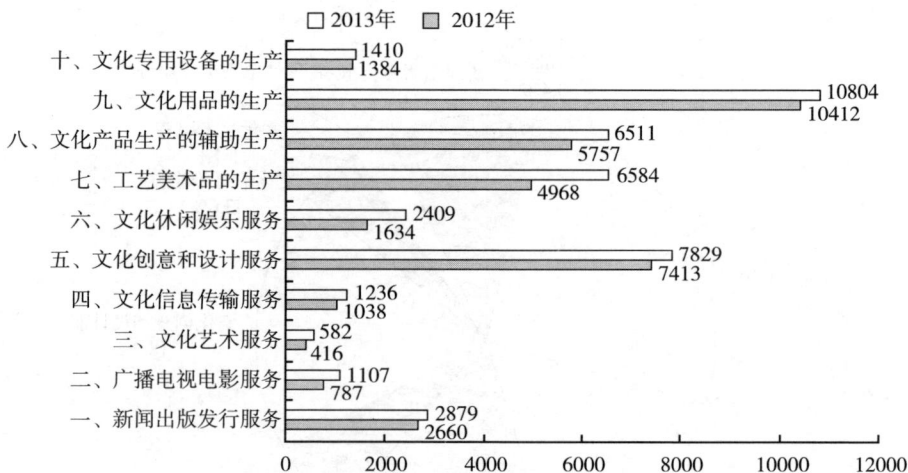

图 4　2012 年、2013 年全国规模以上文化企业数量的变动

（三）各中类文化企业的数量及构成

1. 全国文化企业数量的中类构成

从中类层面来看，2013 年全国各中类文化企业的数量差别巨大。据统计，在全部 50 个中类产业中，企业数量占全国文化企业的比重超过 10% 的有 2 个中类，为 5% ~ 10% 的有 4 个中类，为 2% ~ 5% 的有 7 个中类，为 1% ~ 2% 的有 8 个中类，为 0.5% ~ 1% 的有 9 个中类，余下 20 个中类的占比均不足 0.5%（参见表 2）。

表 2　2013 年全国各中类文化企业数量及构成

中类	数量（户）	占比（%）	中类	数量（户）	占比（%）
新闻服务	231	0.03	文艺创作与表演服务	7938	1.01
出版服务	4498	0.57	图书馆与档案馆服务	304	0.04
发行服务	14813	1.89	文化遗产保护服务	991	0.13
广播电视服务	1341	0.17	群众文化服务	4750	0.60
电影和影视录音服务	11237	1.43	文化研究和社团服务	833	0.11

中类	数量 （户）	占比 （%）	中类	数量 （户）	占比 （%）
文化艺术培训服务	6754	0.86	会展服务	25877	3.29
其他文化艺术服务	17632	2.24	其他文化辅助生产	27491	3.50
互联网信息服务	15413	1.96	办公用品的制造	5598	0.71
增值电信服务（文化部分）	698	0.09	乐器的制造	1766	0.22
广播电视传输服务	2537	0.32	玩具的制造	9034	1.15
广告服务	144906	18.44	游艺器材及娱乐用品的制造	1436	0.18
文化软件服务	21972	2.80	视听设备的制造	4322	0.55
建筑设计服务	35157	4.48	焰火、鞭炮产品的制造	5495	0.70
专业设计服务	38973	4.96	文化用纸的制造	4885	0.62
景区游览服务	9072	1.15	文化用油墨颜料的制造	2163	0.28
娱乐休闲服务	90638	11.54	文化用化学品的制造	462	0.06
摄影扩印服务	8226	1.05	其他文化用品的制造	6404	0.82
工艺美术品的制造	45966	5.85	文具乐器照相器材的销售	40024	5.09
园林、陈设艺术及其他陶瓷制品的制造	3450	0.44	文化用家电的销售	14157	1.80
工艺美术品的销售	40603	5.17	其他文化用品的销售	18278	2.33
版权服务	1418	0.18	印刷专用设备的制造	2554	0.33
印刷复制服务	65219	8.30	广播电视电影专用设备的制造	2479	0.32
文化经纪代理服务	3548	0.45	其他文化专用设备的制造	1245	0.16
文化贸易代理与拍卖服务	5802	0.74	广播电视电影专用设备的批发	3831	0.49
文化出租服务	817	0.10	舞台照明设备的批发	2377	0.30

2. 各中类文化企业中规模以上企业与规模以下企业的构成

在全国各中类文化企业中，2013 年规模以上企业的数量同样明显居于少数。不仅如此，各中类文化企业数量中规模以上企业所占的比重也有很大的差别（参见表 3）。其中，比重在 30% 以上的有 1 个中类，在 20% ~ 30% 之间的有 6 个中类，在 10% ~ 20% 之间的有 14 个中类，在 5% ~ 10% 之间的有 7 个中类，在 1% ~ 5% 之间的有 18 个中类，另有 4 个中类规模以上文化企业所占企业数量的比重不足 1%。

表3　2013年各中类文化企业数量中规模以上企业所占的比重

单位：%

中类	比重	中类	比重
新闻服务	8.7	版权服务	4.5
出版服务	24.6	印刷复制服务	7.7
发行服务	11.8	文化经纪代理服务	2.1
广播电视服务	14.0	文化贸易代理与拍卖服务	2.0
电影和影视录音服务	8.2	文化出租服务	3.1
文艺创作与表演服务	4.2	会展服务	3.1
图书馆与档案馆服务	1.0	其他文化辅助生产	1.4
文化遗产保护服务	4.6	办公用品的制造	10.6
群众文化服务	0.7	乐器的制造	12.6
文化研究和社团服务	0.2	玩具的制造	15.4
文化艺术培训服务	0.7	游艺器材及娱乐用品的制造	10.7
其他文化艺术服务	0.6	视听设备的制造	22.7
互联网信息服务	4.0	焰火、鞭炮产品的制造	19.9
增值电信服务（文化部分）	19.1	文化用纸的制造	26.9
广播电视传输服务	19.0	文化用油墨颜料的制造	24.4
广告服务	2.2	文化用化学品的制造	37.4
文化软件服务	7.5	其他文化用品的制造	14.2
建筑设计服务	6.4	文具乐器照相器材的销售	3.5
专业设计服务	1.7	文化用家电的销售	10.4
景区游览服务	14.1	其他文化用品的销售	3.1
娱乐休闲服务	1.1	印刷专用设备的制造	11.6
摄影扩印服务	2.1	广播电视电影专用设备的制造	20.4
工艺美术品的制造	9.2	其他文化专用设备的制造	23.1
园林、陈设艺术及其他陶瓷制品的制造	11.2	广播电视电影专用设备的批发	6.0
工艺美术品的销售	4.9	舞台照明设备的批发	3.8

3. 规模以上文化企业数量的中类构成

在2013年41351户规模以上文化企业中，数量占比超过10%的有2个中类，为5%～10%的有2个中类，为2%～5%的有14个中类，为1%～2%的有8个中类，为0.5%～1%的有7个中类，余下17个中类的数量占比则均不足0.5%（参见表4）。

表4 2013 年全国各中类规模以上文化企业数量及构成

中类	数量（户）	占比（%）	中类	数量（户）	占比（%）
新闻服务	20	0.05	版权服务	64	0.15
出版服务	1107	2.68	印刷复制服务	5026	12.15
发行服务	1752	4.24	文化经纪代理服务	74	0.18
广播电视服务	188	0.45	文化贸易代理与拍卖服务	117	0.28
电影和影视录音服务	919	2.22	文化出租服务	25	0.06
文艺创作与表演服务	336	0.81	会展服务	813	1.97
图书馆与档案馆服务	3	0.01	其他文化辅助生产	392	0.95
文化遗产保护服务	46	0.11	办公用品的制造	591	1.43
群众文化服务	34	0.08	乐器的制造	222	0.54
文化研究和社团服务	2	0.005	玩具的制造	1391	3.36
文化艺术培训服务	50	0.12	游艺器材及娱乐用品的制造	154	0.37
其他文化艺术服务	111	0.27	视听设备的制造	979	2.37
互联网信息服务	622	1.50	焰火、鞭炮产品的制造	1094	2.65
增值电信服务（文化部分）	133	0.32	文化用纸的制造	1313	3.18
广播电视传输服务	481	1.16	文化用油墨颜料的制造	528	1.28
广告服务	3246	7.85	文化用化学品的制造	173	0.42
文化软件服务	1648	3.99	其他文化用品的制造	910	2.20
建筑设计服务	2255	5.45	文具乐器照相器材的销售	1406	3.40
专业设计服务	680	1.64	文化用家电的销售	1469	3.55
景区游览服务	1281	3.10	其他文化用品的销售	574	1.39
娱乐休闲服务	956	2.31	印刷专用设备的制造	295	0.71
摄影扩印服务	172	0.42	广播电视电影专用设备的制造	506	1.22
工艺美术品的制造	4220	10.21	其他文化专用设备的制造	287	0.69
园林、陈设艺术及其他陶瓷制品的制造	387	0.94	广播电视电影专用设备的批发	231	0.56
工艺美术品的销售	1977	4.78	舞台照明设备的批发	91	0.22

其中，规模以上文化企业数量最多的 4 个中类依次为印刷复制服务、工艺美术品的制造、广告服务、建筑设计服务，它们的数量依次为 5026、4220、3246、2255 户，所占全国规模以上文化企业数量的比重也依次达到了 12.2%、10.2%、7.9%、5.5%。而规模以上文化企业数量最少的 17 个中类包括广播电视服务、文化用化学品的制造、摄影扩印服务、游艺器材及娱乐用品的制造、增值电信服务（文化部分）、文化

贸易代理与拍卖服务、其他文化艺术服务、舞台照明设备的批发、文化经纪代理服务、版权服务、文化艺术培训服务、文化遗产保护服务、群众文化服务、文化出租服务、新闻服务、图书馆与档案馆服务、文化研究和社团服务，它们的数量依次为188、173、172、154、133、117、111、91、74、64、50、46、34、25、20、3、2户，所占全国规模以上文化企业数量的比重也依次只有0.45%、0.42%、0.42%、0.37%、0.32%、 0.28%、 0.27%、 0.22%、 0.18%、 0.15%、 0.12%、0.11%、0.08%、0.06%、0.05%、0.01%、0.005%。

另据统计，在全部50个中类产业中，2013年规模以上文化企业数量比2012年增加的有36个中类，其中增长率超过全国文化产业规模以上文化企业数量增长率的有29个（参见表5）。其中，增长幅度超过50%的有7个中类，即园林、陈设艺术及其他陶瓷制品的制造、专业设计服务、文艺创作与表演服务、文化遗产保护服务、工艺美术品的销售、其他文化用品的销售、景区游览服务。有14个中类产业规模以上文化企业数量有所下降，包括文化用化学品的制造、广播电视电影专用设备的批发、文化用家电的销售、文化用纸的制造、文化艺术培训服务、其他文化辅助生产、其他文化用品的制造、图书馆与档案馆服务、文化软件服务、增值电信服务（文化部分）、版权服务、文化研究和社团服务、舞台照明设备的批发、文化贸易代理与拍卖服务。

表5 2013年各中类规模以上文化企业数量增长率

单位：%

序号		增长率	序号		增长率
1	园林、陈设艺术及其他陶瓷制品的制造	104.8	6	其他文化用品的销售	56.8
2	专业设计服务	72.6	7	景区游览服务	50.5
3	文艺创作与表演服务	66.3	8	娱乐休闲服务	47.3
4	文化遗产保护服务	58.6	9	文具乐器照相器材的销售	44.4
5	工艺美术品的销售	58.0	10	电影和影视录音服务	42.9

序号		增长率	序号		增长率
11	文化出租服务	38.9	31	出版服务	11.1
12	群众文化服务	36.0	32	乐器的制造	6.7
13	互联网信息服务	33.2	33	焰火、鞭炮产品的制造	6.7
14	其他文化专用设备的制造	32.3	34	发行服务	6.3
15	广播电视服务	30.6	35	文化用油墨颜料的制造	5.2
16	广播电视传输服务	30.4	36	文化经纪代理服务	1.4
17	摄影扩印服务	28.4	37	文化用化学品的制造	-8.5
18	印刷复制服务	26.3	38	广播电视电影专用设备的批发	-8.7
19	广告服务	25.6	39	文化用家电的销售	-14.3
20	新闻服务	25.0	40	文化用纸的制造	-16.5
21	广播电视电影专用设备的制造	22.5	41	文化艺术培训服务	-16.7
22	其他文化艺术服务	22.0	42	其他文化辅助生产	-19.0
23	工艺美术品的制造	19.6	43	其他文化用品的制造	-21.7
24	办公用品的制造	18.2	44	图书馆与档案馆服务	-25.0
25	游艺器材及娱乐用品的制造	17.6	45	文化软件服务	-33.5
26	视听设备的制造	16.7	46	增值电信服务（文化部分）	-34.2
27	建筑设计服务	15.2	47	版权服务	-55.6
28	印刷专用设备的制造	14.3	48	文化研究和社团服务	-60.0
29	会展服务	13.9	49	舞台照明设备的批发	-62.6
30	玩具的制造	13.2	50	文化贸易代理与拍卖服务	-66.2

二　中国文化企业的就业规模及构成

根据第三次全国经济普查结果，2013年末我国文化企业从业人员共计15482686人。其中，规模以上文化企业的从业人员有7537781人，占全国文化企业从业人员的48.7%，同时比2012年增加了7.8%；规模以下文化企业从业人员有7944905人，占2013年全国文化企业从业人员的51.3%。

（一）各部分文化企业的就业规模及构成

在全国文化企业中，2013 年末"文化产品的生产"部分从业人员数量为 8245850 人，占比为 53.3%；"文化相关产品的生产"部分从业人员数量为 7236836 人，占比为 46.7%（参见表 6）。

表 6　2013 年末我国文化企业从业人员数量

	规模以上企业	规模以下企业	合计
第一部分：文化产品的生产	3368814	4877036	8245850
第二部分：文化相关产品的生产	4168967	3067869	7236836
合　计	7537781	7944905	15482686

在规模以上文化企业中，2013 年末"文化产品的生产"部分从业人员数量为 3368814 人，较 2012 年末增长了 13.2%，其占规模以上文化企业从业人员总数的比重达到了 44.7%，比 2012 年末提高了 2.1 个百分点；"文化相关产品的生产"部分从业人员数量为 4168967 人，比 2012 年末增长了 3.8%，其占规模以上文化企业从业人员总数的 55.3%，比 2012 年下降了 2.1 个百分点。

在规模以下文化企业中，2013 年末"文化产品的生产"部分从业人员数量达 4877036 人，占规模以下文化企业从业人员总数的 61.4%；"文化相关产品的生产"部分从业人员数量为 3067869 人，占规模以下文化企业从业人员总数的 38.6%。

另外，在 2013 年末"文化产品的生产"部分从业人员数量中，规模以上文化企业和规模以下文化企业所占的比重分别为 40.9% 和 59.1%；在"文化相关产品的生产"部分年末从业人员数量中，规模以上文化企业和规模以下文化企业所占的比重则分别为 57.6% 和 42.4%。

（二）各大类文化企业的就业规模及构成

1. 全国文化企业从业人员数量的大类构成

在全国各大类文化企业中，2013 年就业规模相对较大的包括文化用品的生产、文化创意和设计服务、工艺美术品的生产、文化产品生产的辅助生产 4 个大类，当年末它们的从业人员数量依次为 4199437、2842586、2461918、2428292、1170696 人，分别占全国文化企业年末从业人员总数的 27.1%、18.4%、15.9%、15.7%（参见图 5）。与此同时，文化休闲娱乐服务、文化专用设备的生产、文化信息传输服务、新闻出版发行服务、文化艺术服务、广播电视电影服务 6 个大类的就业规模明显较小，当年末它们的从业人员数量分别为 1170696、609107、589961、557252、359454、263983 人，所占全国文化企业年末从业人员总数的比重分别只有 7.6%、3.9%、3.8%、3.6%、2.3%、1.7%。

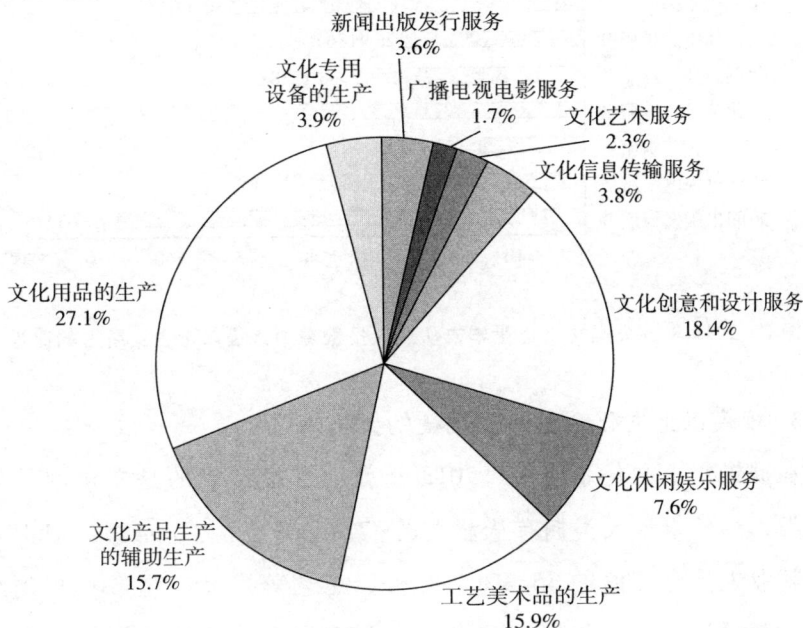

图 5　2013 年全国文化产业年末从业人员数的大类构成

2. 各大类文化企业中规模以上企业与规模以下企业的从业人员数量

在 2013 年末各大类文化企业从业人员数量中，规模以上企业所占的比重虽然大小不一，但总体上都明显高于它们所占各大类企业数量的比重（参见图6）。其中所占年末从业人员比重超过 50% 的包括文化专用设备的生产、新闻出版发行服务、文化用品的生产、文化信息传输服务、工艺美术品的生产 5 个大类，其比重依次为 72.3%、67.1%、64.9%、59.6%、50.1%，同时文化产品生产的辅助生产、广播电视电影服务、文化创意和设计服务、文化休闲娱乐服务、文化艺术服务 5 个大类的比重则低于 50%，分别只有 41.3%、39.4%、33.1%、26.4%、15.4%。

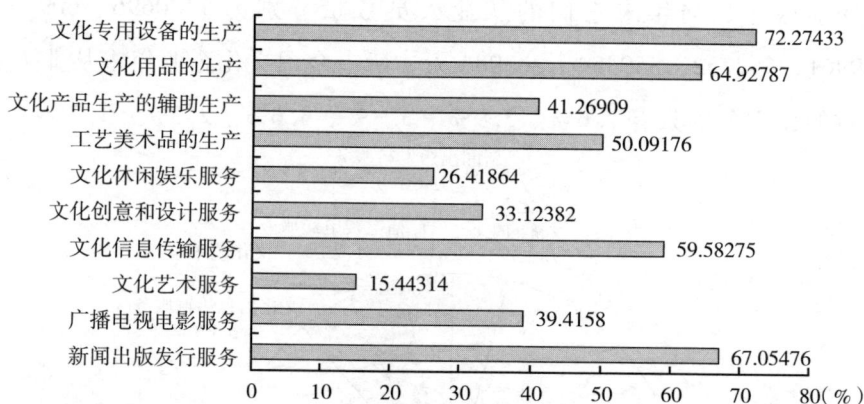

图6

大类	比重(%)
文化专用设备的生产	72.27433
文化用品的生产	64.92787
文化产品生产的辅助生产	41.26909
工艺美术品的生产	50.09176
文化休闲娱乐服务	26.41864
文化创意和设计服务	33.12382
文化信息传输服务	59.58275
文化艺术服务	15.44314
广播电视电影服务	39.4158
新闻出版发行服务	67.05476

图6　2013 年各大类文化企业年末从业人员数量中规模以上企业所占的比重

3. 规模以上文化企业就业规模的大类构成

在规模以上文化企业中，2013 年就业规模最大的是文化用品的生产大类，当年末该大类拥有从业人员 2726605 人，占全部规模以上文化企业就业人员合计值的 36.2%。此外，工艺美术品的生产、文化产品生产的辅助生产、文化创意和设计服务 3 个大类的就业规模也相对较大，它们的年末从业人员数量依次达到了 1233218、1002134、941573

人，所占的比重依次为 16.4% 、13.3% 、12.5% 。与此同时，文化专用设备的生产、新闻出版发行服务、文化信息传输服务、文化休闲娱乐服务、广播电视电影服务、文化艺术服务 6 个大类的就业规模则明显较小，2013 年末它们的从业人员数量分别为 440228、373664、351515、309282、104051、55511 人，所占的比重依次为 5.8% 、5.0% 、4.7% 、4.1% 、1.4% 、0.7% （参见图 7）。

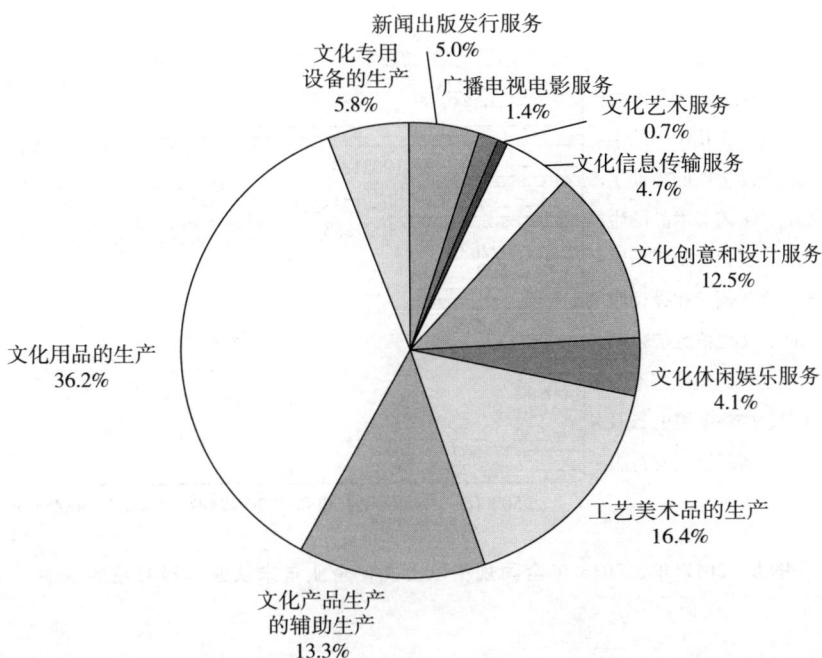

新闻出版发行服务
5.0%
文化专用
设备的生产
5.8%
广播电视电影服务
1.4%
文化艺术服务
0.7%
文化信息传输服务
4.7%
文化创意和设计服务
12.5%
文化用品的生产
36.2%
文化休闲娱乐服务
4.1%
工艺美术品的生产
16.4%
文化产品生产
的辅助生产
13.3%

图 7　2013 年全国规模以上文化企业年末从业人员数量的大类构成

与 2012 年相比，2013 年有 7 个大类的规模以上文化企业的就业规模有所扩大（参见图 8），包括广播电视电影服务、文化休闲娱乐服务、文化信息传输服务、工艺美术品的生产、文化产品生产的辅助生产、文化专用设备的生产、新闻出版发行服务，它们的增幅依次达到了 50.7% 、48.3% 、20.9% 、18.9% 、16.8% 、7.6% 、1.9% ，其中前 5

个大类的增长幅度超过了当年全部规模以上文化企业年末从业人员数量增长幅度，以致它们在规模以上文化企业就业人员合计值中的占比也分别提高了 0.4、1.1、0.5、1.6、1.0 个百分点。与此同时，文化创意和设计服务、文化用品的生产、文化艺术服务 3 个大类规模以上文化企业的就业规模有所减小，2013 年它们的年末从业人员数量分别比 2012 年减少了 0.2%、0.9%、8.9%，以致它们所占全部规模以上文化企业年末从业人员数量的比重分别下降了 1.0、3.1、0.2 个百分点。

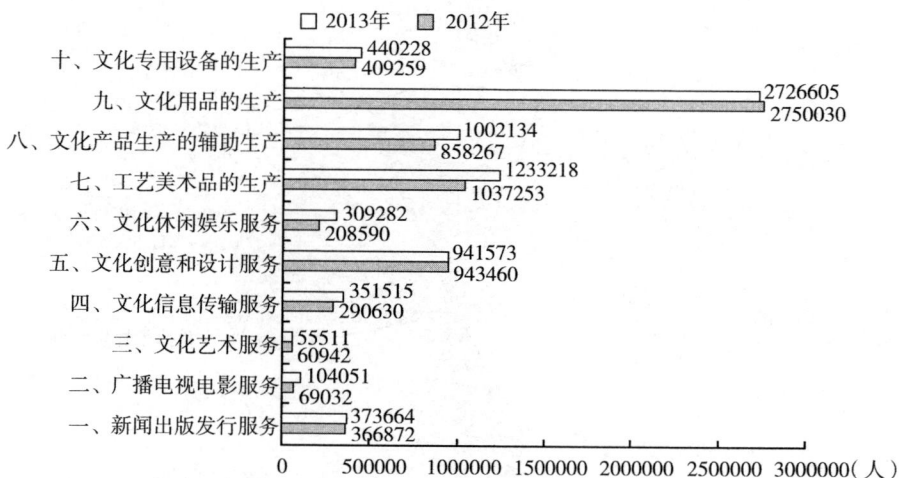

图 8　2012 年、2013 年全国规模以上文化企业年末从业人员数量的变动

（三）各中类企业的就业规模及构成

1. 全国文化企业从业人员数量的中类构成

2013 年全国各中类文化企业就业规模相差很大（参见表7）。以占全国文化产业年末从业人员数量的比重计，当年比重超过 10% 的有 2 个中类，比重为 5%～10% 的有 2 个中类，为 2%～5% 的有 10 个中类，为 1%～2% 的有 13 个中类，为 0.5%～1% 的有 7 个中类，其余 16 个中类所占的比重则均不足 0.5%。

表 7　2013 年末各中类文化企业的从业人员数量及构成

中类	人数（万人）	比重（%）	中类	人数（万人）	比重（%）
新闻服务	1.61	0.10	版权服务	1.83	0.12
出版服务	26.97	1.74	印刷复制服务	191.88	12.39
发行服务	27.15	1.75	文化经纪代理服务	2.44	0.16
广播电视服务	7.04	0.45	文化贸易代理与拍卖服务	5.54	0.36
电影和影视录音服务	19.35	1.25	文化出租服务	0.68	0.04
文艺创作与表演服务	14.94	0.97	会展服务	20.74	1.34
图书馆与档案馆服务	0.33	0.02	其他文化辅助生产	19.71	1.27
文化遗产保护服务	1.56	0.10	办公用品的制造	23.54	1.52
群众文化服务	3.00	0.19	乐器的制造	9.74	0.63
文化研究和社团服务	0.85	0.06	玩具的制造	87.34	5.64
文化艺术培训服务	5.64	0.36	游艺器材及娱乐用品的制造	5.93	0.38
其他文化艺术服务	9.63	0.62	视听设备的制造	76.76	4.96
互联网信息服务	30.18	1.95	焰火、鞭炮产品的制造	54.70	3.53
增值电信服务（文化部分）	4.03	0.26	文化用纸的制造	46.82	3.02
广播电视传输服务	24.78	1.60	文化用油墨颜料的制造	9.15	0.59
广告服务	112.09	7.24	文化用化学品的制造	6.60	0.43
文化软件服务	57.59	3.72	其他文化用品的制造	36.69	2.37
建筑设计服务	73.05	4.72	文具乐器照相器材的销售	27.07	1.75
专业设计服务	41.53	2.68	文化用家电的销售	20.62	1.33
景区游览服务	34.99	2.26	其他文化用品的销售	14.98	0.97
娱乐休闲服务	74.01	4.78	印刷专用设备的制造	8.47	0.55
摄影扩印服务	8.08	0.52	广播电视电影专用设备的制造	24.10	1.56
工艺美术品的制造	183.89	11.88	其他文化专用设备的制造	20.50	1.32
园林、陈设艺术及其他陶瓷制品的制造	19.41	1.25	广播电视电影专用设备的批发	4.99	0.32
工艺美术品的销售	42.89	2.77	舞台照明设备的批发	2.85	0.18

就具体产业而言，2013 年末从业人员数量最大的前 4 个中类依次为印刷复制服务、工艺美术品的制造、广告服务、玩具的制造，它们的年末从业人员数量分别是 191.88、183.89、112.09、87.34万人，占当年全国文化产业从业人员合计值的比重依次为 12.4%、

49

11.9%、7.2%、5.6%。另外，群众文化服务、舞台照明设备的批发、文化经纪代理服务、版权服务、新闻服务、文化遗产保护服务、文化研究和社团服务、文化出租服务、图书馆与档案馆服务则是年末从业人员数量最少的 9 个中类，它们所占全国合计值的比重均不足 0.2%。

2. 各中类文化企业中规模以上企业与规模以下企业的就业规模

如前文所述，在 2013 年末全国各中类文化企业从业人员中，规模以上文化企业和规模以下文化企业所占的比重总体持平，其中规模以上文化企业占比超过 50% 的有 24 个中类，包括文化用化学品的制造，其他文化专用设备的制造，视听设备的制造，文化用纸的制造，新闻服务，广播电视电影专用设备的制造，出版服务，文化用油墨颜料的制造，玩具的制造，其他文化用品的制造，广播电视传输服务，增值电信服务（文化部分），乐器的制造，广播电视传输服务，增值电信服务，乐器的创造，广播电视服务，园林、陈设艺术及其他陶瓷制品的制造，发行服务，文化软件服务，印刷专用设备的制造，景区游览服务，办公用品的制造，游艺器材及娱乐用品的制造，工艺美术品的制造，互联网信息服务，焰火，鞭炮产品的制造，它们所占的比重依次为 91.6%、90.0%、87.9%、83.9%、78.2%、78.4%、73.0%、71.4%、69.9%、68.9%、66.6%、66.2%、63.8%、61.8%、61.6%、60.5%、57.4%、56.0%、55.5%、55.5%、54.9%、53.1%、52.9%、50.5%（参见图 9）。

进一步观察还发现，在 2013 年末全部文化企业从业人员数量中，各中类规模以上企业的占比相差很大。其中在 90% 及以上的有 2 个中类，在 80%~90% 之间的有 2 个中类，在 70%~80% 之间的有 4 个中类，在 60%~70% 之间的有 8 个中类，在 50%~60% 之间的有 8 个中类，在 40%~50% 之间的有 4 个中类，在 30%~40% 之间的有 3 个中类，在 20%~30% 之间的有 3 个中类，在 10%~20% 之间的有 10 个中

工艺美术品的销售 31.9
园林、陈设艺术及其他陶瓷制品的制造 61.6
工艺美术品的制造 53.1
摄影扩印服务 19.3
娱乐休闲服务 13.5
景区游览服务 55.5
专业设计服务 19.2
建筑设计服务 48.3
文化软件服务 57.4
广告服务 15.9
广播电视传输服务 66.6
增值电信服务（文化部分） 66.2
互联网信息服务 52.9
其他文化艺术服务 6.2
文化艺术培训服务 9.5
文化研究和社团服务 3.9
群众文化服务 9.3
文化遗产保护服务 28.1
图书馆与档案馆服务 7.0
文艺创作与表演服务 24.6
电影和影视录音服务 31.3
广播电视服务 61.8
发行服务 60.5
出版服务 73.0
新闻服务 78.2

0 10 20 30 40 50 60 70 80（%）

舞台照明设备的批发 19.2
广播电视电影专用设备的批发 37.4
其他文化专用设备的制造 90.0
广播电视电影专用设备的制造 78.4
印刷专用设备的制造 56.0
其他文化用品的销售 17.4
文化用家电的销售 48.2
文具乐器照相器材的销售 18.6
其他文化用品的制造 68.9
文化用化学品的制造 91.6
文化用油墨颜料的制造 71.4
文化用纸的制造 83.9
焰火、鞭炮产品的制造 50.5
视听设备的制造 87.9
游艺器材及娱乐用品的制造 54.9
玩具的制造 69.9
乐器的制造 63.8
办公用品的制造 55.5
其他文化辅助生产 12.9
会展服务 21.8
文化出租服务 18.8
文化贸易代理与拍卖服务 9.1
文化经纪代理服务 13.4
印刷复制服务 47.7
版权服务 40.8

0 10 20 30 40 50 60 70 80 90 100（%）

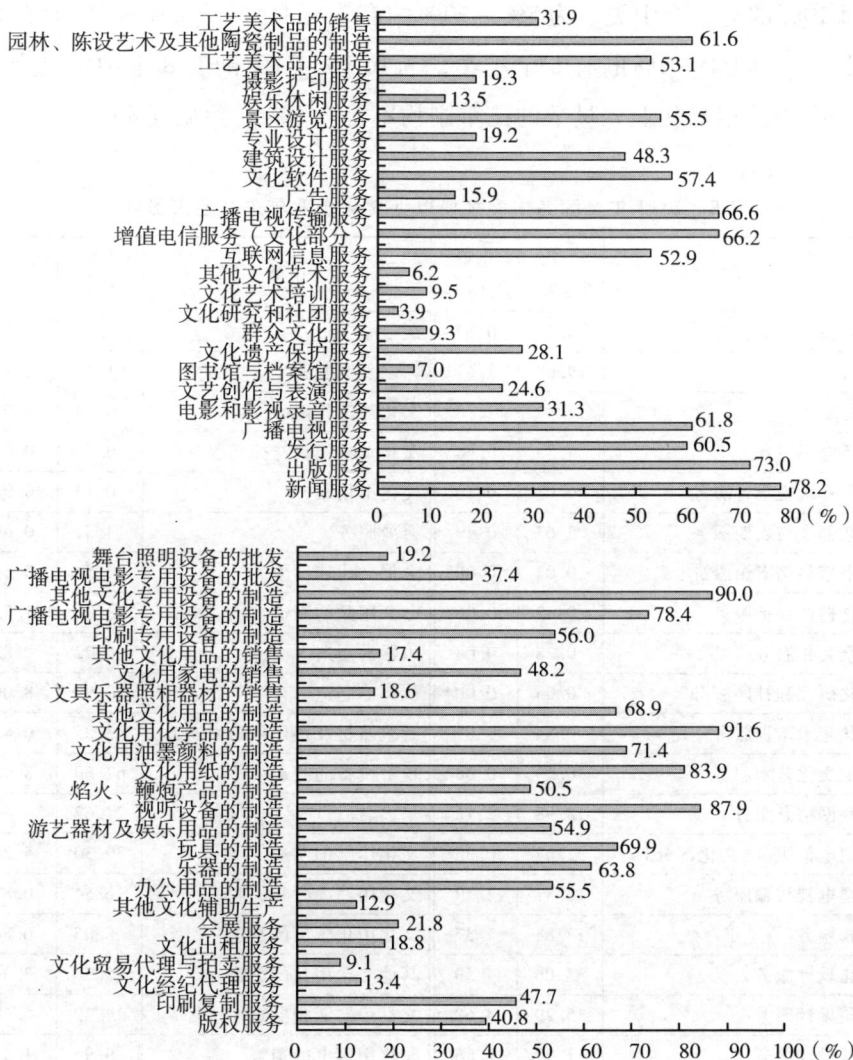

图 9　2013 年末各中类文化企业从业人员数量中规模以上企业所占的比重

类，其余 6 个中类均不足 10%。

3. 规模以上文化企业就业规模的中类构成

在 2013 年末规模以上文化企业从业人员总计中，各中类的相对规模差别也很大。其中，占全部规模以上文化企业年末从业人员数量的比重超过 10% 的有 2 个中类，为 5%～10% 的有 3 个中类，为 2%～5% 的有 12 个中类，为 1%～2% 的有 6 个中类，为 0.5%～1% 的有 8 个中类，余下 19 个中类的年末从业人员数的比重则均不足 0.5%（参见表 8）。

表 8　2013 年全国各中类规模以上文化企业年末从业人员数

中类	人数（万人）	比重（%）	中类	人数（万人）	比重（%）
新闻服务	1.26	0.17	版权服务	0.75	0.10
出版服务	19.68	2.61	印刷复制服务	91.43	12.13
发行服务	16.43	2.18	文化经纪代理服务	0.33	0.04
广播电视服务	4.35	0.58	文化贸易代理与拍卖服务	0.53	0.07
电影和影视录音服务	6.05	0.80	文化出租服务	0.13	0.02
文艺创作与表演服务	3.67	0.49	会展服务	4.51	0.60
图书馆与档案馆服务	0.02	0.003	其他文化辅助生产	2.54	0.34
文化遗产保护服务	0.42	0.06	办公用品的制造	13.06	1.73
群众文化服务	0.28	0.04	乐器的制造	6.22	0.83
文化研究和社团服务	0.03	0.004	玩具的制造	60.99	8.09
文化艺术培训服务	0.54	0.07	游艺器材及娱乐用品的制造	3.25	0.43
其他文化艺术服务	0.59	0.08	视听设备的制造	67.30	8.93
互联网信息服务	15.98	2.12	焰火、鞭炮产品的制造	27.62	3.66
增值电信服务（文化部分）	2.67	0.35	文化用纸的制造	39.30	5.21
广播电视传输服务	16.51	2.19	文化用油墨颜料的制造	6.54	0.87
广告服务	17.84	2.37	文化用化学品的制造	6.05	0.80
文化软件服务	33.06	4.39	其他文化用品的制造	25.30	3.36
建筑设计服务	35.29	4.68	文具乐器照相器材的销售	4.49	0.60
专业设计服务	7.97	1.06	文化用家电的销售	9.95	1.32
景区游览服务	19.42	2.58	其他文化用品的销售	2.61	0.35
娱乐休闲服务	9.95	1.32	印刷专用设备的制造	4.74	0.63
摄影扩印服务	1.56	0.21	广播电视电影专用设备的制造	18.42	2.44
工艺美术品的制造	97.67	12.96	其他文化专用设备的制造	18.44	2.45
园林、陈设艺术及其他陶瓷制品的制造	11.95	1.59	广播电视电影专用设备的批发	1.87	0.25
工艺美术品的销售	13.70	1.82	舞台照明设备的批发	0.55	0.07

规模以上文化企业年末从业人员数量最多的 5 个中类包括工艺美术品的制造、印刷复制服务、视听设备的制造、玩具的制造、文化用纸的制造，它们的年末从业人员数分别为 976691、914341、673013、609857、393033 人，占规模以上文化企业合计值的比重依次达到了13.0%、12.1%、8.9%、8.1%、5.2%。与此同时，规模以上文化企业年末从业人员数量最少的 11 个中类包括版权服务、其他文化艺术服务、舞台照明设备的批发、文化艺术培训服务、文化贸易代理与拍卖服务、文化遗产保护服务、文化经纪代理服务、群众文化服务、文化出租服务、文化研究和社团服务、图书馆与档案馆服务，它们的年末从业人员数依次为 7469、5924、5488、5373、5323、4170、3275、2796、1274、329、229 人，所占的比重均不足 0.1%。

与 2012 年末相比，2013 年规模以上文化企业从业人员数量有所增长的中类有 33 个，其中增幅超过全部规模以上文化企业从业人员数量增幅（7.8%）的有 27 个中类。其中，增幅最大的 6 个中类分别为专业设计服务，其他文化用品的销售，园林、陈设艺术及其他陶瓷制品的制造，广播电视服务，娱乐休闲服务，文化遗产保护服务，其增幅依次达 124.1%、102.4%、86.0%、70.2%、62.3%、58.3%。另有 17 个中类规模以上文化企业年末从业人员数有所下降，包括出版服务、文化研究和社团服务、乐器的制造、文化用化学品的制造、文化用油墨颜料的制造、摄影扩印服务、其他文化用品的制造、文化用纸的制造、广播电视电影专用设备的批发、文化软件服务、文化用家电的销售、版权服务、其他文化辅助生产、增值电信服务（文化部分）、文化贸易代理与拍卖服务、舞台照明设备的批发、文化艺术培训服务。而作为这一增长格局的结果，2013 年末有 27 个中类所占全部规模以上文化企业从业人员数量的比重较之2012 年有所提高，其余 23 个中类所占的比重则有所下降（参见表 9）。

表9 2013年末各中类规模以上文化企业从业人员增幅及所占比重的变动

中类	增幅（%）	比重变动（百分点）	中类	增幅（%）	比重变动（百分点）
新闻服务	42.5	0.04	版权服务	−40.3	−0.08
出版服务	−1.9	−0.26	印刷复制服务	22.3	1.44
发行服务	4.4	−0.07	文化经纪代理服务	20.4	0.00
广播电视服务	70.2	0.21	文化贸易代理与拍卖服务	−57.8	−0.11
电影和影视录音服务	39.3	0.18	文化出租服务	2.3	0.00
文艺创作与表演服务	7.6	0.00	会展服务	24.7	0.08
图书馆与档案馆服务	3.6	0.00	其他文化辅助生产	−44.4	−0.32
文化遗产保护服务	58.3	0.02	办公用品的制造	13.4	0.09
群众文化服务	39.9	0.01	乐器的制造	−5.3	−0.11
文化研究和社团服务	−2.9	0.00	玩具的制造	6.6	−0.09
文化艺术培训服务	−68.9	−0.18	游艺器材及娱乐用品的制造	17	0.03
其他文化艺术服务	34.8	0.02	视听设备的制造	8	0.02
互联网信息服务	25.7	0.30	焰火、鞭炮产品的制造	14.8	0.22
增值电信服务（文化部分）	−48.8	−0.39	文化用纸的制造	−16.5	−1.52
广播电视传输服务	48.2	0.60	文化用油墨颜料的制造	−8.3	−0.15
广告服务	23.7	0.30	文化用化学品的制造	−5.5	−0.11
文化软件服务	−24.7	−1.90	其他文化用品的制造	−15.7	−0.94
建筑设计服务	8.8	0.04	文具乐器照相器材的销售	36.8	0.13
专业设计服务	124.1	0.55	文化用家电的销售	−35.3	−0.88
景区游览服务	49.4	0.72	其他文化用品的销售	102.4	0.16
娱乐休闲服务	62.3	0.44	印刷专用设备的制造	7.5	0.00
摄影扩印服务	−9.9	−0.04	广播电视电影专用设备的制造	18.7	0.23
工艺美术品的制造	12	0.49	其他文化专用设备的制造	8.2	0.01
园林、陈设艺术及其他陶瓷制品的制造	86	0.67	广播电视电影专用设备的批发	−23.5	−0.10
工艺美术品的销售	35.7	0.37	舞台照明设备的批发	−63.6	−0.14

三 中国文化企业的资产规模及构成

根据第三次全国经济普查的结果，2013年全国文化企业年末资产

总额为 95422.05 亿元。其中，规模以上文化企业年末资产总额达
57568.48 亿元，年末所有者权益总计 26259.69 亿元，分别比 2012 年增
长了 14.4%、15.2%。另外，2013 年规模以下文化企业年末资产总额
为 37853.57 亿元，占全国文化企业总计的 39.7%，而规模以上文化企
业所占的比重则达 60.3%。

（一）各部分文化企业的资产规模及构成

在 2013 年末全国文化企业中，"文化产品的生产"部分资产总额
为 58932.78 亿元，所占的比重达到 61.8%；"文化相关产品的生产"
部分资产总额为 36489.27 亿元，所占的比重仅为 38.2%（参见表 10）。

表 10　2013 年末全国文化企业资产总额及构成

单位：亿元

	规模以上企业	规模以下企业	合计
第一部分:文化产品的生产	31759.92	27172.86	58932.78
第二部分:文化相关产品的生产	25808.56	10680.72	36489.27
合　计	57568.48	37853.57	95422.05

在规模以上文化企业中，2013 年末"文化产品的生产"部分资产
总额为 31759.92 亿元，比 2012 年增长了 29.4%，其占全部规模以上文
化企业合计值的 55.2%，也比 2012 年提高了 6.4 个百分点；该部分所
有者权益为 15169.37 亿元，比 2012 年增长了 26.0%，其占全部规模以
上文化企业所有者权益的比重则为 57.8%，也比 2012 年提高了 5 个百
分点。另外，2013 年末"文化相关产品的生产"部分资产总额为
25808.56 亿元，仅比 2012 年增长了 0.04%，其占全部规模以上文化企
业所有者权益的比重则为 44.8%，比 2012 年下降了 6.4 个百分点；该
部分年末所有者权益为 11090.31 亿元，比 2012 年增长了 3.1%，其占
全部规模以上文化企业所有者权益的比重则为 42.2%，也比 2012 年下

降了 5 个百分点。

在规模以下文化企业中，2013 年末"文化产品的生产"部分资产总额为 27172.86 亿元，占全部规模以下文化企业合计值的 71.8%；"文化相关产品的生产"部分年末资产总额为 10680.72 亿元，所占的比重仅为 28.2%。

另外，在 2013 年末"文化产品的生产"部分企业资产总额中，规模以上文化企业和规模以下文化企业所占的比重分别为 53.9% 和 46.1%；在"文化相关产品的生产"部分企业资产总额中，规模以上文化企业和规模以下文化企业所占的比重则分别为 70.7% 和 29.3%。

（二）各大类企业的资产规模及构成

1. 全国文化企业资产规模的大类构成

在全国文化企业中，2013 年文化用品的生产、文化创意和设计服务、文化产品生产的辅助生产、工艺美术品的生产 4 个大类的资产规模明显较大，它们的年末资产总额分别为 21068.12、19426.93、11946.06、10258.41 亿元，占全国文化企业年末资产总额的比重则分别达 22.1%、20.4%、12.5%、10.8%（参见图 10）。

另外，文化休闲娱乐服务、文化信息传输服务、新闻出版发行服务、广播电视电影服务、文化专用设备的生产、文化艺术服务 6 个大类的年末资产总额明显较少，依次只有 8995.60、6877.41、6349.12、4226.75、3475.10、2798.56 亿元，所占全国文化企业年末资产总额的比重分别只有 9.4%、7.2%、6.7%、4.4%、3.6%、2.9%。

2. 各大类文化企业中规模以上企业和规模以下企业的资产规模

虽然 2013 年各大类文化企业中规模以上企业数量很少，但其资产规模占据了多数（参见图 11）。其中，文化专用设备的生产、文化用品的生产、新闻出版发行服务、文化信息传输服务、广播电视电影服务、工艺美术品的生产、文化产品生产的辅助生产 7 个大类中规模以上文化企业

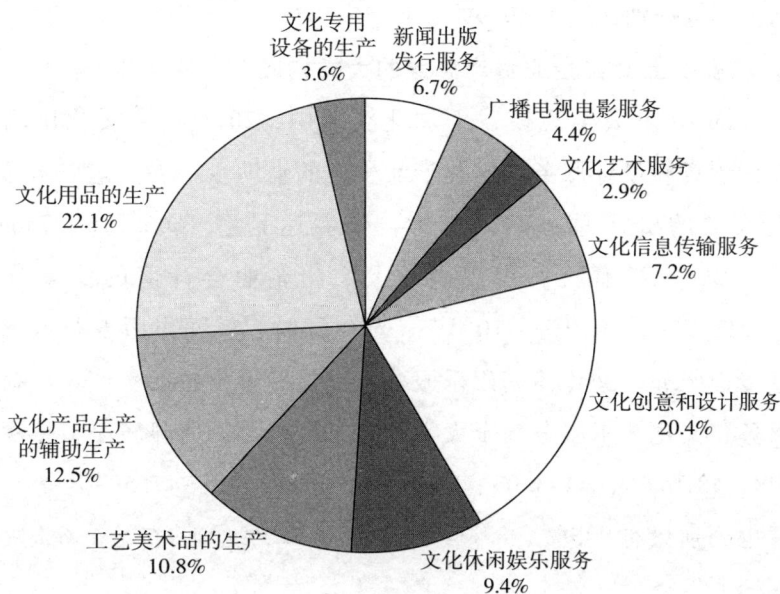

图 10 2013 年全国文化企业年末资产总额的大类构成

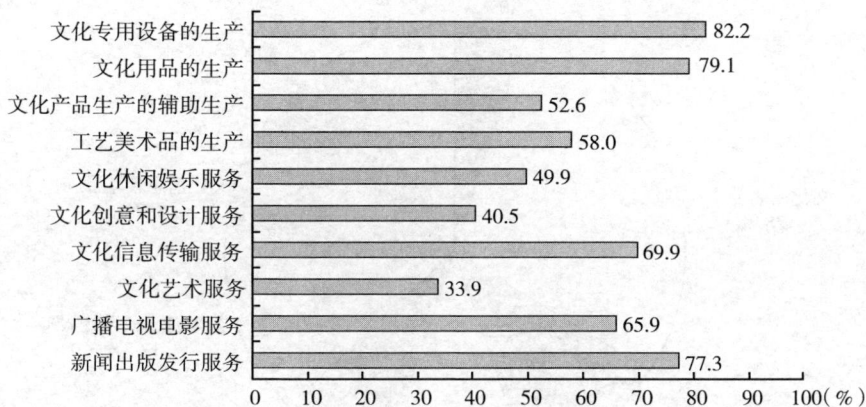

图 11 2013 年各大类文化企业中规模以上企业所占年末资产总额的比重

的年末资产总额占比均超过了 50%,依次为 82.2%、79.1%、77.3%、
69.9%、65.9%、58.0%、52.6%,同时余下的文化休闲娱乐服务、文化
创意和设计服务、文化艺术服务 3 个大类年末资产总额中规模以上文化

57

企业的占比也分别达到了 49.9%、40.5%、33.9%。

3. 规模以上文化企业资产总额的大类构成

在全部 10 个大类规模以上文化企业中，2013 年末文化用品的生产、文化创意和设计服务、文化产品生产的辅助生产、工艺美术品的生产 4 个大类的资产总额相对较大，依次达到了 16663.16、7864.92、6288.45、5946.72 亿元，占规模以上文化企业合计值的比重分别为 28.9%、13.7%、10.9%、10.3%；与此同时，新闻出版发行服务、文化信息传输服务、文化休闲娱乐服务、文化专用设备的生产、广播电视电影服务、文化艺术服务 6 个大类的年末资产总额明显较小，依次只有 4909.98、4810.46、4493.03、2856.95、2787.23、947.59 亿元，所占的比重也分别只有 8.5%、8.4%、7.8%、5.0%、4.8%、1.6%（参见图 12）。

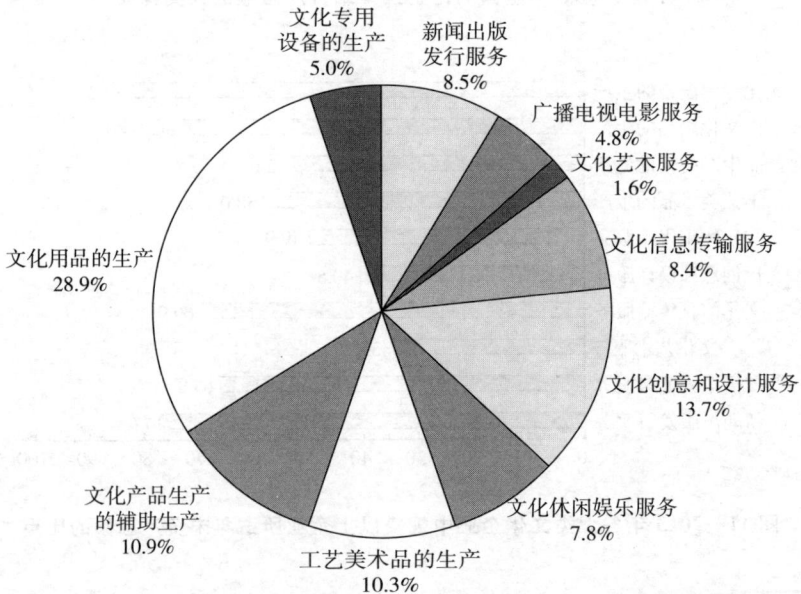

图 12　2013 年全国规模以上文化企业年末资产总额的大类构成

与 2012 年相比，2013 年规模以上文化企业中年末资产总额增幅明显较大的有 6 个大类，包括文化休闲娱乐服务、广播电视电影服务、文化艺术服务、工艺美术品的生产、文化信息传输服务、新闻出版发行服务，它们的增幅依次为 79.2%、71.5%、43.7%、38.6%、28.6%、18.7%。同时，文化专用设备的生产、文化创意和设计服务 2 个大类年末资产总额的增幅较小，分别只有 6.0%、4.5%；余下的文化用品的生产、文化产品生产的辅助生产 2 个大类的年末资产总额则分别比 2012 年减少了 0.1%、2.0%（参见图 13）。

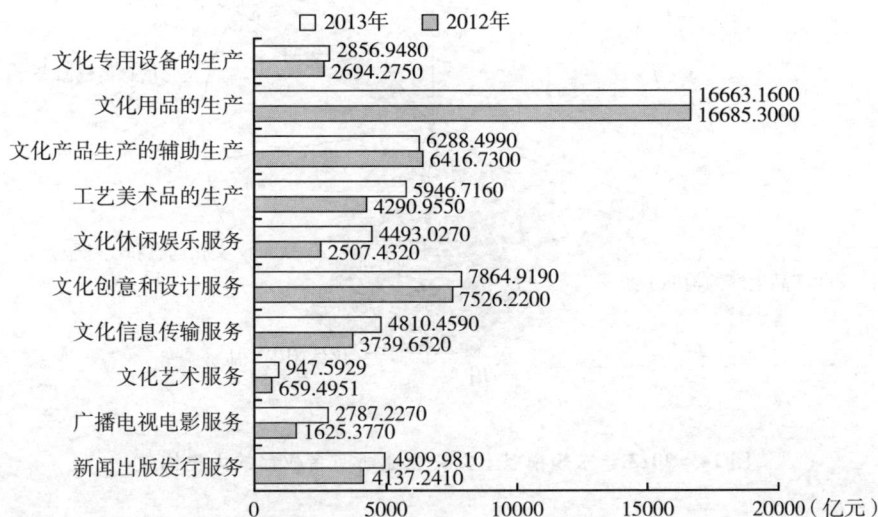

图 13　2012 年、2013 年末各大类规模以上文化企业的资产总额

4. 规模以上文化企业所有者权益的大类构成

在各大类规模以上文化企业中，2013 年末文化用品的生产、文化创意和设计服务、文化产品生产的辅助生产、新闻出版发行服务 4 个大类的所有者权益相对较大，依次达到了 6742.86、3485.49、3166.93、2773.44 亿元，分别占规模以上文化企业所有者权益合计值的 25.7%、13.3%、12.1%、10.6%。同时，文化信息传输服务、工艺美术品的生

产、文化休闲娱乐服务、广播电视电影服务、文化专用设备的生产、文化艺术服务 6 个大类的所有者权益相对较小，依次为 2544.18、2433.23、2072.86、1511.86、1180.53、348.31 亿元，占全部规模以上文化企业所有者权益合计值的比重分别为 9.7%、9.3%、7.9%、5.8%、4.5%、1.3%（参见图 14）。

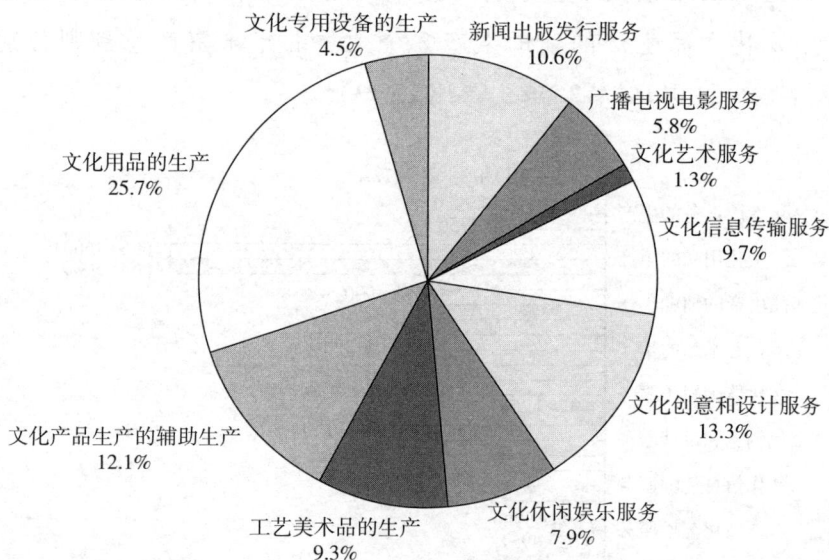

图 14　2013 年末规模以上文化企业所有者权益的大类构成

与 2012 年相比，2013 年规模以上文化企业中年末所有者权益增幅较大的有 6 个大类，包括文化休闲娱乐服务、广播电视电影服务、文化艺术服务、工艺美术品的生产、文化信息传输服务、新闻出版发行服务，它们的增幅依次为 78.1%、36.6%、39.1%、36.4%、27.9%、18.3%。同时，文化专用设备的生产、文化用品的生产、文化创意和设计服务 3 个大类年末所有者权益的增幅较小，分别只有 8.9%、6.3%、2.5%。另外，文化产品生产的辅助生产大类的年末所有者权益比 2012 年减少了 4.7%（参见图 15）。

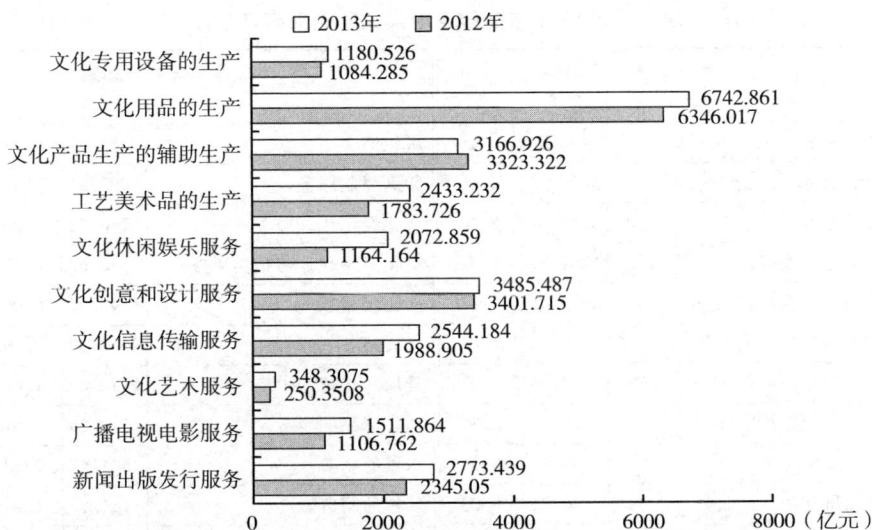

图 15　2012 年、2013 年末各大类规模以上文化企业的所有者权益

（三）各中类文化企业的资产规模及构成

1. 全国文化企业资产总额的中类构成

在 2013 年末全国文化企业年末资产总额中，所占的比重为 5% ~ 10% 的有 5 个中类，为 2% ~ 5% 的有 12 个中类，为 1% ~ 2% 的有 10 个中类，为 0.5% ~ 1% 的有 8 个中类，其余 15 个中类所占的比重则不足 0.5%（参见表 11）。

就具体产业而言，2013 年末资产总额最大的前 5 个中类依次为广告服务、印刷复制服务、景区游览服务、工艺美术品的制造、文化用纸的制造，它们的年末资产总额分别是 8882.86、7093.81、6607.29、6143.52、6104.73 亿元，占当年全国文化产业合计值的比重依次为 9.3%、7.4%、6.9%、6.4%、6.4%。

另外，印刷专用设备的制造，文化遗产保护服务，园林、陈设艺术及其他陶瓷制品的制造，群众文化服务，舞台照明设备的批发，增值电

表 11　2013 年末全国各中类文化企业资产总额

中类	总额（亿元）	比重（%）	中类	总额（亿元）	比重（%）
新闻服务	150.25	0.16	版权服务	85.57	0.09
出版服务	3874.85	4.06	印刷复制服务	7093.81	7.43
发行服务	2324.02	2.44	文化经纪代理服务	246.62	0.26
广播电视服务	1241.27	1.3	文化贸易代理与拍卖服务	548.63	0.57
电影和影视录音服务	2985.48	3.13	文化出租服务	42.95	0.05
文艺创作与表演服务	989.74	1.04	会展服务	2187.87	2.29
图书馆与档案馆服务	9.55	0.01	其他文化辅助生产	1740.6	1.82
文化遗产保护服务	360.2	0.38	办公用品的制造	578.25	0.61
群众文化服务	299.13	0.31	乐器的制造	501.47	0.53
文化研究和社团服务	30.31	0.03	玩具的制造	1184.86	1.24
文化艺术培训服务	126.76	0.13	游艺器材及娱乐用品的制造	214.98	0.23
其他文化艺术服务	982.86	1.03	视听设备的制造	4327.39	4.53
互联网信息服务	3218.88	3.37	焰火、鞭炮产品的制造	656.16	0.69
增值电信服务（文化部分）	266.58	0.28	文化用纸的制造	6104.73	6.4
广播电视传输服务	3391.95	3.55	文化用油墨颜料的制造	574.85	0.6
广告服务	8882.86	9.31	文化用化学品的制造	903.11	0.95
文化软件服务	3634.74	3.81	其他文化用品的制造	1489.89	1.56
建筑设计服务	4591.73	4.81	文具乐器照相器材的销售	1865.44	1.95
专业设计服务	2317.6	2.43	文化用家电的销售	1654.28	1.73
景区游览服务	6607.29	6.92	其他文化用品的销售	1012.7	1.06
娱乐休闲服务	2245.62	2.35	印刷专用设备的制造	407.07	0.43
摄影扩印服务	142.69	0.15	广播电视电影专用设备的制造	1167.36	1.22
工艺美术品的制造	6143.52	6.44	其他文化专用设备的制造	790.19	0.83
园林、陈设艺术及其他陶瓷制品的制造	340.51	0.36	广播电视电影专用设备的批发	836.01	0.88
工艺美术品的销售	3774.38	3.96	舞台照明设备的批发	274.48	0.29

信服务（文化部分），文化经纪代理服务，游艺器材及娱乐用品的制造，新闻服务，摄影扩印服务，文化艺术培训服务，版权服务，文化出租服务，文化研究和社团服务，图书馆与档案馆服务则是年末资产总额

最少的 15 个中类，它们所占全国各中类文化企业合计值的比重均不足 0.5%。

2. 各中类文化企业中规模以上企业和规模以下企业的资产总额构成

在 2013 年末各中类文化企业资产总额中，规模以上文化企业所占的比重超过 50% 的有 32 个中类，少于 50% 的只有 18 个中类。进一步观察还发现，在全部 50 个中类文化企业中，规模以上文化企业所占年末资产总额的比重有显著的差别。其中，所占的比重在 90% 以上的有 4 个中类，在 80%~90% 之间的有 4 个中类，在 70%~80% 之间的有 8 个中类，在 60%~70% 之间的有 8 个中类，在 50%~60% 之间的有 8 个中类，在 40%~50% 之间的有 5 个中类，在 30%~40% 之间的有 3 个中类，在 20%~30% 之间的有 3 个中类，在 10%~20% 之间的有 6 个中类，另有 1 个中类所占的比重仅为 1.3%（参见图 16）。

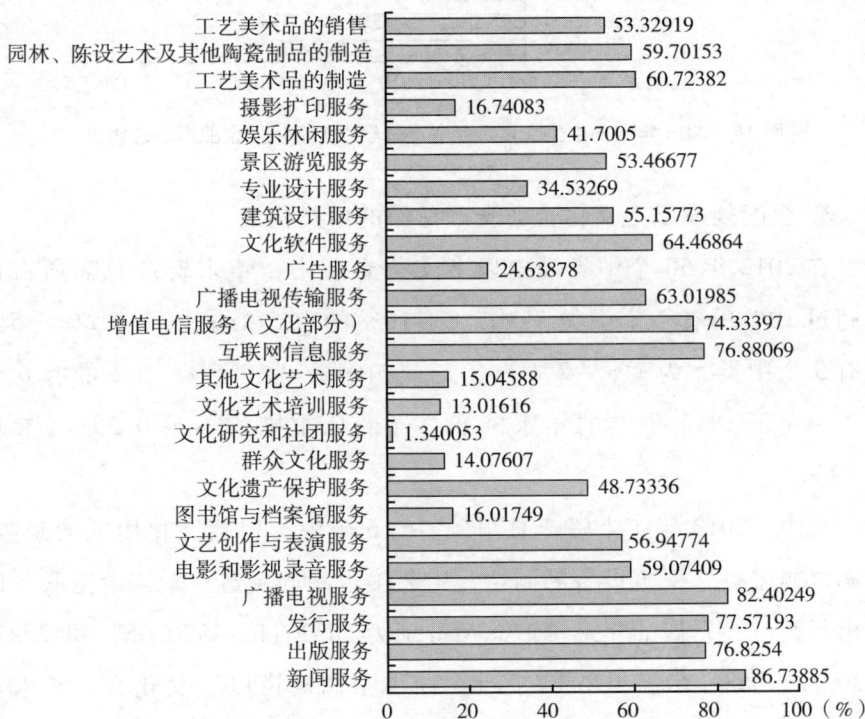

中类	比重（%）
工艺美术品的销售	53.32919
园林、陈设艺术及其他陶瓷制品的制造	59.70153
工艺美术品的制造	60.72382
摄影扩印服务	16.74083
娱乐休闲服务	41.7005
景区游览服务	53.46677
专业设计服务	34.53269
建筑设计服务	55.15773
文化软件服务	64.46864
广告服务	24.63878
广播电视传输服务	63.01985
增值电信服务（文化部分）	74.33397
互联网信息服务	76.88069
其他文化艺术服务	15.04588
文化艺术培训服务	13.01616
文化研究和社团服务	1.340053
群众文化服务	14.07607
文化遗产保护服务	48.73336
图书馆与档案馆服务	16.01749
文艺创作与表演服务	56.94774
电影和影视录音服务	59.07409
广播电视服务	82.40249
发行服务	77.57193
出版服务	76.8254
新闻服务	86.73885

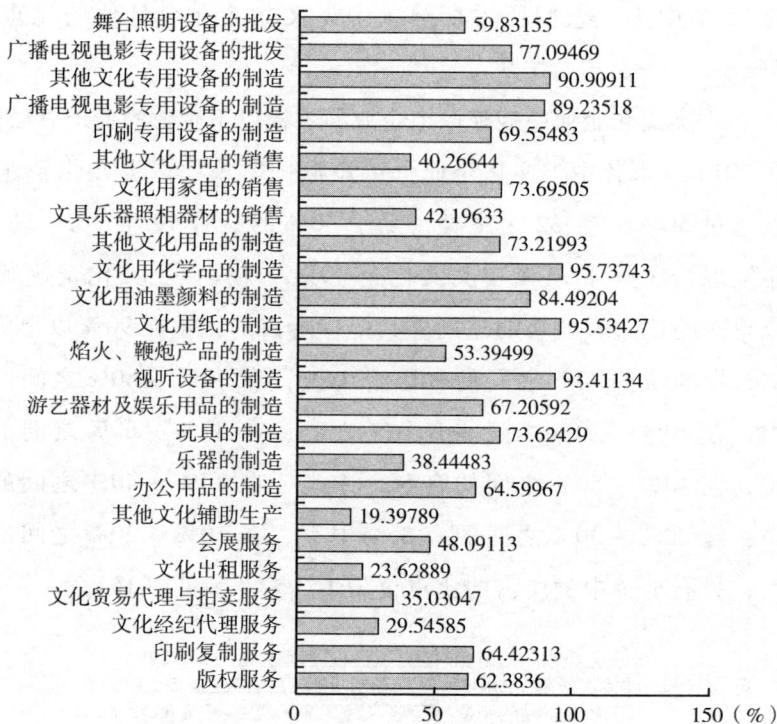

图16　2013年末各中类文化企业资产总额中规模以上企业所占的比重

3. 全国规模以上文化企业资产总额的中类构成

在 2013 年 50 个中类规模以上文化企业中，年末资产总额所占比重超过 10% 的有 1 个中类，为 5% ~ 10% 的有 5 个中类，为 2% ~ 5% 的有 9 个中类，为 1% ~ 2% 的有 11 个中类，为 0.5% ~ 1% 的有 6 个中类，余下 18 个中类的年末资产总额的比重则均不足 0.5%（参见表 12）。

其中，2013 年年末资产总额最多的 6 个中类包括文化用纸的制造、印刷复制服务、视听设备的制造、工艺美术品的制造、景区游览服务以及出版服务，它们的年末资产总额分别为 5832.11、4570.05、4042.27、3730.58、3532.70、2976.87 亿元，所占全国规模以上文化企业年末资产总额的比重依次达到了 10.1%、7.9%、7.0%、6.5%、6.1%、5.2%。

表 12　2013 年末规模以上文化企业资产总额的中类构成

中类	总额（亿元）	比重（%）	中类	总额（亿元）	比重（%）
新闻服务	130.33	0.23	版权服务	53.38	0.09
出版服务	2976.87	5.17	印刷复制服务	4570.05	7.94
发行服务	1802.79	3.13	文化经纪代理服务	72.87	0.13
广播电视服务	1023.58	1.78	文化贸易代理与拍卖服务	192.19	0.33
电影和影视录音服务	1763.65	3.06	文化出租服务	10.15	0.02
文艺创作与表演服务	563.63	0.98	会展服务	1052.17	1.83
图书馆与档案馆服务	1.53	0.003	其他文化辅助生产	337.64	0.59
文化遗产保护服务	175.54	0.3	办公用品的制造	373.55	0.65
群众文化服务	42.11	0.07	乐器的制造	192.79	0.33
文化研究和社团服务	0.41	0.01	玩具的制造	872.34	1.52
文化艺术培训服务	16.5	0.03	游艺器材及娱乐用品的制造	144.48	0.25
其他文化艺术服务	147.88	0.26	视听设备的制造	4042.27	7.02
互联网信息服务	2474.70	4.3	焰火、鞭炮产品的制造	350.36	0.61
增值电信服务（文化部分）	198.160	0.34	文化用纸的制造	5832.11	10.13
广播电视传输服务	2137.60	3.71	文化用油墨颜料的制造	485.70	0.84
广告服务	2188.63	3.80	文化用化学品的制造	864.61	1.50
文化软件服务	2343.27	4.07	其他文化用品的制造	1090.90	1.89
建筑设计服务	2532.69	4.40	文具乐器照相器材的销售	787.15	1.37
专业设计服务	800.33	1.39	文化用家电的销售	1219.12	2.12
景区游览服务	3532.7	6.14	其他文化用品的销售	407.78	0.71
娱乐休闲服务	936.43	1.63	印刷专用设备的制造	283.14	0.49
摄影扩印服务	23.89	0.04	广播电视电影专用设备的制造	1041.70	1.81
工艺美术品的制造	3730.58	6.48	其他文化专用设备的制造	718.35	1.25
园林、陈设艺术及其他陶瓷制品的制造	203.29	0.35	广播电视电影专用设备的批发	649.54	1.13
工艺美术品的销售	2012.85	3.50	舞台照明设备的批发	164.23	0.29

另外，2013 年年末资产总额最少的 8 个中类包括文化经纪代理服务、版权服务、群众文化服务、摄影扩印服务、文化艺术培训服务、文化出租服务、图书馆与档案馆服务、文化研究和社团服务，它们的年末资产总额均不超过 100 亿元，分别为 72.87、53.38、42.11、23.89、16.50、

10.15、1.53、0.41 亿元，它们所占全国规模以上文化企业年末资产总额的比重均不超过 0.2%。

与 2012 年相比，2013 年规模以上文化企业年末资产总额有所增长的中类有 38 个，其中增长率最高的 7 个中类分别为文化遗产保护服务，园林、陈设艺术及其他陶瓷制品的制造，广播电视服务，群众文化服务，专业设计服务，其他文化用品的销售以及其他文化艺术服务，其增长率依次达 229.1%、117.4%、114.7%、114.2%、110.5%、101.8%、101.1%。同时，另有 12 个中类规模以上文化企业年末资产总额有所下降，包括文化用油墨颜料的制造、其他文化用品的制造、文化软件服务、文化用家电的销售、文化出租服务、文化艺术培训服务、版权服务、舞台照明设备的批发、文化贸易代理与拍卖服务、增值电信服务（文化部分）、其他文化辅助生产、文化研究和社团服务。另外，在 50 个中类规模以上文化企业中，2013 年末资产总额占比高于 2012 年的有 28 个中类，有 18 个中类的占比则较之 2012 年有所下降，有 4 个中类持平（参见表 13）。

表 13　2013 年末各中类规模以上文化企业资产总额增幅及所占比重的变动

中类	增幅（％）	比重变动（百分点）	中类	增幅（％）	比重变动（百分点）
新闻服务	25.1	0.02	其他文化艺术服务	101.1	0.11
出版服务	20.8	0.28	互联网信息服务	37.1	0.71
发行服务	14.9	0.01	增值电信服务（文化部分）	-70.9	-1.01
广播电视服务	114.7	0.83	广播电视传输服务	63.3	1.11
电影和影视录音服务	53.5	0.78	广告服务	34.3	0.56
文艺创作与表演服务	19.9	0.05	文化软件服务	-22.5	-1.94
图书馆与档案馆服务	6.6	0.00	建筑设计服务	1.6	-0.55
文化遗产保护服务	229.1	0.20	专业设计服务	110.5	0.63
群众文化服务	114.2	0.03	景区游览服务	79.0	2.22
文化研究和社团服务	-89.9	-0.01	娱乐休闲服务	82.1	0.60
文化艺术培训服务	-55.8	-0.05	摄影扩印服务	23.4	0.00

续表

中类	增幅 （%）	比重变动 （百分点）	中类	增幅 （%）	比重变动 （百分点）
工艺美术品的制造	28.6	0.72	视听设备的制造	13.3	−0.07
园林、陈设艺术及其他陶瓷制品的制造	177.4	0.21	焰火、鞭炮产品的制造	14.4	0.00
工艺美术品的销售	52.8	0.88	文化用纸的制造	1.4	−1.29
版权服务	−57.4	−0.16	文化用油墨颜料的制造	−0.6	−0.13
印刷复制服务	29.2	0.91	文化用化学品的制造	6.6	−0.11
文化经纪代理服务	26.0	0.01	其他文化用品的制造	−11.3	−0.55
文化贸易代理与拍卖服务	−67.7	−0.85	文具乐器照相器材的销售	31.2	0.18
文化出租服务	−53.3	−0.03	文化用家电的销售	−49.6	−2.69
会展服务	23.0	0.13	其他文化用品的销售	101.8	0.31
其他文化辅助生产	−72.4	−1.85	印刷专用设备的制造	7.6	−0.03
办公用品的制造	21.5	0.04	广播电视电影专用设备的制造	31.6	0.24
乐器的制造	13.0	0.00	其他文化专用设备的制造	15.3	0.01
玩具的制造	20.0	0.07	广播电视电影专用设备的批发	5.5	−0.09
游艺器材及娱乐用品的制造	35.4	0.04	舞台照明设备的批发	−59.1	−0.51

4. 全国规模以上文化企业所有者权益的中类构成

在 50 个中类规模以上文化企业中，2013 年末所有者权益占全国规模以上文化企业所有者权益合计值的比重为 5%～10% 的有 7 个中类，为 2%～5% 的有 10 个中类，为 1%～2% 的有 7 个中类，为 0.1%～1% 的有 19 个中类，其余 7 个中类所占的比重均低于 0.1%（参见表 14）。

其中，2013 年末所有者权益占全国规模以上文化企业所有者权益合计值的比重最大的 7 个中类包括文化用纸的制造、印刷复制服务、出版服务、景区游览服务、工艺美术品的制造、视听设备的制造、文化软件服务，它们所占的比重依次为 9.30%、8.93%、7.19%、6.57%、6.22%、5.55%、5.21%。另外，所占的比重最小的 7 个中类包括群众文化服务、版权服务、摄影扩印服务、文化艺术培训服务、文化出租服务、图书馆与档案馆服务、文化研究和社团服务，它们所占的比重依次只有0.07%、0.06%、0.03%、0.03%、0.02%、0.002%、0.001%。

表14　2013年末全国规模以上文化企业所有者权益的中类构成

中类	金额（亿元）	比重（%）	中类	金额（亿元）	比重（%）
新闻服务	68.01	0.26	版权服务	16.40	0.06
出版服务	1887.68	7.19	印刷复制服务	2345.55	8.93
发行服务	817.74	3.11	文化经纪代理服务	41.19	0.16
广播电视服务	699.85	2.67	文化贸易代理与拍卖服务	59.35	0.23
电影和影视录音服务	812.01	3.09	文化出租服务	4.26	0.02
文艺创作与表演服务	209.49	0.80	会展服务	579.18	2.21
图书馆与档案馆服务	0.64	0.002	其他文化辅助生产	120.98	0.46
文化遗产保护服务	70.93	0.27	办公用品的制造	164.71	0.63
群众文化服务	18.69	0.07	乐器的制造	110.44	0.42
文化研究和社团服务	0.30	0.001	玩具的制造	434.80	1.66
文化艺术培训服务	8.68	0.03	游艺器材及娱乐用品的制造	73.46	0.28
其他文化艺术服务	39.58	0.15	视听设备的制造	1456.21	5.55
互联网信息服务	1270.55	4.84	焰火、鞭炮产品的制造	238.01	0.91
增值电信服务（文化部分）	128.08	0.49	文化用纸的制造	2441.05	9.30
广播电视传输服务	1145.56	4.36	文化用油墨颜料的制造	254.87	0.97
广告服务	848.86	3.23	文化用化学品的制造	443.92	1.69
文化软件服务	1368.72	5.21	其他文化用品的制造	567.81	2.16
建筑设计服务	932.87	3.55	文具乐器照相器材的销售	165.61	0.63
专业设计服务	335.03	1.28	文化用家电的销售	282.99	1.08
景区游览服务	1725.25	6.57	其他文化用品的销售	108.99	0.42
娱乐休闲服务	338.62	1.29	印刷专用设备的制造	142.63	0.54
摄影扩印服务	8.99	0.03	广播电视电影专用设备的制造	501.05	1.91
工艺美术品的制造	1632.76	6.22	其他文化专用设备的制造	379.79	1.45
园林、陈设艺术及其他陶瓷制品的制造	114.35	0.44	广播电视电影专用设备的批发	129.52	0.49
工艺美术品的销售	686.12	2.61	舞台照明设备的批发	27.54	0.10

与2012年末相比，2013年末有37个中类的规模以上文化企业所有者权益有所增长，其中增长率超过100%的4个中类分别为园林、

陈设艺术及其他陶瓷制品的制造，专业设计服务，广播电视服务，其他文化用品的销售。同时，2013 年年末所有者权益有所减少的 13 个中类则包括图书馆与档案馆服务、印刷专用设备的制造、其他文化用品的制造、文化艺术培训服务、文化软件服务、文化用家电的销售、文化贸易代理与拍卖服务、版权服务、增值电信服务（文化部分）、文化出租服务、文化研究和社团服务、舞台照明设备的批发、其他文化辅助生产。另据统计，在全部 50 个中类规模以上文化企业中，2013 年末所有者权益占全部规模以上文化企业所有者权益合计值的比重较之 2012 年上升的有 27 个中类，有 18 个中类所占的比重则有所下降，其余 5 个中类持平（参见表 15）。

表 15　2013 年末各中类规模以上文化企业所有者权益增幅及所占比重的变动

中类	增幅（%）	比重变动（个百分点）	中类	增幅（%）	比重变动（个百分点）
新闻服务	17.5	0.01	文化软件服务	−22.2	−2.51
出版服务	19.3	0.25	建筑设计服务	1.1	−0.50
发行服务	16.0	0.02	专业设计服务	109.7	0.57
广播电视服务	104.4	1.16	景区游览服务	77.6	2.31
电影和影视录音服务	6.2	−0.26	娱乐休闲服务	82.9	0.48
文艺创作与表演服务	38.7	0.14	摄影扩印服务	21.8	0.00
图书馆与档案馆服务	−1.4	0.00	工艺美术品的制造	26.2	0.54
文化遗产保护服务	91.9	0.11	园林、陈设艺术及其他陶瓷制品的制造	162.1	0.24
群众文化服务	82.5	0.03	工艺美术品的销售	53.6	0.65
文化研究和社团服务	−75.4	0.00	版权服务	−64.7	−0.14
文化艺术培训服务	−18.6	−0.01	印刷复制服务	29.4	0.98
其他文化艺术服务	0.1	−0.02	文化经纪代理服务	70.5	0.05
互联网信息服务	45.6	1.01	文化贸易代理与拍卖服务	−59.5	−0.42
增值电信服务（文化部分）	−71.8	−1.50	文化出租服务	−72.5	−0.05
广播电视传输服务	72.8	1.45	会展服务	22.0	0.12
广告服务	51.6	0.78	其他文化辅助生产	−84.9	−3.06

续表

中类	增幅（%）	比重变动（个百分点）	中类	增幅（%）	比重变动（个百分点）
办公用品的制造	24.3	0.05	其他文化用品的制造	-4.6	-0.45
乐器的制造	14.3	0.00	文具乐器照相器材的销售	48.4	0.14
玩具的制造	18.9	0.05	文化用家电的销售	-46.5	-1.24
游艺器材及娱乐用品的制造	44.9	0.06	其他文化用品的销售	102.5	0.18
视听设备的制造	21.2	0.27	印刷专用设备的制造	-3.8	-0.11
焰火、鞭炮产品的制造	11.6	-0.03	广播电视电影专用设备的制造	39.4	0.33
文化用纸的制造	4.6	-0.94	其他文化专用设备的制造	15.2	0.00
文化用油墨颜料的制造	1.4	-0.13	广播电视电影专用设备的批发	30.7	0.06
文化用化学品的制造	7.8	-0.12	舞台照明设备的批发	-81.4	-0.54

四 中国文化企业的产出规模及构成

2013 年全国文化企业营业收入达 83743.43 亿元，主营业务收入为 82610.98 亿元。其中，规模以上文化企业的营业收入为 64000.69 亿元，主营业务收入为 63135.61 亿元，均占当年全国文化企业相应合计值的 76.4%；规模以下文化企业的营业收入、主营业务收入分别为 19742.75 亿元、19475.37 亿元，也都占全国文化企业相应合计值的 23.6%。与 2012 年相比，2013 年归属于文化企业的规模以上文化企业营业收入、主营业务收入均增长了 13.8%。

（一）各部分文化企业的产出规模及构成

2013 年"文化产品的生产"部分企业的营业收入、主营业务收入分别为 38180.30 亿元、37655.54 亿元，它们所占全国文化企业相应合计值的比重均为 45.6%；"文化相关产品的生产"部分企业的营业收入、主营业务收入分别为 45563.13 亿元、44955.44 亿元，它们所占全国文化企业相应合计值的比重均为 54.4%（参见表 16）。

表 16　2013 年全国文化企业营业收入与主营业务收入的构成

单位：亿元

	规模以上文化企业		规模以下文化企业		合计	
	营业收入	主营业务收入	营业收入	主营业务收入	营业收入	主营业务收入
文化产品的生产	26954.34	26594.97	11225.97	11060.57	38180.30	37655.54
文化相关产品的生产	37046.35	36540.64	8516.78	8414.80	45563.13	44955.44
合　计	64000.69	63135.61	19742.75	19475.37	83743.43	82610.98

在全国规模以上文化企业中，2013 年"文化产品的生产"部分的营业收入、主营业务收入分别为 26954.34 亿元、26594.97 亿元，分别比 2012 年增长了 26.1%、26.4%，它们占 2013 年全国规模以上文化企业相应合计值的比重则均为 42.1%；"文化相关产品的生产"部分的营业收入、主营业务收入分别为 37046.35 亿元、36540.64 亿元，均比 2012 年增长了 6.2%，它们占全国规模以上文化企业相应合计值的比重也均为 57.9%。

在全国规模以下文化企业中，2013 年"文化产品的生产"部分的营业收入、主营业务收入分别为 11225.97 亿元、11060.57 亿元，分别占全国规模以下文化企业相应合计值的 56.9%、56.8%；"文化相关产品的生产"部分的营业收入、主营业务收入分别为 8516.78 亿元、8414.80 亿元，分别占全国规模以下文化企业相应合计值的 43.1%、43.2%。

另外，在 2013 年全国"文化产品的生产"部分企业营业收入和主营业务收入中，规模以上文化企业所占的比重均为 70.6%，规模以下文化企业占比则均为 29.4%；在"文化相关产品的生产"部分企业营业收入和主营业务收入中，规模以上文化企业所占的比重均为 81.3%，规模以下文化企业占比则均为 18.7%。

（二）各大类文化企业的产出规模及构成

1. 全国文化企业产出的大类构成

在全国各大类文化企业中，2013 年文化用品的生产大类的产出规模非常大，其营业收入和主营业务收入分别为 29190.37 亿元和 28743.63 亿元，分别占全国文化企业相应合计值的 34.9% 和 34.8%。此外，工艺美术品的生产、文化创意和设计服务、文化产品生产的辅助生产 3 个大类的产出规模也较大，其营业收入分别为 15991.89、12016.53、10560.41 亿元，分别占全国文化企业营业收入的 19.1%、14.3%、12.6%；它们的主营业务收入分别为 15888.19、11889.86、10448.60 亿元，分别占全国文化企业主营业务收入的 19.2%、14.4%、12.6%（参见表 17）。

表 17　2013 年全国各大类文化企业的营业收入和主营业务收入

	营业收入		主营业务收入	
	金额（亿元）	比重（%）	金额（亿元）	比重（%）
一　新闻出版发行服务	3264.13	3.9	3176.88	3.8
二　广播电视电影服务	1244.22	1.5	1178.09	1.4
三　文化艺术服务	682.41	0.8	666.05	0.8
四　文化信息传输服务	3069.20	3.7	2997.88	3.6
五　文化创意和设计服务	12016.53	14.3	11889.86	14.4
六　文化休闲娱乐服务	1911.93	2.3	1858.58	2.2
七　工艺美术品的生产	15991.89	19.1	15888.19	19.2
八　文化产品生产的辅助生产	10560.41	12.6	10448.60	12.6
九　文化用品的生产	29190.37	34.9	28743.63	34.8
十　文化专用设备的生产	5812.35	6.9	5763.20	7.0

另外，2013 年文化专用设备的生产、新闻出版发行服务、文化信息传输服务、文化休闲娱乐服务、广播电视电影服务、文化艺术服务 6

个大类的产出规模相对较小，其营业收入依次为5812.35、3264.13、3069.20、1911.93、1244.22、682.41亿元，所占全国文化企业合计值的比重分别只有6.9%、3.9%、3.7%、2.3%、1.5%、0.8%；它们的主营业务收入依次为5763.20、3176.88、2997.88、1858.58、1178.09、666.05亿元，分别占全国文化企业合计值的7.0%、3.8%、3.6%、2.2%、1.4%、0.8%。

2. 各大类文化企业产出中规模以上企业和规模以下企业的构成

如图17所示，在2013年全国文化企业产出中，规模以上企业占据多数份额的计有8个大类。这些大类包括文化专用设备的生产、文化用品的生产、文化信息传输服务、新闻出版发行服务、工艺美术品的生产、广播电视电影服务、文化产品生产的辅助生产、文化创意和设计服务，它们所占全国文化企业营业收入的比重依次为87.4%、85.4%、82.3%、81.6%、79.2%、70.9%、66.7%、60.0%，所占全国文化企业主营业务收入的比重依次为87.5%、85.3%、

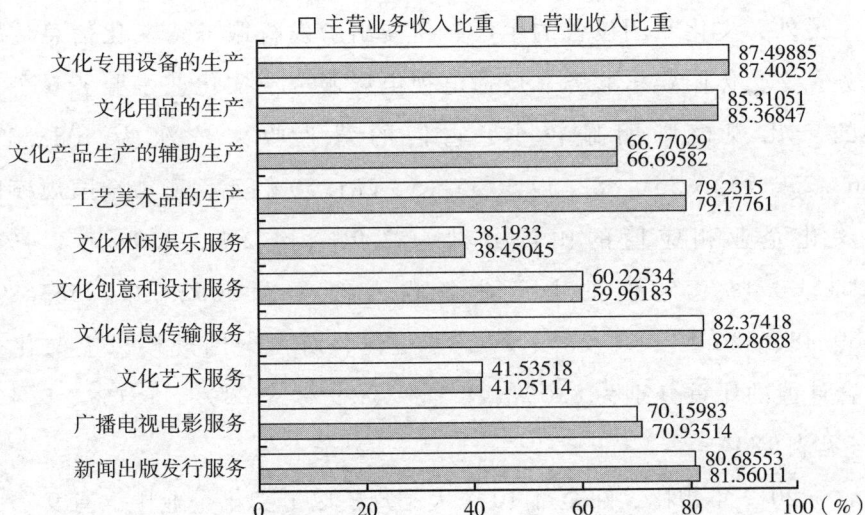

图17　2013年全国各大类文化企业产出中规模以上企业所占的比重

82.4%、80.7%、79.2%、70.2%、66.8%、60.2%。另外，文化艺术服务、文化休闲娱乐服务 2 个大类中规模以上文化企业的产出份额相对较少，它们所占全国文化企业营业收入的比重分别为 41.3%、38.5%，所占全国文化企业主营业务收入的比重分别为 41.5%、38.2%。

3. 全国规模以上文化企业产出的大类构成

在 2013 年各大类规模以上文化企业中，文化用品的生产大类产出规模最大，其营业收入、主营业务收入分别为 24919.37 亿元、24521.34 亿元，分别占全国规模以上文化企业相应合计值的 38.9%、38.8%。同时，工艺美术品的生产、文化创意和设计服务、文化产品生产的辅助生产 3 个大类的产出规模也相对较大，它们的营业收入分别为 12662.00、7205.33、7043.35 亿元，所占全国规模以上文化企业相应合计值的比重分别为 19.8%、11.3%、11.0%；它们的主营业务收入分别为 12588.45、7160.71、6976.56 亿元，所占全国规模以上文化企业相应值的比重分别为 19.9%、11.3%、11.1%。

另外，文化专用设备的生产、新闻出版发行服务、文化信息传输服务、文化休闲娱乐服务、广播电视电影服务、文化艺术服务 6 个大类的产出规模则明显较小，它们的营业收入依次为 5083.63、2662.23、2525.55、882.59、735.15、281.50 亿元，所占全国规模以上文化企业相应值的比重分别为 7.9%、4.2%、3.9%、1.4%、1.1%、0.4%；它们的主营业务收入依次为 5042.74、2563.29、2469.48、826.54、709.85、276.64 亿元，所占全国规模以上文化企业合计值的比重分别为 8.0%、4.1%、3.9%、1.3%、1.1%、0.4%（参见表 18）。

与 2012 年相比，在全部 10 个大类规模以上文化企业中，有 9 个大类实现了产出增长，只有文化专用设备的生产 1 个大类的产出有所减少。其中，营业收入和主营业务收入增长率均高于全部规模以上文化企

表 18　2013 年全国各大类规模以上文化企业的营业收入和主营业务收入

	营业收入		主营业务收入	
	金额（亿元）	比重（%）	金额（亿元）	比重（%）
一　新闻出版发行服务	2662.23	4.2	2563.29	4.1
二　广播电视电影服务	882.59	1.4	826.54	1.3
三　文化艺术服务	281.50	0.4	276.64	0.4
四　文化信息传输服务	2525.55	3.9	2469.48	3.9
五　文化创意和设计服务	7205.33	11.3	7160.71	11.3
六　文化休闲娱乐服务	735.15	1.1	709.85	1.1
七　工艺美术品的生产	12662.00	19.8	12588.45	19.9
八　文化产品生产的辅助生产	7043.35	11.0	6976.56	11.1
九　文化用品的生产	24919.37	38.9	24521.34	38.8
十　文化专用设备的生产	5083.63	7.9	5042.74	8.0

业相应增长率的有 6 个大类，包括文化休闲娱乐服务、广播电视电影服务、文化艺术服务、工艺美术品的生产、文化信息传输服务以及文化产品生产的辅助生产，它们营业收入增长率分别达到 60.4%、53.4%、50.6%、42.3%、24.5%、20.0%，主营业务收入增长率则分别为 60.7%、49.2%、53.2%、42.3%、23.9%、20.4%（参见图 18）。

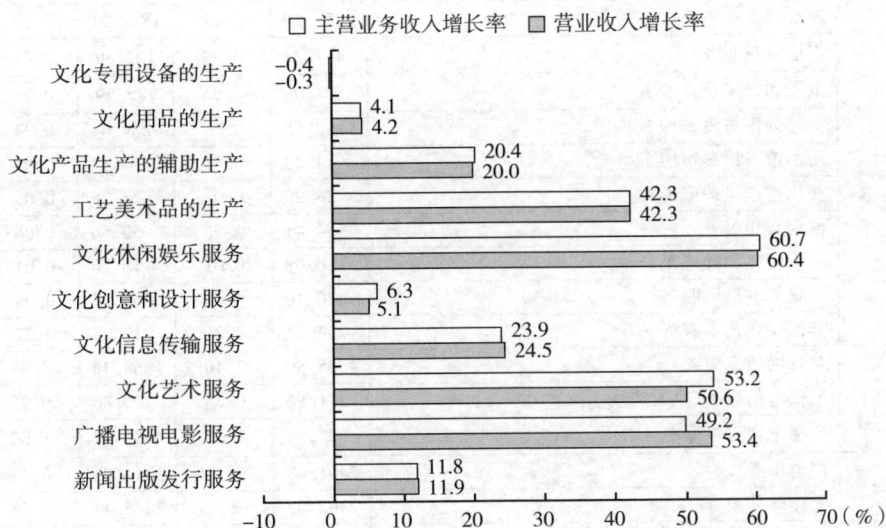

图 18　2013 年各大类规模以上文化企业的产出增长率

（三）各中类文化企业的产出规模及构成

1. 全国文化企业产出的中类构成

在全部 50 个中类文化企业中，按 2013 年营业收入占全国文化企业相应合计值的比重排序，工艺美术品的制造中类产出规模最大，其营业收入及主营业务收入分别为 10058.22 亿元和 9996.47 亿元，所占的比重为 12.0% 和 12.1%。此外，营业收入所占的比重为 5%～10% 的有 5 个中类，为 2%～5% 的有 9 个中类，为 1%～2% 的有 9 个中类，为 0.5%～1% 的有 11 个中类，为 0.1%～0.5% 的有 6 个中类，其余 9 个中类所占的比重不足 0.1%（参见表 19）。

表 19 2013 年全国各中类文化企业的营业收入和主营业务收入

大类	中类	营业收入		主营业务收入	
		金额（亿元）	比重（%）	金额（亿元）	比重（%）
一	新闻服务	37.76	0.05	35.54	0.04
	出版服务	1373.17	1.64	1328.04	1.61
	发行服务	1853.20	2.21	1813.31	2.19
二	广播电视服务	442.24	0.53	402.50	0.49
	电影和影视录音服务	801.98	0.96	775.59	0.94
三	文艺创作与表演服务	292.58	0.35	284.41	0.34
	图书馆与档案馆服务	4.23	0.01	4.14	0.01
	文化遗产保护服务	26.20	0.03	25.28	0.03
	群众文化服务	54.41	0.06	53.56	0.06
	文化研究和社团服务	10.68	0.01	10.56	0.01
	文化艺术培训服务	70.10	0.08	68.82	0.08
	其他文化艺术服务	224.21	0.27	219.28	0.27
四	互联网信息服务	2005.80	2.40	1968.46	2.38
	增值电信服务（文化部分）	211.86	0.25	206.86	0.25
	广播电视传输服务	851.54	1.02	822.57	1.00
五	广告服务	5401.40	6.45	5344.04	6.47
	文化软件服务	2302.62	2.75	2275.44	2.75
	建筑设计服务	2900.37	3.46	2877.01	3.48
	专业设计服务	1412.13	1.69	1393.38	1.69

续表

大类	中类	营业收入		主营业务收入	
		金额 （亿元）	比重 （%）	金额 （亿元）	比重 （%）
六	景区游览服务	738.45	0.88	709.57	0.86
	娱乐休闲服务	1054.96	1.26	1034.46	1.25
	摄影扩印服务	118.52	0.14	114.56	0.14
七	工艺美术品的制造	10058.22	12.01	9996.47	12.10
	园林、陈设艺术及其他陶瓷制品的制造	601.29	0.72	599.60	0.73
	工艺美术品的销售	5332.37	6.37	5292.12	6.41
八	版权服务	58.97	0.07	58.26	0.07
	印刷复制服务	8317.55	9.93	8231.15	9.96
	文化经纪代理服务	63.33	0.08	62.19	0.08
	文化贸易代理与拍卖服务	816.11	0.97	813.52	0.98
	文化出租服务	15.89	0.02	15.66	0.02
	会展服务	797.29	0.95	783.87	0.95
	其他文化辅助生产	491.29	0.59	483.97	0.59
九	办公用品的制造	858.59	1.03	854.12	1.03
	乐器的制造	356.58	0.43	353.92	0.43
	玩具的制造	2104.05	2.51	2091.11	2.53
	游艺器材及娱乐用品的制造	284.64	0.34	283.15	0.34
	视听设备的制造	7481.19	8.93	7233.15	8.76
	焰火、鞭炮产品的制造	1634.24	1.95	1628.04	1.97
	文化用纸的制造	4727.22	5.64	4644.52	5.62
	文化用油墨颜料的制造	784.26	0.94	777.86	0.94
	文化用化学品的制造	723.61	0.86	712.58	0.86
	其他文化用品的制造	2323.28	2.77	2302.72	2.79
	文具乐器照相器材的销售	2780.02	3.32	2760.74	3.34
	文化用家电的销售	3813.28	4.55	3792.11	4.59
	其他文化用品的销售	1319.42	1.58	1309.61	1.59
十	印刷专用设备的制造	432.91	0.52	429.77	0.52
	广播电视电影专用设备的制造	1369.24	1.64	1345.79	1.63
	其他文化专用设备的制造	1445.00	1.73	1432.31	1.73
	广播电视电影专用设备的批发	2064.60	2.47	2056.68	2.49
	舞台照明设备的批发	500.59	0.60	498.65	0.60

进一步观察还发现，在全国文化企业营业收入和主营业务收入中，几乎所有中类的占比都极其接近。因此从营业收入指标来看，除工艺美术品的制造中类之外，印刷复制服务、视听设备的制造、广告服务、工艺美术品的销售、文化用纸的制造5个中类的产出规模也明显较大，2013年它们的营业收入依次达到了8317.55、7481.19、5401.40、5332.37、4727.22亿元，所占全国文化企业相应合计值的比重也分别高达9.9%、8.9%、6.5%、6.4%、5.6%。

另外，文化艺术培训服务、文化经纪代理服务、版权服务、群众文化服务、新闻服务、文化遗产保护服务、文化出租服务、文化研究和社团服务、图书馆与档案馆服务是营业收入最少的9个中类。2013年它们的营业收入依次为70.10、63.33、58.97、54.41、37.76、26.20、15.89、10.68、4.23亿元，所占全国文化企业相应合计值的比重分别只有0.08%、0.08%、0.07%、0.06%、0.05%、0.03%、0.02%、0.01%、0.01%。

2. 各中类文化企业产出中规模以上企业和规模以下企业的构成

如表20所示，2013年规模以上文化企业占各中类文化企业营业收入和主营业务收入的比重都极其接近甚至相同。其中，文化用化学品的制造、视听设备的制造、其他文化专用设备的制造、文化用纸的制造、广播电视电影专用设备的制造、文化用油墨颜料的制造6个中类的比重超过或等于90%；另外，比重在80%～90%之间的有12个中类，在70%～80%之间的有9个中类，在60%～70%之间的有4个中类，在50%～60%之间的有5个中类，在40%～50%之间的有4个中类，在30%～40%之间的有4个中类，在20%～30%之间的有4个中类，另有2个中类的规模以上文化企业所占的比重不足10%。

3. 规模以上文化企业产出的中类构成

在2013年全国50个中类规模以上文化企业中，营业收入占全部规

表 20　2013 年规模以上文化企业占各中类文化企业主要产出指标的比重

单位：%

中类	营业收入比重	主营业务收入比重	中类	营业收入比重	主营业务收入比重
新闻服务	82.5	81.9	版权服务	64.5	64.4
出版服务	85.5	83.6	印刷复制服务	72.4	72.5
发行服务	78.6	78.6	文化经纪代理服务	37.9	38.2
广播电视服务	83.3	82.0	文化贸易代理与拍卖服务	45.7	45.8
电影和影视录音服务	64.1	64.0	文化出租服务	44.4	45.0
文艺创作与表演服务	59.2	59.5	会展服务	51.7	51.9
图书馆与档案馆服务	7.0	6.7	其他文化辅助生产	33.6	33.7
文化遗产保护服务	33.5	33.5	办公用品的制造	74.0	74.1
群众文化服务	30.7	31.0	乐器的制造	81.8	82.0
文化研究和社团服务	6.2	6.3	玩具的制造	82.5	82.6
文化艺术培训服务	22.4	22.7	游艺器材及娱乐用品的制造	81.8	81.8
其他文化艺术服务	29.5	30.0	视听设备的制造	97.0	97.0
互联网信息服务	86.1	86.1	焰火、鞭炮产品的制造	76.4	76.6
增值电信服务（文化部分）	72.9	73.5	文化用纸的制造	96.0	96.0
广播电视传输服务	75.6	75.6	文化用油墨颜料的制造	90.0	90.0
广告服务	53.4	53.7	文化用化学品的制造	97.7	97.7
文化软件服务	76.4	76.5	其他文化用品的制造	88.4	88.4
建筑设计服务	66.3	66.5	文具乐器照相器材的销售	58.4	58.6
专业设计服务	45.2	45.6	文化用家电的销售	83.6	83.6
景区游览服务	66.9	66.8	其他文化用品的销售	53.1	53.4
娱乐休闲服务	20.1	20.1	印刷专用设备的制造	76.9	77.0
摄影扩印服务	24.1	24.3	广播电视电影专用设备的制造	92.0	92.0
工艺美术品的制造	81.4	81.5	其他文化专用设备的制造	96.8	96.9
园林、陈设艺术及其他陶瓷制品的制造	80.0	80.2	广播电视电影专用设备的批发	89.4	89.5
工艺美术品的销售	74.9	74.9	舞台照明设备的批发	49.2	49.3

模以上文化企业相应合计值的比重超过 10% 的有 2 个中类，为 5% ~ 10% 的有 3 个中类，为 2% ~5% 的有 11 个中类，为 1% ~2% 的有 7 个中类，为 0.5% ~1% 的有 9 个中类，为 0.1% ~0.5% 的有 8 个中类，余下 10 个中类的营业收入的比重则均不足 0.1%（参见表 21）。

表 21　2013 年全国各中类规模以上文化企业的营业收入和主营业务收入

大类	中类	营业收入		主营业务收入	
		金额（亿元）	比重（%）	金额（亿元）	比重（%）
一	新闻服务	31.15	0.05	29.09	0.05
	出版服务	1173.77	1.83	1109.72	1.76
	发行服务	1457.31	2.28	1424.47	2.26
二	广播电视服务	368.57	0.58	330.23	0.52
	电影和影视录音服务	514.02	0.80	496.31	0.79
三	文艺创作与表演服务	173.34	0.27	169.30	0.27
	图书馆与档案馆服务	0.30	0.0005	0.28	0.004
	文化遗产保护服务	8.77	0.01	8.47	0.01
	群众文化服务	16.68	0.03	16.62	0.03
	文化研究和社团服务	0.67	0.001	0.67	0.001
	文化艺术培训服务	15.68	0.02	15.60	0.02
	其他文化艺术服务	66.07	0.10	65.71	0.10
四	互联网信息服务	1727.35	2.70	1695.21	2.69
	增值电信服务（文化部分）	154.41	0.24	152.12	0.24
	广播电视传输服务	643.79	1.01	622.15	0.99
五	广告服务	2885.64	4.51	2871.25	4.55
	文化软件服务	1759.46	2.75	1741.18	2.76
	建筑设计服务	1921.77	3.00	1912.71	3.03
	专业设计服务	638.46	1.00	635.57	1.01
六	景区游览服务	493.99	0.77	473.66	0.75
	娱乐休闲服务	212.55	0.33	208.31	0.33
	摄影扩印服务	28.61	0.04	27.88	0.04

续表

大类	中类	营业收入		主营业务收入	
		金额（亿元）	比重（%）	金额（亿元）	比重（%）
七	工艺美术品的制造	8188.46	12.79	8142.63	12.90
	园林、陈设艺术及其他陶瓷制品的制造	481.03	0.75	480.66	0.76
	工艺美术品的销售	3992.50	6.24	3965.17	6.28
八	版权服务	38.03	0.06	37.55	0.06
	印刷复制服务	6024.06	9.41	5965.99	9.45
	文化经纪代理服务	24.00	0.04	23.76	0.04
	文化贸易代理与拍卖服务	372.57	0.58	372.50	0.59
	文化出租服务	7.05	0.01	7.05	0.01
	会展服务	412.47	0.64	406.67	0.64
	其他文化辅助生产	165.16	0.26	163.05	0.26
九	办公用品的制造	635.54	0.99	632.78	1.00
	乐器的制造	291.70	0.46	290.27	0.46
	玩具的制造	1735.31	2.71	1727.27	2.74
	游艺器材及娱乐用品的制造	232.81	0.36	231.65	0.37
	视听设备的制造	7260.47	11.34	7016.08	11.11
	焰火、鞭炮产品的制造	1248.04	1.95	1246.37	1.97
	文化用纸的制造	4536.50	7.09	4456.53	7.06
	文化用油墨颜料的制造	705.90	1.10	700.03	1.11
	文化用化学品的制造	707.11	1.10	696.25	1.10
	其他文化用品的制造	2054.07	3.21	2036.52	3.23
	文具乐器照相器材的销售	1623.78	2.54	1618.02	2.56
	文化用家电的销售	3187.43	4.98	3170.85	5.02
	其他文化用品的销售	700.70	1.09	698.71	1.11
十	印刷专用设备的制造	332.89	0.52	330.78	0.52
	广播电视电影专用设备的制造	1260.11	1.97	1238.65	1.96
	其他文化专用设备的制造	1399.29	2.19	1387.22	2.20
	广播电视电影专用设备的批发	1844.96	2.88	1840.40	2.91
	舞台照明设备的批发	246.38	0.38	245.69	0.39

　　其中，产出规模最大的 5 个中类包括工艺美术品的制造、视听设备的制造、印刷复制服务、文化用纸的制造、工艺美术品的销售，它们的营业收入分别为 8188.46、7260.47、6024.06、4536.50、3992.50 亿元，所占全国规模以上文化企业营业收入的比重依次达到了 12.8%、11.3%、9.4%、7.1%、6.2%。另外，产出规模最小的 10 个中类包括版权服务、新闻服务、摄影扩印服务、文化经纪代理服务、群众文化服务、文化艺术培训服务、文化遗产保护服务、文化出租服务、文化研究和社团服务、图书馆与档案馆服务，它们的营业收入均不超过 50 亿元，分别为 38.03、31.15、28.61、24.00、16.68、15.68、8.77、7.05、0.67、0.30 亿元，所占全国规模以上文化企业营业收入的比重均不超过 0.1%。

　　与 2012 年相比，2013 年全国文化规模以上文化企业的营业收入和主营业务收入有所增长的中类达 38 个，其中有 11 个中类的增长率超过了 50%，包括专业设计服务，园林、陈设艺术及其他陶瓷制品的制造，其他文化艺术服务，工艺美术品的销售，广播电视服务，文艺创作与表演服务，景区游览服务，其他文化用品的销售，文化经纪代理服务，群众文化服务，娱乐休闲服务，它们营业收入增长率依次为 204.6%、153.6%、88.8%、77.3%、70.6%、70.1%、69.3%、69.2%、65.2%、51.9%、51.9%，同时其主营业务收入增长率也依次为 207.5%、153.6%、102.1%、77.1%、59.0%、69.9%、67.9%、70.4%、64.9%、59.0%、52.7%。另外需要关注的是，2013 年建筑设计服务、文化用纸的制造、广播电视电影专用设备的批发、其他文化辅助生产、文化软件服务、文化研究和社团服务、版权服务、文化用家电的销售、增值电信服务（文化部分）、文化艺术培训服务、舞台照明设备的批发、文化贸易代理与拍卖服务 12 个中类营业收入和主营业务收入都比 2012 年有所减少（参见表 22）。

表 22　2013 年各中类规模以上文化企业的产出增长率

单位：%

中类	营业收入增长率	主营业务收入增长率	中类	营业收入增长率	主营业务收入增长率
新闻服务	3.1	1.4	版权服务	−33.8	−34.0
出版服务	15.9	15.2	印刷复制服务	39.9	40.4
发行服务	9.2	9.5	文化经纪代理服务	65.2	64.9
广播电视服务	70.6	59.0	文化贸易代理与拍卖服务	−60.1	−59.9
电影和影视录音服务	43.1	43.2	文化出租服务	2.6	3.8
文艺创作与表演服务	70.1	69.9	会展服务	16.6	16.3
图书馆与档案馆服务	15.7	8.3	其他文化辅助生产	−15.6	−14.5
文化遗产保护服务	47.0	46.0	办公用品的制造	31.2	31.4
群众文化服务	51.9	59.0	乐器的制造	13.6	13.6
文化研究和社团服务	−29.8	−29.8	玩具的制造	23.4	23.5
文化艺术培训服务	−50.9	−49.7	游艺器材及娱乐用品的制造	24.5	24.1
其他文化艺术服务	88.8	102.1	视听设备的制造	17.0	16.2
互联网信息服务	37.7	36.4	焰火、鞭炮产品的制造	23.2	23.2
增值电信服务（文化部分）	−48.0	−48.2	文化用纸的制造	−7.8	−7.9
广播电视传输服务	35.0	36.5	文化用油墨颜料的制造	9.9	10.0
广告服务	26.3	26.8	文化用化学品的制造	8.8	8.1
文化软件服务	−22.8	−21.2	其他文化用品的制造	15.9	16.7
建筑设计服务	−7.6	−6.9	文具乐器照相器材的销售	43.2	43.9
专业设计服务	204.6	207.5	文化用家电的销售	−34.0	−33.8
景区游览服务	69.3	67.9	其他文化用品的销售	69.2	70.4
娱乐休闲服务	51.9	52.7	印刷专用设备的制造	11.6	11.8
摄影扩印服务	8.0	20.2	广播电视电影专用设备的制造	41.1	40.7
工艺美术品的制造	26.8	26.8	其他文化专用设备的制造	11.4	11.1
园林、陈设艺术及其他陶瓷制品的制造	153.6	153.6	广播电视电影专用设备的批发	−10.2	−10.2
工艺美术品的销售	77.3	77.1	舞台照明设备的批发	−58.7	−58.3

五 中国规模以上文化企业的盈利及构成

2013 年全国规模以上文化企业所实现的利润总额和净利润分别达到了 4722.89 亿元和 4122.54 亿元，比 2012 年分别增长了 26.7% 和 28.8%，高出同期规模以上文化企业营业收入增长率 12.9 个和 15.0 个百分点。

（一）规模以上文化企业盈利的部分构成

2013 年，在全国规模以上文化企业中，"文化产品的生产"部分的利润总额和净利润分别为 2649.30 亿元和 2331.52 亿元，分别占全国规模以上文化企业相应合计值的 56.1% 和 56.6%；"文化相关产品的生产"部分的利润总额、净利润分别为 2073.59 亿元、1791.01 亿元，分别占全国规模以上文化企业相应合计值的 43.9%、43.4%（参见表 23）。

表 23 2013 年全国规模以上文化企业的盈利及构成

	利润总额		净利润	
	总额（亿元）	比重（%）	总额（亿元）	比重（%）
文化产品的生产部分	2649.30	56.1	2331.52	56.6
文化相关产品的生产部分	2073.59	43.9	1791.01	43.4
合　计	4722.89	100.0	4122.54	100.0

与 2012 年相比，2013 年全国两大部分规模以上文化企业的盈利水平也都有了显著提升。其中，"文化产品的生产"部分利润总额增长了 29.1%，其净利润的增长率更是高达 31.1%；"文化相关产品的生产"部分的利润总额和净利润则分别增长了 23.8% 和 25.8%。

（二）各大类规模以上文化企业的盈利及变迁

1. 各大类规模以上文化企业的利润总额、净利润及构成

2013 年各大类规模以上文化企业的利润总额差别较大。其中，文

化用品的生产、文化创意和设计服务、文化信息传输服务、工艺美术品的生产、文化产品生产的辅助生产 5 个大类的利润总额相对较大，依次为 1241.23、753.16、711.92、607.49、600.40 亿元，分别占全国规模以上文化企业相应合计值的 26.3%、15.9%、15.1%、12.9%、12.7%；同时，新闻出版发行服务、文化专用设备的生产、广播电视电影服务、文化休闲娱乐服务、文化艺术服务 5 个大类的利润总额相对较小，它们的利润总额依次为 255.89、231.96、191.24、99.10、30.51 亿元，所占的比重依次为 5.4%、4.9%、4.0%、2.1%、0.6%（参见表 24）。

表 24　2013 年全国各大类规模以上文化企业的利润总额和净利润

	利润总额		净利润	
	金额（亿元）	比重（%）	金额（亿元）	比重（%）
一　新闻出版发行服务	255.89	5.4	239.50	5.8
二　广播电视电影服务	191.24	4.0	170.26	4.1
三　文化艺术服务	30.51	0.6	23.80	0.6
四　文化信息传输服务	711.92	15.1	660.48	16.0
五　文化创意和设计服务	753.16	15.9	635.36	15.4
六　文化休闲娱乐服务	99.10	2.1	77.46	1.9
七　工艺美术品的生产	607.49	12.9	524.66	12.7
八　文化产品生产的辅助生产	600.40	12.7	505.16	12.3
九　文化用品的生产	1241.23	26.3	1086.25	26.3
十　文化专用设备的生产	231.96	4.9	199.61	4.8

与上述利润总额的大类构成相似的是，2013 年各大类规模以上文化企业的净利润也有明显的差距。其中，文化用品的生产、文化创意和设计服务、文化信息传输服务、工艺美术品的生产、文化产品生产的辅助生产 5 个大类的净利润相对较大，依次为 1086.25、635.36、660.48、524.66、505.16 亿元，分别占全国规模以上文化企业相应合计值的 26.3%、15.4%、16.0%、12.7%、12.3%；同时，新闻出版发行服务、文化专用设备的生产、广播电视电影服务、文化休闲娱乐服务、文化艺术服务 5 个大

类的净利润也相对较小，依次为 239.50、199.61、170.26、77.46、23.80 亿元，所占的比重则分别为 5.8%、4.8%、4.1%、1.9%、0.6%。

2. 各大类规模以上文化企业盈利的变化

与 2012 年相比，广播电视电影服务、文化休闲娱乐服务、文化艺术服务、文化信息传输服务、工艺美术品的生产以及文化专用设备的生产等 6 个大类的盈利增长较多，它们利润总额的增长率依次达到了 88.8%、86.3%、68.9%、57.9%、33.7%、26.8%，它们净利润的增长率也分别达到了 94.5%、87.5%、64.2%、66.5%、34.6%、33.4%。与此同时，新闻出版发行服务、文化用品的生产、文化产品生产的辅助生产 3 个大类的盈利增长率相对较低，它们利润总额的增长率分别为 25.6%、25.3%、19.8%，净利润的增长率则依次为 26.6%、27.1%、20.5%。

需要特别关注的是，2013 年文化创意和设计服务大类的盈利比 2012 年有所减少，其利润总额和净利润分别减少了 2.3%、3.6%（参见图 19）。

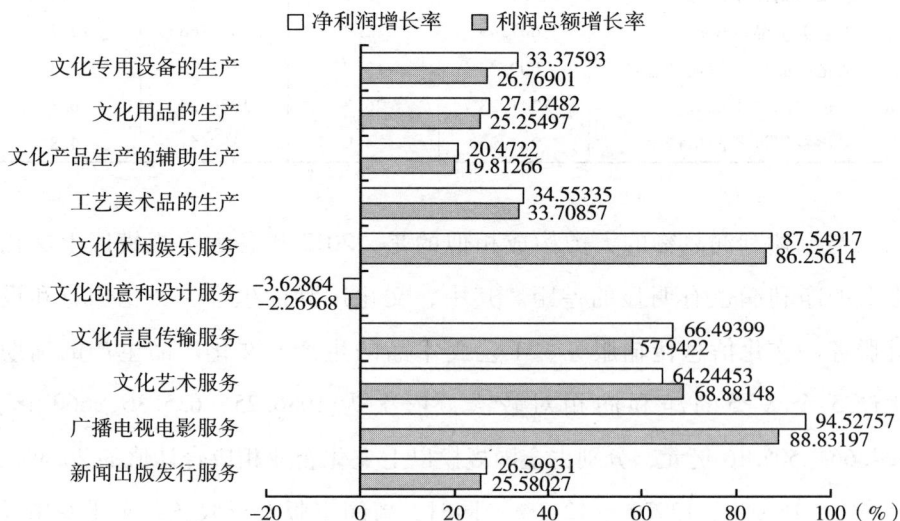

图 19　2013 年各大类规模以上文化企业盈利增长率

（三）各中类规模以上文化企业的盈利及变化

1. 规模以上文化企业盈利的中类构成

如表 25 所示，2013 年各中类规模以上文化企业的盈利差别很大，具体表现如下。

表 25　2013 年各中类规模以上文化企业的利润总额与净利润

单位：亿元

中类	利润总额	净利润	中类	利润总额	净利润
新闻服务	2.42	1.89	版权服务	5.15	3.99
出版服务	169.21	159.54	印刷复制服务	482.84	414.46
发行服务	84.25	78.07	文化经纪代理服务	6.06	4.74
广播电视服务	76.92	73.19	文化贸易代理与拍卖服务	21.68	17.81
电影和影视录音服务	114.32	97.07	文化出租服务	0.31	0.23
文艺创作与表演服务	17.23	13.47	会展服务	67.08	50.51
图书馆与档案馆服务	0.01	0.005	其他文化辅助生产	17.30	13.41
文化遗产保护服务	2.02	1.39	办公用品的制造	36.23	32.07
群众文化服务	1.75	1.60	乐器的制造	17.80	15.77
文化研究和社团服务	0.05	0.04	玩具的制造	91.90	80.49
文化艺术培训服务	1.13	1.01	游艺器材及娱乐用品的制造	21.79	19.84
其他文化艺术服务	8.33	6.28	视听设备的制造	361.78	324.14
互联网信息服务	590.92	545.11	焰火、鞭炮产品的制造	112.42	103.05
增值电信服务（文化部分）	20.15	17.14	文化用纸的制造	253.02	213.28
广播电视传输服务	100.85	98.24	文化用油墨颜料的制造	51.68	44.39
广告服务	189.40	150.40	文化用化学品的制造	37.69	30.92
文化软件服务	295.75	257.55	其他文化用品的制造	126.46	108.98
建筑设计服务	205.30	173.51	文具乐器照相器材的销售	36.28	32.52
专业设计服务	62.71	53.90	文化用家电的销售	56.57	45.81
景区游览服务	80.47	64.69	其他文化用品的销售	37.60	34.99
娱乐休闲服务	17.26	11.83	印刷专用设备的制造	23.93	20.70
摄影扩印服务	1.38	0.94	广播电视电影专用设备的制造	91.30	78.61
工艺美术品的制造	461.06	404.44	其他文化专用设备的制造	45.21	34.49
园林、陈设艺术及其他陶瓷制品的制造	34.06	30.55	广播电视电影专用设备的批发	64.69	59.59
工艺美术品的销售	112.37	89.66	舞台照明设备的批发	6.83	6.22

第一，少数中类的盈利相对较多，而大多数中类的盈利相对较少。其中，按利润总额占全国规模以上文化企业合计值的比重大小排序，比重超过10%的有2个中类，比重为5%～10%的有4个中类，为2%～5%的有8个中类，为1%～2%的有10个中类，为0.5%～1%的有7个中类，为0.3%～0.5%的有7个中类，其余12个中类所占的比重均低于0.2%。

第二，互联网信息服务、印刷复制服务、工艺美术品的制造、视听设备的制造、文化软件服务、文化用纸的制造6个中类文化企业的盈利明显较多，它们所占全国规模以上文化企业利润总额的比重依次为12.5%、10.2%、9.8%、7.7%、6.3%、5.4%；同时它们的净利润所占全国规模以上文化企业合计值的比重也依次达到了13.2%、10.1%、9.8%、7.9%、6.2%、5.2%。

第三，其他文化艺术服务、舞台照明设备的批发、文化经纪代理服务、版权服务、新闻服务、文化遗产保护服务、群众文化服务、摄影扩印服务、文化艺术培训服务、文化出租服务、文化研究和社团服务、图书馆与档案馆服务12个中类企业的盈利相对最少。它们占全国规模以上文化企业利润总额的比重依次只有0.18%、0.14%、0.13%、0.11%、0.05%、0.04%、0.04%、0.03%、0.02%、0.01%、0.001%、0.0002%，它们占全国规模以上文化企业净利润的比重也分别只有0.15%、0.15%、0.12%、0.10%、0.05%、0.03%、0.04%、0.02%、0.02%、0.01%、0.001%、0.0001%。

2. 各中类规模以上文化企业盈利的变迁

在全国50个中类规模以上文化企业中，2013年净利润比2012年有所增长的中类达37个，其中其他文化用品的销售，文具乐器照相器材的销售，广播电视电影专用设备的批发，专业设计服务，园林、陈设艺术及其他陶瓷制品的制造，群众文化服务，广播电视服务，文化出租服务，景区游览服务，文化用化学品的制造10个中类的净利润都增长了

1 倍以上，它们的增长率依次为 371.1%、295.9%、284.7%、257.7%、208.6%、179.1%、140.2%、120.7%、112.9%、100.7%（参见表 26）。

表 26　2013 年各中类规模以上文化企业盈利增长率

单位：%

中类	利润总额增幅	净利润增幅	中类	利润总额增幅	净利润增幅
新闻服务	32.8	40.2	版权服务	−50.2	−50.3
出版服务	19.7	20.9	印刷复制服务	29.9	30.2
发行服务	39.2	39.8	文化经纪代理服务	72.8	43.4
广播电视服务	128.2	140.2	文化贸易代理与拍卖服务	−34.4	−30.4
电影和影视录音服务	69.2	70.2	文化出租服务	87.7	120.7
文艺创作与表演服务	93.2	97.9	会展服务	13.4	13.0
图书馆与档案馆服务	−25.4	−40.3	其他文化辅助生产	−25.2	−30.5
文化遗产保护服务	8.1	−9.0	办公用品的制造	26.9	29.5
群众文化服务	167.7	179.1	乐器的制造	21.1	23.7
文化研究和社团服务	−63.5	−58.6	玩具的制造	33.1	34.6
文化艺术培训服务	−50.2	−42.8	游艺器材及娱乐用品的制造	40.8	46.8
其他文化艺术服务	97.5	69.5	视听设备的制造	50.8	54.1
互联网信息服务	70.6	82.6	焰火、鞭炮产品的制造	17.0	17.9
增值电信服务（文化部分）	−31.3	−35.5	文化用纸的制造	−6.6	−7.7
广播电视传输服务	34.2	37.2	文化用油墨颜料的制造	17.7	19.3
广告服务	26.7	25.7	文化用化学品的制造	78.1	100.7
文化软件服务	−26.2	−27.5	其他文化用品的制造	13.0	12.0
建筑设计服务	1.4	2.5	文具乐器照相器材的销售	260.2	295.9
专业设计服务	251.0	257.7	文化用家电的销售	−5.5	−7.3
景区游览服务	104.6	112.9	其他文化用品的销售	295.7	371.1
娱乐休闲服务	34.5	16.6	印刷专用设备的制造	−7.8	−6.2
摄影扩印服务	32.3	22.1	广播电视电影专用设备的制造	22.6	22.2
工艺美术品的制造	23.3	23.7	其他文化专用设备的制造	4.9	0.8
园林、陈设艺术及其他陶瓷制品的制造	201.0	208.6	广播电视电影专用设备的批发	207.0	284.7
工艺美术品的销售	63.0	68.9	舞台照明设备的批发	−62.9	−54.2

值得关注的是，2013 年 13 个中类规模以上文化企业的净利润较
2012 年有所减少，包括印刷专用设备的制造、文化用家电的销售、文
化用纸的制造、文化遗产保护服务、文化软件服务、文化贸易代理与拍
卖服务、其他文化辅助生产、增值电信服务（文化部分）、图书馆与档
案馆服务、文化艺术培训服务、版权服务、舞台照明设备的批发、文化
研究和社团服务，它们的净利润分别减少了 6.2%、7.3%、7.7%、
9.0%、27.5%、30.4%、30.5%、35.5%、40.3%、42.8%、50.3%、
54.2%、58.6%。

六　中国文化企业的劳动生产率及相关比较

不过由数据可得性所限，本节关于全国文化企业劳动生产率的讨论
只能是粗略的。具体而言，第一，由增加值数据缺失所致，我们只能以
人均营业收入和人均净利润为主要指标分析我国文化企业的劳动生产
率；第二，考虑到只有规模以上文化企业的数据较为齐全，因此我们将
主要分析评估规模以上文化企业的劳动生产率。

（一）全国规模以上文化企业人均产出的变化[①]

1. 各大类规模以上文化企业人均产出

2013 年全国规模以上文化企业人均营业收入为 84.91 万元，比
2012 年增长了 5.6%。其中，文化艺术服务、工艺美术品的生产 2 个大
类的增长率明显较高，分别达到了 65.3%、19.7%；同时，新闻出版
发行服务、文化休闲娱乐服务、文化创意和设计服务、文化用品的生
产、文化信息传输服务、文化产品生产的辅助生产、广播电视电影服务

[①]　因 2012 年规模以上文化企业年初从业人员数量缺失，故为便于比较，本节关于人均产出
变迁的统计分析采用的均为年末从业人员数量。

7 个大类的人均营业收入较之 2012 年有所增加，它们的增长率依次为
9.9%、8.2%、5.3%、5.1%、3.0%、2.8%、1.8%。另外，文化专
用设备的生产大类的人均营业收入比 2012 年减少了 7.3%（参
见表27）。

表27　2013 年全国各大类规模以上文化企业人均营业收入和人均净利润

类别	人均营业收入		人均净利润	
	金额（万元）	增长率（%）	金额（万元）	增长率（%）
全国平均	84.91	5.6	5.47	19.5
新闻出版发行服务	71.25	9.9	6.41	24.3
广播电视电影服务	84.82	1.8	16.36	29.1
文化艺术服务	50.71	65.3	4.29	80.3
文化信息传输服务	71.85	3.0	18.79	37.7
文化创意和设计服务	76.52	5.3	6.75	-3.4
文化休闲娱乐服务	23.77	8.2	2.50	26.5
工艺美术品的生产	102.67	19.7	4.25	13.2
文化产品生产的辅助生产	70.28	2.8	5.04	3.2
文化用品的生产	91.39	5.1	3.98	28.2
文化专用设备的生产	115.48	-7.3	4.53	24.0

令人瞩目的是，2013 年全国规模以上文化企业的人均净利润为
5.47 万元，比 2012 年增长了 19.5%，比同期人均营业收入增长率竟
高出 13.9 个百分点。其中，文化艺术服务、文化信息传输服务、广播
电视电影服务、文化用品的生产、文化休闲娱乐服务、新闻出版发行
服务、文化专用设备的生产、工艺美术品的生产、文化产品生产的辅
助生产 9 个大类实现了人均净利润的增长，它们的增长率依次为
80.3%、37.7%、29.1%、28.2%、26.5%、24.3%、24.0%、
13.2%、3.2%，只有文化创意和设计服务大类的人均净利润比 2012
年减少了 3.4%。

不仅如此，在全部 10 个大类规模以上文化企业中，有 8 个大类人

均净利润增长率高于人均营业收入增长率，包括文化信息传输服务、文化专用设备的生产、广播电视电影服务、文化用品的生产、文化休闲娱乐服务、文化艺术服务、新闻出版发行服务、文化产品生产的辅助生产。只有工艺美术品的生产、文化创意和设计服务 2 个大类的人均净利润增长率分别比人均营业收入增长率低 6.5、8.8 个百分点。

2. 各中类规模以上文化企业的人均产出

在全部 50 个中类规模以上文化企业中，2013 年有 41 个中类的人均营业收入较 2012 年有所增长（参见表 28）。其中，增长率在 50% 以上的包括文艺创作与表演服务、文化艺术培训服务、其他文化辅助生产 3 个中类，它们的增长率依次达到了 58.1%、57.8%、51.8%；同时，增长率为 40%～50% 的有 1 个中类，为 30%～40% 的有 5 个中类，为 20%～30% 的有 1 个中类，为 10%～20% 的有 15 个中类，为 5%～10% 的有 5 个中类，低于 5% 的有 11 个中类。另外，文化贸易代理与拍卖服务、娱乐休闲服务、会展服务、文化遗产保护服务、广播电视传输服务、建筑设计服务、其他文化用品的销售、文化研究和社团服务、新闻服务 9 个中类的人均营业收入较 2012 年有所减少，它们减少的幅度依次为 5.3%、6.4%、6.5%、7.2%、8.9%、15.1%、16.4%、27.6%、27.6%。

在人均实现净利润方面，2013 年共有 38 个中类的人均净利润较 2012 年有所增长。其中，增长率在 50% 以上的包括广播电视电影专用设备的批发，文具乐器照相器材的销售，其他文化用品的销售，文化出租服务，文化用化学品的制造，群众文化服务，文艺创作与表演服务，文化艺术培训服务，园林、陈设艺术及其他陶瓷制品的制造，文化贸易代理与拍卖服务，专业设计服务 11 个大类，它们的增长率依次达到了 402.6%、189.3%、132.8%、115.7%、112.4%、99.6%、83.9%、83.8%、65.9%、65.2%、59.6%；同时，增长率为 40%～50% 的有 5 个中类，为 30%～40% 的有 5 个中类，增长率为 20%～30% 的有 9 个中

表 28　2013 年各中类规模以上文化企业的人均营业收入及增长率

中类	人均营业收入		中类	人均营业收入	
	金额（万元）	增长率（%）		金额（万元）	增长率（%）
新闻服务	24.74	-27.6	版权服务	50.92	11.0
出版服务	59.65	18.1	印刷复制服务	65.88	14.4
发行服务	88.71	4.6	文化经纪代理服务	73.28	37.2
广播电视服务	84.70	0.2	文化贸易代理与拍卖服务	699.93	-5.3
电影和影视录音服务	84.91	2.7	文化出租服务	55.37	0.2
文艺创作与表演服务	47.24	58.1	会展服务	91.45	-6.5
图书馆与档案馆服务	12.90	11.6	其他文化辅助生产	65.15	51.8
文化遗产保护服务	21.04	-7.2	办公用品的制造	48.67	15.7
群众文化服务	59.66	8.6	乐器的制造	46.90	20.0
文化研究和社团服务	20.26	-27.6	玩具的制造	28.45	15.8
文化艺术培训服务	29.18	57.8	游艺器材及娱乐用品的制造	71.53	6.4
其他文化艺术服务	111.52	40.0	视听设备的制造	107.88	8.3
互联网信息服务	108.11	9.6	焰火、鞭炮产品的制造	45.19	7.3
增值电信服务（文化部分）	57.87	1.6	文化用纸的制造	115.42	10.5
广播电视传输服务	39.00	-8.9	文化用油墨颜料的制造	108.01	19.9
广告服务	161.75	2.1	文化用化学品的制造	116.95	15.1
文化软件服务	53.23	2.6	其他文化用品的制造	81.20	37.5
建筑设计服务	54.45	-15.1	文具乐器照相器材的销售	361.87	4.6
专业设计服务	80.10	35.9	文化用家电的销售	320.44	2.0
景区游览服务	25.44	13.3	其他文化用品的销售	268.73	-16.4
娱乐休闲服务	21.35	-6.4	印刷专用设备的制造	70.20	3.8
摄影扩印服务	18.38	19.9	广播电视电影专用设备的制造	68.41	18.8
工艺美术品的制造	83.84	13.2	其他文化专用设备的制造	75.86	3.0
园林、陈设艺术及其他陶瓷制品的制造	40.25	36.3	广播电视电影专用设备的批发	988.09	17.4
工艺美术品的销售	291.38	30.7	舞台照明设备的批发	448.94	13.4

类，增长率为 10% ~ 20% 的有 4 个中类，为 1% ~ 10% 的有 4 个中类，另有 12 个中类的人均净利润较 2012 年有所减少（参见表 29）。

表 29　2013 年各中类规模以上文化企业的人均净利润及增长率

中类	人均净利润		中类	人均净利润	
	金额（万元）	增长率（%）		金额（万元）	增长率（%）
新闻服务	1.50	−1.6	版权服务	5.34	−16.7
出版服务	8.11	23.2	印刷复制服务	4.53	6.4
发行服务	4.75	33.9	文化经纪代理服务	14.48	19.1
广播电视服务	16.82	41.1	文化贸易代理与拍卖服务	33.46	65.2
电影和影视录音服务	16.03	22.2	文化出租服务	1.84	115.7
文艺创作与表演服务	3.67	83.9	会展服务	11.20	−9.3
图书馆与档案馆服务	0.22	−42.4	其他文化辅助生产	5.29	25.1
文化遗产保护服务	3.33	−42.5	办公用品的制造	2.46	14.2
群众文化服务	5.73	99.6	乐器的制造	2.54	30.6
文化研究和社团服务	1.23	−57.3	玩具的制造	1.32	26.3
文化艺术培训服务	1.89	83.8	游艺器材及娱乐用品的制造	6.10	25.4
其他文化艺术服务	10.60	25.7	视听设备的制造	4.82	42.6
互联网信息服务	34.12	45.3	焰火、鞭炮产品的制造	3.73	2.7
增值电信服务（文化部分）	6.42	26.1	文化用纸的制造	5.43	10.6
广播电视传输服务	5.95	−7.4	文化用油墨颜料的制造	6.79	30.1
广告服务	8.43	1.6	文化用化学品的制造	5.11	112.4
文化软件服务	7.79	−3.7	其他文化用品的制造	4.31	32.9
建筑设计服务	4.92	−5.8	文具乐器照相器材的销售	7.25	189.3
专业设计服务	6.76	59.6	文化用家电的销售	4.61	43.3
景区游览服务	3.33	42.5	其他文化用品的销售	13.42	132.8
娱乐休闲服务	1.19	−28.2	印刷专用设备的制造	4.37	−12.7
摄影扩印服务	0.60	35.5	广播电视电影专用设备的制造	4.27	3.0
工艺美术品的制造	4.14	10.4	其他文化专用设备的制造	1.87	−6.8
园林、陈设艺术及其他陶瓷制品的制造	2.56	65.9	广播电视电影专用设备的批发	31.91	402.6
工艺美术品的销售	6.54	24.5	舞台照明设备的批发	11.34	25.6

　　进一步观察还发现，2013 年有 30 个中类规模以上企业的人均净利润增长率高于人均营业收入增长率，这些中类包括：广播电视电影专用设备的批发，文具乐器照相器材的销售，其他文化用品的销售，文化出租服务，文化用化学品的制造，群众文化服务，文化贸易代理与拍卖服务，文化用家电的销售，广播电视服务，互联网信息服务，视听设备的制造，园林、陈设艺术及其他陶瓷制品的制造，发行服务，景区游览服务，新闻服务，文化艺术培训服务，文艺创作与表演服务，增值电信服务（文化部分），专业设计服务，电影和影视录音服务，游艺器材及娱乐用品的制造，摄影扩印服务，舞台照明设备的批发，乐器的制造，玩具的制造，文化用油墨颜料的制造，建筑设计服务，出版服务，广播电视传输服务，文化用纸的制造，它们的人均净利润增长率依次比各自的人均营业收入增长率高出 385.2、184.7、149.2、115.4、97.2、91.0、70.5、41.3、40.9、35.7、34.3、29.6、29.3、29.2、26.0、26.0、25.9、24.4、23.7、19.4、19.0、15.6、12.2、10.7、10.6、10.3、9.3、5.1、1.5、0.1 个百分点。

（二）规模以上文化企业与规模以下文化企业人均产出的比较

1. 各大类规模以上文化企业与规模以下文化企业人均产出的比较

　　如图 20 所示，2013 年各大类规模以上文化企业的人均营业收入均显著高于相应大类规模以下文化企业的人均营业收入。按高出程度排序，依次为文化艺术服务、工艺美术品的生产、广播电视电影服务、文化用品的生产、文化信息传输服务、文化创意和设计服务、文化产品生产的辅助生产、文化专用设备的生产、新闻出版发行服务、文化休闲娱乐服务，与同一大类规模以下文化企业相比，这些大类中规模以上文化企业的人均营业收入依次高出 284.5%、278.9%、275.1%、215.2%、215.1%、202.4%、185.0%、167.6%、117.3%、74.0%。

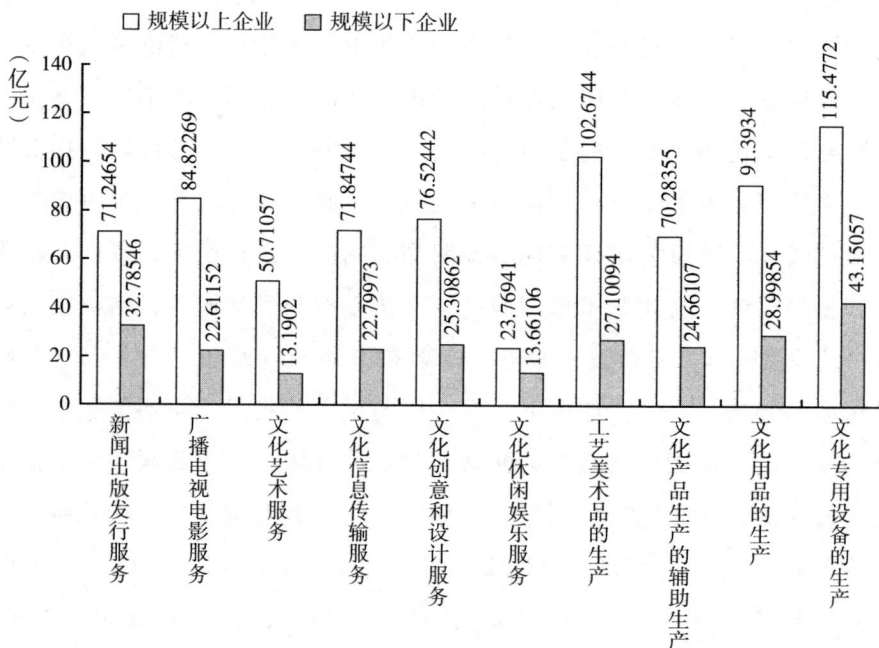

图20　2013年各大类规模以上文化企业和规模以下
文化企业的人均营业收入

2. 各中类规模以上文化企业与规模以下文化企业人均产出的比较

在中类层面上，2013年有49个中类的规模以上文化企业人均营业收入高于规模以下文化企业的人均营业收入。其中，按两者的比值计（以规模以下文化企业人均营业收入为100），比值最高的广播电视电影专用设备的批发中类达到了1404.6；此外，比值在700～800的有2个中类，在600～700的有3个中类，在500～600的有3个中类，在400～500的有5个中类，在300～400的有15个中类，在200～300的有12个中类，在150～200的有4个中类，在100～150的有4个中类；只有图书馆与档案馆服务中类规模以上文化企业的人均营业收入相当于规模以下文化企业的99.8%（参见图21）。

图书馆与档案馆服务
新闻服务
摄影扩印服务
增值电信服务（文化部分）
文化遗产保护服务
广播电视传输服务
景区游览服务
娱乐休闲服务
文化研究和社团服务
玩具的制造
建筑设计服务
出版服务
办公用品的制造
发行服务
文化软件服务
园林、陈设艺术及其他陶瓷制品的制造
乐器的制造
印刷专用设备的制造
版权服务
文化艺术培训服务
印刷复制服务
广播电视服务
焰火、鞭炮产品的制造
其他文化专用设备的制造
其他文化辅助生产
其他文化用品的制造
文化出租服务
专业设计服务
广播电视电影专用设备的制造
文化用油墨颜料的制造
游艺器材及娱乐用品的制造
会展服务
工艺美术品的制造
电影和影视录音服务
文化经纪代理服务
文化用化学品的制造
舞台照明设备的批发
群众文化服务
文艺创作与表演服务
文化用纸的制造
视听设备的制造
其他文化用品的销售
文化用家电的销售
互联网信息服务
广告服务
工艺美术品的销售
其他文化艺术服务
文具乐器照相器材的销售
文化贸易代理与拍卖服务
广播电视电影专用设备的批发

0 100 200 300 400 500 600 700 800 900 1000 1100 1200 1300 1400 1500

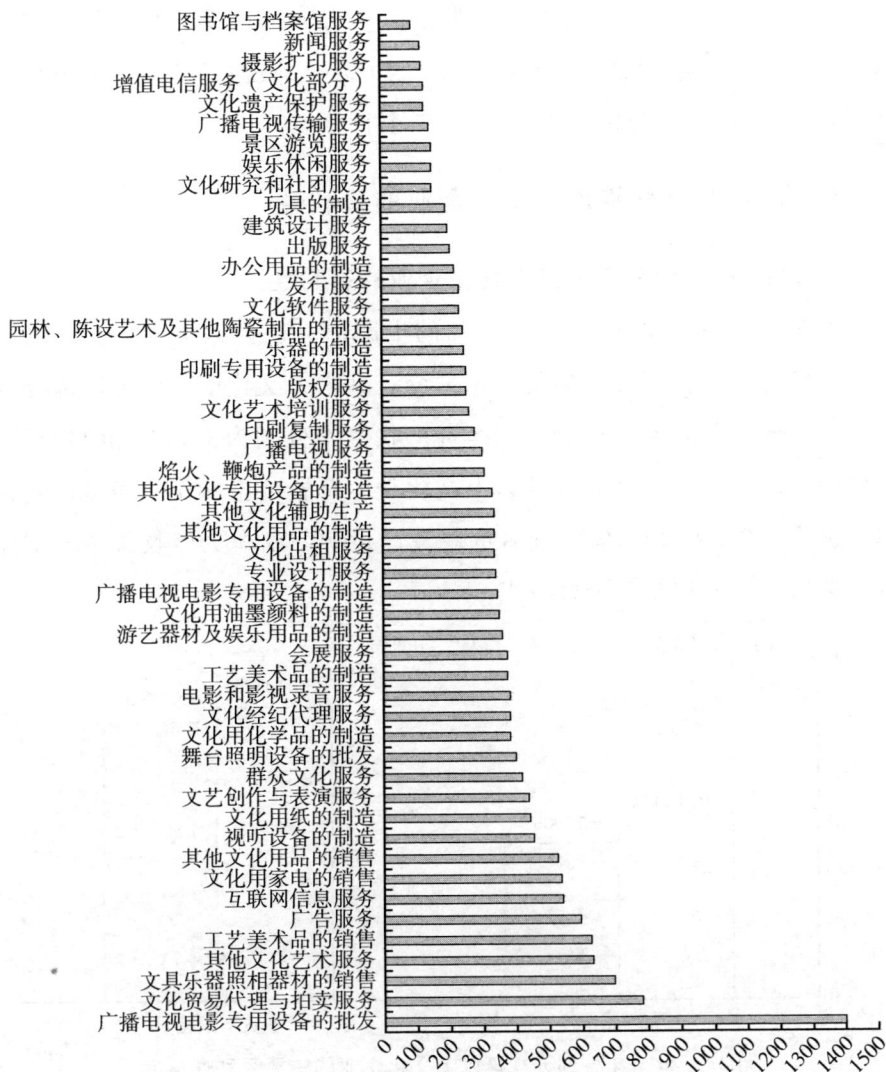

图 21 2013 年各中类规模以上文化企业与规模以下文化
企业人均营业收入的比值

七 中国规模以上文化企业的盈利性

2013 年，全国规模以上文化企业的总资产报酬率、净资产收益率分别为 9.7%、16.8%。若按资产类指标年末数据计算，则当年全国规模以上文化企业的总资产报酬率、净资产收益率分别为 9.1%、15.7%，比 2012 年分别高出 0.8、1.7 个百分点。[①]

（一）各部分规模以上文化企业的盈利性

1. 2013 年各部分规模以上文化企业的盈利性

如图 22 所示，2013 年文化产品的生产部分规模以上文化企业的盈利性依然优于文化相关产品的生产部分。其中，文化产品的生产部分规模以上文化企业总资产报酬率和净资产收益率分别为 10.2% 和 17.1%，文化相关产品的生产部分规模以上文化企业总资产报酬率和净资产收益率分别为 9.2% 和 16.4%，前者的总资产报酬率和净资产收益率分别比后者高出 1.0 个和 0.7 个百分点。

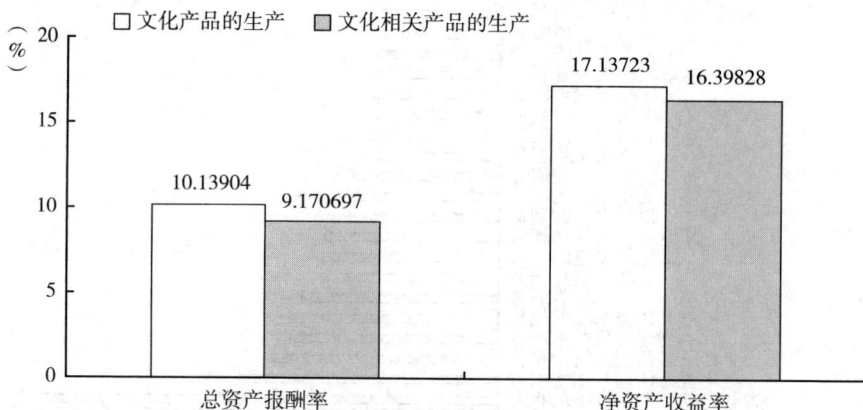

图 22　2013 年各部分规模以上文化企业的主要盈利性指标

2. 各部分规模以上文化企业盈利性的变化

若以年末资产总额和年末所有者权益计算，总体而言 2013 年两大

---

① 因 2012 年初资产类数据缺失，故本章对利润率数据的计算方法特做出如下安排：第一，在分析 2013 年规模以上文化企业盈利性时，我们采用的是平均资产总额和平均所有者权益；第二，在比较 2012 年、2013 年盈利性时，我们采用的是各年末资产总额和所有者权益。

部分规模以上文化企业的盈利性较 2012 年都有了不同程度的提升。其中，文化产品的生产部分规模以上文化企业的总资产报酬率为 9.0%，与 2012 年持平；净资产收益率为 15.4%，比 2012 年高出 0.6 个百分点。2013 年文化相关产品的生产部分规模以上文化企业的总资产报酬率为 9.2%，比 2012 年高出 1.6 个百分点；净资产收益率为 16.1%，比 2012 年高出 2.9 个百分点（参见表 30）。

表 30 2012 年、2013 年各部分规模以上文化企业主要盈利性指标比较

部分	总资产报酬率		净资产收益率	
	2013	2012	2013	2012
文化产品的生产	9.0	9.0	15.4	14.8
文化相关产品的生产	9.2	7.6	16.1	13.2

（二）各大类规模以上文化企业的盈利性

1. 2013 年各大类规模以上文化企业的盈利性

2013 年各大类规模以上文化企业总资产报酬率的差距较大。其中，文化信息传输服务、工艺美术品的生产、文化产品生产的辅助生产、文化创意和设计服务、广播电视电影服务 5 个大类总资产报酬率高于全国规模以上文化企业平均水平，依次达到了 17.0%、13.5%、10.4%、10.1%、9.9%；而文化专用设备的生产、文化用品的生产、新闻出版发行服务、文化艺术服务、文化休闲娱乐服务 5 个大类的总资产报酬率相对较低，分别为 9.1%、8.7%、5.9%、4.3%、3.7%（参见表 31）。

另外，各大类规模以上文化企业净资产收益率也有明显的高低之分。其中，文化信息传输服务、工艺美术品的生产、文化创意和设计服务、文化专用设备的生产 4 个大类明显较高，它们的净资产收益率依次达到了 29.1%、24.9%、18.5%、17.6%；而文化用品的生产、文化产品生产的辅助生产、广播电视电影服务、新闻出版发行服务、文化艺术

表31　2013年各大类规模以上文化企业的主要盈利性指标

单位：%

	总资产报酬率	净资产收益率
新闻出版发行服务	5.9	9.4
广播电视电影服务	9.9	13.0
文化艺术服务	4.3	8.0
文化信息传输服务	17.0	29.1
文化创意和设计服务	10.1	18.5
文化休闲娱乐服务	3.7	4.8
工艺美术品的生产	13.5	24.9
文化产品生产的辅助生产	10.4	15.6
文化用品的生产	8.7	16.6
文化专用设备的生产	9.1	17.6

服务、文化休闲娱乐服务6个大类的净资产收益率则低于全国规模以上文化企业的平均值，分别为16.6%、15.6%、13.0%、9.4%、8.0%、4.8%。

2. 各大类规模以上文化企业盈利性的变化

若以年末资产总额和年末所有者权益计，则2013年有7个大类的规模以上文化企业的盈利性较之2012年有所提升（参见表32）。这些大类包括文化信息传输服务、文化产品生产的辅助生产、文化用品的生产、文化专用设备的生产、广播电视电影服务、新闻出版发行服务、文化艺术服务，它们的总资产报酬率依次比2012年提高了2.9、1.8、1.4、1.3、1.2、0.3、0.1个百分点，同时它们的净资产收益率也分别比2012年提高了6.1、3.4、2.6、3.1、3.4、0.5、1.0个百分点。另外，工艺美术品的生产、文化创意和设计服务2个大类规模以上文化企业的总资产报酬率却分别比2012年下降了0.6、0.7个百分点，同时它们的净资产收益率也分别下降了0.3、1.2个百分点。至于文化休闲娱乐服务大类的盈利性则基本上与2012年持平，其总资产报酬率下降了0.04个百分点，而净资产收益率提高了0.2个百分点。

表 32　2012 年、2013 年各大类规模以上文化企业主要盈利性指标

单位：%

大类	总资产报酬率		净资产收益率	
	2013	2012	2013	2012
新闻出版发行服务	5.5	5.2	8.6	8.1
广播电视电影服务	7.8	6.6	11.3	7.9
文化艺术服务	3.6	3.5	6.8	5.8
文化信息传输服务	15.2	12.3	26.0	19.9
文化创意和设计服务	9.9	10.6	18.2	19.4
文化休闲娱乐服务	2.9	2.9	3.7	3.5
工艺美术品的生产	11.6	12.2	21.6	21.9
文化产品生产的辅助生产	10.5	8.7	16.0	12.6
文化用品的生产	8.7	7.3	16.1	13.5
文化专用设备的生产	8.8	7.5	16.9	13.8

（三）各中类规模以上文化企业的盈利性

1. 2013 年各中类规模以上文化企业的盈利性

在 2013 年全国各中类规模以上文化企业中，有 19 个中类的总资产报酬率高于全国规模以上文化企业平均值，31 个中类则相对较低。不仅如此，各中类规模以上文化企业的总资产报酬率也有较大的差别。其中，焰火、鞭炮产品的制造，互联网信息服务，园林、陈设艺术及其他陶瓷制品的制造 3 个中类的总资产报酬率都超过了 20%，依次达到了 36.5%、27.8%、27.0%；总资产报酬率为 15%～20% 的有 2 个中类，为 10%～15% 的有 14 个中类，为 5%～10% 的有 18 个中类，而文化艺术培训服务、增值电信服务（文化部分）、文艺创作与表演服务、景区游览服务、文化用家电的销售、娱乐休闲服务、舞台照明设备的批发、其他文化辅助生产、新闻服务、文化出租服务、文化遗产保护服务、文化研究和社团服务、图书馆与档案馆服务 13 个中类的总资产报酬率均不足 5%，分别只有 4.7%、4.7%、3.9%、3.8%、3.3%、3.2%、

2.7%、2.6%、2.2%、2.1%、2.1%、2.1%、1.2%（参见表33）。另据测算，2013 年 50 个中类规模以上文化企业总资产报酬率的算术平均值约为 9.1%，标准差约为 6.7，标准差系数为 0.74，显示了较高的离散程度。

表33　2013 年各中类规模以上文化企业主要营利性指标

单位：%

中类	总资产报酬率	净资产收益率	中类	总资产报酬率	净资产收益率
新闻服务	2.2	3.0	版权服务	6.0	12.7
出版服务	6.6	9.2	印刷复制服务	13.2	19.9
发行服务	5.2	10.3	文化经纪代理服务	9.5	14.5
广播电视服务	11.0	14.0	文化贸易代理与拍卖服务	5.8	17.3
电影和影视录音服务	9.2	12.3	文化出租服务	2.1	2.4
文艺创作与表演服务	3.9	7.5	会展服务	7.6	9.6
图书馆与档案馆服务	1.2	0.8	其他文化辅助生产	2.6	2.9
文化遗产保护服务	2.1	2.6	办公用品的制造	12.6	21.6
群众文化服务	6.6	11.1	乐器的制造	10.9	15.2
文化研究和社团服务	2.1	5.4	玩具的制造	12.5	20.1
文化艺术培训服务	4.7	10.5	游艺器材及娱乐用品的制造	18.9	32.0
其他文化艺术服务	7.8	15.9	视听设备的制造	10.4	24.4
互联网信息服务	27.8	50.9	焰火、鞭炮产品的制造	36.5	45.7
增值电信服务（文化部分）	4.7	5.9	文化用纸的制造	6.3	8.9
广播电视传输服务	6.8	10.9	文化用油墨颜料的制造	11.7	17.5
广告服务	10.4	21.4	文化用化学品的制造	5.6	7.2
文化软件服务	11.3	16.5	其他文化用品的制造	11.8	18.7
建筑设计服务	8.5	18.7	文具乐器照相器材的销售	6.1	23.5
专业设计服务	11.0	21.8	文化用家电的销售	3.3	11.3
景区游览服务	3.8	4.8	其他文化用品的销售	12.8	43.0
娱乐休闲服务	3.2	4.5	印刷专用设备的制造	9.5	14.2
摄影扩印服务	6.8	11.5	广播电视电影专用设备的制造	11.1	18.3
工艺美术品的制造	15.7	27.6	其他文化专用设备的制造	7.2	9.7
园林、陈设艺术及其他陶瓷制品的制造	27.0	38.7	广播电视电影专用设备的批发	10.8	52.1
工艺美术品的销售	8.1	15.8	舞台照明设备的批发	2.7	7.1

另外，2013 年同样有 19 个中类的规模以上文化企业的净资产收益率高于全国规模以上文化企业平均值，其余 31 个中类则相对较低。全部 50 个中类的净资产收益率之间同样也有显著的差别。其中，广播电视电影专用设备的批发，互联网信息服务，焰火、鞭炮产品的制造，其他文化用品的销售，园林、陈设艺术及其他陶瓷制品的制造，游艺器材及娱乐用品的制造 6 个中类的净资产收益率均超过了 30%，依次达到了 52.1%、50.9%、45.7%、43.0%、38.7%、32.0%；净资产收益率为 25%~30% 的有 1 个中类，为 20%~25% 的有 6 个中类，为 15%~20% 的有 10 个中类，为 10%~15% 的有 11 个中类，为 5%~10% 的有 9 个中类，而景区游览服务、娱乐休闲服务、新闻服务、其他文化辅助生产、文化遗产保护服务、文化出租服务、图书馆与档案馆服务 7 个中类的净资产收益率均不足 5%，分别只有 4.8%、4.5%、3.0%、2.9%、2.6%、2.4%、0.8%。另据测算，2013 年全部 50 个中类规模以上文化企业净资产收益率的算术平均值约为 16.4%，标准差约为 12.1，标准差系数约为 0.74，离散程度也较高。

2. 各中类规模以上文化企业盈利性的变化

若采用年末资产总额和年末所有者权益指标，则与 2012 年相比，2013 年总资产报酬率上升的有 35 个中类。如表 34 所示，2013 年文化研究和社团服务、广播电视电影专用设备的批发、增值电信服务（文化部分）、文化贸易代理与拍卖服务 4 个中类的总资产报酬率依次比 2012 年提高了 7.7、6.2、5.9、5.6 个百分点；此外，2013 年与 2012 年的总资产报酬率之差在 4~5 个百分点之间的有 2 个中类，在 3~4 个百分点之间的有 1 个中类，在 2~3 个百分点之间的有 7 个中类，在 1~2 个百分点之间的有 8 个中类，在 0~1 个百分点之间的有 13 个中类；余下 15 个总资产报酬率较 2012 年下降的中类则包括出版服务、图书馆与档案馆服务、其他文化艺术服务、舞台照明设备的批发、广告服务、会展服务、文化用纸的制造、其他文化专用设备的制造、文化软件服务、广播电视电影专用设备的制造、工艺美术品的制造、娱乐休闲服务、广播电视传输服务、印刷专用设备的制造、文化遗产保护服务。

表34　2013年全国各中类规模以上文化企业主要利润率指标与2012年的差距

单位：百分点

中类	总资产报酬率	净资产收益率	中类	总资产报酬率	净资产收益率
新闻服务	0.1	0.4	版权服务	1.7	7.0
出版服务	-0.1	0.1	印刷复制服务	0.01	0.1
发行服务	0.8	1.6	文化经纪代理服务	2.0	-2.2
广播电视服务	0.8	1.6	文化贸易代理与拍卖服务	5.6	12.6
电影和影视录音服务	1.3	4.5	文化出租服务	2.4	4.8
文艺创作与表演服务	0.9	1.9	会展服务	-0.6	-0.7
图书馆与档案馆服务	-0.3	-0.5	其他文化辅助生产	3.8	8.7
文化遗产保护服务	-3.0	-2.2	办公用品的制造	0.4	0.8
群众文化服务	0.02	3.0	乐器的制造	0.9	1.1
文化研究和社团服务	7.7	5.5	玩具的制造	1.0	2.2
文化艺术培训服务	1.4	-4.9	游艺器材及娱乐用品的制造	0.7	0.4
其他文化艺术服务	-0.3	6.5	视听设备的制造	2.3	4.8
互联网信息服务	4.7	8.7	焰火、鞭炮产品的制造	1.1	2.3
增值电信服务（文化部分）	5.9	7.5	文化用纸的制造	-0.6	-1.2
广播电视传输服务	-1.1	-2.2	文化用油墨颜料的制造	1.6	2.6
广告服务	-0.5	-3.6	文化用化学品的制造	1.6	3.2
文化软件服务	-0.7	-1.4	其他文化用品的制造	2.5	2.8
建筑设计服务	0.01	0.3	文具乐器照相器材的销售	2.5	12.3
专业设计服务	2.0	6.7	文化用家电的销售	2.2	6.8
景区游览服务	0.2	0.6	其他文化用品的销售	4.2	18.3
娱乐休闲服务	-1.0	-2.0	印刷专用设备的制造	-1.4	-0.4
摄影扩印服务	0.5	0.02	广播电视电影专用设备的制造	-0.7	-2.2
工艺美术品的制造	-0.8	-0.5	其他文化专用设备的制造	-0.6	-1.3
园林、陈设艺术及其他陶瓷制品的制造	1.6	4.0	广播电视电影专用设备的批发	6.2	30.4
工艺美术品的销售	0.3	1.2	舞台照明设备的批发	-0.4	13.4

另外，2013 年净资产收益率比 2012 年提高的则有 36 个中类。其中，广播电视电影专用设备的批发、其他文化用品的销售、舞台照明设备的批发、文化贸易代理与拍卖服务、文具乐器照相器材的销售 5 个中类的增幅明显较大，分别达到了 30.4、18.3、13.4、12.6、12.3 个百分点；同时，净资产收益率提高幅度在 8~10 个百分点之间的有 2 个中类，在 6~8 个百分点之间的有 5 个中类，在 4~6 个百分点之间的有 5 个中类，在 2~4 个百分点之间的有 6 个中类，在 0~2 个百分点之间的有 13 个中类；余下的印刷专用设备的制造、工艺美术品的制造、图书馆与档案馆服务、会展服务、文化用纸的制造，其他文化专用设备的制造、文化软件服务、娱乐休闲服务、文化经纪代理服务、文化遗产保护服务、广播电视电影专用设备的制造、广播电视传输服务、广告服务、文化艺术培训服务等 14 个中类的净资产收益率则较 2012 年有所下降，依次下降为 0.4、0.5、0.5、0.7、1.2、1.3、1.4、2.0、2.2、2.2、2.2、2.2、3.6、4.9 个百分点。

专题报告二　2013 年中国文化企业的区域分布

　　根据惯例，在分地区研究中，除了以省、直辖市、自治区（以下简称为省份）为基本分析单位之外，我们还将全国 31 个省份划分为东、中、西三大地区，其中东部地区包括北京、天津、河北、辽宁、上海、江苏、浙江、福建、山东、广东、海南等 11 个省份，中部地区包括山西、吉林、黑龙江、安徽、江西、河南、湖北、湖南等 8 个省份，西部地区包括广西、内蒙古、四川、重庆、贵州、云南、西藏、陕西、甘肃、青海、宁夏、新疆等 12 个省份。另外，由数据可得性所限，本报告在各地区文化企业 2013 年与 2012 年相关指标的比较研究中，采用的是规模以上文化企业的数据。

一　中国文化企业数量的区域分布及变化

　　2013 年我国六成以上的文化企业集中在东部地区；同时，各省份之间的文化企业数量差距依然明显，其中广东、北京、江苏、浙江的文化企业数量较多。另外，在全部规模以上文化企业中，与 2012 年相比，2013 年东部地区所占比重有所下降，而中部地区所占比重有所上升；同时，2013 年我国 3/4 以上省份的规模以上文化企业数量有所增长，其中增长幅度最大的省份是天津，而下降幅度最大的省份是上海。

（一）东中西部地区文化企业的数量及变化

1. 各地区文化企业的数量

2013 年我国文化企业合计共有 785615 户，其中东部地区共有 542258 户，占全国总数的 69.0%；中部地区共有 143265 户，占全国的 18.2%；西部地区共有 100092 户，占全国的 12.7%（参见图 1）。

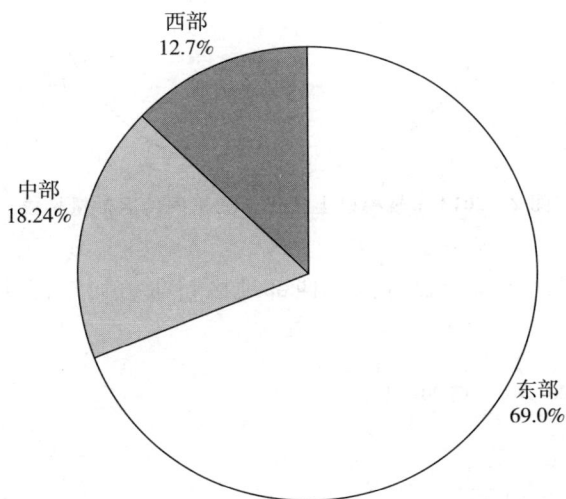

图 1　2013 年文化企业不同地区数量构成

2. 各地区规模以上文化企业的数量

2013 年，我国规模以上文化企业合计共有 41351 户，其中东部地区有 30141 户，占全国规模以上文化企业的 72.9%；中部地区共有 7993 户，占比为 19.3%；西部地区仅有 3217 户，占比为 7.8%（参见图 2）。

3. 各地区规模以上文化企业数量的变化

2013 年我国规模以上文化企业数量比 2012 年增长了 13.4%。其中，东部、中部、西部地区的增长率分别为 8.9%、34.2%、12.9%（参见图 3）。在全国联网直报企业数量中，2013 年中部地区所占的比

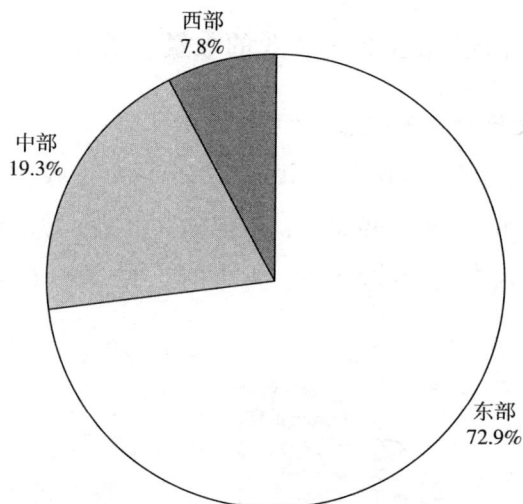

图2　2013年规模以上文化企业不同地区数量构成

重比2012年提高了3个百分点，西部地区持平，而东部地区则下降了3个百分点。

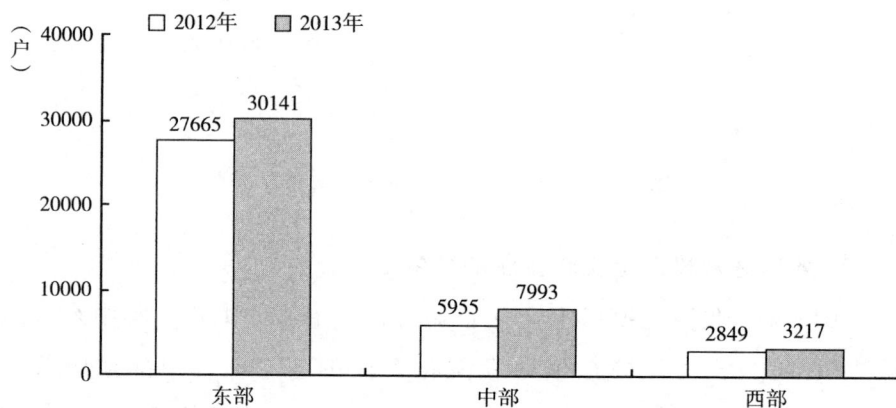

图3　2012年、2013年各地区规模以上文化企业数量

（二）各省份文化企业的数量及变化

1. 各省份文化企业的数量

2013年各省份文化企业的数量分布如表1所示。其中，企业数量

超过 7 万户的省份有 4 个，包括广东、北京、江苏、浙江，它们的文化企业数量依次为 97081、94937、86014、78549 户，占全国的比重依次为 12.4%、12.1%、10.9%、10.0%；除以上四个省份外，文化企业数量超过 2 万户的还包括山东、上海、安徽、福建、湖南、湖北、河北、河南和辽宁等 9 个省份，它们的文化企业数量依次为 52879、36366、31103、28390、27891、26632、24073、23998 和 22689 户，占全国的比重依次为 6.7%、4.6%、4.0%、3.6%、3.6%、3.4%、3.1%、3.1% 和 2.9%；文化企业数量不足 1000 户的省份只有西藏，它只有 515 户文化企业，占全国总量的 0.1%。

表 1　2013 年各省份文化企业数量及各自所占的比重

省份	企业数量（户）	比重（%）	省份	企业数量（户）	比重（%）
广　东	97081	12.4	陕　西	13944	1.8
北　京	94937	12.1	广　西	12860	1.6
江　苏	86014	10.9	江　西	11654	1.5
浙　江	78549	10.0	山　西	9719	1.2
山　东	52879	6.7	云　南	9665	1.2
上　海	36366	4.6	贵　州	7718	1.0
安　徽	31103	4.0	内蒙古	6622	0.8
福　建	28390	3.6	黑龙江	6560	0.8
湖　南	27891	3.6	甘　肃	6424	0.8
湖　北	26632	3.4	吉　林	5708	0.7
河　北	24073	3.1	新　疆	4934	0.6
河　南	23998	3.1	海　南	2856	0.4
辽　宁	22689	2.9	宁　夏	1999	0.3
天　津	18424	2.3	青　海	1347	0.2
四　川	17312	2.2	西　藏	515	0.1
重　庆	16752	2.1			

2. 各省份规模以上文化企业的数量

2013 年规模以上文化企业数量超过 3000 户的省份有 5 个，包括广东、江苏、北京、浙江和山东，它们规模以上文化企业的数量依次为

6406、5893、3981、3690 和 3227 户，占全国规模以上文化企业合计值的比重依次为 15.5%、14.3%、9.6%、8.9% 和 7.8%；除以上 5 个省份外，规模以上文化企业数量超过 1000 户的还包括湖南、上海、福建、河南、湖北、安徽和辽宁等 7 个省份，它们规模以上文化企业数量依次为 2226、2066、1897、1638、1407、1273 和 1042 户，所占比重依次为 5.4%、5.0%、4.6%、4.0%、3.4%、3.1% 和 2.5%；规模以上文化企业数量不足 100 户的省份共有 4 个，包括新疆、宁夏、青海和西藏，它们依次只有 90、54、31 和 12 户规模以上文化企业，所占的比重依次为 0.2%、0.1%、0.1% 和 0.03%（参见表 2）。

表2　2013 年各省份文化企业中规模以上文化企业数量及所占的比重

省份	企业数量（户）	比重（%）	省份	企业数量（户）	比重（%）
广东	6406	15.5	广西	552	1.3
江苏	5893	14.3	重庆	481	1.2
北京	3981	9.6	陕西	368	0.9
浙江	3690	8.9	云南	344	0.8
山东	3227	7.8	山西	325	0.8
湖南	2226	5.4	吉林	228	0.6
上海	2066	5.0	贵州	202	0.5
福建	1897	4.6	黑龙江	197	0.5
河南	1638	4.0	内蒙古	171	0.4
湖北	1407	3.4	甘肃	155	0.4
安徽	1273	3.1	海南	104	0.3
辽宁	1042	2.5	新疆	90	0.2
河北	954	2.3	宁夏	54	0.1
天津	881	2.1	青海	31	0.1
四川	757	1.8	西藏	12	0.03
江西	699	1.7			

3. 各省份规模以上文化企业的数量变化

在 2013 年各省份文化企业中，规模以上文化企业数量较 2012 年增长的省份有 24 个。其中增长幅度超过 30% 的省份有 7 个，包括天津、西藏、湖北、甘肃、湖南、江苏和海南，它们的增幅依次为 121.4%、100.0%、86.6%、66.7%、36.7%、34.2% 和 30.0%；除以上的 7 个省份外，增幅超过 10% 的省份有 13 个，包括安徽、青海、福建、河南、吉林、山东、重庆、江西、四川、河北、广东、陕西和内蒙古，它们的增幅依次为 29.2%、29.2%、24.6%、24.1%、23.9%、23.6%、23.3%、20.1%、14.2%、14.0%、13.4%、13.2% 和 12.5%；增幅不足 10% 的省份有 4 个，依次为山西、云南、贵州和广西，它们的增幅依次为 9.8%、8.9%、6.3% 和 4.7%。另外，2013 年上海、宁夏、北京、新疆、黑龙江、辽宁和浙江等 7 个省份规模以上文化企业的数量较 2012 年有所减少，减少幅度依次为 27.4%、14.3%、13.0%、10.0%、4.4%、1.5% 和 0.1%（见图 4）。

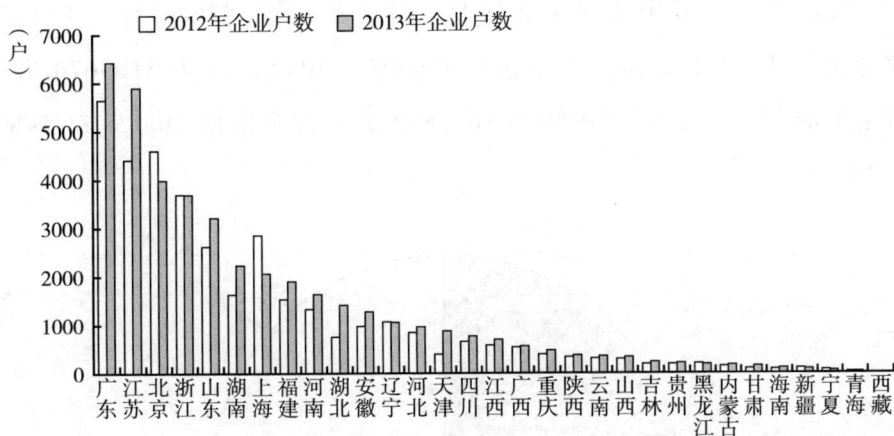

图 4 2012 年、2013 年各省份规模以上文化企业数量

二 中国文化企业就业的区域分布及变化

2013 年末我国六成以上的文化企业从业人员集中在东部地区。与 2012 年相比，2013 年东部和西部地区规模以上文化企业从业人员数量

所占比重有所下降，而中部地区的比重有所上升。在省级层面上，广东、江苏两个省份文化企业从业人员数量较多，占全国文化企业从业人员总数的两成以上。与 2012 年相比，2013 年我国七成以上省份的规模以上文化企业从业人员数量实现了增长，增幅最大的省份是天津，而下降幅度最大的省份是陕西。2013 年末各省份文化企业从业人员数量分布的省域绝对集中程度较高，但是与 2012 年相比，规模以上文化企业从业人员数量的省域绝对集中程度略有下降，同时各省份规模以上文化企业从业人员数量分布的相对差距也有所减小。

（一）各地区文化企业的就业规模及变迁

1. 各地区文化企业的就业规模

2013 年末，我国文化企业从业人员总数为 15482686 人。其中东部地区有 10737126 人，占全国的 69.3%；中部地区为 3109678 人，占全国的 20.1%；西部地区为 1635882 人，占全国的 10.6%（参见图 5）。

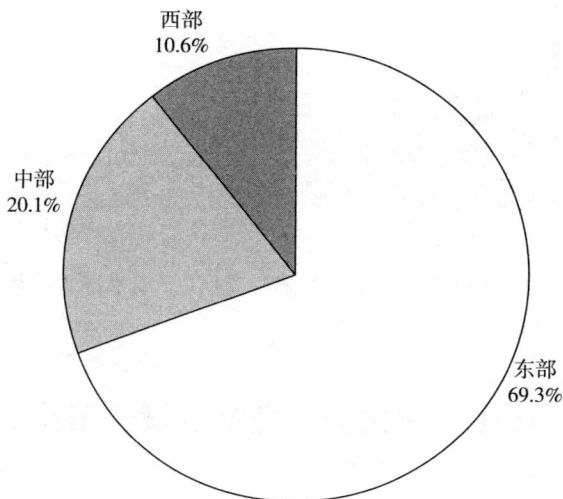

图 5　2013 年全国文化企业年末从业人员数量的地区构成

2. 各地区规模以上文化企业的就业规模

2013 年末，全国规模以上文化企业的从业人员数量合计达 7537781 人。其中东部地区有 5510902 人，占全国的 73.1%；中部地区有 1417651 人，占全国的 18.8%；西部地区为 609228 人，占全国的 8.1%（见图 6）。

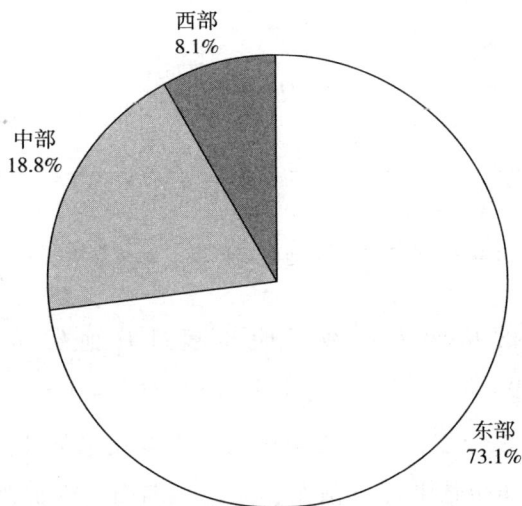

图 6　2013 年全国规模以上文化企业年末
从业人员数量的地区构成

3. 各地区规模以上文化企业就业规模的变化

与 2012 年末相比，2013 年末全国规模以上文化企业从业人员数量增长了 7.8%。其中，东部地区增长了 4.2%，中部地区增长了 26.1%，西部地区增长了 4.8%（参见图 7）。2013 年末，中部地区在全国规模以上文化企业从业人员数量中所占的比重较 2012 年末提高了 2.7 个百分点，而东部地区、西部地区所占相应比重则分别下降了 2.5、0.2 个百分点。

（二）各省份文化企业的就业规模及变化

1. 各省份文化企业的就业规模

2013 年末各省份文化企业从业人员数量如表 3 所示。其中，广东、

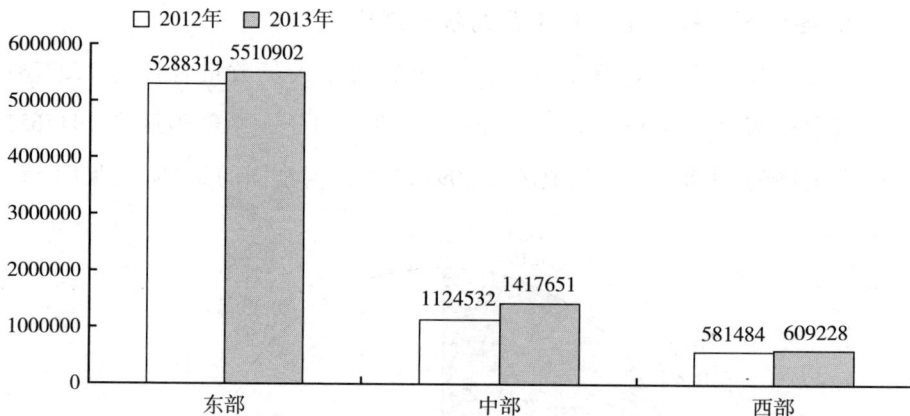

图7　2012年及2013年末各地区规模以上文化企业从业人员数量

江苏文化企业的从业人员数量明显超过其他省份，分别达到了3181713、1817894人，占全国文化企业相应值的比重分别为20.6%和11.7%。除以上两个省份外，占全国文化企业年末从业人员数量的比重超过5%的省份还包括浙江、山东、北京、湖南，它们的年末从业人员数量依次为1244571、1182309、831283、801926人，所占的比重依次为8.0%、7.6%、5.4%、5.2%。相对而言，新疆、海南、青海、宁夏、西藏五个省份文化企业的从业人员规模明显较小，2013年末其从业人员数量依次为54724、47507、25983、25746、8793人，仅分别相当于全国文化企业相应值的0.4%、0.3%、0.2%、0.2%、0.1%。

进一步分析显示，2013年末我国文化企业从业人员的省域集中程度较高。我们对全国31个省份文化企业年末从业人员集中比率①的计算结果表明，2013年末各省份文化企业从业人员的CR2、CR4、CR6、CR10分别高达32.3%、48.0%、58.5%、74.7%，即当年末从业人员

①　集中比率（concentration ratios）是样本分布绝对集中程度的常用指标。它指的是全部样本中某项指标最大的前 n 个样本的合计值占全部样本合计值的比重。公式中 CRn 为某项指标最大的前 n 个样本的相应集中比率。

数量最多的前 2、4、6、10 个省份分别吸纳了全国文化企业 32.3%、48.0%、58.5%、74.7% 的从业人员。不仅如此，经我们测算，全国 31 个省份 2013 年末文化企业从业人员数量分布的基尼系数为 0.56，显示了各省份文化企业在就业规模方面的很大差异①。

表 3 2013 年末各省份文化企业从业人员数量及所占的比重

省份	数量（人）	比重（%）	省份	数量（人）	比重（%）
广　东	3181713	20.6	重　庆	274105	1.8
江　苏	1817894	11.7	广　西	243261	1.6
浙　江	1244571	8.0	陕　西	210379	1.4
山　东	1182309	7.6	云　南	154906	1.0
北　京	831283	5.4	山　西	134579	0.9
湖　南	801926	5.2	贵　州	98987	0.6
福　建	703998	4.5	黑龙江	95828	0.6
上　海	677337	4.4	吉　林	88403	0.6
河　南	676467	4.4	甘　肃	85685	0.6
安　徽	451173	2.9	内蒙古	81593	0.5
江　西	448975	2.9	新　疆	54724	0.4
湖　北	412327	2.7	海　南	47507	0.3
河　北	402539	2.6	青　海	25983	0.2
四　川	371720	2.4	宁　夏	25746	0.2
天　津	325446	2.1	西　藏	8793	0.1
辽　宁	322529	2.1			

2. 各省份规模以上文化企业的就业规模

如表 4 所示，2013 年末广东、江苏规模以上文化企业的从业人员规模明显超过其他省份，它们依次达到了 1842454、1006199 人，分别占全国规模以上文化企业相应合计值的 24.4%、13.3%。除以上两个省份外，占全国规模以上文化企业年末从业人员数量的比重超过 5% 的

① 一般而言，作为衡量相对集中程度的基本指标，基尼系数越大，意味着样本分布的相对集中程度越高，大小样本之间的差异程度越大；基尼系数若大于 0.4，则可以认为样本分布的相对集中程度处于很高的水平，即大小样本差异极大。

省份还包括山东、浙江、北京、湖南，它们的年末从业人员数量依次为536975、507934、415823、403837人，所占的比重依次为7.1%、6.7%、5.5%、5.4%。相对而言，青海、宁夏、西藏的规模以上文化企业就业规模明显较小，2013年末它们的从业人员数量依次为9165、8632、1165人，仅分别相当于全国规模以上文化企业相应合计值的0.1%、0.1%、0.02%。

表4 2013年末各省份规模以上文化企业从人员数量及所占的比重

省份	数量(人)	比重(%)	省份	数量(人)	比重(%)
广 东	1842454	24.4	广 西	132446	1.8
江 苏	1006199	13.3	重 庆	101740	1.3
山 东	536975	7.1	云 南	55038	0.7
浙 江	507934	6.7	陕 西	52890	0.7
北 京	415823	5.5	山 西	39067	0.5
湖 南	403837	5.4	吉 林	30626	0.4
河 南	372510	4.9	黑龙江	24492	0.3
福 建	368070	4.9	内蒙古	23801	0.3
上 海	350077	4.6	贵 州	21630	0.3
安 徽	190353	2.5	海 南	19795	0.3
湖 北	188530	2.5	甘 肃	16153	0.2
辽 宁	175509	2.3	新 疆	14323	0.2
四 川	172245	2.3	青 海	9165	0.1
江 西	168236	2.2	宁 夏	8632	0.1
天 津	145866	1.9	西 藏	1165	0.02
河 北	142200	1.9			

进一步分析同样显示，2013年末我国规模以上文化企业从业人员数量的省域集中程度很高。其中，CR2、CR4、CR6、CR10值依次为37.8%、51.7%、62.5%、79.5%，这意味着规模以上文化企业从业人员数量最多的前2、4、6、10个省份分别吸纳了全国规模以上文化企业37.8%、51.7%、62.5%、79.5%的从业人员。不仅如此，2013年末全国各省份规模以上文化企业从业人员数量分布的基尼系数达到了0.62，

同样显示了各省份规模以上文化企业从业人员数量之间差异很大。

3. 各省份规模以上文化企业就业规模的变化

在全国 31 个省份中，2013 年末规模以上文化企业从业人员数量较之 2012 年末有所增长的省份有 23 个，其中增长率超过 30% 的省份有 7 个，依次为天津、甘肃、西藏、湖南、湖北、青海、重庆，它们的增长率依次为 117.0%、64.1%、62.3%、42.3%、37.4%、35.2%、30.3%；除以上 7 个省份外，增长率超过 10% 的省份有 10 个，依次为海南、山西、安徽、河南、福建、贵州、江苏、江西、云南、辽宁，它们的增长率依次为 29.8%、24.6%、22.3%、20.6%、19.8%、14.1%、12.5%、12.0%、11.1%、10.0%；增长率不足 10% 的省份有 6 个，依次为山东、内蒙古、广东、四川、河北、吉林，它们的增长率依次为 8.5%、6.4%、5.9%、4.2%、3.5%、3.2%。另外，2013 年末规模以上文化企业从业人员数量比 2012 年末减少的省份有 8 个，包括陕西、上海、北京、宁夏、黑龙江、浙江、广西、新疆，它们分别比 2012 年末减少了 25.7%、18.7%、15.7%、13.5%、12.1%、7.4%、1.5%、0.2%（参见图 8）。

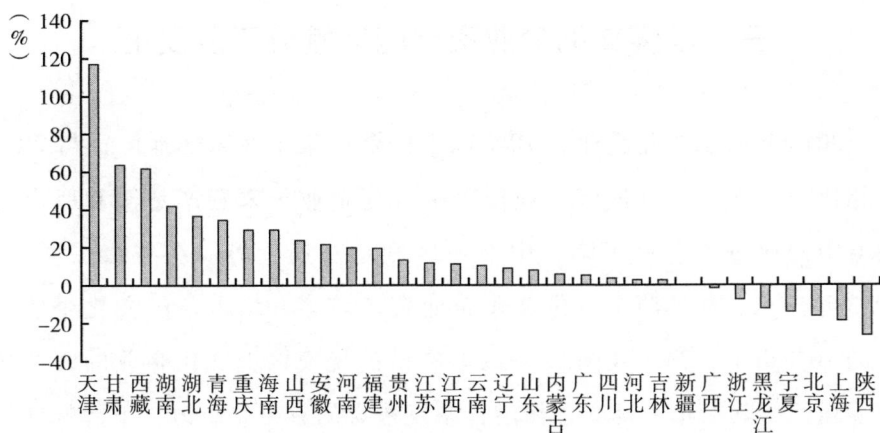

图 8　2013 年末各省份规模以上文化企业从业人员数量增长率

　　另外，2013 年末我国规模以上文化企业省域分布的集中程度略有下降。与 2012 年相比，除了 CR2 微增 0.1 个百分点之外，CR4、CR6、CR10 分别比 2012 年末下降了 0.9、3.3、1.5 个百分点（参见图 9），基尼系数也减少了 0.02。

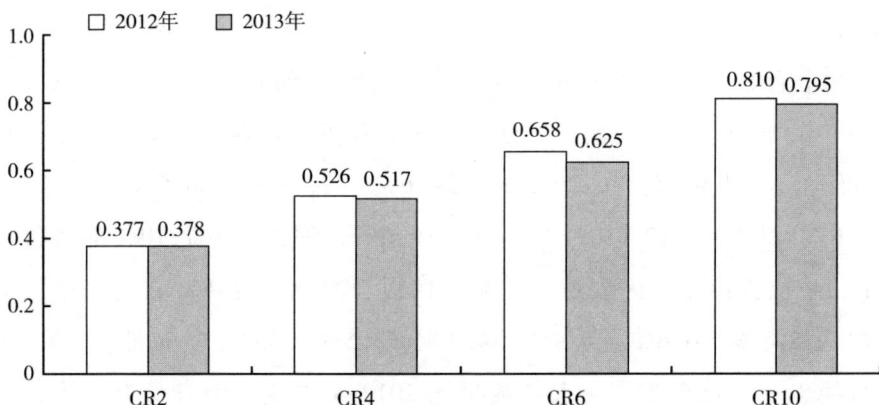

图 9　2012 年和 2013 年全国规模以上文化企业从业人员的省域集中率

三　中国文化企业资产的区域分布及变化

　　2013 年我国文化企业有 70% 以上的资产集中在东部地区；与 2012 年相比，2013 年东部地区在规模以上文化企业年末资产总额和所有者权益中的比重均有所下降，中部地区则均有所上升。在省级层面上，2013 年广东、江苏两个省份文化企业资产较多，均占全国文化企业资产的 10% 以上；当年我国 80% 以上省份的规模以上文化企业的资产实现了增长，其中年末资产总额增长幅度最大的省份是青海，下降幅度最大的省份是宁夏；2013 年年末所有者权益增长幅度最大的省份也是青海，下降幅度最大的省份则是北京。2013 年各省份文化企业资产分布的省域绝对集中程度较高；不过与 2012 年相比，规模以上文化企业资产分布的省域绝对集中程度略有下降，各省份规模以上文化企业资产分布的差异在略有减小。

（一）东中西部地区文化企业的资产分布

1. 各地区文化企业的资产规模

2013 年，我国文化企业年末资产总额共计 95422.05 亿元。其中东部地区为 71104.35 亿元，占全国的 74.5%；中部地区为 14285.67 亿元，占全国的 15.0%；西部地区为 10032.03 亿元，占全国的 10.5%（参见图 10）。

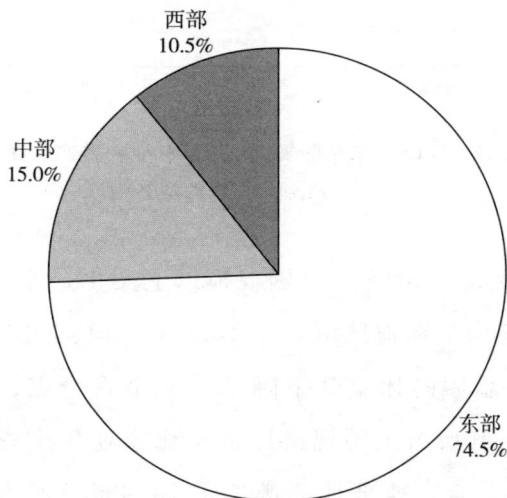

图 10　2013 年末全国文化企业资产总额的地区构成

2. 各地区规模以上文化企业的资产规模及变化

2013 年全国规模以上文化企业年末资产总额共计 57568.48 亿元。其中东部、中部、西部地区规模以上文化企业的年末资产总额分别为 43875.07、8152.38、5541.03 亿元，分别占全国规模以上文化企业合计值的 76.2%、14.2%、9.6%。另外，当年规模以上文化企业年末所有者权益共计 26277.69 亿元。其中东部、中部、西部地区分别为 19802.46、4243.57、2213.66 亿元，分别占全国规模以上文化企业合计值的 75.4%、16.2%、8.4%（参见图 11）。

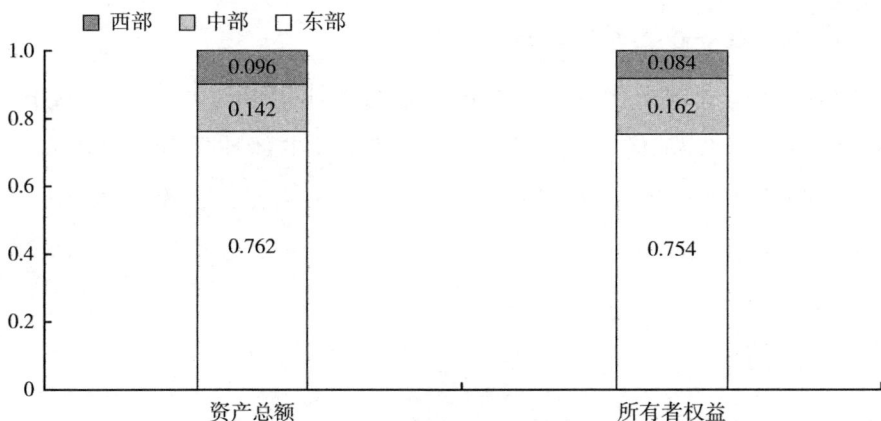

图 11　2013 年末全国规模以上文化企业资产总额、
所有者权益的地区构成

　　与 2012 年相比，2013 年全国规模以上文化企业年末资产总额增长了 14.4%。其中东部地区增长了 10.9%，但其占全国规模以上文化企业年末资产总额的比重却下降了 2.4 个百分点；中部地区的增长率为 37.1%，其所占全国规模以上文化企业年末资产总额的比重提高了 2.4 个百分点；西部地区增长了 14.4%，所占相应比重维持不变。另外，2013 年全国规模以上文化企业年末所有者权益增长了 16.7%。其中东部地区增长了 11.2%，但其占全国规模以上文化企业年末所有者权益的比重下降了 2.7 个百分点；中部、西部地区的增长率分别为 35.2%、20.3%，它们所占全国规模以上文化企业年末所有者权益的比重则分别提高了 2.4、0.3 个百分点（参见图12）。

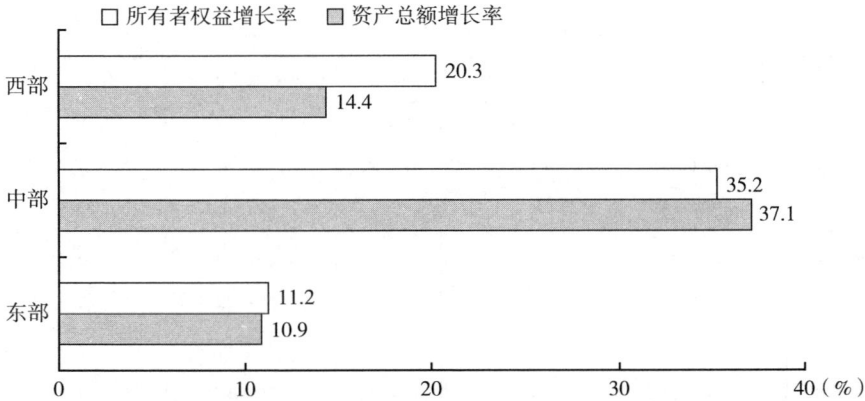

图 12　2013 年各地区规模以上文化企业有关资产指标的增长率

（二）各省份文化企业的资产分布及变化

1. 各省份文化企业的年末资产总额

如表 5 所示，2013 年末广东、江苏、山东、北京、浙江、上海六个省份的资产总额明显较大，均超过 7000 亿元，依次为 13550.39、11884.40、9411.52、9295.81、8335.71、7703.16 亿元，并依次占全国文化企业年末资产总额的 14.2%、12.5%、9.9%、9.7%、8.7%、8.1%。同时，新疆、青海、宁夏、西藏四个省份的年末资产总额明显偏小，均在 300 亿元以下，依次只有 248.03、187.39、165.46、41.20 亿元，它们占全国文化企业年末资产总额的比重也仅为 0.3%、0.2%、0.2% 和 0.04%。

进一步分析发现，2013 年全国文化企业年末资产总额分布的省域绝对集中程度较高，其 CR2、CR4、CR6、CR10 分别达到了 26.7%、46.3%、63.1%、76.4%，即当年文化企业年末资产总额最大的前 2、4、6、10 个省份分别占据了全国文化企业年末资产总额的 26.7%、46.3%、63.1%、76.4%。与此同时，各省份文化企业年末资产总额分布的基尼系数为 0.57，显示了很高的相对集中程度以及各省份之间很大的相对差距。

表5 2013年各省份文化企业的年末资产总额及所占的比重

省份	资产总额(亿元)	比重(%)	省份	资产总额(亿元)	比重(%)
广 东	13550.39	14.2	陕 西	1476.77	1.5
江 苏	11884.4	12.5	江 西	1424.16	1.5
山 东	9411.52	9.9	云 南	1052.17	1.1
北 京	9295.81	9.7	海 南	899.73	0.9
浙 江	8335.71	8.7	广 西	808.78	0.8
上 海	7703.16	8.1	山 西	718.39	0.8
天 津	3749.25	3.9	贵 州	701.57	0.7
湖 北	3207.31	3.4	内蒙古	558.92	0.6
河 南	3047.38	3.2	吉 林	481.77	0.5
湖 南	2710.54	2.8	黑龙江	405.36	0.4
福 建	2666.85	2.8	甘 肃	346.28	0.4
四 川	2652.95	2.8	新 疆	248.03	0.3
安 徽	2290.75	2.4	青 海	187.39	0.2
河 北	1869.92	2.0	宁 夏	165.46	0.2
重 庆	1792.50	1.9	西 藏	41.20	0.04
辽 宁	1737.59	1.8			

2. 各省份规模以上文化企业的年末资产总额

在全国规模以上文化企业2013年末资产总额分布中，广东、江苏、北京、上海、浙江、山东6个省份的年末资产总额明显较大，均超过了4000亿元，依次为9161.02、7832.39、5731.01、5562.30、5326.48、4284.74亿元，并依次占全国规模以上文化企业年末资产总额的15.9%、13.6%、10.0%、9.7%、9.3%、7.4%。同时，甘肃、新疆、宁夏、西藏4个省份的年末资产总额明显偏小，均在100亿元以下，依次为96.11、89.25、62.51、6.54亿元，它们所占全国规模以上文化企业合计值的比重分别只有0.2%、0.2%、0.1%、0.01%（参见表6）。

表 6　2013 年各省份规模以上文化企业的年末资产总额及所占的比重

省份	年末资产总额（亿元）	比重（%）	省份	年末资产总额（亿元）	比重（%）
广　东	9161.02	15.9	河　北	802.78	1.4
江　苏	7832.39	13.6	江　西	749.29	1.3
北　京	5731.01	10.0	云　南	572.77	1.0
上　海	5562.30	9.7	广　西	512.12	0.9
浙　江	5326.48	9.3	海　南	507.94	0.9
山　东	4284.74	7.4	山　西	297.29	0.5
天　津	1992.53	3.5	内蒙古	255.77	0.4
河　南	1980.07	3.4	吉　林	230.03	0.4
湖　南	1781.71	3.1	贵　州	208.16	0.4
四　川	1683.11	2.9	黑龙江	120.41	0.2
福　建	1576.28	2.7	青　海	112.36	0.2
湖　北	1567.21	2.7	甘　肃	96.11	0.2
安　徽	1426.37	2.5	新　疆	89.25	0.2
重　庆	1100.03	1.9	宁　夏	62.51	0.1
辽　宁	1097.59	1.9	西　藏	6.54	0.01
陕　西	842.30	1.5			

　　进一步分析同样表明，2013 年全国规模以上文化企业年末资产总额的省域集中程度很高，其 CR2、CR4、CR6、CR10 分别达到了 29.5%、46.9%、65.8%、78.5%，意味着当年末资产总额最大的前 2、4、6、10 个省份分别占据了全国规模以上文化企业相应合计值的 29.5%、46.9%、65.8%、78.5%。与此同时，当年末全国 31 个省份资产总额分布的基尼系数约为 0.61，显示了很高的相对集中程度和省份之间很大的差距。

3. 各省份规模以上文化企业的年末所有者权益

　　2013 年各省份规模以上文化企业年末所有者权益如表 7 所示。其中，江苏、广东、北京、上海、浙江 5 个省份的年末所有者权益明显较大，均超过了 2000 亿元，依次为 3895.38、3878.30、2673.46、

2561.47、2285.14亿元，并依次占全国规模以上文化企业年末所有者权益的14.8%、14.8%、10.2%、9.8%、8.7%。同时，新疆、青海、宁夏、西藏4个省份的年末所有者权益明显偏小，均在50亿元以下，依次为42.86、35.62、27.74、3.77亿元，它们所占全国规模以上文化企业年末所有者权益的比重也分别只有0.2%、0.1%、0.1%、0.01%。

表7　2013年全国各省份规模以上文化企业的年末所有者权益及所占的比重

省份	所有者权益（亿元）	比重（%）	省份	所有者权益（亿元）	比重（%）
江　苏	3895.38	14.8	重　庆	388.02	1.5
广　东	3878.30	14.8	陕　西	328.59	1.3
北　京	2673.46	10.2	云　南	253.28	1.0
上　海	2561.47	9.8	广　西	236.58	0.9
浙　江	2285.14	8.7	海　南	208.82	0.8
山　东	1909.48	7.3	吉　林	140.34	0.5
河　南	1127.78	4.3	内蒙古	112.04	0.4
湖　南	1014.83	3.9	山　西	94.60	0.4
福　建	738.59	2.8	贵　州	84.33	0.3
天　津	699.41	2.7	黑龙江	61.73	0.2
安　徽	689.92	2.6	甘　肃	55.89	0.2
湖　北	667.32	2.5	新　疆	42.86	0.2
四　川	644.95	2.5	青　海	35.62	0.1
辽　宁	523.20	2.0	宁　夏	27.74	0.1
江　西	447.04	1.7	西　藏	3.77	0.01
河　北	429.21	1.6			

与前述年末资产总额的具体分布相似的是，2013年我国规模以上文化企业年末所有者权益分布的省域集中程度也很高，其CR2、CR4、CR6、CR10分别达到了29.6%、49.5%、65.5%、79.1%。也就是说，当年规模以上文化企业年末所有者权益最大的前2、4、6、10个省份分

别占据了全国联网直报单位所有者权益的 29.6% 、49.5% 、65.5% 、79.1% 。与此同时，当年末全国 31 个省份所有者权益分布的基尼系数也达到了 0.61，显示了很高的相对集中程度和省份之间的巨大差距。

4. 各省份规模以上文化企业资产规模的变化

如表 8 所示，2013 年全国规模以上文化企业年末资产总额较之2012 年实现增长的省份有 26 个，其中增长率超过 30% 的省份有 9 个，依次为青海、天津、湖南、山西、西藏、福建、重庆、安徽、湖北，它们的增长率依次为 310.1% 、306.0% 、76.5% 、69.0% 、65.6% 、43.4% 、43.2% 、42.4% 、39.7% ；增长率为 10% ~30% 的省份有 10个，依次为江西、吉林、江苏、甘肃、内蒙古、四川、广东、河南、浙

表 8 2013 年末各省份规模以上文化企业资产总额和所有者权益增长率

省份	年末资产总额增长率(%)	年末所有者权益增长率(%)	省份	年末资产总额增长率(%)	年末所有者权益增长率(%)
青 海	310.1	206.6	河 南	13.7	5.5
天 津	306.0	199.2	浙 江	13.5	20.8
湖 南	76.5	80.0	海 南	13.3	11.5
山 西	69.0	43.2	山 东	9.1	16.6
西 藏	65.6	73.6	河 北	8.7	12.4
福 建	43.4	39.1	辽 宁	7.8	13.6
重 庆	43.2	34.2	广 西	5.6	11.5
安 徽	42.4	51.3	贵 州	5.5	7.1
湖 北	39.7	37.2	陕 西	4.2	-0.2
江 西	29.5	36.4	新 疆	2.4	15.9
吉 林	24.4	32.9	云 南	-0.4	12.7
江 苏	17.1	27.4	北 京	-5.8	-13.4
甘 肃	16.5	56.5	黑龙江	-9.8	-3.8
内蒙古	15.8	68.1	上 海	-12.1	-13.3
四 川	15.3	23.6	宁 夏	-51.8	-12.4
广 东	14.1	14.4			

江、海南，它们的增长率依次为 29.5%、24.4%、17.1%、16.5%、15.8%、15.3%、14.1%、13.7%、13.5%、13.3%；增长率在 0% ~ 10% 的省份有 7 个，依次为山东、河北、辽宁、广西、贵州、陕西、新疆，它们的增长率依次为 9.1%、8.7%、7.8%、5.6%、5.5%、4.2%、2.4%。另外，2013 年宁夏、上海、黑龙江、北京、云南 5 个省份规模以上文化企业的年末资产总额比 2012 年有所减少，减少幅度依次为 51.8%、12.1%、9.8%、5.8%、0.4%。

另外，2013 年规模以上文化企业年末所有者权益较之 2012 年增长的省份有 26 个，其中增长率超过 30% 的省份有 13 个，依次为青海、天津、湖南、西藏、内蒙古、甘肃、安徽、山西、福建、湖北、江西、重庆、吉林，它们的增长率依次为 206.6%、199.2%、80.0%、73.6%、68.1%、56.5%、51.3%、43.2%、39.1%、37.2%、36.4%、34.2%、32.9%；增长率为 10% ~ 30% 的省份有 11 个，依次为江苏、四川、浙江、山东、新疆、广东、辽宁、云南、河北、海南、广西，它们的增长率依次为 27.4%、23.6%、20.8%、16.6%、15.9%、14.4%、13.6%、12.7%、12.4%、11.5%、11.5%；增长率在 0% ~ 10% 的省份有 2 个，依次为贵州、河南，它们的增长率依次为 7.1%、5.5%。另外，2013 年北京、上海、宁夏、黑龙江、陕西规模以上文化企业的年末所有者权益比 2012 年有所减少，减少幅度依次为 13.4%、13.3%、12.4%、3.8%、0.2%。

值得关注的是，2013 年我国规模以上文化企业资产规模的省域集中程度较之 2012 年总体上也出现了小幅下降。除了以年末资产总额、年末所有者权益计算的 CR2 分别上升了 0.3 个、1.3 个百分点之外，以年末资产总额计算的 CR4、CR6、CR10 分别下降了 7、5.2、3.3 个百分点，以年末所有者权益计算的 CR4、CR6、CR10 也分别下降了 4.8、4.8、3.0 个百分点（参见图 13）。同时，衡量相对集中程度的基尼系数指标也有所减少，2013 年各省份年末资产总额、年末所有者权益分布的基尼系数均比 2012 年减少了 0.03。

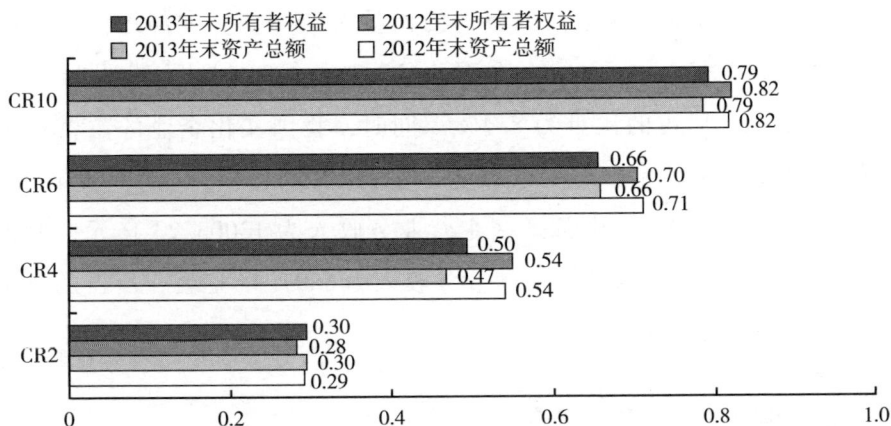

图 13　2012 年、2013 年全国规模以上文化企业资产规模的省域集中率

四　中国文化企业产出的区域分布及变化

2013 年我国东部地区文化企业的产出规模占全国的比例超过 70%。与 2012 年相比，2013 年东部地区规模以上文化企业产出规模所占比重有所下降，而中部地区和西部地区所占比重有所上升，不过广东、江苏、山东、上海 4 个省份在全国规模以上文化企业产出中所占份额仍然明显较高，而产出规模较小的省份主要集中在西部地区。与 2012 年相比，2013 年我国 80% 以上省份的规模以上文化企业的产出规模实现了增长，其中增长幅度最大的省份是青海，下降幅度最大的省份是宁夏。同时，产出规模的省域集中程度依然很高，省际总体分布差别显著，只是较之 2012 年有所下降。

（一）各地区文化企业的产出及变化

1. 各地区文化企业的产出规模

2013 年，我国文化企业的营业收入为 83743.43 亿元，其中东部地区营业收入为 63587.64 亿元，所占的比重为 75.9%；中部地区营业收入为 13147.02 亿元，所占的比重为 15.7%；西部地区营业收入为 7008.78 亿元，所占的比重为 8.4%。同时，我国文化企业的主营业务收入为 82610.98 亿元，其中东部地区主营业务收入为 62710.30 亿元，所占的比重为 75.9%；中部地区主营业务收入为 13003.23 亿元，所占的比重为 15.7%；西部地区主营业务收入为 6897.44 亿元，所占的比重为 8.3%（参见图 14）。

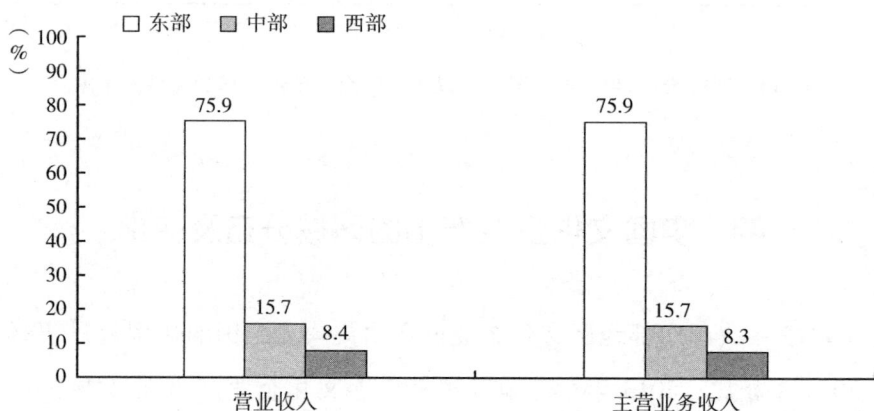

图 14　2013 年全国文化企业营业收入、主营业务收入的地区构成

2. 各地区规模以上文化企业的产出规模及变化

2013 年全国规模以上文化企业营业收入为 64000.69 亿元，其中东部、中部、西部地区分别为 49338.72、9866.73、4795.24 亿元，所占的比重分别为 77.1%、15.4%、7.5%。当年全国规模以上文化企业主营业务收入为 63135.61 亿元，其中东部、中部、西部地区分别为 48627.57、9775.34、4732.70 亿元，所占的比重分别为 77.0%、15.5%、7.5%（参见图 15）。

与 2012 年相比，全国规模以上文化企业营业收入增长了 13.8%；其中东部、中部、西部地区的增长率分别为 9.1%、39.3%、21.5%；

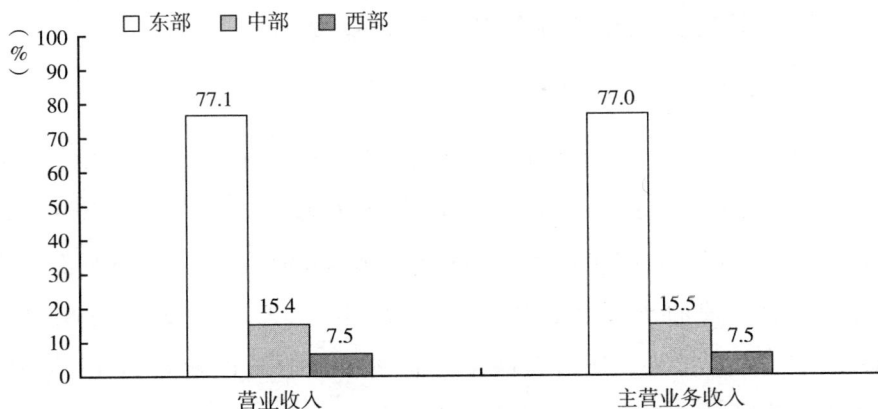

图 15　2013 年全国规模以上文化企业主要产出指标的地区构成

全国规模以上文化企业主营业务收入也增长了 13.8%，其中东部、中部、西部地区的增长率分别为 9.2%、39.3%、21.3%（参见图 16）。作为这一增长格局的结果，在 2013 年全国规模以上文化企业营业收入、主营业务收入中，东部地区所占的比重均下降了 3.3 个百分点，中部地区所占的比重均上升了 2.8 个百分点，西部地区所占的比重也提高了 0.5 个百分点。

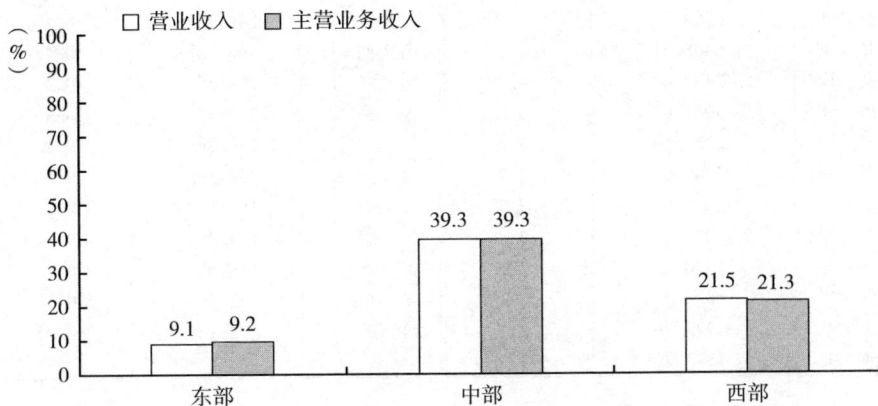

图 16　2013 年各地区规模以上文化企业营业收入和主营业务收入增长率

（二）各省份文化企业的产出分布及变化①

1. 各省份文化企业的营业收入

在全国 31 个省份的文化企业中，2013 年广东、江苏、山东、上海、浙江、北京 6 个省份的营业收入明显较大，依次为 15030.21、11101.76、8078.03、7763.25、6580.70、6408.51 亿元，它们所占全国文化企业合计值的比重则依次达到了 17.9%、13.3%、9.6%、9.3%、7.9%、7.7%。此外，所占全国文化企业营业收入的比重为 4% ~5%的有 1 个省份，为 3% ~4%的有 2 个省份，为 2% ~3%的有 6 个省份，为 1% ~2%的有 2 个省份，为 0.5% ~1%的有 3 个省份，而内蒙古、山西、黑龙江、吉林、贵州、海南、甘肃、新疆、青海、宁夏、西藏等 11 个省份所占的比重均不足 0.5%（参见表 9）。

表 9　2013 年各省份文化企业的营业收入及所占的比重

省份	营业收入（亿元）	占比（%）	省份	营业收入（亿元）	占比（%）
广　东	15030.21	17.9	辽　宁	1507.39	1.8
江　苏	11101.76	13.3	陕　西	751.13	0.9
山　东	8078.03	9.6	广　西	733.26	0.9
上　海	7763.25	9.3	云　南	521.67	0.6
浙　江	6580.7	7.9	内蒙古	346.28	0.4
北　京	6408.51	7.7	山　西	306.05	0.4
湖　南	3480.02	4.2	黑龙江	274.50	0.3
福　建	3037.61	3.6	吉　林	271.43	0.3
河　南	2839.60	3.4	贵　州	259.84	0.3
天　津	2287.61	2.7	海　南	217.38	0.3
安　徽	2251.61	2.7	甘　肃	169.53	0.2
四　川	2021.32	2.4	新　疆	154.78	0.2
湖　北	1930.55	2.3	青　海	144.50	0.2
重　庆	1830.36	2.2	宁　夏	52.99	0.1
江　西	1793.26	2.1	西　藏	23.12	0.03
河　北	1575.20	1.9			

---

① 因各省份文化企业及规模以上文化企业的主营业务收入与营业收入在绝对规模和相对规模方面几乎没有差异，故为节约篇幅，本部分不再考察各省份主营业务收入及其变化。

进一步分析表明，2013 年我国文化企业营业收入的省域绝对集中程度较高，以营业收入计算的 CR2、CR4、CR6、CR10 分别达到了 31.2%、50.1%、65.6%、79.5%，即 2013 年营业收入最大的前 2、4、6、10 个省份分别提供了全国文化企业 31.2%、50.1%、65.6%、79.5% 的营业收入。同时，各省份文化企业营业收入分布的基尼系数达到了 0.62，显示了很高的相对集中程度及极大的省际差别。

2. 各省份规模以上文化企业的营业收入

在全国 31 个省份规模以上文化企业中，2013 年营业收入明显较大的包括广东、江苏、上海、山东、北京、浙江 6 个省份，它们的营业收入依次达到了 12387.19、8391.83、6525.94、6057.53、5155.22、4506.96 亿元，分别占全国规模以上文化企业合计值的 19.4%、13.1%、10.2%、9.5%、8.1%、7.0%。此外，2013 年规模以上文化企业营业收入占全国合计值的比重为 4%~5% 的有 1 个省份，比重为 3%~4% 的有 2 个少份，为 2%~3% 的有 5 个省份，为 1%~2% 的有 3 个省份，为 0.5%~1% 的有 3 个省份，而内蒙古、山西、吉林、海南、黑龙江、贵州、青海、甘肃、新疆、宁夏、西藏等 11 个省份所占的比重均不足 0.5%（参见表 10）。

进一步观察还显示，2013 年全国规模以上文化企业营业收入省域分布的集中程度很高，其 CR2、CR4、CR6、CR10 依次高达 32.5%、52.2%、67.3%、81.2%，比同期全国文化企业的相应指标分别高出 1.3、2.1、1.7、1.7 个百分点。同时，31 个省份规模以上文化企业营业收入分布的基尼系数也达到了 0.64，相对集中程度和各省份之间的差异程度显然很高。

3. 各省份规模以上文化企业营业收入的变化

2013 年，规模以上文化企业营业收入较之 2012 年增长的省份有 26 个，其中增长率超过 30% 的省份有 9 个，包括青海、天津、重庆、甘

表 10　2013 年各省份规模以上文化企业营业收入及所占的比重

省份	营业收入（亿元）	比重（%）	省份	营业收入（亿元）	比重（%）
广　东	12387.19	19.4	河　北	1019.08	1.6
江　苏	8391.83	13.1	广　西	606.19	0.9
上　海	6525.94	10.2	陕　西	422.13	0.7
山　东	6057.53	9.5	云　南	337.76	0.5
北　京	5155.22	8.1	内蒙古	218.03	0.3
浙　江	4506.96	7.0	山　西	190.05	0.3
湖　南	2703.33	4.2	吉　林	170.10	0.3
河　南	2287.51	3.6	海　南	153.86	0.2
福　建	2260.78	3.5	黑龙江	144.11	0.2
天　津	1701.49	2.7	贵　州	132.13	0.2
安　徽	1618.01	2.5	青　海	120.73	0.2
四　川	1537.13	2.4	甘　肃	75.33	0.1
湖　北	1465.88	2.3	新　疆	72.44	0.1
江　西	1287.74	2.0	宁　夏	26.26	0.04
重　庆	1242.77	1.9	西　藏	4.35	0.01
辽　宁	1178.83	1.8			

肃、湖南、海南、西藏、湖北、福建，它们的增长率依次为 263.5%、143.6%、90.3%、84.2%、83.2%、61.0%、54.2%、43.5%、35.4%；增长率为 10%～30% 的省份有 7 个，包括安徽、河南、江西、山西、广东、广西、河北，它们的增长率依次为 26.4%、25.8%、24.7%、21.2%、13.1%、11.0%、10.9%；增长率在 0～10% 的省份有 10 个，包括内蒙古、陕西、江苏、浙江、四川、山东、吉林、北京、黑龙江、贵州，它们的增长率依次为 9.1%、9.0%、8.6%、8.5%、8.3%、8.1%、7.3%、4.4%、3.3%、2.8%。此外，宁夏、新疆、云南、上海、辽宁 5 个省份规模以上文化企业的营业收入比 2012 年有所减少，它们减少的幅度依次为 38.3%、19.4%、16.3%、10.0%、3.6%（参见图 17）。

　　与此同时，2013 年全国规模以上文化企业营业收入分布的省域集

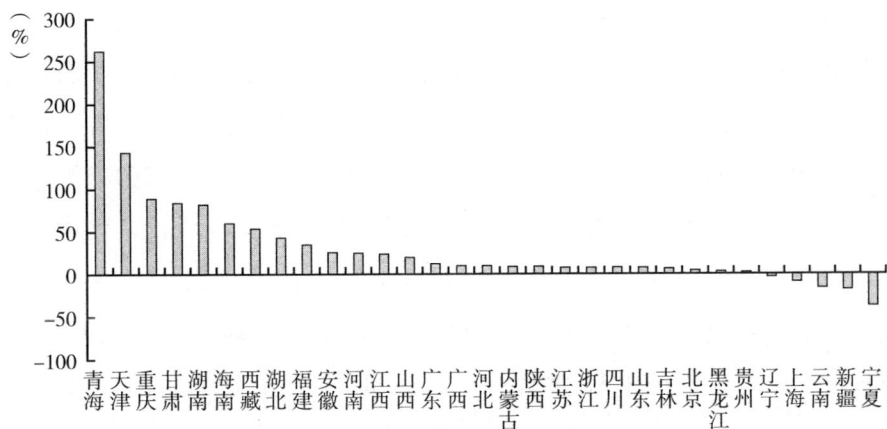

图 17　2013 年各省份规模以上文化企业营业收入增长率

中程度也有所下降（参见图 18）。其中，以营业收入计算的 CR2、CR4、CR6、CR10 分别比 2012 年下降了 0.7、4.0、5.0、2.4 个百分点；同时，以营业收入计算的基尼系数也减少了 0.03。

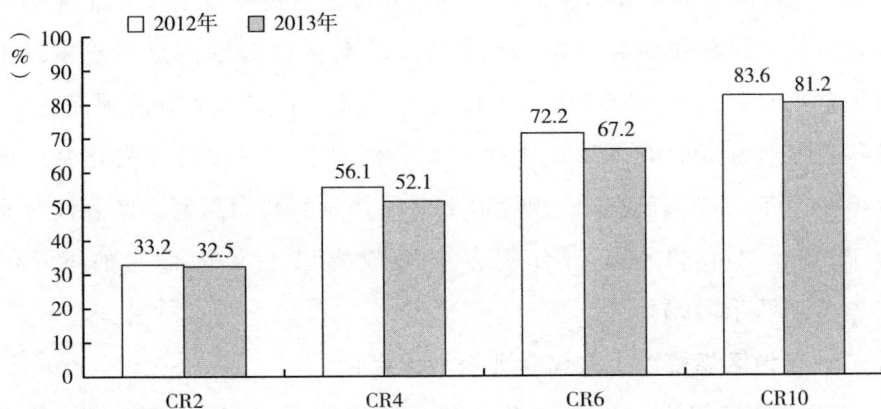

图 18　2012 年、2013 年全国规模以上文化企业营业收入的省域集中率

五　中国规模以上文化企业盈利的区域分布及变化

2013 年我国东部地区规模以上文化企业的盈利占全国合计值的比

重超过 70%，不过与 2012 年相比，东部地区所占全国规模以上文化企业盈利的比重有所下降，而中部地区和西部地区的比重则有所上升。在全国 31 个省份规模以上文化企业中，广东、江苏、浙江 3 个省份的盈利明显较大，而盈利较小的省份主要集中在西部地区。2013 年我国 80% 以上省份规模以上文化企业的盈利比 2012 年有所增长，其中净利润增长幅度最大的是天津，而减少幅度最大的则为青海。2013 年我国规模以上文化企业盈利分布的省域集中程度依然很高，省际相差很大，不过较之 2012 年集中程度略有下降，同时各省份之间的差距也有所缩小。

（一）各地区规模以上文化企业的盈利及变化

1. 各地区规模以上文化企业的盈利

据统计，2013 年我国规模以上文化企业共实现利润总额 4722.89 亿元，取得净利润 4122.54 亿元。其中东部地区规模以上文化企业的利润总额、净利润分别为 3605.98、3122.29 亿元，分别占全国规模以上文化企业的 76.4%、75.7%；中部地区规模以上文化企业的利润总额、净利润分别为 804.08、725.91 亿元，分别占全国规模以上文化企业的 17.0%、17.6%；西部地区规模以上文化企业的利润总额、净利润分别为 312.84、274.33 亿元，分别占全国规模以上文化企业的 6.6%、6.7%（参见图 19）。

2. 各地区规模以上文化企业盈利的变化

与 2012 年相比，2013 年我国规模以上文化企业利润总额增长了 26.7%。其中，东部、中部、西部地区的利润总额增长率分别为 23.1%、45.3%、27.5%。同时，我国规模以上文化企业净利润较之 2012 年增长了 28.8%。其中，东部、中部、西部地区净利润增长率分别为 25.4%、46.1%、27.0%（参见图 20）。

作为上述增长格局的结果，在 2013 年全国规模以上文化企业利润

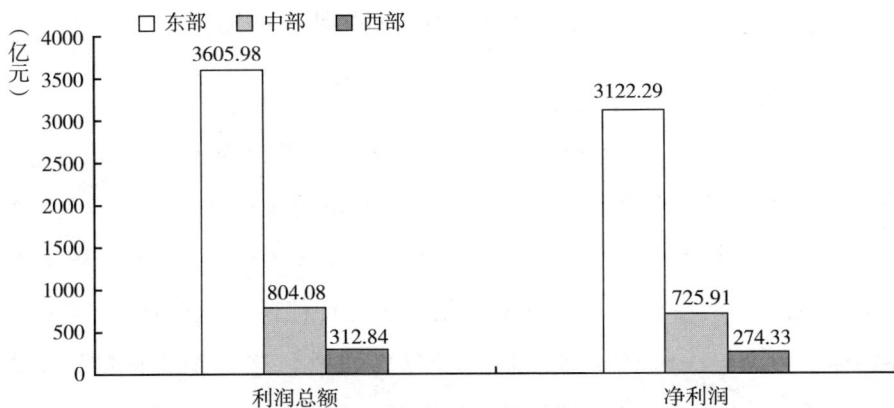

图 19　2013 年各地区规模以上文化企业的利润总额和净利润

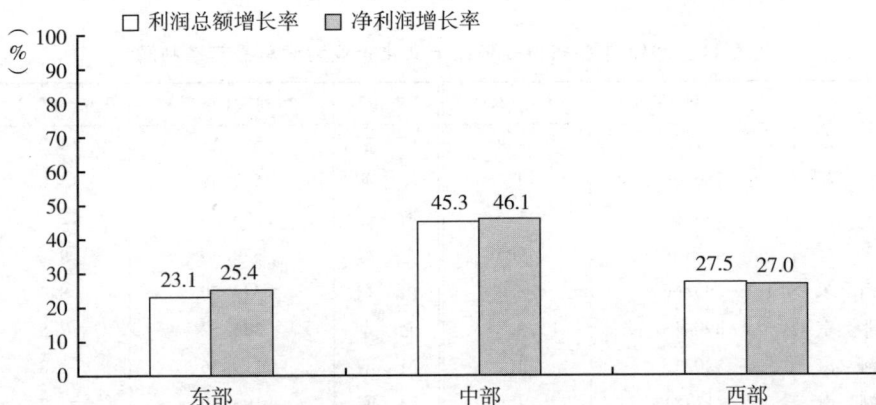

图 20　2013 年各地区规模以上文化企业利润总额、净利润增长率

总额中，中部地区所占的比重提高了约 2.2 个百分点，而东部地区所占的比重则下降了 2.2 个百分点，西部地区所占的比重无变化。同时，在 2013 年全国规模以上文化企业净利润中，中部地区所占的比重上升了 2.1 个百分点，而东部地区所占的比重下降了 2.1 个百分点，西部地区所占的比重也无变动。

（二）各省份规模以上文化企业的盈利分布及变迁

1. 各省份规模以上文化企业的盈利

如表 11 所示，在全国 31 个省份规模以上文化企业中，2013 年广东、江苏、浙江、上海、山东、北京 6 个省份的盈利水平明显较高。它们的利润总额依次为 681.32、666.96、549.65、447.39、395.66、390.18 亿元，所占全国规模以上文化企业合计值的比重依次为 14.4%、14.1%、11.6%、9.5%、8.4%、8.3%；同时，这 6 个省份的净利润依次为 585.13、577.56、505.23、379.49、343.50、321.52 亿元，所占全国规模以上文化企业合计值的比重依次为 14.2%、14.0%、12.3%、9.2%、8.3%、7.8%。

表 11　2013 年各省份规模以上文化企业利润总额与净利润

省份	利润总额（亿元）	占比（%）	省份	净利润（亿元）	占比（%）
广　东	681.32	14.4	广　东	585.13	14.2
江　苏	666.96	14.1	江　苏	577.56	14.0
浙　江	549.65	11.6	浙　江	505.23	12.3
上　海	447.39	9.5	上　海	379.49	9.2
山　东	395.66	8.4	山　东	343.50	8.3
北　京	390.18	8.3	北　京	321.52	7.8
河　南	220.15	4.7	河　南	199.36	4.8
湖　南	211.81	4.5	湖　南	193.49	4.7
福　建	170.54	3.6	福　建	153.11	3.7
天　津	131.10	2.8	江　西	109.75	2.7
江　西	120.97	2.6	天　津	105.35	2.6
安　徽	115.15	2.4	安　徽	103.71	2.5
湖　北	107.00	2.3	湖　北	93.46	2.3
河　北	80.42	1.7	河　北	72.56	1.8
四　川	77.74	1.6	四　川	65.97	1.6
辽　宁	75.58	1.6	辽　宁	65.83	1.6
重　庆	63.47	1.3	重　庆	56.15	1.4
广　西	48.11	1.0	广　西	45.65	1.1

续表

省份	利润总额（亿元）	占比（%）	省份	净利润（亿元）	占比（%）
陕　西	40.29	0.9	陕　西	33.66	0.8
云　南	37.21	0.8	云　南	31.69	0.8
内蒙古	23.93	0.5	内蒙古	21.90	0.5
海　南	17.17	0.4	吉　林	16.10	0.4
吉　林	17.16	0.4	海　南	13.01	0.3
贵　州	12.38	0.3	贵　州	11.63	0.3
黑龙江	7.79	0.2	黑龙江	6.91	0.2
新　疆	5.71	0.1	新　疆	4.71	0.1
甘　肃	4.59	0.1	甘　肃	4.16	0.1
山　西	4.05	0.1	山　西	3.13	0.1
宁　夏	2.42	0.1	宁　夏	2.01	0.05
西　藏	0.41	0.01	西　藏	0.36	0.01
青　海	-3.44	-0.1	青　海	-3.55	-0.1

进一步观察发现，2013 年绝大多数省份各自所占全国规模以上文化企业利润总额和净利润的比重较为接近。除了上述 6 个省份之外，这两项比重均为 4%～5% 的有 2 个省份，均为 3%～4% 的有 1 个省份，均为 2%～3% 的有 4 个省份，均为 1%～2% 的有 5 个省份，均为 0.5%～1% 的有 3 个省份；另外还有 10 个省份的这项两项比重均不足 0.5%，包括海南、吉林、贵州、黑龙江、新疆、甘肃、山西、宁夏、西藏、青海。需要特别指出的是，2013 年青海省规模以上文化企业的利润总额和净利润均为负值。

计算显示，2013 年以各省份利润总额衡量的 CR2、CR4、CR6、CR10 依次达到了 28.5%、49.7%、66.3%、81.8%，以各省份净利润衡量的 CR2、CR4、CR6、CR10 也依次为 28.2%、49.7%、65.8%、81.7%。可见，全国规模以上文化企业利润总额和净利润分布的省域集中程度非常高。此外，以各省份利润总额和净利润分别计算的基尼系数也都达到了 0.64，同样表明了省际盈利水平差异很大。

2. 各省份规模以上文化企业利润总额的变化

2013 年，规模以上文化企业利润总额比 2012 年有所增长的省份共有 27 个。其中增长率超过 30% 的省份有 16 个，除宁夏的利润总额由 2012 年的 -3.7 亿元增至 2013 年的 2.4 亿元之外，还包括天津、甘肃、内蒙古、海南、湖南、江苏、福建、湖北、重庆、河南、浙江、陕西、黑龙江、江西、新疆，后 15 个省份的增长率依次为 386.6%、382.2%、140.5%、135.2%、88.9%、53.7%、53.3%、53.2%、45.9%、43.8%、42.4%、38.0%、35.4%、35.0%、34.9%。在余下 11 个利润总额增长的省份中，增长幅度超过 10% 的省份有 7 个，依次为贵州、西藏、上海、山东、安徽、四川、河北，它们的增长幅度依次为 29.6%、27.7%、26.2%、25.3%、19.0%、15.4%、13.3%；增长幅度不足 10% 的省份有 4 个，依次为广东、云南、广西、辽宁，增长幅度依次为 7.1%、4.9%、3.2%、2.6%。另外，吉林、北京、山西、青海 4 个省份规模以上文化企业的利润总额较之 2012 年有所减少，除青海规模以上文化企业利润总额由 2012 年的 1.8 减至 2013 年的 -3.4 亿元之外，其余 3 个省份的减少幅度依次为 15.1%、23.8%、30.4%（参见图 21）。

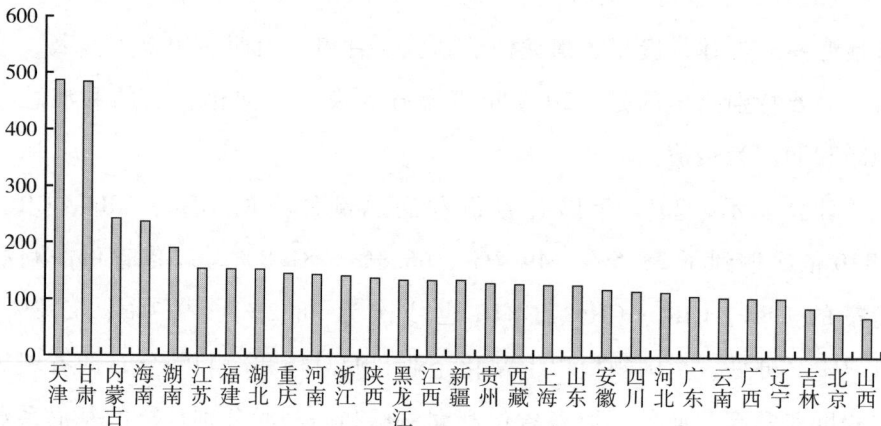

图 21　2013 年各省份规模以上文化企业利润总额指数（以 2012 年为 100）

在净利润变化方面，2013 年规模以上文化企业净利润较之 2012 年有所增长的省份有 27 个。其中增长幅度超过 30% 的省份有 19 个，除宁夏的净利润由 2012 年的 - 4.0 亿元增至 2013 年的 2.0 亿元之外，还包括天津、甘肃、内蒙古、海南、湖南、江苏、福建、河南、湖北、浙江、重庆、新疆、黑龙江、贵州、陕西、上海、江西、西藏，它们的增长幅度依次为 428.4%、393.9%、133.8%、127.3%、91.8%、57.2%、55.4%、50.2%、48.5%、46.4%、44.0%、43.7%、42.1%、39.9%、33.4%、32.3%、32.1%、31.6%；增长幅度为 10% ~30% 的省份有 4 个，依次为山东、安徽、河北、四川，它们的增长幅度依次为 27.8%、17.6%、15.5%、14.6%；增长幅度不足 10% 的省份有 4 个，依次为广东、广西、云南、辽宁，它们的增长幅度依次为 8.1%、6.0%、5.9%、2.7%。另外，2013 年青海、山西、北京、吉林 4 个省份规模以上文化企业的净利润比 2012 年有所减少，除青海由 2012 年的 1.7 亿元减至 2013 年的 - 3.5 亿元之外，其余 3 个省份的减少幅度依次为 36.5%、25.2%、16.8%（参见图 22）。

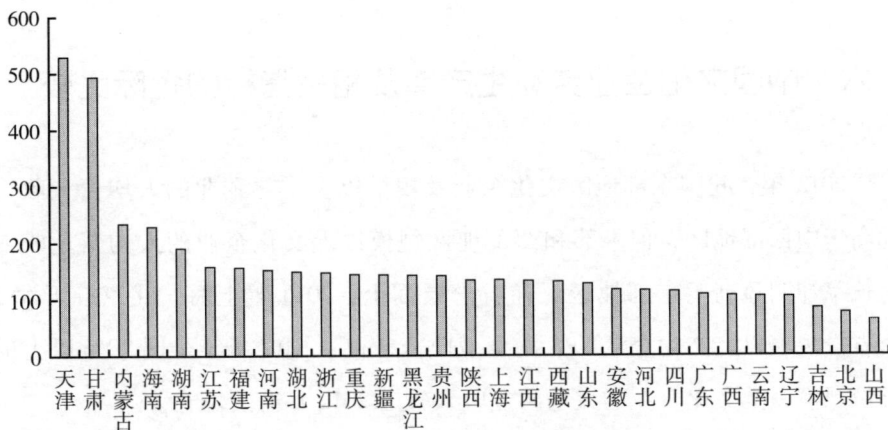

图 22　2013 年各省份规模以上文化企业净利润指数（以 2012 年为 100）

在大多数省份规模以上文化企业盈利保持增长的同时，2013 年全国规模以上文化企业盈利分布的省域集中程度则有所下降。其中，以利

润总额计算的 CR2、CR4、CR6、CR10 分别下降了 2.3、3.1、4.5、1.7
个百分点，以净利润计算的 CR2、CR4、CR6、CR10 分别下降了 2.1、
2.9、4.1、1.4 个百分点（参见图 23）；同时，利润总额和净利润省际
分布的基尼系数也均减少了 0.02。

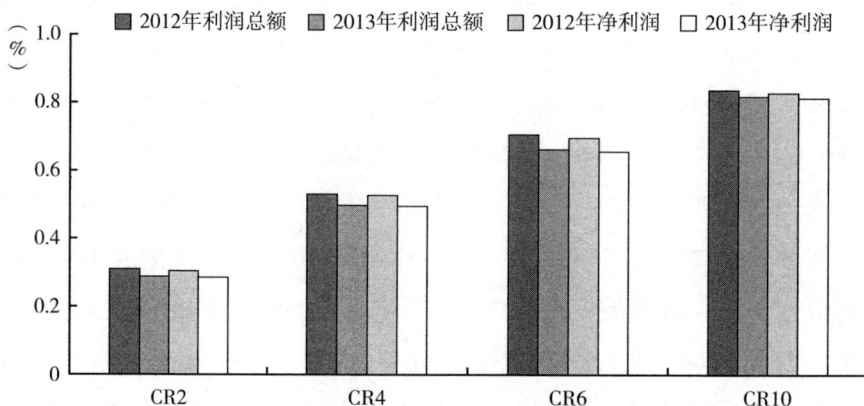

**图 23　2012 年、2013 年全国规模以上文化企业利润总额
和净利润的省域集中率**

六　中国文化企业劳动生产率及相关指标的省际比较[①]

2013 年，我国东部地区文化企业及规模以上文化企业的人均营业收入
远高于中西部地区，但中部和西部地区规模以上文化企业的人均营业收入
增长率却明显高于东部地区。在省份层面上，2013 年上海、北京、天津 3
个省份规模以上文化企业的人均营业收入较高，同时当年全国 70% 以上的
省份规模以上文化企业的人均营业收入较之 2012 年有所增长。

---

① 因 2013 年全国文化企业年初从业人员数量缺失，故本部分关于全国文化企业人均产出指
标的计算采用的是 2013 年末从业人员指标。在全国规模以上文化企业人均指标统计时，
因 2012 年初从业人员数量缺失，故本部分同时采用了年末从业人员数量和平均从业人员
数量两种指标，其中前者仅用于和 2012 年相应指标的比较。

（一）各地区文化企业的劳动生产率及相关指标

1. 各地区文化企业的人均营业收入

以年末从业人员数量计，2013 年全国文化企业人均营业收入达 54.09 万元。其中，东部、中部、西部地区的人均营业收入分别为 59.22、42.28、42.84 万元（参见图 24）。中部、西部地区文化企业人均营业收入不仅比全国平均水平分别低 21.8%、20.8%，而且仅相当于东部地区的 71.4%、72.3%。

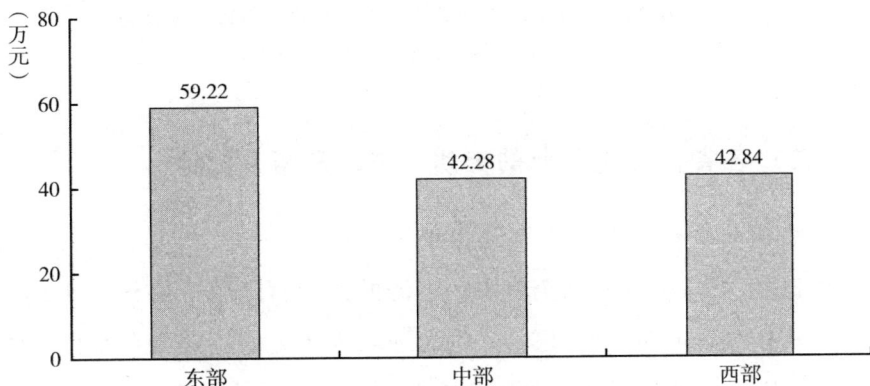

图 24　2013 年各地区文化企业人均营业收入

2. 各地区规模以上文化企业的劳动生产率及人均营业收入

以年平均从业人员计算，2013 年全国规模以上文化企业的人均营业收入达 88.08 万元。其中，东部、中部、西部地区规模以上文化企业的人均营业收入分别为 91.37、77.62、80.54 万元。中部、西部地区的人均营业收入不仅分别比全国规模以上文化企业平均水平低 11.9%、8.6%，而且仅相当于东部地区的 85.0%、88.1%。

若以年末从业人员数量计算，则 2013 年全国规模以上文化企业的人均营业收入达 84.91 万元，比 2012 年增长了 5.6%。其中，东部、中部、西部地区人均营业收入分别为 89.53、69.60、78.71 万元，它们分别比 2012 年增长了 4.7%、10.5%、16.0%（参见图 25）。

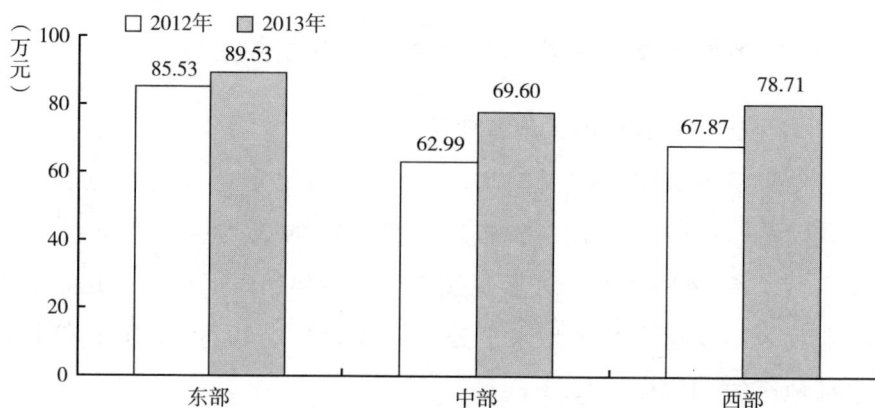

图 25　2012 年、2013 年各地区规模以上文化企业以年末从业
人员数量计算的人均营业收入

（二）各省份文化企业的劳动生产率及相关指标

1. 各省份文化企业的人均营业收入

在 2013 年各省份文化企业中，上海的人均营业收入高达 114.61 万元，明显高于其余 30 个省份；人均营业收入较高的还包括北京、天津、山东、重庆、江苏、青海、四川 7 个省份，它们的人均营业收入分别为77.09、70.29、68.32、66.78、61.07、55.61、54.38 万元。此外，其余 23 个省份文化企业的人均营业收入则都低于当年全国文化企业平均水平（参见表 12）。

2. 各省份规模以上文化企业的人均营业收入

以年平均从业人员数量计算，2013 年全国有 11 个省份规模以上文化企业的人均营业收入高于全国规模以上文化企业平均水平，这些省份包括上海、天津、青海、重庆、山东、北京、内蒙古、安徽、四川、湖北、江苏，它们的人均营业收入依次为 167.24、159.70、151.46、138.22、117.40、113.43、94.46、93.54、91.09、90.01、88.31 万元，并依次比全国规模以上文化企业平均水平高出 89.9%、81.3%、72.0%、56.9%、33.3%、28.8%、7.2%、6.2%、3.4%、2.2%、0.3%。

表 12 2013 年各省份文化企业人均营业收入

单位：万元

省份	人均营业收入	省份	人均营业收入	省份	人均营业收入
上　海	114.61	湖　北	46.82	吉　林	30.70
北　京	77.09	辽　宁	46.74	广　西	30.14
天　津	70.29	海　南	45.76	黑龙江	28.65
山　东	68.32	湖　南	43.40	新　疆	28.28
重　庆	66.78	福　建	43.15	西　藏	26.30
江　苏	61.07	内蒙古	42.44	贵　州	26.25
青　海	55.61	河　南	41.98	山　西	22.74
四　川	54.38	江　西	39.94	宁　夏	20.58
浙　江	52.88	河　北	39.13	甘　肃	19.79
安　徽	49.91	陕　西	35.70		
广　东	47.24	云　南	33.68		

此外，海南、浙江、江西、湖南、河北、辽宁、广东、陕西、河南、福建、贵州、云南、甘肃、吉林、黑龙江、山西、新疆、西藏、广西、宁夏等 20 个省份规模以上文化企业的人均营业收入较低，并依次比全国规模以上文化企业平均水平低 0.3%、3.1%、8.2%、10.7%、17.3%、20.1%、21.5%、22.8%、23.8%、24.0%、26.1%、26.7%、34.2%、36.0%、37.5%、38.7%、42.6%、47.5%、48.4%、68.0%（参见表 13）。

表 13 2013 年各省份规模以上文化企业的人均营业收入

单位：万元

省份	人均营业收入	省份	人均营业收入	省份	人均营业收入
上　海	167.24	海　南	87.82	云　南	64.60
天　津	159.70	浙　江	85.31	甘　肃	57.95
青　海	151.46	江　西	80.86	吉　林	56.41
重　庆	138.22	湖　南	78.63	黑龙江	55.05
山　东	117.40	河　北	72.88	山　西	53.98
北　京	113.43	辽　宁	70.36	新　疆	50.53
内蒙古	94.46	广　东	69.15	西　藏	46.20
安　徽	93.54	陕　西	68.03	广　西	45.43
四　川	91.09	河　南	67.15	宁　夏	28.22
湖　北	90.01	福　建	66.97		
江　苏	88.31	贵　州	65.11		

　　若以年末从业人员数量计算，则与 2012 年相比，2013 年规模以上文化企业人均营业收入实现增长的省份有 22 个。其中增长幅度超过 30% 的省份有 3 个，依次为青海、陕西、重庆，增长幅度依次为 168.8%、46.8%、46.1%；增长幅度为 10%~30% 的省份有 11 个，依次为湖南、海南、北京、黑龙江、浙江、福建、广西、甘肃、天津、江西、上海，它们的增长幅度依次为 28.8%、24.0%、23.8%、17.6%、17.2%、13.0%、12.7%、12.3%、12.3%、11.4%、10.6%；增长幅度为 0%~10% 的省份有 8 个，依次为河北、广东、湖北、河南、吉林、四川、安徽、内蒙古，它们的增长幅度依次为 7.2%、6.8%、4.4%、4.3%、4.0%、3.9%、3.3%、2.5%。另外，2013 年宁夏、云南、新疆、辽宁、贵州、西藏、江苏、山西、山东 9 个省份规模以上文化企业的人均营业收入较之 2012 年有所下降，它们的下降幅度依次为 28.7%、24.6%、19.3%、12.3%、9.9%、5.0%、3.5%、2.7%、0.3%（参见图 26）。

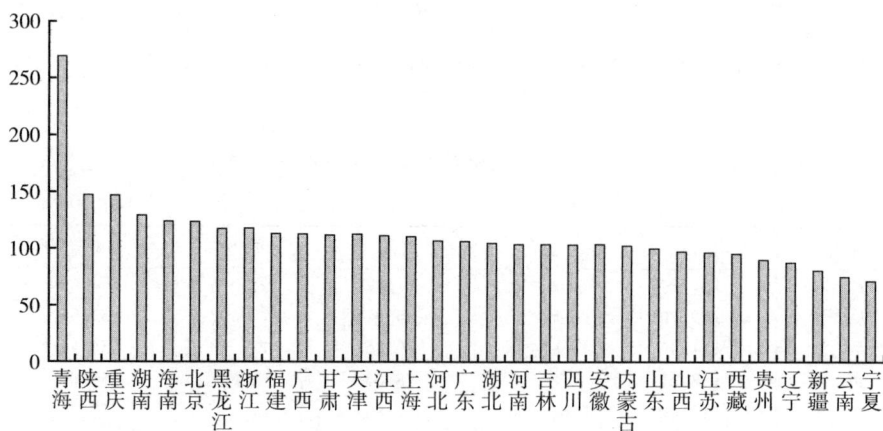

图 26　2013 年各省份规模以上文化企业人均营业
收入指数（以 2012 年为 100）

七　中国规模以上文化企业盈利性的省际比较[①]

2013 年，我国东部、中部、西部地区规模以上文化企业的主要利润率指标较之 2012 年都有所提高。其中，中部地区的主要利润率指标相对高于东部和西部地区；不过与 2012 年相比，东部地区主要利润率指标的提高幅度却相对大于中部地区和西部地区。从省际比较来看，2013 年主要利润率水平较高的是江西、湖南、福建等省份，而在总量指标中一直排名居前的省份则很少出现在利润率指标排名前 10 位。与 2012 年相比，将近 60% 省份的主要利润率指标有所上升。

（一）各地区规模以上文化企业的盈利性及变化

1. 各地区规模以上文化企业的主要利润率指标

以年平均资产总额、年平均所有者权益计算，2013 年全国规模以上文化企业平均总资产报酬率、净资产收益率分别为 9.7%、16.8%。其中，中部地区的总资产报酬率、净资产收益率最高，分别达到了 12.6%、19.7%，并均比全国规模以上文化企业平均水平高出 2.9 个百分点，同时也是当年这两项指标唯一高于全国平均水平的地区；东部地区次之，其规模以上文化企业的总资产报酬率、净资产收益率分别为 9.5%、16.6%，并均比全国平均水平低 0.2 个百分点；西部地区最低，其规模以上文化企业的总资产报酬率、净资产收益率分别为 7.1%、13.5%，分别比全国平均水平低 2.6、3.3 个百分点（参见图 27）。

[①]　在全国规模以上文化企业利润率指标统计时，因 2012 年初资产总额、所有者权益两项指标缺失，故本部分同时采用了年末资产总额、年末所有者权益和平均资产总额、平均所有者权益两组指标，其中前者仅用于和 2012 年相应指标的比较。

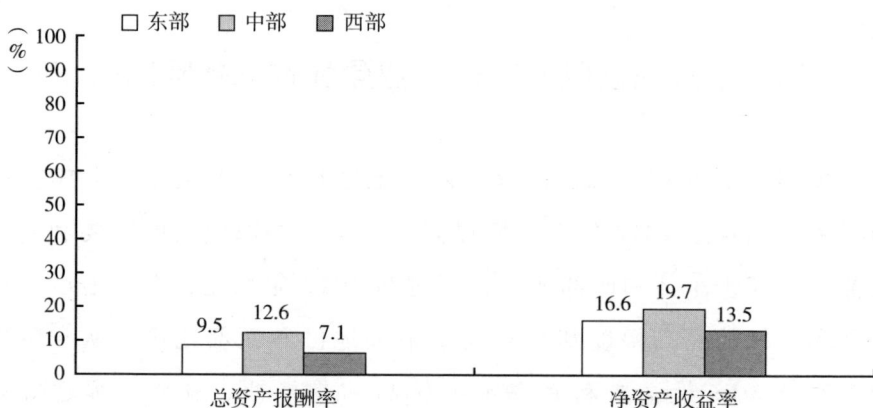

图 27　2013 年各地区规模以上文化企业的主要利润率指标

2. 各地区规模以上文化企业主要利润率指标的变化

若以年末资产总额、年末所有者权益计算，则 2013 年我国规模以上文化企业的总资产报酬率、净资产收益率分别为 9.1%、15.7%，比2012 年分别提高了 0.8、1.7 个百分点。其中，东部地区规模以上文化企业的总资产报酬率、净资产收益率分别为 9.0%、15.8%，分别比2012 年提高了 0.7、1.8 个百分点；中部地区的总资产报酬率、净资产收益率分别为 10.9%、17.1%，分别比 2012 年提高了 0.6、1.3 个百分点；西部地区的总资产报酬率、净资产收益率分别为 6.6%、12.4%，分别比 2012 年提高了 0.5 个、0.7 个百分点（见图 28）。

（二）各省份规模以上文化企业的盈利性及变化

1. 各省份规模以上文化企业的利润率水平

如表 14 所示，在 2013 年各省份规模以上文化企业中，以平均资产总额和平均所有者权益计算，有 13 个省份的总资产报酬率高于当年全国规模以上文化企业平均水平，这些省份包括江西、湖南、福建、河南、浙江、天津、河北、广西、山东、内蒙古、安徽、江苏、吉林，它们的总资产报酬率依次为 19.3%、17.1%、14.0%、12.9%、12.4%、

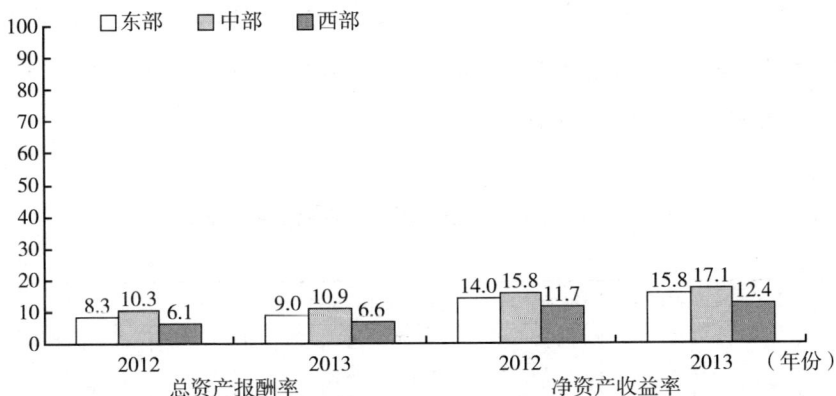

图 28　2012 年、2013 年各地区规模以上文化企业主要利润率指标

12.1%、11.3%、11.0%、11.0%、10.8%、10.7%、10.0%、9.8，并分别比当年全国规模以上文化企业平均值高出 9.6、7.4、4.3、3.2、2.7、2.4、1.6、1.3、1.3、1.1、1.0、0.3、0.1 个百分点。同时，湖北、广东、西藏、上海、重庆、辽宁、云南、北京、新疆、黑龙江、贵州、四川、甘肃、陕西、海南、宁夏、山西、青海等 18 个省份的总资产报酬率相对较低，并分别比当年全国规模以上文化企业平均水平低 0.9、1.1、1.7、1.7、1.8、1.9、2.4、2.7、2.8、2.8、3.2、3.3、4.2、4.2、4.5、6.2、7.3、13.1 个百分点。

在规模以上文化企业净资产收益率方面，2013 年全国只有 11 个省份高于全国平均水平，它们包括江西、内蒙古、湖南、浙江、福建、天津、广西、山东、河南、安徽、河北，它们的净资产收益率依次为 28.3%、24.5%、24.5%、24.2%、24.1%、22.6%、20.3%、19.4%、18.1%、18.1%、17.9%，并分别比当年全国规模以上文化企业平均水平高出 11.5、7.7、7.7、7.4、7.3、5.8、3.5、2.6、1.3、1.3、1.1 个百分点。同时，江苏、重庆、湖北、广东、贵州、上海、辽宁、云南、吉林、西藏、新疆、四川、北京、黑龙江、陕西、甘肃、宁夏、海南、山西、青海等 20 个省份规模以上文化企业的净资产收益

147

率相对较低，并分别比当年全国平均水平低 0.2、0.2、0.6、0.7、2.5、3.0、3.4、3.5、3.7、4.6、5.0、5.5、5.6、5.8、6.6、7.7、10.0、10.2、12.9、31.8 个百分点。

表 14　2013 年各省份规模以上文化企业主要利润率指标

单位：%

省份	总资产报酬率	净资产收益率	省份	总资产报酬率	净资产收益率
北　京	7.0	11.2	河　南	12.9	18.1
天　津	12.1	22.6	湖　北	8.8	16.2
河　北	11.3	17.9	湖　南	17.1	24.5
辽　宁	7.8	13.4	广　西	11.0	20.3
上　海	8.0	13.8	内蒙古	10.8	24.5
江　苏	10.0	16.6	重　庆	7.9	16.6
浙　江	12.4	24.2	四　川	6.4	11.3
福　建	14.0	24.1	贵　州	6.5	14.3
山　东	11.0	19.4	云　南	7.3	13.3
广　东	8.6	16.1	西　藏	8.0	12.2
海　南	5.2	6.6	陕　西	5.5	10.2
山　西	2.4	3.9	甘　肃	5.5	9.1
吉　林	9.8	13.1	青　海	-3.4	-15.0
黑龙江	6.9	11.0	宁　夏	3.5	6.8
安　徽	10.7	18.1	新　疆	6.9	11.8
江　西	19.3	28.3			

进一步分析还发现，2013 年全国 31 个省份规模以上文化企业主要利润率指标分布的离散程度都达到了较高水平。其中，各省份净资产收益率分布的标准差系数达 0.55，各省份总资产报酬率分布的标准差系数也有 0.49（参见表 15）。

表 15　2013 年规模以上文化企业主要利润率指标省际分布的离散程度

	平均总资产报酬率	平均净资产收益率
最大值(%)	19.3	28.3
最小值(%)	-3.4	-15.0
算术平均数(%)	8.7	14.7
标准差(%)	4.3	8.1
标准差系数	0.49	0.55

2. 各省份规模以上文化企业主要利润率指标的变化

若以年末资产总额计算，则 2013 年全国共有 21 个省份的规模以上文化企业的总资产报酬率比 2012 年有所提高（参见图 29）。其中上升幅度超过 3 个百分点包括内蒙古、宁夏、甘肃 3 个省份，它们依次比 2012 年提高了 5.0、5.0、3.4 个百分点；上升幅度在 1~3 个百分点之间的包括上海、黑龙江、河南、江苏、浙江、海南、天津、新疆、陕西、湖南等 10 个省份，它们依次比 2012 年提高了 2.5、2.4、2.4、2.0、1.9、1.8、1.5、1.3、1.1、1.1 个百分点；上升幅度不足 1 个百分点的省份包括贵州、山东、福建、湖北、云南、河北、江西、四川 8 个省份，它们依次比 2012 年提高了 0.8、0.8、0.6、0.6、0.5、0.5、0.5、0.1 个百分点。同时，重庆、广西、辽宁、广东、北京、安徽、西藏、山西、吉林、青海等 10 个省份规模以上文化企业的年末总资产报酬率较之 2012 年有所下降，它们的下降幅度依次为 0.02、0.3、0.4、0.6、1.6、1.6、1.9、2.2、3.2、8.8 个百分点。

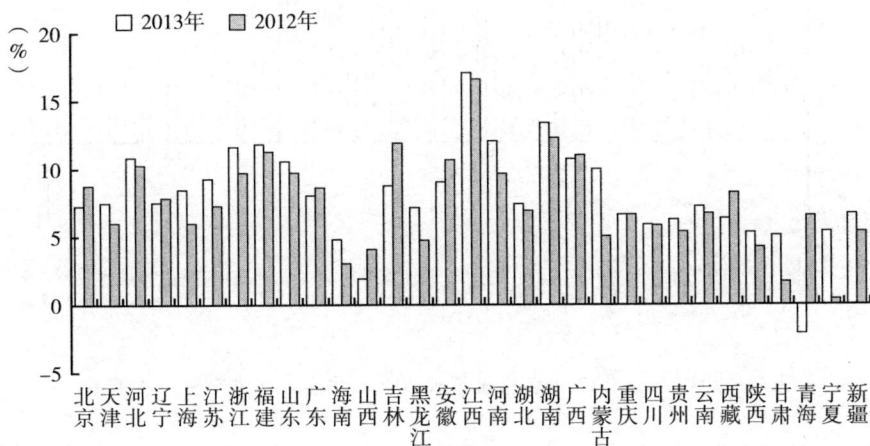

图 29 2012 年、2013 年各省份规模以上文化企业年末总资产报酬率

若以年末所有者权益计算，则 2013 年全国共有 19 个省份规模以上文化企业的净资产收益率较之 2012 年有所提高（参见图 30）。其中，

上升幅度超过 3 个百分点的省份包括宁夏、天津、内蒙古、河南、上海、甘肃、浙江、黑龙江、贵州、海南 10 个省份，它们依次比 2012 年提高了 20.0、6.5、5.5、5.3、5.1、5.1、3.9、3.6、3.2、3.2 个百分点；上升幅度在 1~3 个百分点之间的省份有 8 个，包括江苏、陕西、福建、新疆、山东、湖南、湖北、重庆，它们分别比 2012 年提高了 2.8、2.6、2.2、2.1、1.6、1.2、1.1、1.0 个百分点；上升幅度在 0~1 个百分点之间的只有河北 1 个省份，它比 2012 年提高了 0.5 个百分点。同时，江西、四川、云南、广东、广西、辽宁、北京、西藏、山西、安徽、吉林、青海等 12 个省份规模以上文化企业的净资产收益率低于 2012 年，并分别低 0.8、0.8、0.8、0.9、1.0、1.3、1.9、3.1、4.2、4.3、6.9、24.8 个百分点。

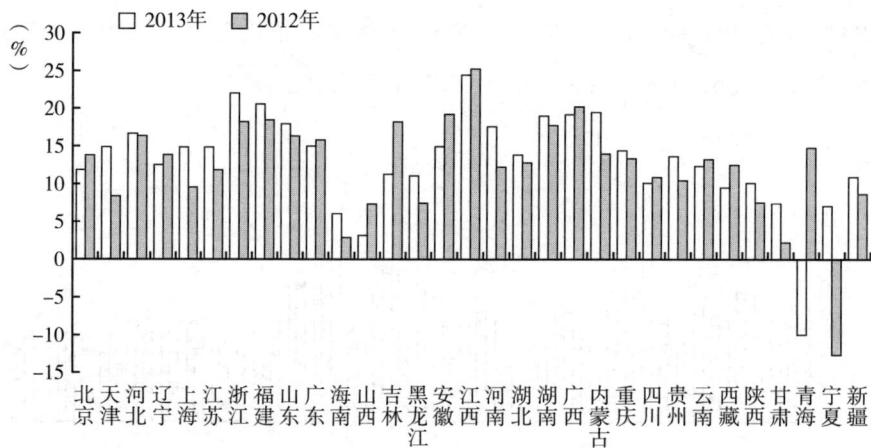

图30　2012 年、2013 年各省份规模以上文化企业年末净资产收益率

八　中国文化企业产出结构的省际比较

2013 年大多数省份文化企业的大类构成较为齐全。从大类层面来

看，文化用品的生产、工艺美术品的生产、文化创意和设计服务、文化产品生产的辅助生产 4 大类在多数省份的产出中占有较大的份额。若以北京市文化企业的产出结构为基准，则全国大多数省份文化企业产出的大类结构较之北京有较为明显的差异。

（一）各省份文化企业的"部分"构成及变化

1. 各省份文化企业营业收入的"部分"构成

2013 年我国文化企业营业收入中，"文化产品的生产"部分所占的比重为 45.6%，"文化相关产品的生产"部分所占的比重为 54.4%。以此为参照，在全国 31 个省份文化企业中，当年"文化产品的生产"部分营业收入相对较大的省份有 16 个，包括西藏、新疆、北京、甘肃、陕西、云南、山西、宁夏、贵州、福建、黑龙江、吉林、内蒙古、湖北、上海、海南，它们的营业收入中"文化产品的生产"部分所占的比重依次为 84.6%、77.9%、75.7%、73.4%、72.6%、71.7%、69.6%、63.3%、62.9%、61.9%、56.9%、55.0%、54.6%、54.3%、54.2%、52.6%。

另外，在湖南、四川、山东、江苏、广西、安徽、河北、江西、青海、重庆、天津、广东、河南、浙江、辽宁等 15 个省份文化企业营业收入中，"文化相关产品的生产"部分所占的比重相对较大，依次为 73.3%、67.7%、65.6%、65.2%、64.2%、63.9%、63.9%、62.7%、62.0%、56.9%、56.4%、56.2%、55.4%、53.5%、53.3%（参见图 31）。

2. 各省份规模以上文化企业营业收入的"部分"构成

2013 年我国规模以上文化企业营业收入中，"文化产品的生产"部分所占的比重为 42.1%，"文化相关产品的生产"部分所占的比重为 57.9%。以此为参照，则 2013 年全国有 18 个省份规模以上文化企业营业收入中"文化产品的生产"部分所占的比重相对较高，包括新疆、

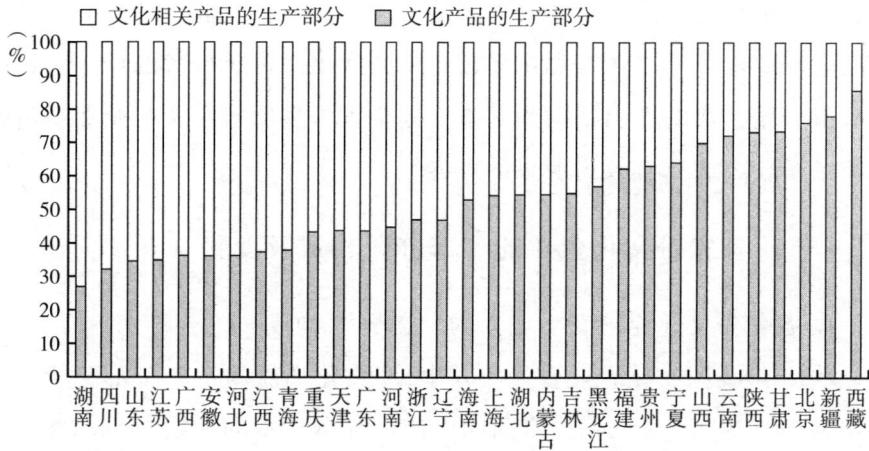

图 31　2013 年各省份文化企业营业收入的"部分"构成

北京、甘肃、陕西、云南、山西、西藏、宁夏、福建、贵州、上海、黑龙江、湖北、内蒙古、吉林、海南、浙江、辽宁，相应比重依次为 83.9%、77.4%、75.7%、70.5%、68.8%、68.5%、64.3%、57.6%、57.0%、53.2%、52.5%、51.6%、51.1%、47.4%、46.0%、45.9%、45.3%、44.7%，并分别比当年全国规模以上文化企业营业收入中"文化产品的生产"部分所占的比重高出 41.8、35.3、33.6、28.4、26.7、26.4、22.2、15.5、14.9、11.1、10.4、9.5、9.0、5.3、3.9、3.8、3.2、2.6 个百分点。

另外，在湖南、四川、安徽、江苏、河北、青海、重庆、广西、山东、江西、天津、河南、广东等 13 个省份规模以上文化企业营业收入中，"文化相关产品的生产"部分所占的比重相对较高，依次为 79.1%、78.0%、72.3%、71.0%、71.0%、70.7%、70.2%、69.5%、69.4%、66.8%、60.3%、60.3%、58.0%，并分别比当年全国规模以上文化企业营业收入中"文化相关产品的生产"部分所占的比重高出 21.2、20.1、14.4、13.1、13.1、12.8、12.3、11.6、11.5、8.9、2.4、2.4、0.1 个百分点（参见图 32）。

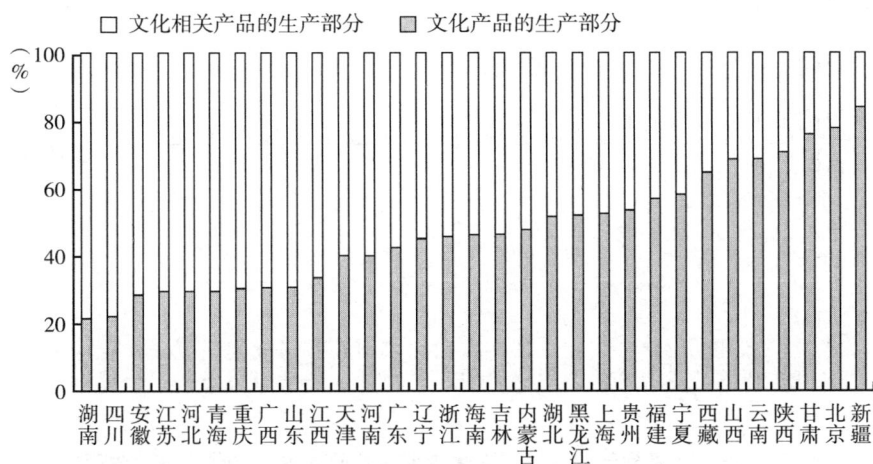

图 32 2013 年各省份规模以上文化企业营业收入的"部分"构成

3. 各省份规模以上文化企业营业收入"部分"构成的变化

值得关注的是，与 2012 年相比，全国有 28 个省份规模以上文化企业"文化产品的生产"部分营业收入增长率高于"文化相关产品的生产"部分，以致这些省份"文化产品的生产"部分占规模以上文化企业营业收入的比重也相应提高。这些省份包括新疆、宁夏、西藏、黑龙江、上海、山西、湖北、云南、天津、江苏、广西、浙江、海南、贵州、山东、广东、陕西、河南、辽宁、福建、河北、北京、湖南、内蒙古、甘肃、安徽、江西、吉林，它们的相应比重比 2012 年依次提高了 29.7、29.5、18.6、15.4、12.1、10.3、10.0、9.8、6.7、6.6、6.3、6.2、6.2、5.5、4.8、4.0、3.7、2.8、2.7、2.6、2.4、2.3、2.1、1.8、1.1、0.9、0.3、0.2 个百分点。

另外，规模以上文化企业营业收入中"文化产品的生产"部分所占的比重较之 2012 年下降的则包括四川、重庆、青海 3 个省份，下降幅度依次为 7.1、11.4、49.8 个百分点（参见图 33）。

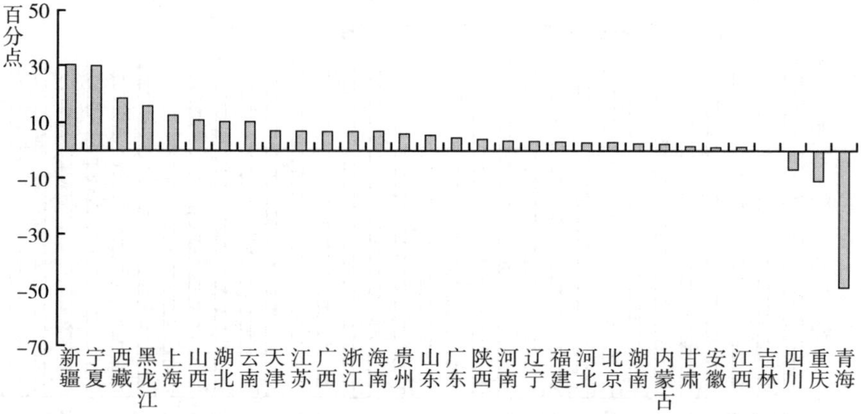

图33　2013 年各省份规模以上文化企业营业收入中"文化产品的生产"
部分所占的比重与 2012 年之差距

（二）各省份文化企业的大类构成

1. 各省份文化企业的大类数量

2013 年全国有 30 个省份拥有全部 10 个大类的文化企业，占比为 96.8%。只有西藏拥有 9 个大类，没有文化专用设备的生产大类的企业（参见表 16）。

表 16　2013 年各省份文化企业营业收入的大类构成

单位：%

	一	二	三	四	五	六	七	八	九	十
北　京	10.8	4.1	1.9	9.3	30.9	0.7	18.0	9.6	12.7	2.0
天　津	1.6	0.7	1.1	2.4	23.0	1.0	13.9	8.8	39.2	8.4
河　北	4.9	0.6	0.4	3.4	7.5	3.1	16.2	24.9	32.5	6.4
山　西	23.2	2.1	1.9	3.6	12.7	4.2	22.0	13.2	16.8	0.5
内蒙古	5.1	1.7	1.1	6.7	19.7	3.4	16.9	11.8	32.1	1.5
辽　宁	4.0	1.0	0.6	4.4	15.9	3.2	17.7	15.6	28.6	9.1
吉　林	14.9	2.0	1.0	10.4	12.0	3.5	11.2	29.0	15.5	0.6

续表

	一	二	三	四	五	六	七	八	九	十
黑龙江	16.2	3.0	1.5	3.8	10.4	6.1	16.0	21.0	21.6	0.5
上　海	1.7	2.1	0.2	3.2	28.6	0.7	17.6	9.5	16.0	20.4
江　苏	2.0	0.7	0.8	2.6	13.2	2.7	12.7	10.9	46.3	8.0
浙　江	2.5	3.2	0.3	9.4	9.5	2.2	19.5	12.4	35.5	5.5
安　徽	5.1	0.9	1.3	1.7	12.2	3.7	11.1	18.3	42.6	3.0
福　建	2.2	0.9	0.3	1.4	10.2	2.4	44.5	11.0	23.0	4.2
江　西	4.8	0.5	1.0	1.4	5.8	4.1	19.6	17.7	40.2	4.8
山　东	2.0	0.4	0.5	0.7	5.8	2.4	22.6	14.7	45.0	5.9
河　南	4.2	0.5	0.6	1.5	9.2	3.6	25.1	14.9	38.3	2.2
湖　北	10.4	2.3	2.4	2.5	19.0	3.7	14.1	16.4	25.3	3.9
湖　南	4.5	2.6	0.7	1.4	6.4	3.6	7.4	12.6	58.9	1.8
广　东	1.7	0.7	0.2	3.7	11.8	1.0	24.7	11.5	36.2	8.5
广　西	8.2	0.6	0.5	3.2	7.9	3.1	12.2	17.0	42.7	4.5
海　南	8.6	2.8	1.1	3.3	22.6	10.0	4.2	5.4	41.7	0.2
重　庆	4.1	1.2	0.9	2.0	15.7	2.7	16.6	9.8	46.7	0.4
四　川	5.6	0.9	0.4	3.2	6.3	3.8	12.0	17.8	47.5	2.4
贵　州	17.8	1.3	0.9	6.7	20.1	7.9	8.1	12.7	24.1	0.4
云　南	10.8	1.4	1.7	5.8	17.1	5.9	29.0	17.2	9.9	1.1
西　藏	9.1	2.7	4.5	0.7	35.4	12.2	20.1	12.0	3.4	／
陕　西	11.4	5.6	14.8	2.7	17.8	8.9	11.4	15.1	10.4	1.9
甘　肃	22.2	2.9	1.9	2.2	17.6	8.1	18.5	13.4	11.2	2.0
青　海	3.2	2.2	0.6	0.4	3.7	0.8	27.3	5.2	11.9	44.9
宁　夏	11.0	3.5	0.9	4.3	25.3	13.3	5.0	18.5	16.6	1.6
新　疆	26.2	2.1	0.5	3.8	30.1	2.7	12.5	10.2	11.4	0.5

注：本表第一行中，"一"为新闻出版发行服务大类，"二"为广播电视电影服务大类，"三"为文化艺术服务大类，"四"为文化信息传输服务大类，"五"为文化创意和设计服务大类，"六"为文化休闲娱乐服务大类，"七"为工艺美术品的生产大类，"八"为文化产品生产的辅助生产大类，"九"为文化用品的生产大类，"十"为文化专用设备的生产大类。

2. 各省份文化企业营业收入大类构成的主要特征

进一步观察发现，2013年各省份文化企业营业收入的大类构成表现出如下特点（参见表17）。

表17　2013年以营业收入衡量的各省份文化企业中排前3位的大类及其占比

省份	比重最大的大类		比重第二的大类		比重第三的大类	
	大类	占比（%）	大类	占比（%）	大类	占比（%）
北　京	五	30.9	七	18.0	九	12.7
天　津	九	39.2	五	23.0	七	13.9
河　北	九	32.5	八	24.9	七	16.2
山　西	一	23.2	七	22.0	九	16.8
内蒙古	九	32.1	五	19.7	七	16.9
辽　宁	九	28.6	七	17.7	五	15.9
吉　林	八	29.0	九	15.5	一	14.9
黑龙江	九	21.6	八	21.0	一	16.2
上　海	五	28.6	十	20.4	七	17.6
江　苏	九	46.3	五	13.2	七	12.7
浙　江	九	35.5	七	19.5	八	12.4
安　徽	九	42.6	八	18.3	五	12.2
福　建	七	44.5	九	23.0	八	11.0
江　西	九	40.2	七	19.6	八	17.7
山　东	九	45.0	七	22.6	八	14.7
河　南	九	38.3	七	25.1	八	14.9
湖　北	九	25.3	五	19.0	八	16.4
湖　南	九	58.9	八	12.6	七	7.4
广　东	九	36.2	七	24.7	五	11.8
广　西	九	42.7	八	17.0	七	12.2
海　南	九	41.7	五	22.6	六	10.0
重　庆	九	46.7	七	16.2	五	15.7
四　川	九	47.5	八	17.8	七	12.0
贵　州	九	24.1	五	20.1	一	17.8
云　南	七	29.0	八	17.2	五	17.1
西　藏	五	35.4	七	20.1	六	12.2
陕　西	五	17.8	八	15.1	三	14.8
甘　肃	一	22.2	七	18.5	五	17.6
青　海	十	44.9	七	27.3	九	11.9
宁　夏	五	25.3	八	18.5	九	16.6
新　疆	五	30.1	一	26.2	七	12.5

　　注：表中"一"为新闻出版发行服务大类，"二"为广播电视电影服务大类，"三"为文化艺术服务大类，"四"为文化信息传输服务大类，"五"为文化创意和设计服务大类，"六"为文化休闲娱乐服务大类，"七"为工艺美术品的生产大类，"八"为文化产品生产的辅助生产大类，"九"为文化用品的生产大类，"十"为文化专用设备的生产大类。

（1）文化用品的生产大类在 25 个省份文化企业营业收入中所占的比重排前三位。其中，当年该大类在 19 个省份文化企业营业收入中所占的比重均最大，这些省份包括天津、河北、内蒙古、辽宁、黑龙江、江苏、浙江、安徽、江西、山东、河南、湖北、湖南、广东、广西、海南、重庆、四川、贵州；同时，在吉林、福建 2 个省份各大类文化企业营业收入中，该大类所占的比重排在第二位；另外，该大类在北京、山西、青海、宁夏 4 个省份文化企业营业收入中所占的比重均排在第三位。

（2）工艺美术品的生产大类在 23 个省份文化企业营业收入中所占的比重排前三位。其中，该大类在福建、云南 2 个省份文化企业营业收入中所占的比重均最大，在北京、山西、辽宁、浙江、江西、山东、河南、广东、重庆、西藏、甘肃、青海 12 个省份文化企业营业收入中所占的比重均排在第二位，在天津、河北、内蒙古、上海、江苏、湖南、广西、四川、新疆 9 个省份文化企业营业收入中所占的比重均排在第三位。

（3）文化创意和设计服务大类在 18 个省份文化企业营业收入中所占的比重排前三位。其中，该大类在北京、上海、西藏、陕西、宁夏、新疆 6 个省份文化企业营业收入中所占的比重均排在第一位，在天津、内蒙古、江苏、湖北、海南、贵州 6 个省份文化企业营业收入中所占的比重均位居第二，在辽宁、安徽、广东、重庆、云南、甘肃 6 个省份文化企业营业收入中所占的比重均列各大类第三。

（4）文化产品生产的辅助生产大类在 16 个省份文化企业营业收入中所占的比重排前三位。其中，该大类在吉林省文化企业营业收入中所占的比重排在第一位，在河北、黑龙江、安徽、湖南、广西、四川、云南、陕西、宁夏 9 个省份文化企业营业收入中所占的比重均排在第二位，在浙江、福建、江西、山东、河南、湖北 6 个省份文化企业营业收入中所占的比重均排在第三位。

157

（5）新闻出版发行服务大类在6个省份文化企业营业收入中所占的比重排前三位。其中，该大类在山西、甘肃2个省份文化企业营业收入中所占的比重均排在第一位，在新疆文化企业营业收入中所占的比重居第二，在吉林、黑龙江、贵州3个省份文化企业营业收入中所占的比重均排在第三位。

（6）在其余五个大类中，文化专用设备的生产大类在青海文化企业营业收入中所占的比重位居第一，在上海文化企业营业收入中所占的比重排在第二位；文化休闲娱乐服务大类在西藏、海南文化企业营业收入中所占的比重均排在第三位；文化艺术服务大类在陕西文化企业营业收入中所占的比重排在第三位；广播电视电影服务、文化信息传输服务2个大类在各省份文化企业营业收入中所占的比重均未能进入前三名。

3. 各省份文化企业大类构成的差异

一般而言，不同国家或是地区之间产出结构的差异程度可以所谓产业结构相似系数来衡量，其计算公式为：

$$S_{ij} = \frac{\sum (X_{in} X_{jn})}{\sqrt{(\sum X_{in}^2)(\sum X_{jn}^2)}}$$

其中，S_{ij}表示结构相似系数，X_{in}与X_{jn}分别表示部门n在地区i和地区j的产出或是其他指标中所占的比重。$0 \leqslant S_{ij} \leqslant 1$，当$S_{ij} = 1$时，说明两个地区的产业结构完全相同；当$S_{ij} = 0$时，则表明两个地区的产业结构完全不同。

我们运用结构相似系数公式，以北京市文化企业营业收入的大类构成为基准，测算了每个省份与北京市文化企业的大类结构相似系数（参见图34）。结果显示：第一，新疆和西藏文化企业营业收入的大类构成与北京的差异很小，它们的相似系数分别高达0.92、0.91。第二，云南、湖北、甘肃、上海、贵州、宁夏、内蒙古、陕西、山西、辽宁10个省份文化企业营业收入的大类构成较之北京的差异程度较小，它

们的相似系数均在 0.8～0.9，依次为 0.88、0.87、0.87、0.87、0.86、
0.86、0.85、0.84、0.83、0.82。第三，黑龙江、天津、吉林、广东、
浙江、海南、福建、河南、重庆、河北、安徽、江苏、广西、江西、山
东 15 个省份文化企业营业收入的大类构成较之北京有较为明显的差异，
它们的相似系数均在 0.6～0.8，依次为 0.78、0.78、0.76、0.73、
0.72、0.72、0.71、0.69、0.69、0.67、0.66、0.64、0.63、0.63、
0.60。第四，四川、湖南、青海 3 个省份文化企业营业收入的大类构成
较之北京的差异很大，它们的相似系数均在 0.4～0.6，依次为 0.58、
0.50、0.41。

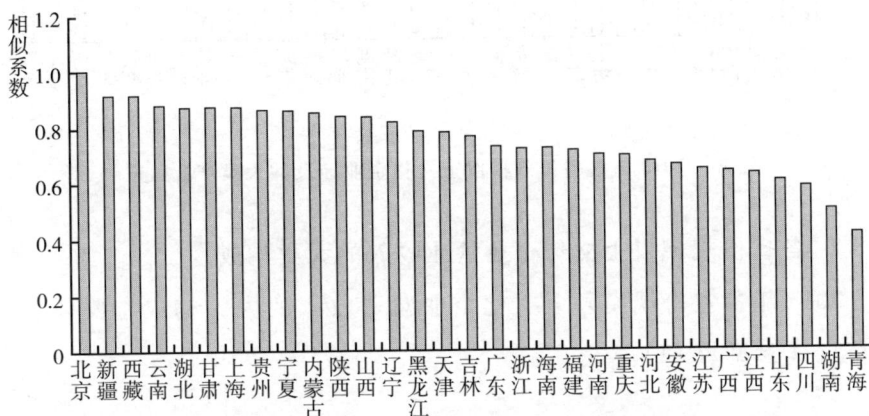

图 34　2013 年各省份文化企业营业收入大类构成的相似系数（以北京为基准）

（三）各省份规模以上文化企业产出的大类构成

1. 各省份规模以上文化企业所属的大类数量

在 2013 年全国 31 个省份规模以上文化企业中，涉及全部 10 个大
类有 23 个省份，占比为 74.2%，包括北京、天津、河北、山西、内蒙
古、辽宁、吉林、上海、江苏、浙江、安徽、福建、江西、山东、河
南、湖北、湖南、广东、广西、重庆、四川、云南、陕西。涉及 9 个大

类有 5 个省份，包括海南、贵州、甘肃、宁夏、新疆。另外，黑龙江、
青海规模以上文化企业均涉及 8 个大类，而西藏则只有 5 个大类规模以
上文化企业（参见图 35）。

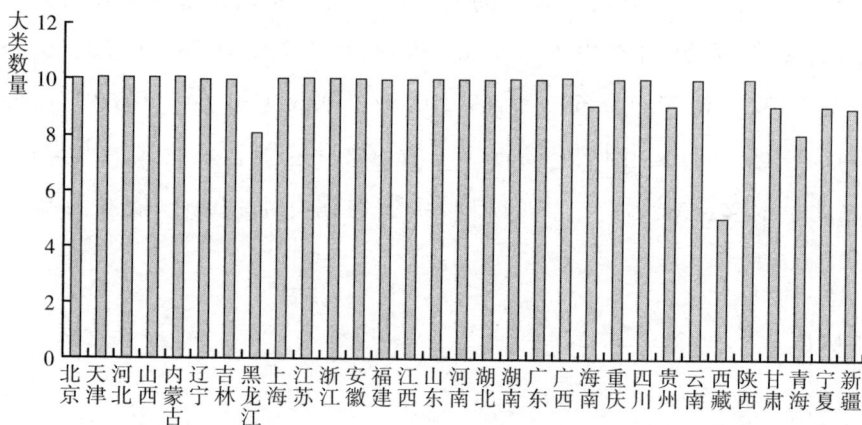

图 35　2013 年各省份规模以上文化企业涉及的大类产业数量

2. 各省份规模以上文化企业营业收入的大类构成

2013 年各省份规模以上文化企业营业收入的大类构成主要体现如
下特点（参见表 18）。

表 18　2013 年各省份规模以上文化企业营业收入的大类构成

单位：%

大类代码	一	二	三	四	五	六	七	八	九	十
北　京	11.3	4.3	0.5	10.7	29.0	0.5	21.0	7.4	13.1	2.1
天　津	1.9	0.5	0.6	2.4	18.9	0.8	14.7	6.9	43.1	10.3
河　北	6.2	0.3	0.1	2.3	2.7	0.8	16.5	27.8	35.4	7.9
山　西	29.0	0.7	0.8	2.6	3.8	2.2	29.5	10.8	20.3	0.3
内蒙古	5.1	0.7	0.1	6.8	12.8	2.1	20.0	7.8	43.2	1.5
辽　宁	4.2	1.0	0.3	4.7	14.1	1.7	18.8	14.9	29.5	10.9
吉　林	11.4	0.7	0.4	13.3	5.2	1.7	13.3	34.5	18.9	0.5

续表

大类代码	一	二	三	四	五	六	七	八	九	十
黑龙江	21.3	2.3	—	3.7	3.0	2.2	19.2	17.8	30.5	—
上　海	1.6	2.0	0.1	3.6	25.9	0.4	18.7	8.4	15.4	23.8
江　苏	2.2	0.7	0.5	2.6	9.1	1.8	12.1	8.9	53.5	8.7
浙　江	3.0	3.2	0.1	13.0	7.9	1.3	16.8	8.4	39.6	6.7
安　徽	6.3	0.2	0.5	1.3	6.5	1.6	11.3	19.4	49.6	3.2
福　建	2.3	0.9	0.1	1.2	5.0	0.9	46.5	10.9	26.9	5.3
江　西	5.5	0.2	0.6	1.3	1.3	2.5	21.7	19.4	41.9	6.3
山　东	2.0	0.2	0.2	0.2	2.4	0.9	24.7	12.5	52.3	4.5
河　南	4.4	0.2	0.2	0.9	7.1	1.5	25.5	14.6	43.1	2.5
湖　北	11.3	2.4	2.1	2.4	14.9	2.1	15.8	16.7	28.9	3.3
湖　南	5.3	3.0	0.1	1.1	3.7	0.5	7.2	11.6	65.4	2.1
广　东	1.7	0.7	0.1	4.1	9.1	0.6	25.8	9.4	39.2	9.4
广　西	8.6	0.3	0.3	3.6	4.1	1.6	12.1	16.8	47.4	5.3
海　南	7.6	0.4	0.5	0.7	21.7	12.8	2.2	2.2	51.8	—
重　庆	4.9	1.1	0.2	1.8	10.9	1.0	9.8	8.5	61.5	0.2
四　川	6.4	0.6	0.1	0.3	2.7	1.4	10.4	17.7	58.0	2.4
贵　州	19.4	1.1	0.2	11.3	10.4	5.8	5.0	11.3	35.4	—
云　南	13.9	0.5	1.1	5.7	12.1	3.6	31.9	19.3	10.5	1.5
西　藏	28.5	—	—	—	7.2	1.9	26.7	35.7	—	—
陕　西	15.0	4.0	23.4	1.4	7.9	8.1	10.7	18.8	8.4	2.3
甘　肃	38.1	2.8	0.5	2.3	7.0	1.9	23.1	11.8	12.5	—
青　海	2.2	2.0	—	—	1.1	0.1	23.9	3.5	13.5	53.7
宁　夏	15.1	1.1	0.6	7.2	18.1	14.3	1.2	21.2	21.3	—
新　疆	41.7	1.5	—	4.4	19.4	1.5	15.3	6.3	9.2	0.6

注：表中"一"为新闻出版发行服务大类，"二"为广播电视电影服务大类，"三"为文化艺术服务大类，"四"为文化信息传输服务大类，"五"为文化创意和设计服务大类，"六"为文化休闲娱乐服务大类，"七"为工艺美术品的生产大类，"八"为文化产品生产的辅助生产大类，"九"为文化用品的生产大类，"十"为文化专用设备的生产大类。

（1）工艺美术品的生产大类在 27 个省份各大类规模以上文化企业营业收入中所占比重的排名进入了前三位。其中，该大类在山西、福建、云南 3 个省份规模以上文化企业营业收入中排名各大类第一，同时在北京、内蒙古、辽宁、江苏、浙江、江西、山东、河南、广东、甘肃、青海 11 个省份各大类规模以上文化企业营业收入中位居第二，另外还在天津、河北、吉林、黑龙江、上海、安徽、湖北、湖南、广西、重庆、四川、西藏、新疆 13 个省份规模以上文化企业营业收入中排在第三位。

（2）文化用品的生产大类在 26 个省份规模以上文化企业营业收入中所占的比重排前三位。其中，该大类在天津、河北、内蒙古、辽宁、黑龙江、江苏、浙江、安徽、江西、山东、河南、湖北、湖南、广东、广西、海南、重庆、四川、贵州、宁夏等 20 个省份各大类规模以上文化企业营业收入所占的比重最大，同时在吉林、福建 2 个省份规模以上文化企业的营业收入中排名各大类第二，另外还在北京、山西、甘肃、青海 4 个省份各大类规模以上文化企业营业收入中位居第三。

（3）文化产品生产的辅助生产大类在 17 个省份规模以上文化企业营业收入中所占的比重排前三位。其中，该大类在吉林、西藏 2 个省份规模以上文化企业营业收入中所占的比重最大，同时在河北、安徽、湖北、湖南、广西、四川、云南、陕西、宁夏 9 个省份规模以上文化企业营业收入中排名各大类第二，另外还在辽宁、福建、江西、山东、河南、贵州 6 个省份各大类规模以上文化企业营业收入中排在第三位。

（4）文化创意和设计服务大类在 9 个省份规模以上文化企业营业收入中所占的比重排前三位。其中，该大类在北京、上海 2 个省份各大类规模以上文化企业营业收入中所占的比重最大，同时在天津、海南、重庆、新疆 4 个省份规模以上文化企业营业收入中排在第二位，另外还在内蒙古、江苏、宁夏 3 个省份各大类规模以上文化企业营业收入中居第三。

（5）新闻出版发行服务大类在 8 个省份规模以上文化企业营业收入中所占的比重排前三位。其中，该大类在甘肃、新疆 2 个省份各大类规模以上文化企业营业收入中排在第一位，同时在山西、黑龙江、贵州、西藏 4 个省份各大类规模以上文化企业营业收入中居第二，另外还在云南、陕西 2 个省份各大类规模以上文化企业营业收入中排在第三位。

（6）文化专用设备的生产大类在 3 个省份规模以上文化企业营业收入中排前三位。其中，它在青海各大类规模以上文化企业营业收入中排在第一位，同时在上海各大类规模以上文化企业营业收入中排在第二位，另外还在广东各大类规模以上文化企业营业收入中位居第三。

（7）在余下的 4 个大类中，文化艺术服务大类在陕西各大类规模以上文化企业营业收入中排在第一位，文化信息传输服务大类在浙江各大类规模以上文化企业营业收入中排在第三位，文化休闲娱乐服务大类在海南各大类规模以上文化企业营业收入中位居第三，而广播电视电影服务大类则未能进入所有省份各大类规模以上文化企业营业收入排名的前三位。

3. 各省份规模以上文化企业大类产出结构的差异

我们以营业收入为指标，并同样以北京为基准，计算了 2013 年各省份规模以上文化企业大类产出结构的相似系数，结果参见图 36。

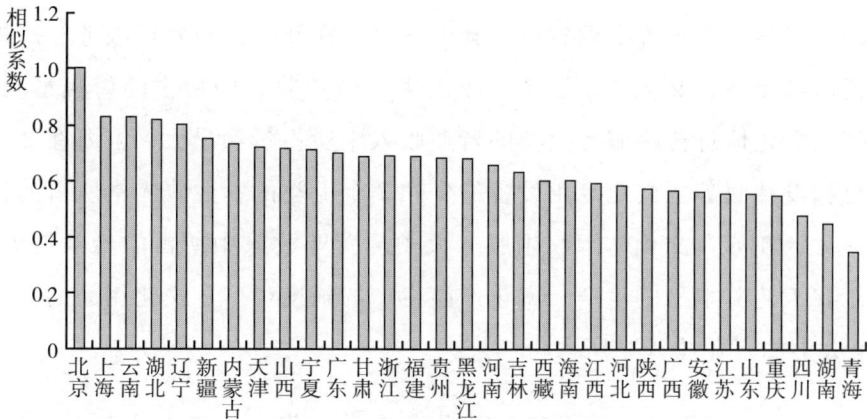

图 36　2013 年各省份规模以上文化企业产出结构的相似系数（以北京为基准）

第一，上海、云南、湖北、辽宁4个省份规模以上文化企业营业收入的大类构成与北京相似，它们的相似系数依次为0.83、0.83、0.82、0.80。

第二，新疆、内蒙古、天津、山西、宁夏、广东、甘肃、浙江、福建、贵州、黑龙江、河南、吉林、西藏、海南15个省份规模以上文化企业营业收入的大类构成与北京有较明显的差别，它们的相似系数依次为0.75、0.73、0.72、0.72、0.71、0.70、0.69、0.69、0.69、0.68、0.68、0.66、0.63、0.60、0.60。

第三，江西、河北、陕西、广西、安徽、江苏、山东、重庆、四川、湖南、青海11个省份规模以上文化企业营业收入的大类构成与北京有很大的差别，它们的相似系数依次为0.59、0.58、0.57、0.57、0.56、0.56、0.56、0.55、0.48、0.45、0.35。

九 中国各大类文化企业产出的区域分布

总体而言，全国各个大类文化企业的产出高度集中于北京、浙江、上海、江苏、广东等少数省份。其中，北京在新闻出版发行服务、广播电视电影服务、文化艺术服务3个大类的营业收入中所占的份额最大，浙江在文化信息传输服务大类的营业收入中所占份额最大，上海在文化创意和设计服务、文化专用设备的生产2个大类的营业收入中所占的份额最大，江苏在文化休闲娱乐服务大类的营业收入中所占的份额最大，广东在工艺美术品的生产、文化产品生产的辅助生产、文化用品的生产3个大类的营业收入中所占份额最大。

（一）"文化产品的生产"部分各大类文化企业产出的省际分布

1. "文化产品的生产"部分各大类文化企业产出分布的省域集中度

如表19所示，2013年"文化产品的生产"部分7个大类文化企业的营业收入分布显示了很高的省域集中度。这主要表现在：第一，营业收入最大的前 10 个省份至少占据了各大类文化企业相应值 2/3 以上的份额；第二，营业收入最大的前 6 个省份至少占据了各大类文化企业相应值 50% 以上的份额；第三，营业收入最大的前 4 个省份至少占据了各大类文化企业相应值 40% 以上的份额；第四，营业收入最大的前两个省份至少占据了各大类文化企业相应值 1/4 以上的份额。

表 19　2013 年“文化产品的生产”部分各大类文化企业
营业收入的省域集中率

单位：%

	CR2	CR4	CR6	CR10
一　新闻出版发行服务	29.0	41.8	51.9	67.9
二　广播电视电影服务	38.0	59.8	73.4	85.2
三　文化艺术服务	34.2	54.3	64.8	79.1
四　文化信息传输服务	39.6	67.0	77.2	84.8
五　文化创意和设计服务	34.9	61.8	71.4	83.3
六　文化休闲娱乐服务	26.0	41.6	53.4	69.6
七　工艺美术品的生产	34.6	52.0	68.5	84.3

2. 新闻出版发行服务大类文化企业产出的省域分布

在新闻出版发行服务大类文化企业营业收入中，北京所占的比重高达 21.1%，远远高于其他省份。此外，当年该大类营业收入的比重较高的省份还包括广东、江苏、湖北、浙江、山东、湖南、上海、河南、安徽、四川，它们所占的比重依次为 7.9%、6.7%、6.1%、5.1%、5.0%、4.8%、4.1%、3.6%、3.5%、3.4%；同时，当年共有 20 个省份所占的比重低于 3.3%，其中海南、内蒙古、宁夏、青海、西藏 5 个省份所占的比重均不足 1%（参见图 37）。

3. 广播电视电影大类文化企业产出的省域分布

在广播电视电影服务大类文化企业营业收入中，北京、浙江、上海 3 个省份所占的比重明显较大，依次为 21.4%、16.7%、13.3%，合计

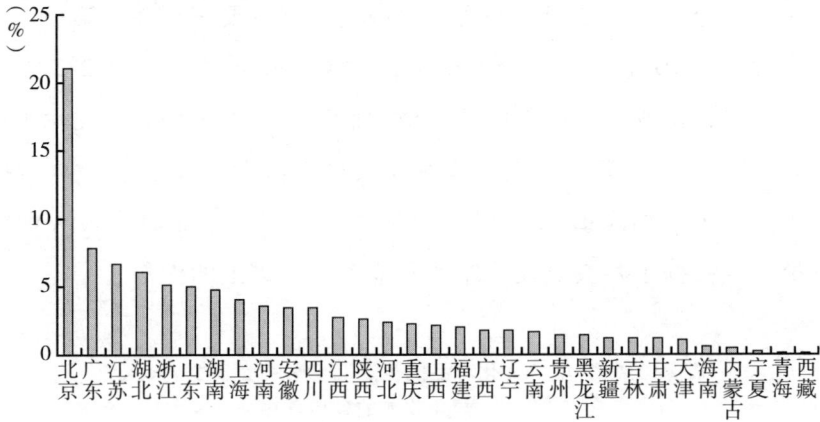

**图37 2013 年各省份在全国新闻出版发行服务大类文化
企业营业收入中所占的比重**

比重更是高达51.4%；同时，广东、湖南、江苏、湖北、陕西5 个省份
所占的比重也相对较高，依次为8.4%、7.2%、6.4%、3.6%、3.4%；
余下的23 个省份所占的比重相对较低，其中河北、江西、黑龙江、云
南、山西、海南、内蒙古、吉林、甘肃、广西、贵州、新疆、青海、宁
夏、西藏15 个省份所占的比重更是不足1%（参见图38）。

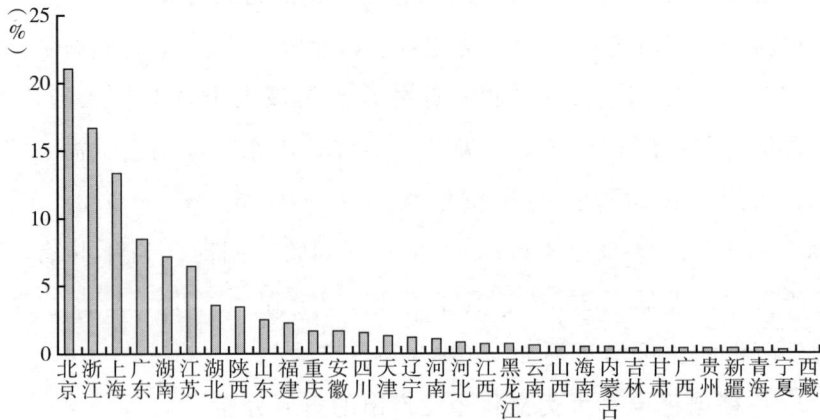

**图38 2013 年各省份在全国广播电视电影服务大类文化
企业营业收入中所占的比重**

4. 文化艺术服务大类文化企业产出的省域分布

在文化艺术服务大类文化企业营业收入中，北京、陕西、江苏所占的比重明显较大，依次达到了 18.0%、16.2%、13.3%；同时，湖北、山东、广东、安徽、湖南、天津 6 个省份所占的比重也相对较大，依次为 6.7%、6.0%、4.5%、4.2%、3.6%、3.5%；余下 22 个省份所占的比重相对较小，其中河北、山西、黑龙江、广西、内蒙古、甘肃、吉林、海南、贵州、西藏、新疆、青海、宁夏等 13 个省份所占的比重均不足 1%（参见图 39）。

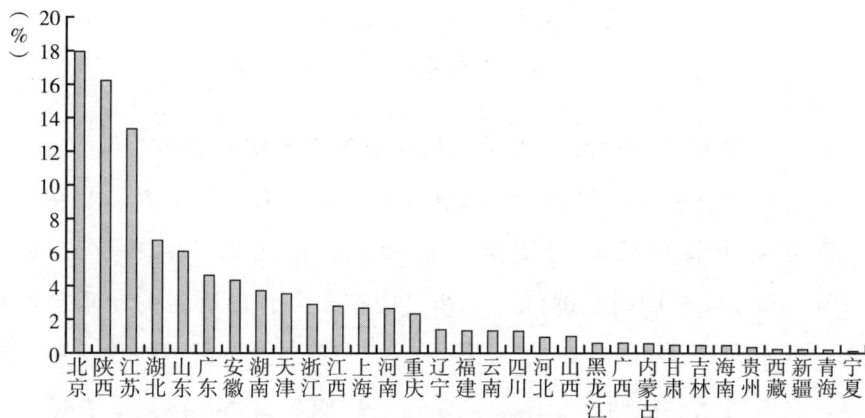

**图 39　2013 年各省份在全国文化艺术服务大类文化企业
营业收入中所占的比重**

5. 文化信息传输服务大类文化企业产出的省域分布

在文化信息传输服务大类文化企业营业收入中，浙江、北京、广东 3 个省份所占的比重明显较大，依次为 20.2%、19.4%、17.9%；同时，江苏、上海 2 个省份所占的比重也相对较大，依次为 9.5%、8.1%；余下 26 个省份所占的比重则相对较小，其中云南、吉林、江西、广西、内蒙古、陕西、贵州、山西、黑龙江、海南、新疆、甘肃、宁夏、青海、西藏等 15 个省份所占的比重更是均不足 1%（参见图 40）。

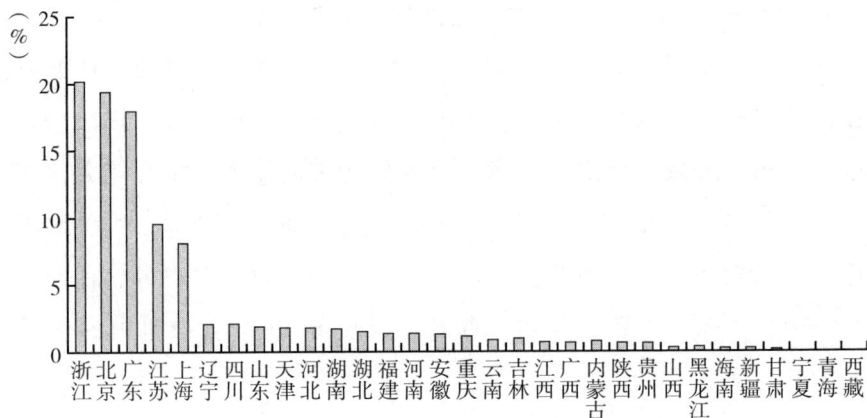

图 40　2013 年各省份在全国文化信息传输服务大类
文化企业营业收入中所占比重

6. 文化创意和设计服务大类文化企业产出的省域分布

在文化创意和设计服务大类文化企业营业收入中，上海、北京、广东、江苏 4 个省份所占的比重明显较大，依次为 18.5%、16.5%、14.8%、12.2%；同时，浙江、天津、山东 3 个省份所占的比重也相对较大，依次为 5.2%、4.4%、3.9%；余下 24 个省份所占的比重则相对较小，其中河北、江西、云南、内蒙古、广西、贵州、海南、新疆、山西、吉林、甘肃、黑龙江、宁夏、西藏、青海等 15 个省份所占的比重均不足 1%（参见图 41）。

7. 文化休闲娱乐服务大类文化企业产出的省域分布

在文化休闲娱乐服务大类文化企业营业收入中，江苏所占比明显较高，达到了 15.9%；同时，山东、广东、浙江、湖南、河南、安徽、四川、江西、福建、湖北 10 个省份所占的比重也相对较高，依次为 10.1%、8.2%、7.4%、6.5%、5.3%、4.4%、4.0%、3.9%、3.8%、3.8%；余下 20 个省份所占的比重相对较低，其中黑龙江、甘肃、山西、内蒙古、吉林、宁夏、新疆、西藏、青海 9 个省份所占的比重更是均不足 1%（参见图 42）。

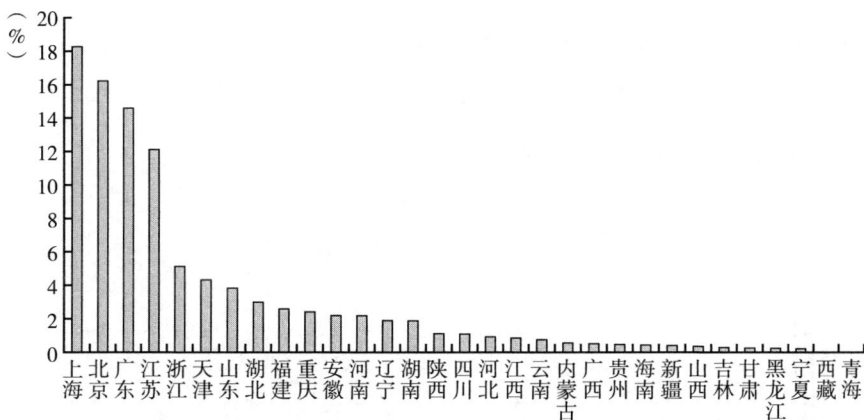

图 41   2013 年各省份在全国文化创意和设计服务大类文化企业营业收入中所占的比重

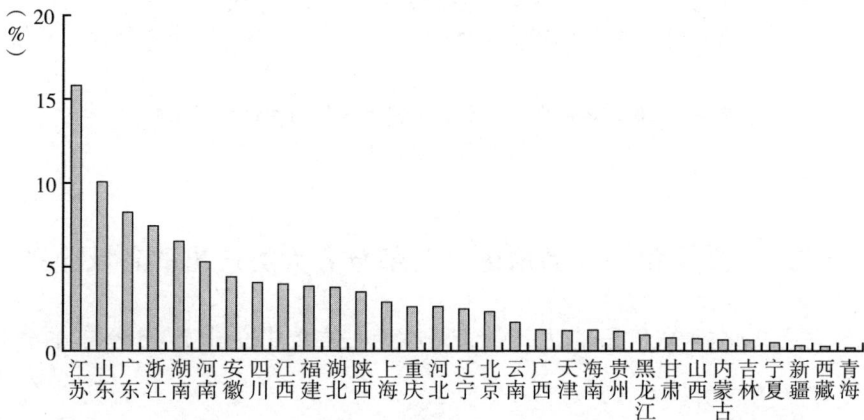

图 42   2013 年各省份在全国文化休闲娱乐服务大类文化企业营业收入中所占的比重

8. 工艺美术品的生产大类文化企业产出的省域分布

在工艺美术品的生产大类文化企业营业收入中，广东所占的比重明显高于其他省份，达到了 23.2%；同时，山东、江苏、上海、福建、浙江、北京、河南 7 个省份所占比重也相对较大，依次为 11.4%、

8.8%、8.6%、8.5%、8.0%、7.2%、4.5%；余下 23 个省份所占的
比重则相对较小，其中云南、广西、陕西、山西、内蒙古、黑龙江、青
海、甘肃、吉林、贵州、新疆、海南、西藏、宁夏等 14 个省份所占的
比重更是均不足 1%（参见图 43）。

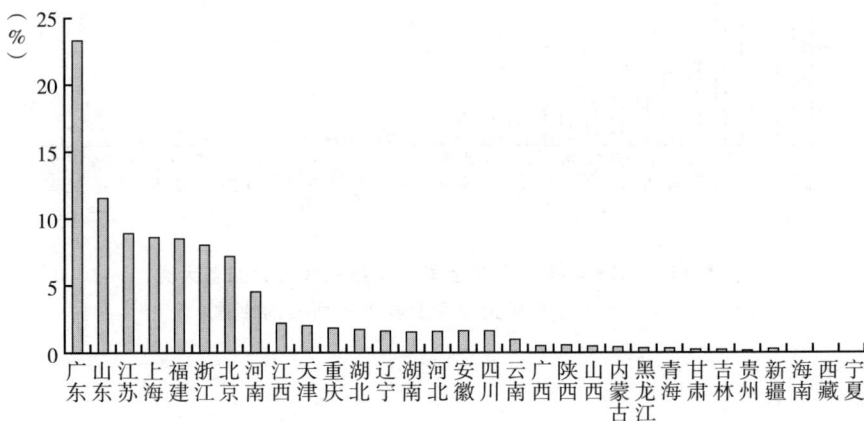

图 43　2013 年各省份在全国工艺美术品的生产大类文化
企业营业收入中所占的比重

（二）"文化相关产品的生产"部分各大类产出的省域分布

1. "文化相关产品的生产"部分各大类文化企业产出分布的省域集中度

如表 20 所示，2013 年"文化相关产品的生产"部分 3 个大类文化企
业的营业收入分布同样显示了很高的省域集中度。这主要表现在：第一，
营业收入最大的前 10 个省份在各大类文化企业营业收入中所占份额均超
过了 75%以上；第二，营业收入最大的前 6 个省份在各大类文化企业营
业收入中所占份额均超过了 59%；第三，营业收入最大的前 4 个省份在
各大类文化企业营业收入中所占份额均超过了 46%；第四，营业收入最
大的前 2 个省份在各大类文化企业营业收入中所占份额均超过了 27%。

表 20　2013 年 "文化相关产品的生产" 部分各大类营业收入的省域集中率

单位：%

		CR2	CR4	CR6	CR10
八	文化产品生产的辅助生产	27.8	46.8	59.6	75.4
九	文化用品的生产	36.3	56.7	63.7	79.5
十	文化专用设备的生产	37.3	51.7	81.1	86.1

2. 文化产品生产的辅助生产大类营业收入的省域分布

在文化产品生产的辅助生产大类文化企业的营业收入中，广东、江苏、山东 3 个省份所占的比重明显较大，依次达到了 16.4%、11.4%、11.3%；同时，浙江、上海、北京、湖南、河南、安徽、河北、四川 8 个省份所占的比重也相对较大，依次为 7.8%、7.0%、5.8%、4.1%、4.0%、3.9%、3.7%、3.4%；余下 20 个省份所占的比重则相对较小，其中云南、吉林、黑龙江、内蒙古、山西、贵州、甘肃、新疆、海南、宁夏、青海、西藏等 12 个省份所占的比重更是均不足 1%（参见图 44）。

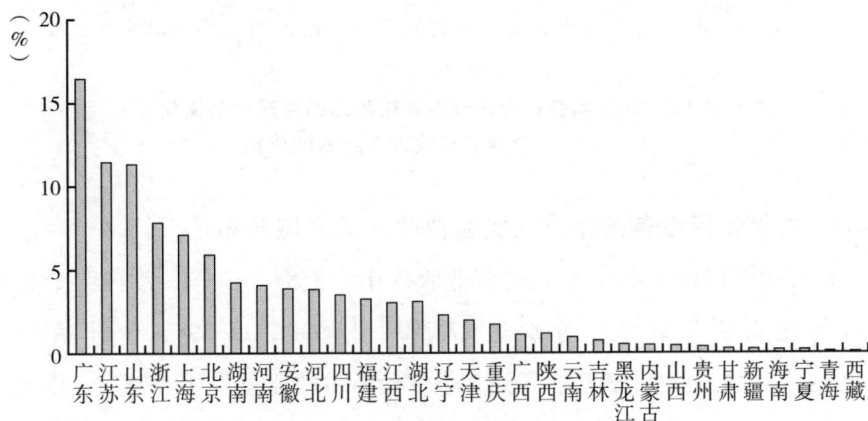

图 44　2013 年各省份在全国文化产品生产的辅助生产大类
文化企业营业收入中所占的比重

171

3. 文化用品的生产大类营业收入的省域分布

在文化用品的生产大类营业收入中，广东、江苏、山东3个省份所占的比重明显较大，分别达到了18.7%、17.6%、12.4%；同时，浙江、湖南、上海、河南、安徽、四川6个省份所占的比重也相对较大，依次为8.0%、7.0%、4.2%、3.7%、3.3%、3.3%；余下的22个省份所占的比重则相对较小，其中内蒙古、海南、陕西、贵州、黑龙江、云南、山西、吉林、甘肃、新疆、青海、宁夏、西藏等13个省份所占的比重更是均不足0.5%（参见图45）。

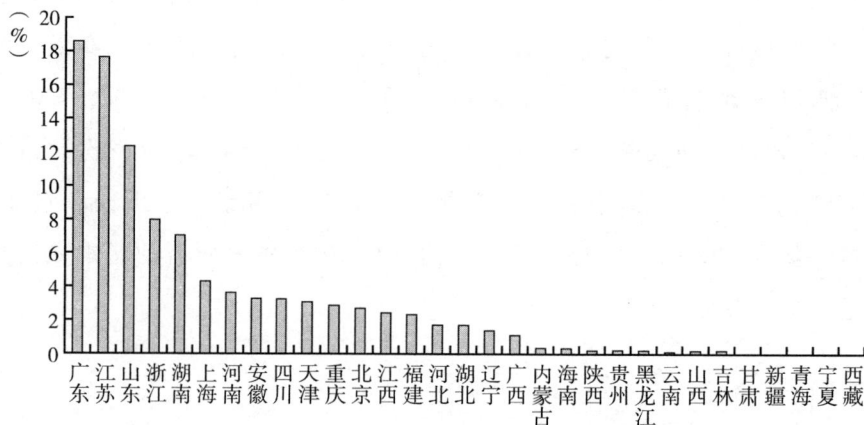

图45　2013年各省份在全国文化用品的生产大类文化
企业营业收入中所占的比重

4. 文化专用设备的生产大类营业收入的省域分布

在文化专用设备的生产大类营业收入中，上海、广东、江苏3个省份所占的比重明显较大，分别达27.2%、21.9%、15.3%，合计达到了64.4%；同时，山东、浙江、天津3个省份所占的比重也相对较大，依次为8.2%、6.2%、3.3%；余下25个省份所占的比重则相对较小，其中四川、广西、陕西、重庆、云南、内蒙古、甘肃、山西、吉林、黑龙江、贵州、宁夏、新疆、海南等14个省份所占的比重更是均不足1%（参见图46）。

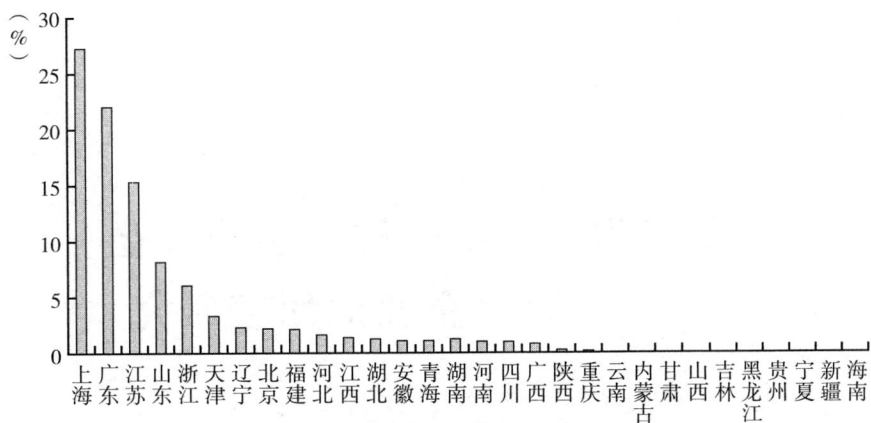

图 46 2013 年各省份在全国文化专用设备的生产大类
文化企业营业收入中所占的比重

专题报告三　不同控股类型文化企业的比较研究

按照国家统计局的相关规定，本报告所指的不同控股类型文化企业包括如下六类。

（1）国有控股。包括：在企业的全部实收资本中，国有经济成分的出资人拥有的实收资本（股本）所占企业全部实收资本（股本）的比例大于50%的国有绝对控股；在企业的全部实收资本中，国有经济成分的出资人拥有的实收资本（股本）所占的比例虽未大于50%，但相对大于其他任何一方经济成分的出资人所占的比例的国有相对控股；或者虽不大于其他经济成分，但根据协议规定拥有企业实际控制权的国有协议控股；投资双方各占50%，并且未明确由谁绝对控股的企业，若其中一方为国有经济成分的，一律按国有控股处理。

（2）集体控股。包括：在企业的全部实收资本中，集体经济成分的出资人拥有的实收资本（股本）所占企业全部实收资本（股本）的比例大于50%的集体绝对控股；在企业的全部实收资本中，集体经济成分的出资人拥有的实收资本（股本）所占的比例虽未大于50%，但相对大于其他任何一方经济成分的出资人所占的比例的集体相对控股；或者虽不大于其他经济成分，但根据协议规定拥有企业实际控制权的集体协议控股。

（3）私人控股。包括：在企业的全部实收资本中，私人经济成分的出资人拥有的实收资本（股本）所占企业全部实收资本（股本）的比例大于50%的私人绝对控股；在企业的全部实收资本中，私人经济成分的出资人拥有的实收资本（股本）所占的比例虽未大于50%，但相对大于其他任何一方经济成分的出资人所占的比例的私人相对控股；或者虽不大于其他经济成分，但根据协议规定拥有企业实际控制权的私人协议控股。

（4）港澳台商控股。包括：在企业的全部实收资本中，港澳台商经济成分的出资人拥有的实收资本（股本）所占企业全部实收资本（股本）的比例大于50%的港澳台商绝对控股；在企业的全部实收资本中，港澳台商经济成分的出资人拥有的实收资本（股本）所占的比例虽未大于50%，但相对大于其他任何一方经济成分的出资人所占的比例的港澳台商相对控股；或者虽不大于其他经济成分，但根据协议规定拥有企业实际控制权的港澳台商协议控股。

（5）外商控股。包括：在企业的全部实收资本中，外商经济成分的出资人拥有的实收资本（股本）所占企业全部实收资本（股本）的比例大于50%的外商绝对控股；在企业的全部实收资本中，外商经济成分的出资人拥有的实收资本（股本）所占的比例虽未大于50%，但相对大于其他任何一方经济成分的出资人所占的比例的外商相对控股；或者虽不大于其他经济成分，但根据协议规定拥有企业实际控制权的外商协议控股。

（6）其他：除上述五类以外的企业控股情况。

一　不同控股类型文化企业的数量

2013年，国家统计局确认的文化及相关产业法人单位[①]共计785615

---

① 为表述简便，本报告对确认为文化及相关产业的法人单位统称为"全国文化企业"。

户，其中规模以上文化企业 41351 户，与 2012 年相比增加了 13.4%。在全国文化企业中，私人控股企业所占的比重不仅高达 88.3%，而且其在绝大多数大类和中类企业中也占据了绝对多数。相对而言，在全国规模以上文化企业中，私人控股企业也同样占据了绝大多数大类和中类企业中的绝对多数，但所占的比重大多低于其在全国相应大类和中类文化企业中所占的比重。

（一）全国文化企业中不同控股类型企业的构成

1. 全国文化企业中不同控股类型企业的数量

在 2013 年全国文化企业中，国有控股、集体控股、私人控股、港澳台商控股、外商控股、其他 6 类企业依次有 19657、12509、693849、7614、6193、45793 户，它们占全国文化企业数量的比重分别为 2.5%、1.6%、88.3%、1.0%、0.8%、5.8%（参见图 1）。

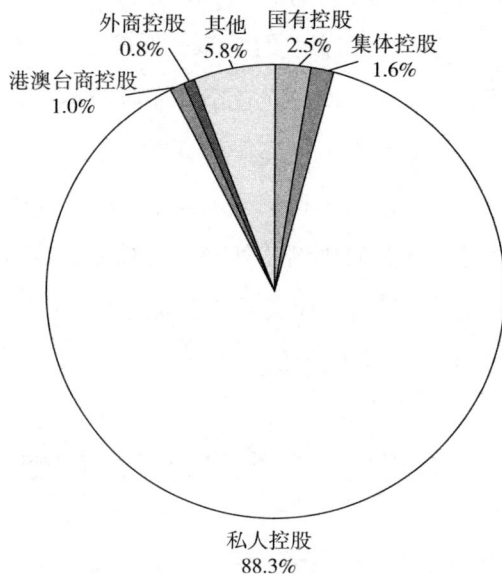

图 1　2013 年全国文化企业中不同
控股类型的企业所占的比重

2. 全国规模以上文化企业中不同控股类型企业的数量

在全国文化企业中，2013 年规模以上文化企业有 41351 户。其中，国有控股规模以上文化企业有 5791 户，占全国规模以上文化企业数量的 14.0%；集体控股规模以上文化企业有 1046 户，占全国规模以上文化企业数量的 2.5%；私人控股规模以上文化企业有 27340 户，占全国规模以上文化企业数量的 66.1%；港澳台商控股规模以上文化企业有 2529 户，占全国规模以上文化企业数量的 6.1%；外商控股规模以上文化企业有 2145 户，占全国规模以上文化企业数量的 5.2%；其他规模以上文化企业有 2500 户，占全国规模以上文化企业数量的 6.0%（参见表 1）。

表 1　2012~2013 年各控股类型规模以上文化企业的数量及其所占的比重

	2012 年		2013 年	
	数量（户）	所占比重(%)	数量（户）	所占比重(%)
国有控股	5394	14.8	5791	14.0
集体控股	1084	3.0	1046	2.5
私人控股	22941	62.9	27340	66.1
港澳台商控股	2520	6.9	2529	6.1
外商控股	1644	4.5	2145	5.2
其他	2886	7.9	2500	6.0

与 2012 年相比，规模以上文化企业数量增加了 4882 户，增长率为 13.4%。其中，外商控股企业数量增长幅度最大，增长率达 30.5%；同时，私人控股、国有控股、港澳台商控股企业数量增长率依次为 19.2%、7.4%、0.4%；另外，集体控股企业、其他控股类型企业数量则分别比 2012 年下降了 3.5%、13.4%。

（二）各部分文化企业中不同控股类型企业的构成

1. 各部分文化企业中不同控股类型企业的数量

2013 年，私人控股企业在两大部分文化企业中都占据了绝大部分

的份额，其中"文化产品的生产"部分私人控股企业数量有 465852
户，所占的比重高达 88.1%；在"文化相关产品的生产"部分中私人
控股企业有 227997 户，所占的比重高达 88.8%。此外，在"文化产品
的生产"部分企业数量中，国有控股、集体控股、港澳台商控股、外
商控股以及其他等 5 类企业数量分别为 16019、6942、3833、3422、
32865 户，它们所占的比重分别为 3.0%、1.3%、0.7%、0.6%、
6.2%；在"文化相关产品的生产"部分企业数量中，国有控股、集体
控股、港澳台商控股、外商控股以及其他等 5 类企业分别有 3638、
5567、3781 户、2771、12928 户，它们所占的比重分别为 1.4%、
2.2%、1.5%、1.1%、5.0%（参见表 2）。

表 2　2013 年两大部分文化企业中各控股类型企业的数量及其所占的比重

	文化产品的生产部分		文化相关产品的生产部分	
	数量(户)	所占比重(%)	数量(户)	所占比重(%)
国有控股	16019	3.0	3638	1.4
集体控股	6942	1.3	5567	2.2
私人控股	465852	88.1	227997	88.8
港澳台商控股	3833	0.7	3781	1.5
外商控股	3422	0.6	2771	1.1
其他	32865	6.2	12928	5.0

2. 各部分规模以上文化企业中不同控股类型企业的数量

在"文化产品的生产"和"文化相关产品的生产"两大部分文化
企业中，规模以上文化企业数量分别为 22626、18725 户。其中，在文
化产品的生产部分文化企业中，国有控股、集体控股、私人控股、港澳
台商控股、外商控股、其他 6 类规模以上文化企业的数量分别为 4880、
611、13648、935、920、1632 户，分别占该部分规模以上文化企业数量
的 21.6%、2.7%、60.3%、4.1%、4.1%、7.2%；在文化相关产品的
生产部分文化企业中，国有控股、集体控股、私人控股、港澳台商控

股、外商控股、其他 6 类规模以上文化企业的数量分别为 911、435、
13692、1594、1225、868 户，分别占该部分规模以上文化企业数量的
4.9%、2.3%、73.1%、8.5%、6.5%、4.6%。

表3　2013年各部分规模以上文化企业中不同控股类型企业的数量构成

单位：%

	文化产品的生产部分		文化相关产品的生产部分	
	数量（户）	所占比重（%）	数量（户）	所占比重（%）
国有控股	4880	21.6	911	4.9
集体控股	611	2.7	435	2.3
私人控股	13648	60.3	13692	73.1
港澳台商控股	935	4.1	1594	8.5
外商控股	920	4.1	1225	6.5
其他	1632	7.2	868	4.6

（三）各大类文化企业中不同控股类型企业的数量

1. 各大类文化企业中不同控股类型企业的数量

从大类层面来看，2013年各大类不同控股类型文化企业数量构成
的主要特点包括（参见表4）：

表4　2013年各大类文化企业中各控股类型企业所占的比重

单位：%

		国有控股	集体控股	私人控股	港澳台商控股	外商控股	其他
一	新闻出版发行服务	24.1	3.7	63.9	0.2	0.2	7.8
二	广播电视电影服务	16.3	3.3	71.3	0.8	0.3	8.0
三	文化艺术服务	3.6	2.1	84.6	0.2	0.2	9.2
四	文化信息传输服务	7.3	1.6	83.3	0.6	0.6	6.5
五	文化创意和设计服务	1.7	0.8	90.2	0.5	0.6	6.1
六	文化休闲娱乐服务	1.5	1.3	91.1	0.3	0.2	5.6
七	工艺美术品的生产	0.9	1.4	88.7	2.1	1.7	5.2
八	文化产品生产的辅助生产	2.0	2.8	88.4	0.8	0.6	5.4
九	文化用品的生产	0.8	1.5	89.5	2.0	1.5	4.7
十	文化专用设备的生产	1.2	1.0	87.3	3.0	2.9	4.6

（1）私人控股企业数量在10个大类中都居于绝对多数。其中，文化休闲娱乐服务、文化创意和设计服务两个大类中，私人控股企业所占的比重分别为91.1%、90.2%；文化用品的生产、工艺美术品的生产、文化产品生产的辅助生产、文化专用设备的生产、文化艺术服务、文化信息传输服务6个大类中的私人控股企业的占比都达到了80%以上，依次为89.5%、88.7%、88.4%、87.3%、84.6%、83.3%；同时，广播电视电影服务、新闻出版发行服务大类中私人控股企业所占比重也分别达到了71.3%、63.9%。

（2）国有控股企业在新闻出版发行服务、广播电视电影服务两个大类中所占的比重也较大，都超过了10%，分别为24.1%、16.3%。这也表明非国有控股企业在各大类文化企业中所占的比重都超过了75%。

2. 各大类规模以上文化企业中不同控股类型企业的数量

在各大类规模以上文化企业中，不同控股类型企业的数量构成则有如下两个方面的特点（参见表5）。

表5　2013年各大类规模以上文化企业中不同控股类型企业所占的比重

单位：%

		国有控股	集体控股	私人控股	港澳台商控股	外商控股	其他
一	新闻出版发行服务	74.4	2.2	14.2	0.2	0.3	8.7
二	广播电视电影服务	34.5	3.7	45.7	2.7	0.7	12.6
三	文化艺术服务	30.9	4.0	49.5	1.2	0.9	13.6
四	文化信息传输服务	36.6	2.5	49.7	1.9	2.2	7.2
五	文化创意和设计服务	14.3	2.4	67.6	3.5	5.6	6.5
六	文化休闲娱乐服务	18.3	6.4	61.2	3.0	2.0	9.1
七	工艺美术品的生产	2.5	1.6	76.9	7.9	5.9	5.2
八	文化产品生产的辅助生产	9.1	2.5	73.4	6.3	4.2	4.5
九	文化用品的生产	2.5	2.3	74.1	9.5	7.0	4.7
十	文化专用设备的生产	3.6	1.4	64.7	11.4	14.2	4.7

（1）与表4所示国有控股企业所占各大类文化企业的比重相比，国有控股企业在全部10个大类规模以上文化企业中所占的比重均明显较高。其中，国有控股企业在新闻出版发行服务大类规模以上文化企业中占据绝对优势，其所占的比重高达74.4%；同时，该类企业在广播电视电影服务、文化艺术服务、文化信息传输服务、文化创意和设计服务、文化休闲娱乐服务5个大类规模以上文化企业中所占的比重也分别达到了34.5%、30.9%、36.6%、14.3%、18.3%。

（2）私人控股企业在文化创意和设计服务、文化休闲娱乐服务、工艺美术品的生产、文化产品生产的辅助生产、文化用品的生产、文化专用设备的生产6个大类规模以上文化企业中居于绝对多数，其所占的比重分别为67.6%、61.2%、76.9%、73.4%、74.1%、64.7%；同时，该类企业数量在广播电视电影服务、文化艺术服务、文化信息传输服务3个大类规模以上文化企业中也居各控股类型的企业之首，分别为45.7%、49.5%、49.7%。

（四）各中类文化企业中不同控股类型企业的数量

1. 各中类文化企业中不同控股类型企业的数量

从中类层面来看，2013年各中类不同控股类型文化企业数量构成的主要特点如下（参见表6）。

（1）私人控股企业数量在47个中类中占据绝对多数。这些中类包括焰火、鞭炮产品的制造，娱乐休闲服务，舞台照明设备的批发，文化用家电的销售，文具乐器照相器材的销售，广告服务，其他文化艺术服务，互联网信息服务，会展服务，其他文化用品的销售，广播电视电影专用设备的批发，其他文化辅助生产，工艺美术品的销售，专业设计服务，版权服务，游艺器材及娱乐用品的制造，文化经纪代理服务，其他文化用品的制造，文化贸易代理与拍卖服务，摄影扩印服务，文化出租服务，文化软件服务，文化用纸的制造，办公用品的制造，

表6　2013 年各中类文化企业数量中各类控股企业所占的比重

单位：%

大类	中类	国有控股	集体控股	私人控股	港澳台商控股	外商控股	其他
一	新闻服务	29.4	3.9	48.1	1.7	0.9	16.0
	出版服务	48.8	5.2	32.8	0.2	0.2	12.8
	发行服务	16.5	3.3	73.6	0.2	0.2	6.2
二	广播电视服务	27.1	4.5	54.3	0.2	0.1	13.8
	电影和影视录音服务	15.0	3.1	73.3	0.9	0.3	7.3
三	文艺创作与表演服务	9.3	3.0	79.3	0.3	0.1	8.1
	图书馆与档案馆服务	17.1	12.2	60.2	—	0.3	10.2
	文化遗产保护服务	13.3	6.3	64.7	0.5	0.2	15.0
	群众文化服务	2.9	2.8	86.9	0.2	0.2	7.0
	文化研究和社团服务	6.1	6.2	54.1	0.6	0.2	32.7
	文化艺术培训服务	1.2	1.2	80.8	0.2	0.3	16.3
	其他文化艺术服务	1.3	1.3	90.9	0.2	0.2	6.1
四	互联网信息服务	1.6	0.7	90.6	0.7	0.7	5.7
	增值电信服务（文化部分）	7.3	1.1	83.0	0.9	0.7	7.0
	广播电视传输服务	41.9	7.3	39.2	0.2	0.2	11.2
五	广告服务	1.3	0.7	91.3	0.2	0.2	6.3
	文化软件服务	1.1	0.4	88.4	1.5	2.6	6.0
	建筑设计服务	3.9	1.3	87.3	0.6	0.6	6.3
	专业设计服务	1.3	1.0	90.1	1.1	1.1	5.4
六	景区游览服务	13.5	7.1	67.3	1.3	0.6	10.3
	娱乐休闲服务	0.4	0.6	93.7	0.1	0.1	5.1
	摄影扩印服务	1.3	2.6	89.0	0.8	0.4	5.8
七	工艺美术品的制造	0.6	1.5	87.6	3.0	2.5	4.8
	园林、陈设艺术及其他陶瓷制品的制造	0.6	1.2	87.1	2.1	1.4	7.4
	工艺美术品的销售	1.2	1.3	90.1	1.1	0.7	5.5
八	版权服务	2.6	1.0	89.9	0.8	0.8	4.9
	印刷复制服务	2.2	4.5	86.6	1.2	0.6	4.9
	文化经纪代理服务	2.4	1.3	89.8	0.4	0.2	5.8
	文化贸易代理与拍卖服务	1.9	0.8	89.1	0.6	1.1	6.5
	文化出租服务	2.2	2.2	88.6	0.5	0.4	6.1
	会展服务	2.2	1.2	90.5	0.5	0.6	5.2
	其他文化辅助生产	1.3	1.2	90.1	0.5	0.5	6.4

大类	中类	国有控股	集体控股	私人控股	港澳台商控股	外商控股	其他
九	办公用品的制造	0.7	1.6	88.2	4.0	2.7	2.7
	乐器的制造	1.2	1.9	83.5	3.3	6.2	3.8
	玩具的制造	0.2	1.3	81.7	9.6	3.2	4.0
	游艺器材及娱乐用品的制造	0.6	0.8	89.8	2.8	2.2	3.8
	视听设备的制造	1.2	0.6	77.8	8.6	6.4	5.3
	焰火、鞭炮产品的制造	0.1	2.9	94.1	0.3	0.2	2.5
	文化用纸的制造	1.3	2.7	88.3	1.9	1.4	4.3
	文化用油墨颜料的制造	1.1	2.4	82.7	4.8	4.4	4.7
	文化用化学品的制造	4.1	2.6	74.2	6.9	6.5	5.6
	其他文化用品的制造	0.2	0.7	89.8	3.3	3.2	2.7
	文具乐器照相器材的销售	0.8	1.6	91.6	0.3	0.5	5.2
	文化用家电的销售	0.8	0.8	92.0	0.4	0.4	5.6
	其他文化用品的销售	1.0	1.5	90.5	0.7	0.8	5.5
十	印刷专用设备的制造	1.1	2.0	87.7	2.9	3.0	3.2
	广播电视电影专用设备的制造	1.5	0.7	83.4	5.8	4.2	4.3
	其他文化专用设备的制造	0.6	1.0	74.5	9.2	10.5	4.2
	广播电视电影专用设备的批发	1.7	1.0	90.1	1.0	0.8	5.4
	舞台照明设备的批发	0.4	0.4	92.9	0.4	0.8	5.0

印刷专用设备的制造，工艺美术品的制造，建筑设计服务，园林、陈设艺术及其他陶瓷制品的制造，群众文化服务，印刷复制服务，乐器的制造，广播电视电影专用设备的制造，增值电信服务（文化部分），文化用油墨颜料的制造，玩具的制造，文化艺术培训服务，文艺创作与表演服务，视听设备的制造，其他文化专用设备的制造，文化用化学品的制造，发行服务，电影和影视录音服务，景区游览服务，文化遗产保护服务，图书馆与档案馆服务，广播电视服务，文化研究和社团服务。此外，私人控股企业数量在新闻服务中类中也位居第一，只是在出版服务、广播电视传输服务这两个中类中排在第二位。

（2）国有控股企业数量在出版服务和广播电视传输服务这 2 个中类中位居第一，所占的比重依次为 48.8%、41.9%。另外，在新闻服务、广播电视服务、图书馆与档案馆服务、发行服务、电影和影视录音服务、景区游览服务、文化遗产保护服务等 7 个中类中，国有控股企业数量所占的比重也都超过了 10%。

（3）港澳台商控股和外商控股两类企业虽然都不是任何一个中类企业中数量最多的，但在其他文化专用设备的制造、视听设备的制造、文化用化学品的制造、玩具的制造、广播电视电影专用设备的制造等 5 个中类中，这两类企业合计所占的比重也都超过了 10%。

2. 各中类规模以上文化企业中不同控股类型企业的数量及变化

2013 年各中类规模以上文化企业中不同控股类型企业的数量构成如表 7 所示，主要特点如下。

表 7　2013 年各中类规模以上文化企业中不同控股类型企业所占比重

单位：%

大类	中类	国有控股	集体控股	私人控股	港澳台商控股	外商控股	其他
一	新闻服务	80.0	—	—	—	—	20.0
	出版服务	76.7	2.3	5.5	0.1	0.3	15.1
	发行服务	72.9	2.1	19.9	0.3	0.3	4.5
二	广播电视服务	55.3	5.9	25.5	—	—	13.3
	电影和影视录音服务	30.3	3.3	49.8	3.3	0.9	12.5
三	文艺创作与表演服务	38.7	2.7	45.5	1.5	0.3	11.3
	图书馆与档案馆服务	33.3	33.3	—	—	—	33.3
	文化遗产保护服务	43.5	8.7	21.7	2.2	2.2	21.7
	群众文化服务	23.5	8.8	50.0	—	—	17.6
	文化研究和社团服务	50.0	—	—	—	—	50.0
	文化艺术培训服务	8.0	2.0	54.0	—	6.0	30.0
	其他文化艺术服务	14.4	4.5	73.0	0.9	—	7.2
四	互联网信息服务	12.2	1.1	74.4	3.2	3.7	5.3
	增值电信服务（文化部分）	24.1	1.5	64.7	2.3	1.5	6.0
	广播电视传输服务	71.5	4.6	13.5	0.0	0.4	10.0

大类	中类	国有控股	集体控股	私人控股	港澳台商控股	外商控股	其他
五	广告服务	12.4	1.6	74.6	3.0	3.0	5.5
	文化软件服务	5.9	1.6	63.1	6.3	14.4	8.7
	建筑设计服务	23.3	3.9	62.1	1.8	2.4	6.6
	专业设计服务	14.1	3.7	63.4	5.1	7.4	6.3
六	景区游览服务	30.1	9.5	46.6	2.2	0.9	10.6
	娱乐休闲服务	4.9	2.9	78.9	2.3	3.2	7.7
	摄影扩印服务	4.1	2.9	71.5	13.4	2.3	5.8
七	工艺美术品的制造	1.0	1.3	75.8	9.9	8.2	3.9
	园林、陈设艺术及其他陶瓷制品的制造	1.0	1.6	82.4	8.3	4.7	2.1
	工艺美术品的销售	5.8	2.5	78.2	3.6	1.2	8.6
八	版权服务	15.6	1.6	59.4	9.4	9.4	4.7
	印刷复制服务	6.2	2.5	76.2	6.9	3.9	4.3
	文化经纪代理服务	28.4	1.4	58.1	5.4	4.1	2.7
	文化贸易代理与拍卖服务	15.4	3.4	66.7	2.6	7.7	4.3
	文化出租服务	8.0	12.0	68.0	—	8.0	4.0
	会展服务	21.0	2.2	62.7	3.7	4.8	5.5
	其他文化辅助生产	14.3	2.8	67.6	5.9	3.6	5.9
九	办公用品的制造	1.7	1.2	68.0	12.7	12.4	4.1
	乐器的制造	4.1	2.3	62.6	7.2	19.8	4.1
	玩具的制造	0.3	1.1	57.9	27.2	10.2	3.4
	游艺器材及娱乐用品的制造	1.9	1.3	79.2	10.4	5.8	1.3
	视听设备的制造	3.1	0.7	51.0	23.1	16.9	5.3
	焰火、鞭炮产品的制造	0.2	5.9	90.0	0.9	0.8	2.2
	文化用纸的制造	2.6	3.5	81.6	4.3	4.0	4.0
	文化用油墨颜料的制造	2.3	2.1	70.3	10.8	10.4	4.2
	文化用化学品的制造	6.4	2.9	58.4	14.5	11.6	6.4
	其他文化用品的制造	0.7	0.5	73.3	11.6	10.4	3.4
	文具乐器照相器材的销售	4.3	2.5	84.0	1.2	2.5	5.5
	文化用家电的销售	3.5	2.5	82.8	1.1	1.8	8.3
	其他文化用品的销售	6.3	2.1	76.8	4.0	5.1	5.7
十	印刷专用设备的制造	3.7	3.1	70.2	8.1	10.8	4.1
	广播电视电影专用设备的制造	3.4	1.0	65.6	11.9	11.9	6.3
	其他文化专用设备的制造	0.7	0.3	43.6	20.9	32.1	2.4
	广播电视电影专用设备的批发	7.4	1.3	78.4	5.6	2.6	4.8
	舞台照明设备的批发	4.4	2.2	73.6	4.4	11.0	4.4

（1）私人控股企业数量在38个中类规模以上文化企业中占据绝对多数，这些中类包括焰火、鞭炮产品的制造，文具乐器照相器材的销售，文化用家电的销售，园林、陈设艺术及其他陶瓷制品的制造，文化用纸的制造，游艺器材及娱乐用品的制造，娱乐休闲服务，广播电视电影专用设备的批发，工艺美术品的销售，其他文化用品的销售，印刷复制服务，工艺美术品的制造，广告服务，互联网信息服务，舞台照明设备的批发，其他文化用品的制造，其他文化艺术服务，摄影扩印服务，文化用油墨颜料的制造，印刷专用设备的制造，办公用品的制造，文化出租服务，其他文化辅助生产，文化贸易代理与拍卖服务，广播电视电影专用设备的制造，增值电信服务（文化部分），专业设计服务，文化软件服务，会展服务，乐器的制造，建筑设计服务，版权服务，文化用化学品的制造，文化经纪代理服务，玩具的制造，文化艺术培训服务，视听设备的制造，群众文化服务。此外，私人控股企业数量在电影和影视录音服务、景区游览服务、文艺创作与表演服务、其他文化专用设备的制造4个中类规模以上文化企业中也位居第一。

（2）国有控股企业数量在新闻服务、出版服务、发行服务、广播电视传输服务、广播电视服务5个中类规模以上文化企业中居于绝对多数，其所占的比重依次达到了80.0%、76.7%、72.9%、71.5%、55.3%。此外，国有控股企业数量在文化研究和社团服务、文化遗产保护服务、图书馆与档案馆服务3个中类规模以上文化企业中也位居第一。

（3）港澳台商控股和外商控股两类企业合计在其他文化专用设备的制造、视听设备的制造、玩具的制造、乐器的制造、文化用化学品的制造、办公用品的制造、广播电视电影专用设备的制造、其他文化用品的制造、文化用油墨颜料的制造、文化软件服务10个中类规模以上文化企业中所占的比重均超过了20%，依次为53.0%、40.0%、37.4%、27.0%、26.1%、25.1%、23.8%、22.0%、21.2%、20.7%。

二　不同控股类型文化企业的资产规模

2013 年，全国文化企业年末资产总额达到 95422.05 亿元，其中规模以上文化企业的年末资产总额为 57568.48 亿元。与前述企业数量构成明显不同的是，私人控股企业仅拥有全国文化企业近一半的资产总额，并且也只是在 60% 左右的大类或中类中占据相对多数；同时，国有控股企业则在 30% 左右的大类或中类中拥有相对多数的资产。不仅如此，若聚焦于规模以上文化企业，则私人控股企业和国有控股企业在资产规模方面的差距并不显著，同时其他 4 种控股类型企业的资产规模占比较之它们在全部文化企业中的数量占比也有所上升。

（一）全国文化企业中不同控股类型企业的资产规模

1. 全国不同控股类型文化企业的资产规模

在 2013 年全国文化企业年末资产总额中，国有控股、集体控股、私人控股、港澳台商控股、外商控股、其他 6 类企业分别达到了 25247.85、2465.81、45603.53、7559.18、6901.22、7644.46 亿元，它们所占的比重分别为 26.5%、2.6%、47.8%、7.9%、7.2%、8.0%（参见图 2）。

2. 不同控股类型规模以上文化企业的资产规模

2013 年全国规模以上文化企业年末资产总额为 57568.48 亿元。其中，国有控股、集体控股、私人控股、港澳台商控股、外商控股、其他 6 类企业的年末资产总额分别为 19755.12、1508.84、19169.22、6581.07、6247.93、4306.31 亿元，分别占当年规模以上文化企业年末资产总额的 34.3%、2.6%、33.3%、11.4%、10.9%、7.5%。另外，2013 年末全国规模以上文化企业所有者权益达 26259.69 亿元。其中，国有控股、集体控股、私人控股、港澳台商控股、外商控股、其他 6 类

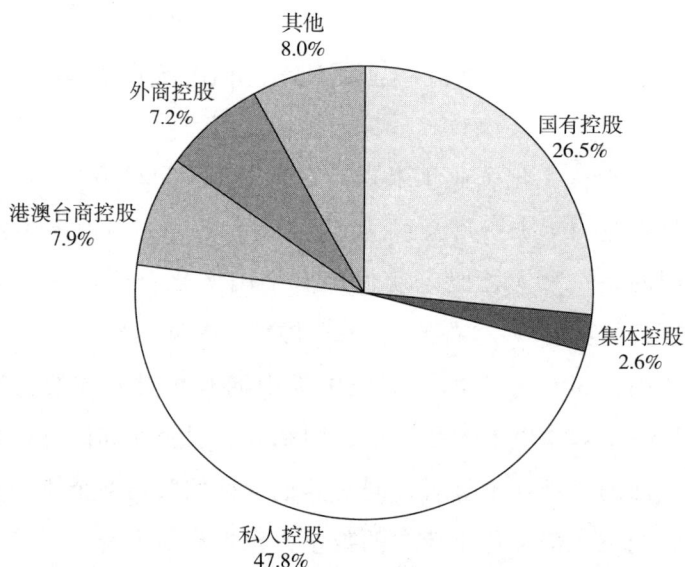

图2 2013年末各类控股企业在全国文化企业资产总额中所占的比重

企业的年末所有者权益分别为9694.81、612.16、8247.37、3166.17、2818.17、1721.00亿元，分别占当年规模以上文化企业所有者权益的36.9%、2.3%、31.4%、12.1%、10.7%、6.6%（参见图3）。

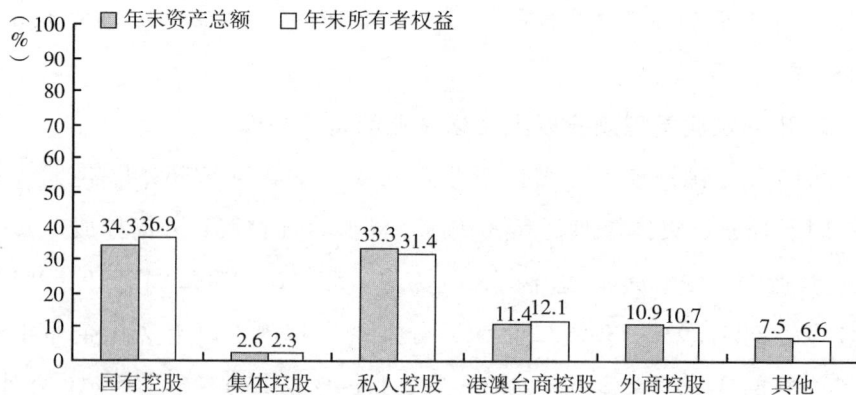

图3 2013年末全国规模以上文化企业资产总额和所有者权益中不同控股类型企业所占的比重

（二）全国各部分文化企业中不同控股类型企业的资产规模

1. 各部分文化企业中不同控股类型企业的资产规模

从部分层面来看（参见表8），2013年私人控股企业在两大部分中的资产规模都相对较大。在"文化产品的生产"部分中，私人控股企业占该部分企业年末资产总额的比重达到了47%，同时国有控股、集体控股、港澳台商控股、外商控股、其他5类企业所占该部分企业年末资产总额的比重分别为32.7%、2.3%、6.6%、2.5%、8.8%。在"文化相关产品的生产"部分中，私人控股企业占该部分企业年末资产总额的49.0%，同时国有控股、集体控股、港澳台商控股、外商控股、其他5类企业所占该部分企业年末资产总额的比重分别为16.3%、3.1%、10%、14.8%、6.8%。

表8　2013年两大部分文化企业中各控股类型企业的年末资产总额

企业类别	文化产品的生产		文化相关产品的生产	
	金额（亿元）	比重（%）	金额（亿元）	比重（%）
国有控股	19295.27	32.7	5952.58	16.3
集体控股	1344.98	2.3	1120.84	3.1
私人控股	27711.59	47.0	17891.94	49.0
港澳台商控股	3918.25	6.6	3640.93	10.0
外商控股	1486.16	2.5	5415.06	14.8
其他	5176.53	8.8	2467.93	6.8

2. 各部分全国规模以上文化企业中不同控股类型企业的资产规模

在"文化产品的生产"部分中，2013年规模以上文化企业年末资产总额、所有者权益分别达到了31759.92亿元、15169.37亿元。其中，国有控股、集体控股、私人控股、港澳台商控股、外商控股、其他6类企业的年末资产总额分别达14746.18亿、695.78亿、9395.34亿、3301.52亿、1123.47亿、2497.63亿元，所占的比重分别为46.4%、2.2%、29.6%、10.4%、3.5%、7.9%；同时，国有控股、集体控股、私人控股、港澳台商控股、外商控股、其他 6 类企业的年末所有者权益分别达 7511.72 亿、306.80 亿、4009.72 亿、1723.76 亿、510.83 亿、1106.54 亿元，所占的比重分别为 49.5%、2.0%、26.4%、11.4%、3.4%、7.3%。

在"文化相关产品的生产"部分中，2013 年规模以上文化企业年末资产总额、所有者权益分别达到了 25808.56 亿元、11090.31 亿元。其中，国有控股、集体控股、私人控股、港澳台商控股、外商控股、其他 6 类企业的年末资产总额分别达 5008.94 亿、813.06 亿、9773.88 亿、3279.55 亿、5124.45 亿、1808.68 亿元，所占的比重分别为 19.4%、3.2%、37.9%、12.7%、19.9%、7.0%；同时，国有控股、集体控股、私人控股、港澳台商控股、外商控股、其他 6 类企业的年末所有者权益分别达 2183.09 亿、305.36 亿、4237.65 亿、1442.41 亿、2307.34 亿、614.46 亿元，所占的比重分别为 19.7%、2.8%、38.2%、13.0%、20.8%、5.5%（参见表 9）。

表 9　2013 年末各部分规模以上文化企业资产总额、所有者权益中各控股类型企业所占比重

单位：%

企业控股类型	文化产品的生产		文化相关产品的生产	
	资产总额	所有者权益	资产总额	所有者权益
国有控股	46.4	49.5	19.4	19.7
集体控股	2.2	2.0	3.2	2.8
私人控股	29.6	26.4	37.9	38.2
港澳台商控股	10.4	11.4	12.7	13.0
外商控股	3.5	3.4	19.9	20.8
其他	7.9	7.3	7.0	5.5

（三）各大类文化企业中不同控股类型企业的资产规模

1. 各大类中不同控股类型文化企业的资产规模

从大类层面来看，2013 年各大类文化企业中不同控股类型的企业资产规模分布的主要特点如下（参见表 10）。

表 10　2013 年不同控股类型的企业在各大类资产总额中所占的比重

单位：%

大类	国有控股	集体控股	私人控股	港澳台商控股	外商控股	其他
新闻出版发行服务	80.2	0.9	9.8	0.1	0.9	8.1
广播电视电影服务	44.4	2.3	31.9	1.7	0.3	19.4
文化艺术服务	41.6	2.0	41.3	0.5	0.4	14.2
文化信息传输服务	39.7	0.8	22.3	20.2	1.6	15.4
文化创意和设计服务	21.0	1.3	62.1	5.7	3.8	6.1
文化休闲娱乐服务	39.5	7.0	42.5	2.0	1.4	7.5
工艺美术品的生产	7.8	1.9	69.9	11.2	4.1	5.1
文化产品生产的辅助生产	19.3	3.6	60.6	6.4	3.7	6.4
文化用品的生产	16.2	2.8	43.3	11.8	18.4	7.4
文化专用设备的生产	6.8	3.0	43.9	10.8	31.4	4.2

（1）私人控股企业在工艺美术品的生产、文化创意和设计服务、文化产品生产的辅助生产、文化专用设备的生产、文化用品的生产、文化休闲娱乐服务等 6 个大类中的总资产规模最大，占这些大类年末资产总额的比重依次达到了 69.9%、62.1%、60.6%、43.9%、43.3%、42.5%。

（2）国有控股企业在新闻出版发行服务、广播电视电影服务、文化艺术服务、文化信息传输服务 4 个大类中的总资产规模最大，占这些大类企业年末资产总额的比重依次达到了 80.2%、44.4%、41.6%、39.7%。

（3）港澳台商和外商控股企业在文化专用设备的生产、文化用品的生产、文化信息传输服务 3 个大类中的资产规模合计较大，它们合计占这些大类企业年末资产总额的比重都超过了 20%，依次为 42.2%、30.2%、21.8%。

2. 各大类规模以上文化企业中不同控股类型企业的资产规模

在 2013 年全国各大类规模以上文化企业中，不同控股类型企业资产规模分布的主要特征如下（参见表 11）。

表 11　2013 年末各大类规模以上文化企业资产总额、所有者权益
中不同控股类型企业所占比重

单位：%

大类	资产总额						所有者权益					
	国有控股	集体控股	私人控股	港澳台商控股	外商控股	其他	国有控股	集体控股	私人控股	港澳台商控股	外商控股	其他
一	84.8	0.7	4.4	0.0	1.1	9.0	87.6	0.6	2.6	0.0	0.2	9.1
二	54.4	1.7	17.0	1.9	0.1	24.8	68.4	0.3	16.2	1.2	0.2	13.8
三	77.5	1.5	15.6	0.4	0.7	4.3	72.0	3.1	19.2	0.5	0.9	4.3
四	46.5	0.4	20.1	27.9	1.8	3.3	47.7	0.1	15.3	32.0	1.9	2.9
五	38.4	1.9	33.0	11.7	7.9	7.2	33.7	2.2	34.4	13.6	7.8	8.3
六	52.2	7.1	30.7	2.7	1.2	6.1	55.0	6.9	30.2	1.1	1.3	5.4
七	12.4	1.9	60.8	14.5	5.0	5.4	11.1	2.2	58.0	16.1	6.2	6.4
八	27.4	3.5	47.1	10.6	6.1	5.3	32.9	3.6	41.8	10.7	6.3	4.8
九	18.5	3.2	34.4	13.7	22.1	8.2	15.8	2.7	36.3	13.9	25.0	6.3
十	7.2	2.1	37.9	11.7	37.1	4.0	6.4	0.7	39.5	13.8	36.0	3.5

注：在"大类"列中，"一"为新闻出版发行服务大类，"二"为广播电视电影服务大类，"三"为文化艺术服务大类，"四"为文化信息传输服务大类，"五"为文化创意和设计服务大类，"六"为文化休闲娱乐服务大类，"七"为工艺美术品的生产大类，"八"为文化产品生产的辅助生产，"九"为文化用品的生产，"十"为文化专用设备的生产大类。

（1）国有控股企业在新闻出版发行服务、文化艺术服务、广播电视电影服务、文化休闲娱乐服务、文化信息传输服务、文化创意和设计服务 6 个大类规模以上文化企业中的资产规模最大，其所占相应大类年末资产总额的比重依次达 84.8%、77.5%、54.4%、52.2%、46.5%、38.4%，所占相应大类年末所有者权益的比重也分别为 87.6%、72.0%、68.4%、55.0%、47.7%、33.7%。

（2）私人控股企业在工艺美术品的生产、文化产品生产的辅助生产、文化专用设备的生产、文化用品的生产 4 个大类规模以上文化企业中的资产规模最大，其所占相应大类年末资产总额的比重依次达到了 60.8%、47.1%、37.9%、34.4%，所占相应大类年末所有者权益的比重则分别为 58.0%、41.8%、39.5%、36.3%。另外，该类企业在文化

创意和设计服务、文化休闲娱乐服务 2 个大类的年末资产总额中所占的比重也分别达到了 33.0% 、30.7% ，所占年末所有者权益比重也分别有 34.4% 、30.2% 。

（3）外商控股和港澳台商控股企业在文化专用设备的生产、文化用品的生产、文化信息传输服务 3 个大类规模以上文化企业中的资产也达到了较大的规模，它们合计在相应大类年末资产总额中所占的比重分别为 48.8% 、35.8% 、29.7% ，在相应大类年末所有者权益中所占的比重也分别为 49.8% 、38.9% 、33.9% 。

（四）各中类文化企业中不同控股类型企业的资产规模

1. 各中类不同控股类型文化企业的资产规模

如表 12 所示，2013 年各中类文化企业中不同控股类型企业的资产规模分布的主要特点大致如下。

（1）国有控股企业在 13 个中类中的资产规模最大。这些中类及国有控股企业所占年末资产总额的比重依次是：新闻服务（89.2%）、出版服务（85.3%）、广播电视服务（73.8%）、广播电视传输服务（72.4%）、发行服务（71.0%）、文艺创作与表演服务（58.7%）、文化遗产保护服务（56.7%）、图书馆与档案馆服务（48.5%）、景区游览服务（48.3%）、增值电信服务（文化部分，43.6%）、乐器的制造（43.3%）、会展服务（42.9%）、视听设备的制造（35.1%）。

表 12　2013 年末各中类文化企业资产总额中不同控股类型企业所占的比重

单位：%

大类	序号	中类	国有控股	集体控股	私人控股	港澳台商控股	外商控股	其他
一	1	新闻服务	89.2	0.1	2.3	—	—	8.5
	2	出版服务	85.3	0.8	2.6	—	0.1	11.2
	3	发行服务	71.0	1.2	22.3	0.2	2.3	3.0

大类	序号	中类	国有控股	集体控股	私人控股	港澳台商控股	外商控股	其他
二	4	广播电视服务	73.8	1.3	12.9	—	0.2	11.9
	5	电影和影视录音服务	32.2	2.7	39.8	2.4	0.3	22.5
三	6	文艺创作与表演服务	58.7	2.1	31.9	0.9	0.4	5.9
	7	图书馆与档案馆服务	48.5	8.3	19.0	—	2.1	22.1
	8	文化遗产保护服务	56.7	1.9	17.5	0.3	0.6	22.9
	9	群众文化服务	34.3	1.6	42.6	0.7	0.1	20.7
	10	文化研究和社团服务	10.5	1.7	65.4	0.4	0.2	21.7
	11	文化艺术培训服务	6.6	5.3	71.7	0.4	1.1	15.0
	12	其他文化艺术服务	26.3	1.6	54.6	0.2	0.2	17.1
四	13	互联网信息服务	4.9	0.5	40.8	42.1	2.9	8.7
	14	增值电信服务（文化部分）	43.6	0.3	39.8	13.2	0.6	2.6
	15	广播电视传输服务	72.4	1.0	3.3	—	0.6	22.8
五	16	广告服务	9.8	0.6	78.2	4.1	3.1	4.2
	17	文化软件服务	11.4	1.3	48.0	17.7	10.2	11.4
	18	建筑设计服务	41.4	2.4	49.5	1.0	0.7	5.1
	19	专业设计服务	38.7	1.8	47.5	2.4	2.8	6.8
六	20	景区游览服务	48.3	8.4	33.4	1.5	1.0	7.5
	21	娱乐休闲服务	15.9	3.4	67.1	3.3	2.7	7.6
	22	摄影扩印服务	5.2	1.9	79.9	5.8	1.6	5.6
七	23	工艺美术品的制造	2.8	2.1	71.3	13.5	5.7	4.6
	24	园林、陈设艺术及其他陶瓷制品的制造	1.7	2.0	82.4	5.2	4.6	4.1
	25	工艺美术品的销售	16.4	1.7	66.4	8.0	1.4	6.1
八	26	版权服务	32.7	0.9	42.1	3.4	15.2	5.8
	27	印刷复制服务	11.2	3.7	65.4	9.7	4.8	5.3
	28	文化经纪代理服务	30.2	6.8	47.5	1.8	0.5	13.2
	29	文化贸易代理与拍卖服务	15.0	3.5	66.6	1.4	7.1	6.5
	30	文化出租服务	12.6	40.1	39.5	0.3	1.2	6.3
	31	会展服务	42.9	3.5	40.5	1.9	1.5	9.8
	32	其他文化辅助生产	21.7	2.5	67.6	1.5	0.9	5.8

大类	序号	中类	国有控股	集体控股	私人控股	港澳台商控股	外商控股	其他
九	33	办公用品的制造	2.5	1.2	70.9	11.1	11.0	3.3
	34	乐器的制造	43.3	0.9	22.7	7.1	24.8	1.2
	35	玩具的制造	0.3	1.5	47.0	37.8	9.8	3.6
	36	游艺器材及娱乐用品的制造	1.5	2.0	79.8	6.0	7.3	3.4
	37	视听设备的制造	35.1	0.8	19.0	21.5	19.3	4.3
	38	焰火、鞭炮产品的制造	3.3	2.4	90.7	0.4	1.3	1.9
	39	文化用纸的制造	18.2	5.5	33.0	6.9	25.9	10.4
	40	文化用油墨颜料的制造	5.4	2.3	59.1	10.4	19.1	3.6
	41	文化用化学品的制造	12.2	0.5	25.1	15.3	33.1	13.8
	42	其他文化用品的制造	2.7	0.9	62.3	17.9	13.3	2.8
	43	文具乐器照相器材的销售	6.6	1.3	76.1	2.9	7.4	5.7
	44	文化用家电的销售	8.3	6.0	47.0	1.5	19.7	17.5
	45	其他文化用品的销售	8.0	1.5	74.2	3.8	6.6	6.0
十	46	印刷专用设备的制造	14.2	2.8	58.9	8.9	12.5	2.7
	47	广播电视电影专用设备的制造	6.8	0.4	57.9	12.4	16.5	5.9
	48	其他文化专用设备的制造	2.7	0.1	18.9	19.2	55.6	3.6
	49	广播电视电影专用设备的批发	8.4	1.8	43.0	4.6	38.4	3.8
	50	舞台照明设备的批发	2.3	25.8	36.7	1.2	31.8	2.2

（2）私人控股企业在 33 个中类中的资产规模最大。这些中类及私人控股企业所占年末资产总额的比重是：焰火、鞭炮产品的制造（90.7%），园林、陈设艺术及其他陶瓷制品的制造（82.4%），摄影扩印服务（79.9%），游艺器材及娱乐用品的制造（79.8%），广告服务（78.2%），文具乐器照相器材的销售（76.1%），其他文化用品的销售（74.2%），文化艺术培训服务（71.7%），工艺美术品的制造（71.3%），办公用品的制造（70.9%），其他文化辅助生产（67.6%），娱乐休闲服务（67.1%），文化贸易代理与拍卖服务（66.6%），工艺美术品的销售（66.4%），文化研究和社团服务（65.4%），印刷复制服务（65.4%），其他文化用品的制造（62.3%），文化用油墨颜料的制造（59.1%），印刷专用设备的制造（58.9%），广播电视电影专用设备的制造（57.9%），其他文化艺术服务（54.6%），建筑设计服务

（49.5%），文化软件服务（48.0%），专业设计服务（47.5%），文化经纪代理服务（47.5%），文化用家电的销售（47.0%），玩具的制造（47.0%），广播电视电影专用设备的批发（43.0%），群众文化服务（42.6%），版权服务（42.1%），电影和影视录音服务（39.8%），舞台照明设备的批发（36.7%），文化用纸的制造（33.0%）。

（3）在余下的4个中类中，集体控股企业在文化出租服务中类中的资产规模最大，其所占年末资产总额的比重达到了40.1%；港澳台商控股企业在互联网信息服务中类中的资产规模最大，其所占年末资产总额的比重达到了42.1%；外商控股企业在其他文化专用设备的制造、文化用化学品的制造2个中类中的资产规模最大，其所占这2个中类年末资产总额的比重依次为55.6%、33.1%。

2. 各中类规模以上文化企业中不同控股类型企业的资产规模

以年末资产总额计，2013年各中类规模以上文化企业中不同控股类型企业的资产规模大致呈现如下特点（参见表13）。

表13　2013年末各中类规模以上文化企业资产总额中
不同控股类型企业所占的比重

单位：%

大类	序号	中类	国有控股	集体控股	私人控股	港澳台商控股	外商控股	其他
一	1	新闻服务	96.8	—	—	—	—	3.2
	2	出版服务	84.7	0.7	1.2	—	0.1	13.3
	3	发行服务	84.1	0.7	10.1	0.1	2.9	2.2
二	4	广播电视服务	79.9	1.2	7.2	—	—	11.6
	5	电影和影视录音服务	39.6	1.9	22.7	3.1	0.2	32.5
三	6	文艺创作与表演服务	79.7	1.8	13.3	0.6	0.7	4.0
	7	图书馆与档案馆服务	13.0	31.0	—	—	—	56.0
	8	文化遗产保护服务	85.3	0.5	5.9	—	1.3	7.0
	9	群众文化服务	52.1	0.6	45.7	—	—	1.6
	10	文化研究和社团服务	94.0	—	—	—	—	6.0
	11	文化艺术培训服务	7.5	5.3	66.6	—	4.6	16.0
	12	其他文化艺术服务	75.6	1.3	21.6	0.4	—	1.1

续表

大类	序号	中类	国有控股	集体控股	私人控股	港澳台商控股	外商控股	其他
四	13	互联网信息服务	5.3	0.3	34.2	54.1	3.2	2.9
	14	增值电信服务（文化部分）	54.4	0.2	41.6	0.4	0.6	2.9
	15	广播电视传输服务	93.4	0.7	1.9	—	0.2	3.8
五	16	广告服务	25.4	1.1	40.9	13.7	12.3	6.7
	17	文化软件服务	11.3	1.7	36.8	24.7	13.4	12.1
	18	建筑设计服务	65.4	2.9	26.0	1.0	0.8	4.0
	19	专业设计服务	67.7	1.4	22.2	2.1	2.5	4.2
六	20	景区游览服务	57.3	7.5	27.1	1.9	0.6	5.6
	21	娱乐休闲服务	33.9	5.8	43.5	5.2	3.3	8.3
	22	摄影扩印服务	17.3	2.2	51.5	23.6	2.2	3.2
七	23	工艺美术品的制造	4.2	2.4	65.8	15.9	7.0	4.7
	24	园林、陈设艺术及其他陶瓷制品的制造	2.1	2.0	81.2	6.9	6.7	1.0
	25	工艺美术品的销售	28.5	1.1	49.4	12.6	1.2	7.2
八	26	版权服务	39.9	—	31.1	2.3	23.4	3.3
	27	印刷复制服务	15.0	3.7	55.7	13.4	6.6	5.6
	28	文化经纪代理服务	45.2	17.4	11.3	1.5	1.5	23.2
	29	文化贸易代理与拍卖服务	29.5	0.5	43.8	2.3	19.4	4.5
	30	文化出租服务	26.4	4.0	49.3	—	5.0	15.4
	31	会展服务	71.9	1.1	18.5	3.3	2.1	3.2
	32	其他文化辅助生产	48.3	8.6	33.2	3.9	2.6	3.4
九	33	办公用品的制造	3.1	1.3	65.0	12.4	14.7	3.5
	34	乐器的制造	20.4	1.6	33.2	16.2	26.7	1.6
	35	玩具的制造	0.2	1.6	38.8	44.5	11.8	3.0
	36	游艺器材及娱乐用品的制造	2.0	2.2	78.4	6.4	9.4	1.6
	37	视听设备的制造	36.2	0.8	17.0	21.8	19.8	4.4
	38	焰火、鞭炮产品的制造	6.2	3.3	87.7	0.6	0.6	1.7
	39	文化用纸的制造	18.8	5.7	30.6	7.0	27.1	10.8
	40	文化用油墨颜料的制造	6.1	2.1	56.4	11.0	20.7	3.6
	41	文化用化学品的制造	11.6	0.4	24.0	15.9	34.2	13.9
	42	其他文化用品的制造	3.6	0.7	54.1	22.4	16.3	2.8
	43	文具乐器照相器材的销售	13.1	1.1	59.6	4.2	15.6	6.4
	44	文化用家电的销售	10.7	7.4	33.2	1.3	26.4	21.0
	45	其他文化用品的销售	10.9	2.0	59.4	6.7	13.3	7.6

续表

大类	序号	中类	国有控股	集体控股	私人控股	港澳台商控股	外商控股	其他
十	46	印刷专用设备的制造	17.2	2.3	52.7	10.0	15.4	2.5
	47	广播电视电影专用设备的制造	6.5	0.5	56.0	12.9	18.0	6.1
	48	其他文化专用设备的制造	2.8	—	14.7	19.1	59.6	3.8
	49	广播电视电影专用设备的批发	9.6	1.0	33.7	4.9	48.5	2.3
	50	舞台照明设备的批发	3.7	24.8	16.0	1.8	53.1	0.7

（1）私人控股企业在23个中类规模以上文化企业中的年末资产总额最大。这些中类及私人控股企业所占年末资产总额的比重依次为：焰火、鞭炮产品的制造（87.7%），园林、陈设艺术及其他陶瓷制品的制造（81.2%），游艺器材及娱乐用品的制造（78.4%），文化艺术培训服务（66.6%），工艺美术品的制造（65.8%），办公用品的制造（65%），文具乐器照相器材的销售（59.6%），其他文化用品的销售（59.4%），文化用油墨颜料的制造（56.4%），广播电视电影专用设备的制造（56%），印刷复制服务（55.7%），其他文化用品的制造（54.1%），印刷专用设备的制造（52.7%），摄影扩印服务（51.5%），工艺美术品的销售（49.4%），文化出租服务（49.3%），文化贸易代理与拍卖服务（43.8%），娱乐休闲服务（43.5%），广告服务（40.9%），文化软件服务（36.8%），乐器的制造（33.2%），文化用家电的销售（33.2%），文化用纸的制造（30.6%）。

（2）国有控股企业在20个中类规模以上文化企业中的年末资产总额最大。这些中类及国有控股企业所占年末资产总额的比重依次为：新闻服务（96.8%）、文化研究和社团服务（94%）、广播电视传输服务（93.4%）、文化遗产保护服务（85.3%）、出版服务（84.7%）、发行服务（84.1%）、广播电视服务（79.9%）、文艺创作与表演服务（79.7%）、其他文化艺术服务（75.6%）、会展服务（71.9%）、专业设计服务（67.7%）、建筑设计服务（65.4%）、景区游览服务（57.3%）、增值电信服务（文化部分，54.4%）、群众文化服务（52.1%）、其他文化辅助生产（48.3%）、文化经纪代理服务（45.2%）、版权服务（39.9%）、电影和影视录音服务（39.6%）、视听设备的制造（36.2%）。

（3）港澳台商控股企业在互联网信息服务、玩具的制造2个中类规模以上文化企业年末资产总额中所占的比重最大，分别达到了54.1%、44.5%；外商控股企业在其他文化专用设备的制造、舞台照明设备的批发、广播电视电影专用设备的批发、文化用化学品的制造4个中类规模以上文化企业年末资产总额中所占的比重最大，依次为59.6%、53.1%、48.5%、34.2%。

3. 各中类规模以上文化企业中不同控股类型企业的所有者权益

以年末所有者权益计，则2013年末各中类规模以上文化企业中不同控股类型企业的所有者权益大致有如下特点（参见表14）。

表14 2013年末各中类规模以上文化企业所有者权益中
不同控股类型企业所占比重

单位：%

大类	序号	中类	国有控股	集体控股	私人控股	港澳台商控股	外商控股	其他
一	1	新闻服务	98.1	—	—	—	—	1.9
	2	出版服务	85.6	0.6	1.0	—	0.1	12.7
	3	发行服务	91.2	0.5	6.5	0.1	0.5	1.3
二	4	广播电视服务	82.6	0.2	4.5	—	—	12.7
	5	电影和影视录音服务	56.1	0.4	26.2	2.3	0.3	14.7
三	6	文艺创作与表演服务	71.1	3.9	18.2	0.7	0.9	5.2
	7	图书馆与档案馆服务	-41.6	13.6	—	—	—	128.1
	8	文化遗产保护服务	87.4	1.1	7.8	0.1	1.8	1.8
	9	群众文化服务	49.2	0.9	47.2	—	—	2.6
	10	文化研究和社团服务	99.3	—	—	—	—	0.7
	11	文化艺术培训服务	9.3	9.0	74.2	—	—	7.5
	12	其他文化艺术服务	75.5	2.3	20.1	—	—	2.1
四	13	互联网信息服务	6.5	-0.3	24.3	64.0	3.7	1.8
	14	增值电信服务（文化部分）	51.1	0.1	46.9	0.3	0.8	0.8
	15	广播电视传输服务	93.1	0.5	1.9	—	0.1	4.5

续表

大类	序号	中类	国有控股	集体控股	私人控股	港澳台商控股	外商控股	其他
五	16	广告服务	38.2	1.3	37.5	6.4	6.5	10.2
	17	文化软件服务	7.7	1.7	36.0	29.7	14.4	10.5
	18	建筑设计服务	58.4	3.9	31.3	0.9	1.1	4.4
	19	专业设计服务	59.6	1.6	28.9	1.9	3.2	4.9
六	20	景区游览服务	57.3	7.2	29.2	1.0	0.6	4.7
	21	娱乐休闲服务	44.5	5.9	34.6	1.2	4.9	9.0
	22	摄影扩印服务	16.5	3.4	52.2	23.2	3.4	1.4
七	23	工艺美术品的制造	3.1	2.6	61.8	18.1	8.6	5.8
	24	园林、陈设艺术及其他陶瓷制品的制造	2.6	2.3	82.0	7.3	4.8	1.0
	25	工艺美术品的销售	31.4	1.4	44.8	12.7	0.8	8.9
八	26	版权服务	39.5	0.1	31.3	0.6	26.7	1.9
	27	印刷复制服务	18.6	4.1	50.6	13.6	7.5	5.5
	28	文化经纪代理服务	45.3	25.2	8.7	0.5	1.6	18.7
	29	文化贸易代理与拍卖服务	23.8	0.2	66.4	1.5	6.3	1.8
	30	文化出租服务	24.6	6.6	57.8	—	3.6	7.3
	31	会展服务	86.0	0.7	8.0	2.5	1.4	1.3
	32	其他文化辅助生产	54.3	1.5	33.5	3.4	4.0	3.4
九	33	办公用品的制造	3.0	1.1	61.9	13.7	16.3	4.0
	34	乐器的制造	24.1	1.5	27.1	13.7	32.3	1.3
	35	玩具的制造	0.2	1.0	40.1	42.7	12.5	3.5
	36	游艺器材及娱乐用品的制造	1.6	0.7	76.8	7.1	12.0	1.8
	37	视听设备的制造	36.0	0.4	18.7	18.1	22.6	4.2
	38	焰火、鞭炮产品的制造	3.3	2.6	91.7	0.5	0.3	1.5
	39	文化用纸的制造	15.2	5.5	33.0	6.9	30.4	9.0
	40	文化用油墨颜料的制造	6.6	2.4	53.7	10.7	22.6	3.9
	41	文化用化学品的制造	6.9	0.4	26.5	14.1	38.0	14.0
	42	其他文化用品的制造	2.4	0.7	54.4	25.1	15.2	2.2
	43	文具乐器照相器材的销售	13.9	1.0	51.3	7.8	15.0	10.9
	44	文化用家电的销售	9.8	4.5	33.4	8.7	42.6	0.8
	45	其他文化用品的销售	16.2	2.2	43.1	6.7	25.1	6.6
十	46	印刷专用设备的制造	12.6	2.7	54.3	11.7	15.8	2.9
	47	广播电视电影专用设备的制造	6.3	0.5	57.1	12.1	18.5	5.5
	48	其他文化专用设备的制造	2.1	—	12.3	18.9	64.8	1.8
	49	广播电视电影专用设备的批发	13.2	1.0	35.2	10.0	38.7	1.9
	50	舞台照明设备的批发	4.0	3.1	38.7	1.4	51.3	1.5

（1）国有控股企业在22个中类规模以上文化企业中的年末所有者权益最大。这些中类及国有控股企业所占年末所有者权益的比重依次为：文化研究和社团服务（99.3%）、新闻服务（98.1%）、广播电视传输服务（93.1%）、发行服务（91.2%）、文化遗产保护服务（87.4%）、会展服务（86%）、出版服务（85.6%）、广播电视服务（82.6%）、其他文化艺术服务（75.5%）、文艺创作与表演服务（71.1%）、专业设计服务（59.6%）、建筑设计服务（58.4%）、景区游览服务（57.3%）、电影和影视录音服务（56.1%）、其他文化辅助生产（54.3%）、增值电信服务（文化部分，51.1%）、群众文化服务（49.2%）、文化经纪代理服务（45.3%）、娱乐休闲服务（44.5%）、版权服务（39.5%）、广告服务（38.2%）、视听设备的制造（36%）。

（2）私人控股企业在19个中类规模以上文化企业中的年末所有者权益最大。这些中类以及私人控股企业所占年末所有者权益的比重依次为：焰火、鞭炮产品的制造（91.7%），园林、陈设艺术及其他陶瓷制品的制造（82%），游艺器材及娱乐用品的制造（76.8%），文化艺术培训服务（74.2%），文化贸易代理与拍卖服务（66.4%），办公用品的制造（61.9%），工艺美术品的制造（61.8%），文化出租服务（57.8%），广播电视电影专用设备的制造（57.1%），其他文化用品的制造（54.4%），印刷专用设备的制造（54.3%），文化用油墨颜料的制造（53.7%），摄影扩印服务（52.2%），文具乐器照相器材的销售（51.3%），印刷复制服务（50.6%），工艺美术品的销售（44.8%），其他文化用品的销售（43.1%），文化软件服务（36%），文化用纸的制造（33%）。

（3）港澳台商控股企业在互联网信息服务、玩具的制造2个中类规模以上文化企业年末所有者权益中所占的比重最大，分别为64%、42.7%；外商控股企业在其他文化专用设备的制造、舞台照明设备的批发、文化用家电的销售、广播电视电影专用设备的批发、文化用化学品的制造、乐器的制造 6 个中类规模以上文化企业年末所有者权益中所占的比重最大，依次为 64.8%、51.3%、42.6%、38.7%、38%、32.3%。

三　不同控股类型文化企业的就业规模

2013 年末，全国文化企业从业人员数量共有 15482686 人，其中规模以上文化企业的有 7537781 人。私人控股企业吸纳了 65% 以上的从业人员，其在多数大类和中类从业人员数量中也占据了明显多数。同时，国有控股企业、港澳台商控股企业和外商控股企业也占据了不小的就业份额，特别是在规模以上文化企业范围内，这 3 类企业所占年末从业人员比重都超过了 10%。

（一）全国文化企业中不同控股类型企业的就业规模

1. 2013 年全国文化企业中不同控股类型企业的就业规模

2013 年全国不同控股类型文化企业就业结构的一个突出特点，乃是私人控股类型企业年末从业人员数量多达 10107692 人，占全国文化企业合计值的 65.3%。国有控股、集体控股、港澳台商控股、外商控股、其他控股类型文化企业的年末从业人员数量分别为 1621818、409242、1429402、953737、960795 人，它们分别占全国文化企业合计值的 10.5%、2.6%、9.2%、6.2%、6.2%（参见图 4）。

2. 2013 年规模以上文化企业中不同控股类型企业的就业规模

在全部规模以上文化企业中，2013 年末国有控股、集体控股、私人控股、港澳台商控股、外商控股、其他 6 类企业的从业人员数量分别达到了 1227914、240468、3564310、1211898、844800、448391 人，所占的比重分别为 16.3%、3.2%、47.3%、16.1%、11.2%、5.9%（参见图 5）。

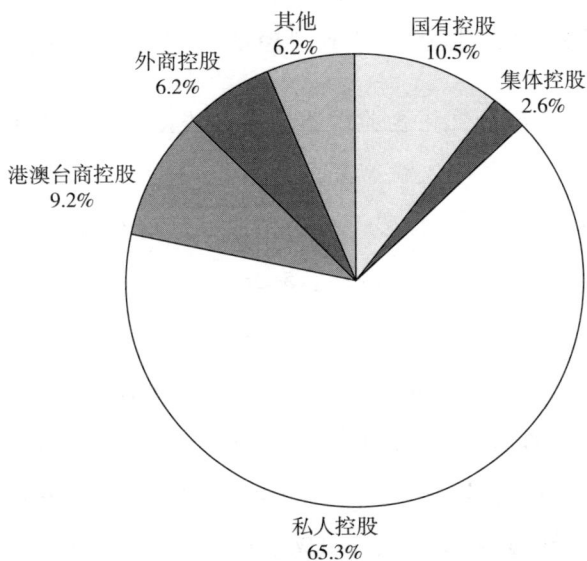

**图 4　2013 年末不同控股类型企业占全国
文化企业从业人员数量的比重**

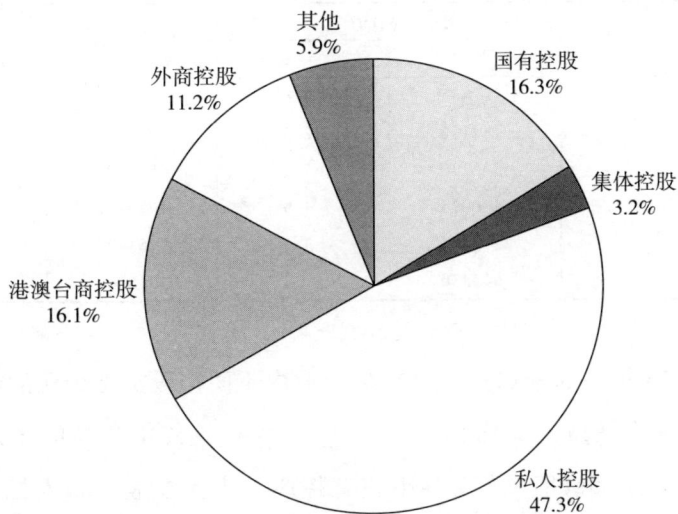

**图 5　2013 年末全国规模以上文化企业从业人员数量
中不同控股类型企业所占比重**

（二）各部分文化企业中不同控股类型企业的就业规模

1. 2013 年各部分文化企业中不同控股类型企业的就业规模

在 2013 年末全国"文化产品的生产"部分中，国有控股、集体控股、私人控股、港澳台商控股、外商控股、其他 6 类企业的从业人员数量分别达到了 1218485、187106、5536170、400015、290244、613830 人，所占比重分别为 14.8%、2.3%、67.1%、4.9%、3.5%、7.4%；同时，在"文化相关产品的生产"部分中，国有控股、集体控股、私人控股、港澳台商控股、外商控股、其他 6 类企业的年末从业人员数量分别达到了 403333、222136、4571522、1029387、663493、346965 人，所占的比重则分别为 5.6%、3.1%、63.2%、14.2%、9.2%、4.8%（参见表 15）。

表 15 2013 年末各部分文化企业中不同控股类型企业的从业人员数量

控股类型	文化产品的生产		文化相关产品的生产	
	数量（人）	比重（%）	数量（人）	比重（%）
国有控股	1218485	14.8	403333	5.6
集体控股	187106	2.3	222136	3.1
私人控股	5536170	67.1	4571522	63.2
港澳台商控股	400015	4.9	1029387	14.2
外商控股	290244	3.5	663493	9.2
其他	613830	7.4	346965	4.8

2. 2013 年各部分规模以上文化企业中不同控股类型企业的就业规模

在全国规模以上文化企业中，2013 年末"文化产品的生产"部分从业人员计有 3368814 人，其中国有控股、集体控股、私人控股、港澳台商控股、外商控股、其他 6 类企业的年末从业人员数量分别达到了 890124、100406、1578375、304847、232535、262527 人，所占比重分别为 26.4%、3.0%、46.9%、9.0%、6.9%、7.8%；同时，"文化相关产品的生产"部分从业人员计有 4168967 人，其中国有控股、集体控股、私人控股、港澳台商控股、外商控股、其他 6 类企业的年末从业人员数量分别达到了 337790、140062、1985935、907051、612265、185864 人，所占的比重分别为 8.1%、3.4%、47.6%、21.8%、14.7%、4.5%（参见表 16）。

表 16　2013 年末各部分规模以上文化企业中不同控股类型企业的从业人员数量

控股类型	文化产品的生产		文化相关产品的生产	
	数量(人)	比重(%)	数量(人)	比重(%)
国有控股	890124	26.4	337790	8.1
集体控股	100406	3.0	140062	3.4
私人控股	1578375	46.9	1985935	47.6
港澳台商控股	304847	9.0	907051	21.8
外商控股	232535	6.9	612265	14.7
其他	262527	7.8	185864	4.5

（三）各大类文化企业中不同控股类型企业的就业规模

1. 2013 年各大类文化企业中不同控股类型企业的就业规模

如表 17 所示，2013 年末不同控股类型企业在大类层面上的就业分布主要有如下三个特点。

（1）私人控股企业在 9 个大类中就业规模最大。这 9 个大类及私人控股企业所占从业人员数量的比重依次为：文化休闲娱乐服务（75.0%）、工艺美术品的生产（74.9%）、文化产品生产的辅助生产（73.8%）、文化创意和设计服务（73.5%）、文化艺术服务（67.2%）、文化用品的生产（58.9%）、文化专用设备的生产（50.0%）、广播电视电影服务（45.5%）、文化信息传输服务（41.3%）。

（2）国有控股企业在新闻出版发行服务大类中就业规模最大，其所占该大类从业人员数量的比重高达 63.1%。另外，国有控股企业在文

表17　2013年末不同控股类型企业占各大类文化企业从业人员数量的比重

单位：%

	国有控股	集体控股	私人控股	港澳台商控股	外商控股	其他
新闻出版发行服务	63.1	3.0	21.6	0.2	1.0	11.1
广播电视电影服务	38.5	2.6	45.5	1.5	0.4	11.5
文化艺术服务	15.8	3.3	67.2	0.5	0.3	12.8
文化信息传输服务	40.2	2.1	41.3	7.1	3.6	5.8
文化创意和设计服务	10.8	1.6	73.5	2.6	4.0	7.5
文化休闲娱乐服务	11.5	3.2	75.0	1.4	0.7	8.3
工艺美术品的生产	1.2	2.3	74.9	10.6	5.7	5.3
文化产品生产的辅助生产	7.1	3.6	73.8	6.6	3.4	5.5
文化用品的生产	5.0	3.0	58.9	18.6	10.0	4.5
文化专用设备的生产	3.4	1.4	50.0	14.8	26.6	3.9

化信息传输服务、广播电视电影服务2个大类中的从业人员数量也占了较大的比重，分别达到了40.2%、38.5%。

（3）港澳台商和外商控股企业从业人员数量合计在文化专用设备的生产、文化用品的生产2个大类中所占的比重都超过了20%，依次为41.4%、28.6%。

2. 2013年各大类规模以上文化企业中不同控股类型企业的就业规模

2013年各大类规模以上文化企业中不同控股类型企业的就业分布大致有如下特点（参见表18）。

（1）私人控股企业在工艺美术品的生产、文化产品生产的辅助生产、文化创意和设计服务、文化用品的生产、文化休闲娱乐服务、文化艺术服务、文化专用设备的生产7个大类规模以上文化企业中的年末从业人员数量最多，其所占比重依次为65.4%、59%、48.2%、45.1%、44%、43.4%、37.7%。另外，该类企业在文化信息传输服务、广播电视电影服务2个大类规模以上文化企业年末从业人员数量中所占的比重也都超过了20%，依次为29.8%、25.2%。

表18　2013年末不同控股类型企业占各大类规模以上
文化企业从业人员数量的比重

单位：%

	国有控股	集体控股	私人控股	港澳台商控股	外商控股	其他
新闻出版发行服务	77.0	2.5	7.2	0.0	1.3	12.1
广播电视电影服务	55.1	2.3	25.2	2.1	0.5	14.8
文化艺术服务	37.7	3.3	43.4	1.8	0.6	13.1
文化信息传输服务	49.1	1.7	29.8	10.0	4.8	4.5
文化创意和设计服务	25.0	2.6	48.2	5.1	10.4	8.7
文化休闲娱乐服务	31.9	6.1	44.0	3.9	1.9	12.1
工艺美术品的生产	1.4	3.1	65.4	16.7	8.6	4.8
文化产品生产的辅助生产	12.4	3.3	59.0	13.3	7.2	4.8
文化用品的生产	7.2	3.7	45.1	25.5	14.1	4.5
文化专用设备的生产	4.2	1.2	37.7	17.7	35.5	3.7

（2）国有控股企业在新闻出版发行服务、广播电视电影服务、文化信息传输服务3个大类规模以上文化企业中的年末从业人员数量最多，其所占的比重依次达到了77%、55.1%、49.1%。另外，该类企业在文化艺术服务、文化休闲娱乐服务、文化创意和设计服务3个大类规模以上文化企业年末从业人员数量中所占的比重也都超过了20%，依次为37.7%、31.9%、25%。

（3）港澳台商控股和外商控股企业合计在文化专用设备的生产、文化用品的生产、工艺美术品的生产、文化产品生产的辅助生产4个大类规模以上文化企业年末从业人员数量中所占的比重也都超过了20%，依次为53.2%、39.6%、25.3%、20.5%。

（四）各中类文化企业中不同控股类型企业的就业规模

1. 2013年各中类文化企业中不同控股类型企业的就业规模

从中类层面来看，2013年末不同控股类型的企业在各中类文化企业的就业规模大致有如下特点（参见表19）。

表19 2013年末不同控股类型企业占各中类文化企业从业人员数量的比重

单位：%

大类	序号	中类	国有	集体	私人	港澳台商	外商	其他
一	1	新闻服务	83.4	0.5	5.4	0.1	—	10.5
	2	出版服务	69.4	3.6	9.0	0.1	0.9	17.0
	3	发行服务	55.7	2.5	35.1	0.3	1.1	5.3
二	4	广播电视服务	63.2	2.5	15.8	0.1	—	18.3
	5	电影和影视录音服务	29.5	2.7	56.4	2.0	0.5	9.0
三	6	文艺创作与表演服务	27.4	3.9	57.0	0.8	0.1	10.9
	7	图书馆与档案馆服务	15.1	7.9	61.4	—	0.3	15.2
	8	文化遗产保护服务	24.3	6.2	53.2	0.9	0.7	14.7
	9	群众文化服务	9.8	5.1	75.1	0.4	0.2	9.5
	10	文化研究和社团服务	8.7	8.3	41.3	0.5	0.1	41.2
	11	文化艺术培训服务	2.8	2.1	72.7	0.2	0.7	21.5
	12	其他文化艺术服务	6.6	1.5	82.2	0.2	0.5	8.9
四	13	互联网信息服务	7.1	1.4	68.9	12.2	5.8	4.5
	14	增值电信服务(文化部分)	35.9	0.4	42.3	11.4	4.3	5.6
	15	广播电视传输服务	81.1	3.1	7.6	0.1	0.7	7.4
五	16	广告服务	6.0	1.1	83.6	1.3	1.1	6.9
	17	文化软件服务	3.9	1.2	63.6	7.1	14.5	9.7
	18	建筑设计服务	24.1	2.7	64.7	1.0	0.8	6.8
	19	专业设计服务	10.1	1.4	75.4	2.8	3.0	7.4
六	20	景区游览服务	32.4	7.4	46.6	2.0	0.7	10.9
	21	娱乐休闲服务	2.5	1.2	87.6	0.5	0.7	7.4
	22	摄影扩印服务	2.5	2.5	81.8	7.1	0.5	5.6
七	23	工艺美术品的制造	0.8	2.6	73.0	11.9	6.8	4.9
	24	园林、陈设艺术及其他陶瓷制品的制造	0.7	1.4	83.7	5.8	4.7	3.8
	25	工艺美术品的销售	3.1	1.7	79.1	7.3	1.0	7.7
八	26	版权服务	6.8	0.8	75.2	0.5	5.6	11.0
	27	印刷复制服务	7.1	4.0	72.3	8.0	3.8	4.7
	28	文化经纪代理服务	8.3	3.3	80.7	0.8	1.0	5.9
	29	文化贸易代理与拍卖服务	4.6	1.1	81.6	1.1	4.6	7.1
	30	文化出租服务	4.0	2.1	85.6	0.4	0.9	7.0
	31	会展服务	9.4	1.7	75.9	1.3	1.8	9.9
	32	其他文化辅助生产	5.6	1.9	82.3	1.2	1.0	8.0

续表

大类	序号	中类	国有	集体	私人	港澳台商	外商	其他
	33	办公用品的制造	1.2	1.2	71.1	12.7	10.4	3.4
	34	乐器的制造	6.6	1.9	57.2	10.8	20.4	3.1
	35	玩具的制造	0.3	3.0	41.1	43.5	8.5	3.6
	36	游艺器材及娱乐用品的制造	1.3	1.0	75.9	7.4	11.2	3.1
	37	视听设备的制造	14.6	2.4	28.3	30.2	19.7	4.7
	38	焰火、鞭炮产品的制造	0.5	4.0	92.4	0.5	0.5	2.1
九	39	文化用纸的制造	11.0	6.7	63.1	4.3	7.9	7.0
	40	文化用油墨颜料的制造	3.6	2.4	71.6	8.4	9.7	4.4
	41	文化用化学品的制造	9.4	0.9	34.7	14.1	31.0	9.9
	42	其他文化用品的制造	0.6	0.9	62.6	20.4	12.8	2.7
	43	文具乐器照相器材的销售	1.9	2.9	86.6	0.8	1.6	6.2
	44	文化用家电的销售	3.6	2.2	74.8	1.6	9.0	8.7
	45	其他文化用品的销售	4.3	3.9	81.7	1.9	2.3	5.9
	46	印刷专用设备的制造	6.6	3.1	71.1	9.7	6.1	3.5
	47	广播电视电影专用设备的制造	2.8	0.3	59.2	16.9	15.6	5.3
十	48	其他文化专用设备的制造	3.0	0.8	18.8	19.6	56.3	1.4
	49	广播电视电影专用设备的批发	4.1	1.9	82.0	1.4	3.3	7.4
	50	舞台照明设备的批发	0.9	9.0	77.4	0.5	7.2	5.0

　　第一，私人控股企业在42个中类的就业规模相对最大。这些中类及私人控股企业所占年末从业人员数量的比重依次为：焰火、鞭炮产品的制造（92.4%），娱乐休闲服务（87.6%），文具乐器照相器材的销售（86.6%），文化出租服务（85.6%），园林、陈设艺术及其他陶瓷制品的制造（83.7%），广告服务（83.6%），其他文化辅助生产（82.3%），其他文化艺术服务（82.2%），广播电视电影专用设备的批发（82.0%），摄影扩印服务（81.8%），其他文化用品的销售（81.7%），文化贸易代理与拍卖服务（81.6%），文化经纪代理服务（80.7%），工艺美术品的销售（79.1%），舞台照明设备的批发（77.4%），会展服务（75.9%），游艺器材及娱乐用品的制造

（75.9%），专业设计服务（75.4%），版权服务（75.2%），群众文化服务（75.1%），文化用家电的销售（74.8%），工艺美术品的制造（73.0%），文化艺术培训服务（72.7%），印刷复制服务（72.3%），文化用油墨颜料的制造（71.6%），印刷专用设备的制造（71.1%），办公用品的制造（71.1%），互联网信息服务（68.9%），建筑设计服务（64.7%），文化软件服务（63.6%），文化用纸的制造（63.1%），其他文化用品的制造（62.6%），图书馆与档案馆服务（61.4%），广播电视电影专用设备的制造（59.2%），乐器的制造（57.2%），文艺创作与表演服务（57.0%），电影和影视录音服务（56.4%），文化遗产保护服务（53.2%），景区游览服务（46.6%），增值电信服务（文化部分，42.3%），文化研究和社团服务（41.3%），文化用化学品的制造（34.7%）。

第二，国有控股企业在5个中类的就业规模相对最大。这些中类及国有控股企业所占年末从业人员数量的比重依次为：新闻服务（83.4%）、广播电视传输服务（81.1%）、出版服务（69.4%）、广播电视服务（63.2%）、发行服务（55.7%）。

第三，港澳台商控股企业在玩具的制造、视听设备的制造2个中类的就业规模相对最大，其所占年末从业人员比重依次达到了43.5%、30.2%。

第四，外商控股企业在其他文化专用设备的制造中类的就业规模相对最大，其所占年末从业人员数量的比重为56.3%。

2. 2013年各中类规模以上文化企业中不同控股类型企业的就业规模

2013年各中类规模以上文化企业中不同控股类型企业的就业分布大致表现出如下特点（参见表20）。

（1）私人控股企业在32个中类规模以上文化企业中的就业规模最大。这些中类及其中私人控股企业所占年末从业人员数量的比重依次为：焰火、鞭炮产品的制造（89.5%），园林、陈设艺术及其他陶瓷制品

表 20　2013 年末不同控股类型的企业占各中类规模以上
文化企业从业人员数量的比重

单位：%

大类	序号	中类	国有	集体	私人	港澳台商	外商	其他
一	1	新闻服务	91.0	0.0	0.0	0.0	0.0	9.0
	2	出版服务	74.6	3.1	2.4	0.0	1.1	18.8
	3	发行服务	78.8	1.9	13.4	0.1	1.6	4.2
二	4	广播电视服务	72.2	2.2	5.8	0.0	0.0	19.8
	5	电影和影视录音服务	42.8	2.4	39.3	3.5	0.8	11.2
三	6	文艺创作与表演服务	43.7	2.7	39.4	2.6	0.1	11.5
	7	图书馆与档案馆服务	36.7	8.7	0.0	0.0	0.0	54.6
	8	文化遗产保护服务	40.2	4.4	30.0	1.3	1.9	22.1
	9	群众文化服务	15.0	11.6	62.6	0.0	0.0	10.9
	10	文化研究和社团服务	69.6	0.0	0.0	0.0	0.0	30.4
	11	文化艺术培训服务	3.7	2.8	65.6	0.0	4.3	23.6
	12	其他文化艺术服务	39.2	2.6	52.7	0.2	0.0	5.4
四	13	互联网信息服务	9.3	1.7	55.3	22.0	9.5	2.3
	14	增值电信服务（文化部分）	48.7	0.2	38.6	0.6	6.3	5.6
	15	广播电视传输服务	87.7	2.0	3.7	0.0	0.1	6.6
五	16	广告服务	22.8	2.0	55.2	6.3	6.0	7.6
	17	文化软件服务	5.4	1.8	48.4	8.3	23.5	12.6
	18	建筑设计服务	42.1	3.7	46.0	1.2	1.1	6.0
	19	专业设计服务	35.3	2.1	41.8	6.0	7.7	7.0
六	20	景区游览服务	43.2	7.9	35.5	2.9	0.8	9.8
	21	娱乐休闲服务	14.5	3.4	58.3	1.7	4.1	18.0
	22	摄影扩印服务	4.0	1.8	59.1	29.6	0.9	4.6
七	23	工艺美术品的制造	0.9	3.5	63.7	17.5	10.0	4.5
	24	园林、陈设艺术及其他陶瓷制品的制造	0.6	1.2	83.6	7.7	6.0	1.0
	25	工艺美术品的销售	6.2	2.0	61.3	19.1	1.2	10.2
八	26	版权服务	13.2	1.3	51.7	0.4	13.1	20.4
	27	印刷复制服务	11.1	3.3	60.0	14.2	7.1	4.3
	28	文化经纪代理服务	36.8	16.0	36.7	2.5	5.4	2.6
	29	文化贸易代理与拍卖服务	14.7	1.1	35.9	2.8	38.8	6.7
	30	文化出租服务	8.4	5.7	79.6	0.0	4.4	1.9
	31	会展服务	29.6	3.5	47.9	4.0	5.0	10.1
	32	其他文化辅助生产	25.2	3.6	51.3	5.7	4.4	9.7

续表

大类	序号	中类	国有	集体	私人	港澳台商	外商	其他
九	33	办公用品的制造	1.6	1.0	61.8	16.1	15.9	3.7
	34	乐器的制造	9.8	2.2	45.3	13.5	26.5	2.8
	35	玩具的制造	0.3	3.4	29.6	53.8	10.2	2.8
	36	游艺器材及娱乐用品的制造	2.0	1.0	68.0	10.1	17.8	1.1
	37	视听设备的制造	16.3	2.6	21.6	33.1	21.7	4.6
	38	焰火、鞭炮产品的制造	0.9	6.1	89.5	0.9	0.6	2.0
	39	文化用纸的制造	12.4	7.6	58.6	4.7	9.2	7.5
	40	文化用油墨颜料的制造	4.7	2.5	66.9	9.6	12.1	4.3
	41	文化用化学品的制造	9.9	0.9	30.4	15.3	33.6	9.8
	42	其他文化用品的制造	0.8	0.7	51.1	27.5	17.0	2.7
	43	文具乐器照相器材的销售	5.2	7.5	71.3	1.8	6.5	7.8
	44	文化用家电的销售	6.3	3.3	58.2	2.8	18.0	11.4
	45	其他文化用品的销售	15.1	12.4	51.3	6.7	8.9	5.5
十	46	印刷专用设备的制造	10.3	3.7	60.9	12.6	8.6	3.9
	47	广播电视电影专用设备的制造	3.2	0.3	53.3	18.7	19.1	5.4
	48	其他文化专用设备的制造	3.3	0.9	12.6	20.2	61.9	1.2
	49	广播电视电影专用设备的批发	7.4	1.5	71.0	2.3	6.2	11.6
	50	舞台照明设备的批发	3.4	15.9	41.5	1.9	35.8	1.5

的制造（83.6%），文化出租服务（79.6%），文具乐器照相器材的销售（71.3%），广播电视电影专用设备的批发（71.0%），游艺器材及娱乐用品的制造（68.0%），文化用油墨颜料的制造（66.9%），文化艺术培训服务（65.6%），工艺美术品的制造（63.7%），群众文化服务（62.6%），办公用品的制造（61.8%），工艺美术品的销售（61.3%），印刷专用设备的制造（60.9%），印刷复制服务（60.0%），摄影扩印服务（59.1%），文化用纸的制造（58.6%），娱乐休闲服务（58.3%），文化用家电的销售（58.2%），互联网信息服务（55.3%），广告服务（55.2%），广播电视电影专用设备的制造（53.3%），其他文化艺术服务（52.7%），版权服务（51.7%），其他文化用品的销售

（51.3%），其他文化辅助生产（51.3%），其他文化用品的制造（51.1%），文化软件服务（48.4%），会展服务（47.9%），建筑设计服务（46.0%），乐器的制造（45.3%），专业设计服务（41.8%），舞台照明设备的批发（41.5%）。

（2）国有控股企业在12个中类规模以上文化企业中的就业规模最大。这些中类以及国有控股企业所占年末从业人员数量的比重依次为：新闻服务（91.0%）、广播电视传输服务（87.7%）、发行服务（78.8%）、出版服务（74.6%）、广播电视服务（72.2%）、文化研究和社团服务（69.6%）、增值电信服务（文化部分，48.7%）、文艺创作与表演服务（43.7%）、景区游览服务（43.2%）、电影和影视录音服务（42.8%）、文化遗产保护服务（40.2%）、文化经纪代理服务（36.8%）。

（3）港澳台商控股企业在玩具的制造、视听设备的制造2个中类规模以上文化企业年末从业人员数量中所占的比重最大，分别为53.8%、33.1%；外商控股企业在其他文化专用设备的制造、文化贸易代理与拍卖服务、文化用化学品的制造3个中类规模以上文化企业年末从业人员数量中所占的比重最大，分别为61.9%、38.8%、33.6%。

四　不同控股类型文化企业的产出规模

2013年，全国文化企业营业收入达到83743.43亿元，其中规模以上文化企业的营业收入为64000.69亿元，占比为76.4%。在全国文化企业营业收入中，私人控股企业所占过半，并且2/3以上大类和中类的私人控股企业的营业收入也居于相对多数；同时，国有控股、港澳台商控股、外商控股3类企业也均拥有10%以上的份额，它们各自在若干相应大类和中类中拥有最大的营业收入。在全国规模以上文化企业中，私人控股企业的产出份额在40%左右，并在一半以上的大类、中类产出中占据相对多数的地位；同时，国有控股企业的产出份额大致为

20%，而港澳台商控股、外商控股企业的产出份额较之它们在全部文化企业中的比重也有所提高，这 4 类企业在规模以上文化企业中占据产出相对多数地位的大类和中类数量也多于它们在全部文化企业中获得产出相对多数地位的大类和中类数量。

（一）全国文化企业中不同控股类型企业的产出规模

1. 2013 年不同控股类型文化企业的产出规模

在全国文化企业中，私人控股企业的产出规模明显大于其他 5 个控股类型的企业，其 2013 年营业收入达到了 44050.43 亿元，所占的比重高达 52.6%。与此同时，国有控股、集体控股、港澳台商控股、外商控股，其他 5 类文化企业的营业收入分别为 13211.63 亿、2176.63 亿、8748.65 亿、9884.95 亿、5671.13 亿元，分别占全国文化企业营业收入的 15.8%、2.6%、10.4%、11.8%、6.8%（参见图 6）。

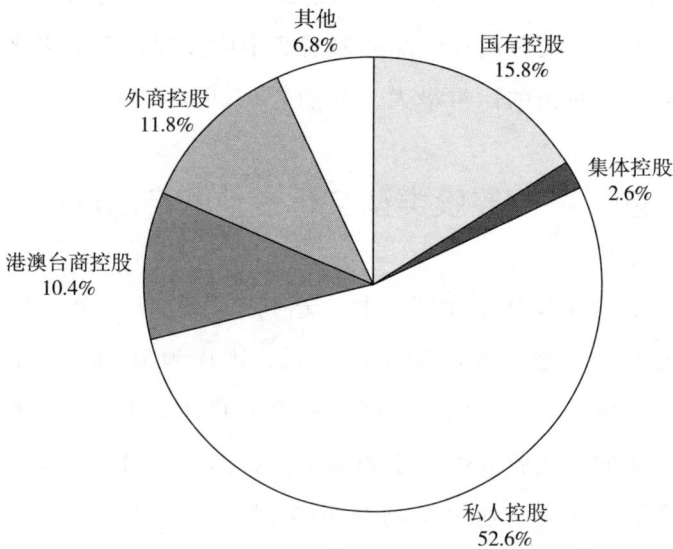

图 6　2013 年不同控股类型的企业占全国
文化企业营业收入的比重

2. 2013 年规模以上文化企业的产出规模

在 2013 年全国规模以上文化企业中，国有控股、集体控股、私人控股、港澳台商控股、外商控股、其他 6 类企业的营业收入分别达到了 12037.56 亿、1760.58 亿、27851.39 亿、8349.03 亿、9531.13 亿、4471.00 亿元，所占的比重则分别为 18.8%、2.8%、43.5%、13.0%、14.9%、7.0%。

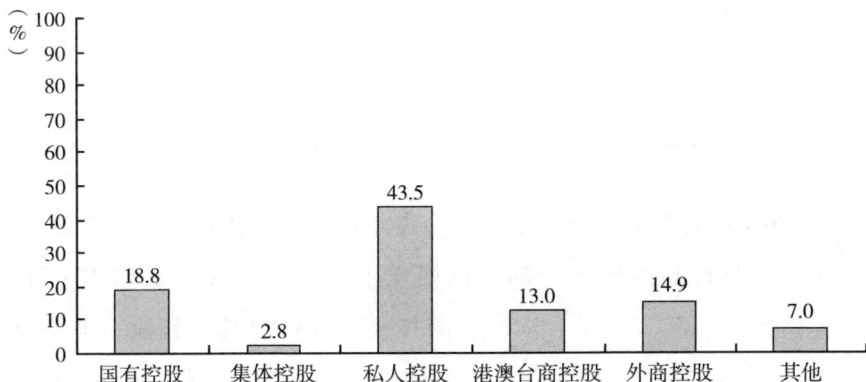

图 7　2013 年不同控股类型的企业占规模以上文化企业营业收入的比重

（二）各部分文化企业中不同控股类型企业的产出规模

1. 2013 年各部分文化企业中不同控股类型企业的产出规模

如表 21 所示，在 "文化产品的生产" 部分文化企业中，2013 年国有控股、集体控股、私人控股、港澳台商控股、外商控股、其他 6 类企业的营业收入分别达到了 8611.71 亿、732.21 亿、20880.53 亿、3701.56 亿、1685.61 亿、2568.68 亿元，所占的比重分别为 22.6%、1.9%、54.7%、9.7%、4.4%、6.7%。在 "文化相关产品的生产" 部分文化企业中，2013 年国有控股、集体控股、私人控股、港澳台商控股、外商控股、其他 6 类企业的营业收入分别达到了 4599.92 亿、1444.42 亿、23169.91 亿、5047.09 亿、8199.35 亿、3102.45 亿元，所占的比重分别为 10.1%、3.2%、50.9%、11.1%、18.0%、6.8%。

表21 2013年两大部分中不同控股类型企业的营业收入及其所占的比重

	文化产品的生产		文化相关产品的生产	
	金额（亿元）	比重（%）	金额（亿元）	比重（%）
国有控股	8611.71	22.6	4599.92	10.1
集体控股	732.21	1.9	1444.42	3.2
私人控股	20880.53	54.7	23169.91	50.9
港澳台商控股	3701.56	9.7	5047.09	11.1
外商控股	1685.61	4.4	8199.35	18.0
其他	2568.68	6.7	3102.45	6.8
合　计	38180.30	100.0	45563.13	100.0

2. 2013年各部分规模以上文化企业中不同控股类型企业的产出规模

在"文化产品的生产"部分规模以上文化企业中，2013年国有控股、集体控股、私人控股、港澳台商控股、外商控股、其他6类企业的营业收入分别为7703.29亿、587.93亿、11846.27亿、3498.74亿、1518.46亿、1799.64亿元，所占比重分别为28.6%、2.2%、43.9%、13.0%、5.6%、6.7%（参见表22）。

表22 2013年各部分规模以上文化企业中不同控股类型
企业所占营业收入比重

单位：%

	文化产品的生产	文化相关产品的生产
国有控股	28.6	11.7
集体控股	2.2	3.2
私人控股	43.9	43.2
港澳台商控股	13.0	13.1
外商控股	5.6	21.6
其他	6.7	7.2

在"文化相关产品的生产"部分规模以上文化企业中，2013年国有控股、集体控股、私人控股、港澳台商控股、外商控股、其他6类企

业的营业收入分别为 4334.27 亿、1172.65 亿、16005.12 亿、4850.28 亿、8012.67 亿、2671.36 亿元，所占的比重则分别为 11.7%、3.2%、43.2%、13.1%、21.6%、7.2%。

（三）各大类文化企业中不同控股类型企业的产出规模

1. 2013 年各大类文化企业中不同控股类型企业的产出规模

从大类层面来看，2013 年各大类文化企业中不同控股类型企业产出规模的具体特征如下（参见表 23）。

表 23　2013 年不同控股类型企业在各大类文化企业营业收入中所占比重

单位：%

	国有控股	集体控股	私人控股	港澳台商控股	外商控股	其他
新闻出版发行服务	72.6	2.0	16.1	0.1	1.6	7.5
广播电视电影服务	46.3	1.7	39.1	2.0	0.3	10.5
文化艺术服务	30.5	1.7	57.4	0.5	0.6	9.3
文化信息传输服务	30.0	0.7	35.1	27.4	3.0	3.9
文化创意和设计服务	20.0	1.5	57.3	6.9	7.2	7.2
文化休闲娱乐服务	17.6	3.4	68.6	1.8	1.3	7.4
工艺美术品的生产	11.2	2.3	63.8	12.3	4.0	6.3
文化产品生产的辅助生产	9.8	3.2	70.7	6.5	4.6	5.2
文化用品的生产	11.2	3.1	46.8	12.9	17.9	8.1
文化专用设备的生产	5.1	3.3	35.0	10.4	42.9	3.2

（1）国有控股企业在新闻出版发行服务、广播电视电影服务 2 个大类中产出规模最大，其营业收入依次为 2371.30 亿、576.56 亿元，所占这些大类营业收入的比重则依次达到了 72.6%、46.3%。

（2）私人控股企业在文化产品生产的辅助生产、文化休闲娱乐服务、工艺美术品的生产、文化艺术服务、文化创意和设计服务、文化用品的生产、文化信息传输服务 7 个大类中的产出规模最大，其营业收入依次为 7466.53 亿、1311.03 亿、10200.29 亿、391.55 亿、6888.40 亿、13666.69 亿、1077.43 亿元，所占这些大类营业收入的比重则依次达到了 70.7%、68.6%、63.8%、57.4%、57.3%、46.8%、35.1%。另外，私人控股企业在广播电视电影服务、文化专用设备的生产 2 个大类营业收入中所占的比重也分别达到了 39.1%、35.0%。

（3）外商控股企业在文化专用设备的生产大类中的产出最大，其营业收入达到了 2494.44 亿元，占比为 42.9%。如果合计外商控股和港澳台商控股企业，那么它们在文化专用设备的生产、文化用品的生产、文化信息传输服务为 3 个大类中都占据了较大的产出份额，其合计所占这些大类营业收入的比重分别达到了 53.3%、30.8%、30.4%。

2. 2013 年各大类规模以上文化企业中不同控股类型企业的产出规模

2013 年各大类规模以上文化企业中不同控股类型企业产出的具体特点大致如下（参见表 24）。

表 24　2013 年各大类规模以上文化企业产出中不同控股类型企业所占比重

单位：%

大类	国有控股	集体控股	私人控股	港澳台商控股	外商控股	其他
一	80.5	1.7	8.6	0.1	1.9	7.2
二	56.7	1.5	27.9	2.2	0.4	11.3
三	60.8	1.5	29.7	0.6	0.8	6.6
四	29.6	0.4	31.7	32.2	2.7	3.3
五	29.3	1.9	39.7	10.6	11.1	7.5
六	36.7	5.8	42.4	3.9	2.8	8.4
七	13.9	2.7	57.8	14.8	4.5	6.3
八	12.7	3.5	63.2	9.1	6.4	5.1
九	12.7	3.5	40.2	14.5	20.4	8.7
十	5.4	1.2	30.3	11.5	48.6	3.1

注：在"大类"列中，"一"为新闻出版发行服务大类，"二"为广播电视电影服务大类，"三"为文化艺术服务大类，"四"为文化信息传输服务大类，"五"为文化创意和设计服务大类，"六"为文化休闲娱乐服务大类，"七"为工艺美术品的生产大类，"八"为文化产品生产的辅助生产，"九"为文化用品的生产，"十"为文化专用设备的生产大类。

（1）私人控股企业在文化产品生产的辅助生产、工艺美术品的生产、文化休闲娱乐服务、文化用品的生产、文化创意和设计服务5个大类不同控股类型规模以上文化企业中的产出规模最大，其所占这些大类营业收入的比重依次为63.2%、57.8%、42.4%、40.2%、39.7%。另外，该类企业在文化专用设备的生产、文化艺术服务2个大类不同控股类型规模以上文化企业中的产出也达到了较大规模，其所占营业收入的比重也分别达到了30.3%、29.7%。

（2）国有控股企业在新闻出版发行服务、广播电视电影服务、文化艺术服务这3个大类不同控股类型规模以上文化企业中的产出规模最大，其所占营业收入的比重依次达到了80.5%、56.7%、60.8%。另外，国有控股企业在文化休闲娱乐服务、文化信息传输服务、文化创意和设计服务3个大类不同控股类型规模以上文化企业中的产出规模也较大，其所占营业收入的比重分别为36.7%、29.6%、29.3%。

（3）港澳台商控股企业在文化信息传输服务大类不同控股类型规模以上文化企业中的产出规模最大，其所占营业收入的比重为32.2%。外商控股企业在文化专用设备的生产大类不同控股类型规模以上文化企业中的产出规模最大，其所占营业收入的比重为48.6%。

（四）各中类文化企业中不同控股类型企业的产出规模

1. 2013年各中类文化企业中不同控股类型企业的产出规模

从中类层面来看，不同控股类型文化企业在各中类的产出主要有如下特点（参见表25）。

（1）私人控股企业的产出规模最大的中类有40个，这些中类及其中私人控股企业所占营业收入的比重依次是焰火、鞭炮产品的制造（91.3%），园林、陈设艺术及其他陶瓷制品的制造（86.1%），文化出租服务（85.7%），娱乐休闲服务（85.7%），游艺器材及娱乐用品的制造（84.5%），摄影扩印服务（80.3%），群众文化服务（75.5%），

表25 2013年不同控股类型的企业在各中类文化企业营业收入中所占的比重

单位：%

大类	中类	国有	集体	私人	港澳台商	外商	其他
一	新闻服务	84.8	0.2	3.8	—	—	11.2
	出版服务	80.9	2.1	3.9	—	0.4	12.7
	发行服务	66.3	2.0	25.4	0.2	2.6	3.6
二	广播电视服务	67.3	1.4	16.2	—	—	15.0
	电影和影视录音服务	34.8	1.8	51.8	3.1	0.5	8.0
三	文艺创作与表演服务	48.9	1.6	41.7	0.7	0.2	6.9
	图书馆与档案馆服务	13.9	14.7	61.1	—	0.2	10.2
	文化遗产保护服务	30.5	5.4	46.3	0.8	3.5	13.5
	群众文化服务	13.6	3.0	75.5	0.9	0.3	6.8
	文化研究和社团服务	7.6	2.5	66.4	0.1	2.8	20.5
	文化艺术培训服务	3.6	1.2	73.6	0.3	1.5	19.8
	其他文化艺术服务	20.4	1.0	69.2	0.2	0.3	8.8
四	互联网信息服务	4.2	0.3	48.2	40.7	3.5	3.0
	增值电信服务（文化部分）	55.0	0.5	29.7	10.7	1.0	3.2
	广播电视传输服务	84.4	1.7	5.5	—	2.4	5.9
五	广告服务	10.8	1.1	64.3	9.0	8.5	6.3
	文化软件服务	8.8	1.4	52.1	11.7	13.8	12.3
	建筑设计服务	40.3	2.3	49.4	1.1	1.1	5.7
	专业设计服务	31.6	1.4	55.4	2.7	3.6	5.3
六	景区游览服务	37.6	7.0	42.2	2.6	1.1	9.5
	娱乐休闲服务	5.2	1.1	85.7	0.5	1.4	6.2
	摄影扩印服务	3.0	2.6	80.3	8.1	1.3	4.7
七	工艺美术品的制造	4.7	2.0	68.5	15.3	5.8	3.7
	园林、陈设艺术及其他陶瓷制品的制造	1.0	1.6	86.1	5.6	3.4	2.3
	工艺美术品的销售	24.6	3.0	52.3	7.5	0.8	11.7
八	版权服务	12.2	0.6	56.3	4.0	21.1	5.8
	印刷复制服务	7.4	3.6	72.6	7.5	4.1	4.8
	文化经纪代理服务	12.5	10.5	70.6	1.5	0.9	3.9
	文化贸易代理与拍卖服务	18.9	0.8	60.0	2.7	11.3	6.2
	文化出租服务	3.1	1.9	85.7	0.5	2.7	6.2
	会展服务	23.4	2.0	61.1	2.8	3.5	7.1
	其他文化辅助生产	11.7	2.0	73.4	2.8	2.7	7.5

续表

大类	中类	国有	集体	私人	港澳台商	外商	其他
九	办公用品的制造	1.3	1.5	73.9	9.6	10.8	2.9
	乐器的制造	6.4	1.5	58.9	10.7	19.6	3.0
	玩具的制造	0.2	2.7	52.8	31.3	10.3	2.6
	游艺器材及娱乐用品的制造	1.0	0.7	84.5	5.2	6.5	2.1
	视听设备的制造	23.6	1.3	15.3	23.8	31.6	4.3
	焰火、鞭炮产品的制造	1.0	3.7	91.3	0.5	0.7	2.8
	文化用纸的制造	10.9	8.1	49.2	5.9	13.8	12.1
	文化用油墨颜料的制造	3.1	2.7	68.0	8.8	13.6	3.7
	文化用化学品的制造	14.4	1.0	30.6	13.9	28.5	11.4
	其他文化用品的制造	3.4	0.5	49.5	22.0	22.5	2.0
	文具乐器照相器材的销售	7.6	1.2	73.5	3.1	9.2	5.5
	文化用家电的销售	9.9	5.2	44.5	2.0	15.3	23.2
	其他文化用品的销售	10.4	1.9	65.7	3.6	8.6	9.8
十	印刷专用设备的制造	3.8	2.8	72.0	7.7	11.4	2.3
	广播电视电影专用设备的制造	3.7	0.3	57.3	15.5	17.1	6.2
	其他文化专用设备的制造	2.2	0.2	12.3	22.0	62.4	0.9
	广播电视电影专用设备的批发	8.8	0.9	27.9	1.8	57.2	3.3
	舞台照明设备的批发	2.9	30.8	37.3	1.1	25.8	2.1

办公用品的制造（73.9%），文化艺术培训服务（73.6%），文具乐器照相器材的销售（73.5%），其他文化辅助生产（73.4%），印刷复制服务（72.6%），印刷专用设备的制造（72.0%），文化经纪代理服务（70.6%），其他文化艺术服务（69.2%），工艺美术品的制造（68.5%），文化用油墨颜料的制造（68.0%），文化研究和社团服务（66.4%），其他文化用品的销售（65.7%），广告服务（64.3%），会展服务（61.1%），图书馆与档案馆服务（61.1%），文化贸易代理与拍卖服务（60.0%），乐器的制造（58.9%），广播电视电影专用设备的制造（57.3%），版权服务（56.3%），专业设计服务（55.4%），玩具的制造（52.8%），工艺美术品的销售（52.3%），文化软件服务（52.1%），电影和影视录音服务（51.8%），其他文化用品的制造

（49.5%），建筑设计服务（49.4%），文化用纸的制造（49.2%），互联网信息服务（48.2%），文化遗产保护服务（46.3%），文化用家电的销售（44.5%），景区游览服务（42.2%），舞台照明设备的批发（37.3%），文化用化学品的制造（30.6%）。

（2）国有控股企业产出规模最大的中类有7个，这些中类及其中国有控股企业所占营业收入的比重依次是：新闻服务（84.8%）、广播电视传输服务（84.4%）、出版服务（80.9%）、广播电视服务（67.3%）、发行服务（66.3%）、增值电信服务（文化部分，55.0%）、文艺创作与表演服务（48.9%）。

（3）外商控股企业在其他文化专用设备的制造、广播电视电影专用设备的批发、视听设备的制造3个中类的产出规模最大，其所占这些中类营业收入的比重依次为62.4%、57.2%、31.6%。如果与港澳台商控股企业合计，那么这2类企业合计在15个中类营业收入中所占的比重都超过了20%，这些中类及其中这2类企业合计所占的比重依次是：其他文化专用设备的制造（84.4%）、广播电视电影专用设备的批发（59.0%）、视听设备的制造（55.4%）、其他文化用品的制造（44.5%）、互联网信息服务（44.2%）、文化用化学品的制造（42.4%）、玩具的制造（41.6%）、广播电视电影专用设备的制造（32.5%）、乐器的制造（30.3%）、舞台照明设备的批发（26.9%）、文化软件服务（25.5%）、版权服务（25.1%）、文化用油墨颜料的制造（22.4%）、工艺美术品的制造（21.1%）、办公用品的制造（20.3%）。

2. 2013年各中类规模以上文化企业中不同控股类型企业的营业收入

2013年各中类规模以上文化企业中不同控股类型的企业以营业收入衡量的相对产出规模的主要特点如下。

（1）私人控股企业在28个中类规模以上文化企业中的营业收入最大。这些中类及其中私人控股企业所占营业收入比重依次是：焰火、鞭炮产品的制造（90.3%），园林、陈设艺术及其他陶瓷制品的制造

（86.1%），文化出租服务（85.9%），游艺器材及娱乐用品的制造（83.5%），文化艺术培训服务（70.9%），办公用品的制造（69.2%），印刷专用设备的制造（68.6%），印刷复制服务（67.5%），文化用油墨颜料的制造（66.1%），工艺美术品的制造（63.8%），文具乐器照相器材的销售（63.6%），群众文化服务（60.4%），娱乐休闲服务（57.2%），摄影扩印服务（56.8%），广播电视电影专用设备的制造（55.5%），乐器的制造（54.1%），其他文化辅助生产（50.2%），其他文化用品的销售（48.9%），文化用纸的制造（47.4%），玩具的制造（46.9%），广告服务（44.8%），其他文化用品的制造（44.3%），文化软件服务（42.0%），工艺美术品的销售（41.9%），版权服务（40.5%），文化经纪代理服务（38.9%），文化用家电的销售（36.6%），文化用化学品的制造（29.5%）。

（2）国有控股企业在 16 个中类规模以上文化企业中的营业收入最大。这些中类及其中国有控股企业所占营业收入的比重依次为：新闻服务（92.4%）、广播电视传输服务（89.7%）、出版服务（83.0%）、发行服务（78.3%）、文化研究和社团服务（75.8%）、广播电视服务（72.3%）、文艺创作与表演服务（71.8%）、增值电信服务（文化部分，64.9%）、专业设计服务（60.9%）、建筑设计服务（56.0%），其他文化艺术服务（55.4%）、电影和影视录音服务（45.6%）、景区游览服务（44.3%）、文化遗产保护服务（42.3%）、会展服务（41.0%）、文化贸易代理与拍卖服务（34.1%）。

（3）港澳台商控股企业在互联网信息服务中类规模以上文化企业营业收入中所占的比重居各控股类型企业之首，达到了 47.1%；外商控股企业在其他文化专用设备的制造、广播电视电影专用设备的批发、舞台照明设备的批发、视听设备的制造 4 个中类规模以上文化企业中的营业收入最大，其所占这些中类营业收入的比重分别为 64.0%、63.4%、52.2%、32.2%。

五　不同控股类型规模以上文化企业的盈利水平

2013 年，全国规模以上文化企业的净利润达到 4122.54 亿元。其中私人控股企业的净利润虽然仍然占相对多数，并且仍然在多数大类和中类中位居净利润榜首，但在全部规模以上文化企业净利润中所占比重明显低于产出的比重。另外，国有控股、港澳台商控股两类企业尽管仍然只是在少数大类和中类中净利润相对较多，但它们所占全部规模以上文化企业净利润的比重较之各自所占产出的比重都有所上升。

（一）全国规模以上文化企业中不同控股类型企业的盈利水平

在 2013 年全国规模以上文化企业中，国有控股、集体控股、私人控股、港澳台商控股、外商控股、其他 6 类企业的净利润分别达到了 874.54 亿、90.28 亿、1643.86 亿、840.95 亿、453.71 亿、219.19 亿元，所占的比重则分别为 21.2%、2.2%、39.9%、20.4%、11.0%、5.3%（参见图 8）。

（二）各部分规模以上文化企业中不同控股类型企业的盈利

如表 26 所示，在"文化产品的生产"部分规模以上文化企业中，2013 年国有控股、集体控股、私人控股、港澳台商控股、外商控股、其他 6 类企业的净利润分别达到了 705.47 亿、32.64 亿、732.57 亿、651.51 亿、82.62 亿、126.71 亿元，所占的比重分别为 30.3%、1.4%、31.4%、27.9%、3.5%、5.4%。在"文化相关产品的生产"部分中，2013 年国有控股、集体控股、私人控股、港澳台商控股、外商控股、其他 6 类企业的净利润分别达到了 169.07 亿、57.64 亿、911.29 亿、189.44 亿、371.09 亿、92.48 亿元，所占的比重分别为 9.4%、3.2%、50.9%、10.6%、20.7%、5.2%。

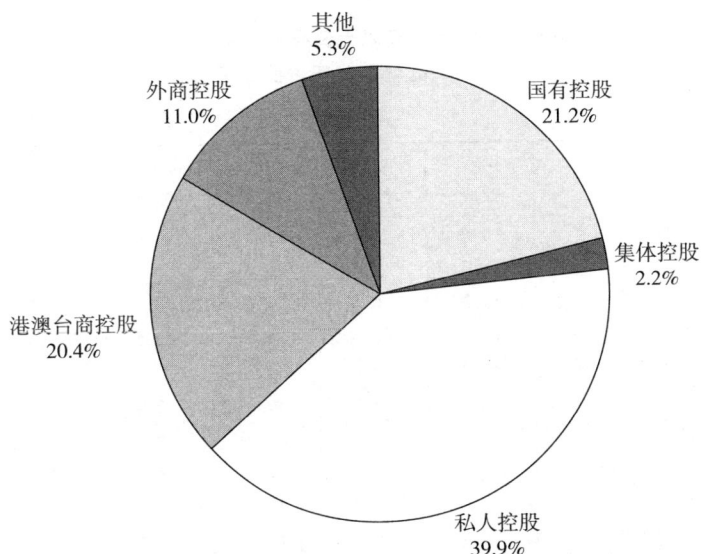

图 8　2013 年全国规模以上文化企业净利润中各控股
类型企业所占的比重

表 26　2013 年各部分规模以上文化企业中不同控股类型企业的
净利润及其所占的比重

企业类别	文化产品的生产		文化相关产品的生产	
	金额（亿元）	比重（%）	金额（亿元）	比重（%）
国有控股	705.47	30.3	169.07	9.4
集体控股	32.64	1.4	57.64	3.2
私人控股	732.57	31.4	911.29	50.9
港澳台商控股	651.51	27.9	189.44	10.6
外商控股	82.62	3.5	371.09	20.7
其他	126.71	5.4	92.48	5.2

（三）各大类规模以上文化企业中不同控股类型企业的盈利

从大类层面来看，2013 年各大类规模以上文化企业中不同控股类型企业的净利润分布大致有如下特点（参见表 27）。

表 27　2013 年各大类规模以上文化企业净利润中不同控股
类型企业所占的比重

单位：%

	国有控股	集体控股	私人控股	港澳台商控股	外商控股	其他
新闻出版发行服务	90.9	1.0	3.5	0.0	-0.1	4.7
广播电视电影服务	61.7	0.8	25.8	-0.1	0.1	11.7
文化艺术服务	54.3	0.5	34.0	0.2	-0.3	11.2
文化信息传输服务	15.7	-0.4	8.9	73.5	0.3	2.0
文化创意和设计服务	30.5	2.6	34.9	17.4	7.2	7.4
文化休闲娱乐服务	34.7	4.8	46.1	2.4	5.1	6.9
工艺美术品的生产	8.7	2.1	67.9	10.3	5.9	5.1
文化产品生产的辅助生产	19.0	4.1	57.4	8.7	5.4	5.5
文化用品的生产	6.6	3.4	49.0	11.6	23.9	5.6
文化专用设备的生产	1.0	0.1	44.6	9.7	42.3	2.2

（1）私人控股企业在 6 个大类规模以上文化企业中净利润最大。这 6 个大类包括工艺美术品的生产、文化产品生产的辅助生产、文化用品的生产、文化休闲娱乐服务、文化专用设备的生产、文化创意和设计服务，私人控股企业在这些大类中所实现的净利润依次为 356.05 亿、289.91 亿、532.39 亿、35.68 亿、88.99 亿、221.83 亿元，其所占这些大类净利润的比重则依次达到了 67.9%、57.4%、49.0%、46.1%、44.6%、34.9%。另外，私人控股企业在文化艺术服务、广播电视电影服务 2 个大类规模以上文化企业净利润中所占的比重也都超过了 25%，分别为 34.0%、25.8%。

（2）国有控股企业在 3 个大类规模以上文化企业中盈利最多。这 3 个大类为新闻出版发行服务、广播电视电影服务、文化艺术服务，国有控股企业在这些大类中所实现的净利润依次为 217.62 亿、105.00 亿、12.93 亿元，其所占这些大类净利润的比重则依次达到了 90.9%、61.7%、54.3%。另外，国有控股企业在文化休闲娱乐服务、文化创意和设计服务 2 个大类规模以上文化企业净利润中所占的比重也都超过了

30%，分别达到了34.7%、30.5%。

（3）港澳台商控股企业在文化信息传输服务大类的盈利最多，当年其在该大类的净利润达到了485.18亿元，所占的比重为73.5%。外商控股企业则在文化专用设备的生产、文化用品的生产2个大类净利润中所占的比重超过了20%，分别为42.3%、23.9%。

（4）文化信息传输服务大类中的集体控股企业、广播电视电影服务大类中的港澳台商控股企业的净利润均为负，同时新闻出版发行服务、文化艺术服务2个大类中外商控股企业的净利润也为负。

（四）各中类规模以上文化企业中不同控股类型企业的盈利

2013年各中类规模以上文化企业中不同控股类型企业的净利润分布大致有如下特点（参见表28）。

表28　2013年各中类规模以上文化企业净利润中不同控股类型企业所占的比重

单位：%

大类	中　类	国有控股	集体控股	私人控股	港澳台商控股	外商控股	其他
一	新闻服务	109.8	0.0	0.0	0.0	0.0	−9.8
	出版服务	92.3	0.3	1.2	0.0	−0.1	6.2
	发行服务	87.4	2.6	8.3	−0.1	−0.2	2.0
二	广播电视服务	84.7	0.6	5.8	0.0	0.0	8.9
	电影和影视录音服务	44.3	1.0	40.8	−0.1	0.2	13.9
三	文艺创作与表演服务	50.0	−1.1	35.9	−0.2	0.2	15.1
	图书馆与档案馆服务	−189.7	289.7	0.0	0.0	0.0	0.0
	文化遗产保护服务	60.4	10.8	21.7	3.9	1.5	1.7
	群众文化服务	−10.4	12.1	89.0	0.0	0.0	9.3
	文化研究和社团服务	61.9	0.0	0.0	0.0	0.0	38.1
	文化艺术培训服务	2.1	8.0	89.1	0.0	−11.2	12.0
	其他文化艺术服务	87.3	−2.7	10.0	0.1	0.0	5.3
四	互联网信息服务	1.6	−0.4	8.7	89.0	0.5	0.6
	增值电信服务（文化部分）	47.0	0.1	54.9	0.0	−0.1	−1.9
	广播电视传输服务	88.3	−0.3	1.7	0.0	−0.4	10.7

续表

大类	中　类	国有控股	集体控股	私人控股	港澳台商控股	外商控股	其他
五	广告服务	34.4	1.5	37.5	8.2	12.5	5.9
	文化软件服务	7.2	2.4	33.9	37.3	8.6	10.6
	建筑设计服务	50.9	3.9	37.3	0.8	1.7	5.3
	专业设计服务	65.1	1.8	24.6	1.2	3.6	3.6
六	景区游览服务	41.0	5.7	39.2	4.2	3.7	6.3
	娱乐休闲服务	2.3	0.4	82.1	−9.0	13.6	10.6
	摄影扩印服务	10.2	0.1	66.5	25.7	−1.7	−0.7
七	工艺美术品的制造	4.2	1.7	70.6	12.6	7.9	3.0
	园林、陈设艺术及其他陶瓷制品的制造	0.4	1.6	91.5	7.9	−1.9	0.5
	工艺美术品的销售	31.9	4.0	47.6	1.0	−0.6	16.2
八	版权服务	27.8	0.0	48.3	1.3	22.8	−0.2
	印刷复制服务	12.0	4.1	63.5	9.5	5.3	5.5
	文化经纪代理服务	22.1	14.3	13.8	0.4	0.0	49.4
	文化贸易代理与拍卖服务	42.8	3.3	47.8	−1.2	6.8	0.6
	文化出租服务	0.3	0.2	113.6	0.0	−18.9	4.7
	会展服务	65.8	3.9	16.9	7.6	3.1	2.7
	其他文化辅助生产	21.2	1.2	51.6	7.6	11.6	6.8
九	办公用品的制造	5.6	2.6	75.0	6.0	7.3	3.5
	乐器的制造	8.4	1.7	62.4	17.0	7.3	3.1
	玩具的制造	0.1	4.6	60.0	22.3	10.3	2.6
	游艺器材及娱乐用品的制造	0.3	0.5	91.4	3.4	3.2	1.3
	视听设备的制造	15.5	1.7	13.0	16.4	51.3	2.1
	焰火、鞭炮产品的制造	0.7	1.4	94.6	0.4	0.4	2.6
	文化用纸的制造	3.3	9.7	58.4	6.5	16.3	5.8
	文化用油墨颜料的制造	1.6	4.3	68.7	7.0	15.3	3.1
	文化用化学品的制造	2.4	0.3	38.0	9.9	16.5	32.9
	其他文化用品的制造	3.1	0.8	61.9	21.5	11.5	1.3
	文具乐器照相器材的销售	9.1	1.4	87.3	−1.1	0.1	3.3
	文化用家电的销售	−0.9	1.9	50.2	12.7	31.8	4.2
	其他文化用品的销售	7.7	0.1	19.0	1.9	17.9	53.3
十	印刷专用设备的制造	−10.6	0.7	83.5	10.3	14.5	1.5
	广播电视电影专用设备的制造	3.4	−0.1	68.3	13.8	10.4	4.2
	其他文化专用设备的制造	−1.6	0.4	25.4	15.2	59.7	0.9
	广播电视电影专用设备的批发	3.1	0.1	11.3	1.7	83.1	0.8
	舞台照明设备的批发	5.2	1.0	39.4	1.2	51.6	1.6

228

（1）私人控股企业在 27 个中类规模以上文化企业中净利润居首。这些中类以及其中私人控股企业所占净利润比重依次为：文化出租服务（113.6%），焰火、鞭炮产品的制造（94.6%），园林、陈设艺术及其他陶瓷制品的制造（91.5%），游艺器材及娱乐用品的制造（91.4%），文化艺术培训服务（89.1%），群众文化服务（89.0%），文具乐器照相器材的销售（87.3%），印刷专用设备的制造（83.5%），娱乐休闲服务（82.1%），办公用品的制造（75.0%），工艺美术品的制造（70.6%），文化用油墨颜料的制造（68.7%），广播电视电影专用设备的制造（68.3%），摄影扩印服务（66.5%），印刷复制服务（63.5%），乐器的制造（62.4%），其他文化用品的制造（61.9%），玩具的制造（60.0%），文化用纸的制造（58.4%），增值电信服务（文化部分，54.9%），其他文化辅助生产（51.6%），文化用家电的销售（50.2%），版权服务（48.3%）文化贸易代理与拍卖服务（47.8%），工艺美术品的销售（47.6%），文化用化学品的制造（38.0%），广告服务（37.5%）。

（2）国有控股企业在 14 个中类规模以上文化企业中的净利润最大。这些中类以及其中国有控股企业所占净利润比重依次为：新闻服务（109.8%）、出版服务（92.3%）、广播电视传输服务（88.3%）、发行服务（87.4%）、其他文化艺术服务（87.3%）、广播电视服务（84.7%）、会展服务（65.8%）、专业设计服务（65.1%）、文化研究和社团服务（61.9%）、文化遗产保护服务（60.4%）、建筑设计服务（50.9%）、文艺创作与表演服务（50.0%）、电影和影视录音服务（44.3%）、景区游览服务（41.0%）。

（3）港澳台商控股企业在互联网信息服务、文化软件服务 2 个中类规模以上文化企业中所占净利润比重最大，依次达到了 89.0%、37.3%；外商控股企业在广播电视电影专用设备的批发、其他文化专用设备的制造、舞台照明设备的批发、视听设备的制造 4 个中类规模以上文化企业中所占净利润比重最大，依次为 83.1%、59.7%、51.6%、51.3%。

六 不同控股类型文化企业的人均营业收入

受数据可得性所限，本部分在涉及全部文化企业中不同控股类型的企业人均营业收入比较研究时，采用年末从业人员数量计算；在涉及全部规模以上文化企业不同控股类型企业人均营业收入比较研究时，则以年平均从业人员数量计算。总体而言，由产业特性的差异、不同控股类型企业的产业分布等因素所致，2013 年不同控股类型企业的人均产出水平在部分、大类、中类三个层面上都存在较大的差别。

（一）不同控股类型文化企业的人均营业收入

1. 2013 年不同控股类型文化企业的人均营业收入

2013 年全国文化企业人均营业收入为 54.09 万元。在不同控股类型的企业中，外商控股企业的人均营业收入最高，达到了 103.64 万元，同时国有控股、集体控股、私人控股、港澳台商控股、其他 5 类的人均营业收入分别为 81.46 万、53.19 万、43.58 万、61.20 万、59.03 万元；外商控股企业的人均营业收入分别比这 5 类企业高出 27.2%、94.9%、137.8%、69.3%、75.6%（参见图 9）。另外，集体控股、私人控股 2 类企业的人均营业收入比当年全国文化企业平均水平低 1.7%、19.4%；同时，国有控股、外商控股、港澳台商控股、其他 4 类企业的人均营业收入则分别比全国文化企业平均水平高 50.6%、91.6%、13.1%、9.1%。

2. 2013 年不同控股类型规模以上文化企业的人均营业收入

2013 年全国规模以上文化企业的人均营业收入为 88.08 万元。在不同控股类型规模以上文化企业中，外商控股企业的人均收入最高，达到了 108.53 万元，同时国有控股、集体控股、私人控股、港澳台商控

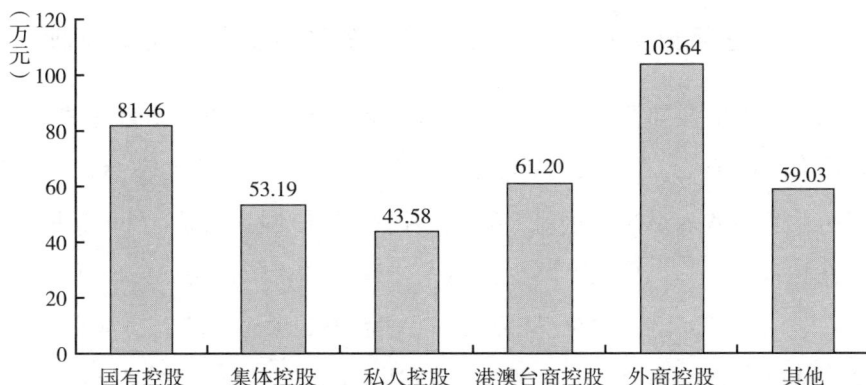

图 9　2013 年不同控股类型文化企业的人均营业收入

股、其他 5 类企业的人均营业收入分别为 99.89 万、67.15 万、83.98 万、70.23 万、107.67 万元；外商控股企业的人均营业收入依次比这 5 类企业高出 8.7%、61.6%、29.2%、54.5%、0.8%（参见图 10）。另外，外商控股、其他、国有控股 3 类企业的人均营业收入依次比当年全国规模以上文化企业的平均值高 23.2%、22.2%、13.4%；而私人控股、港澳台商控股、集体控股 3 类企业则依次比当年全国规模以上文化企业平均值低 4.7%、20.3%、23.8%。

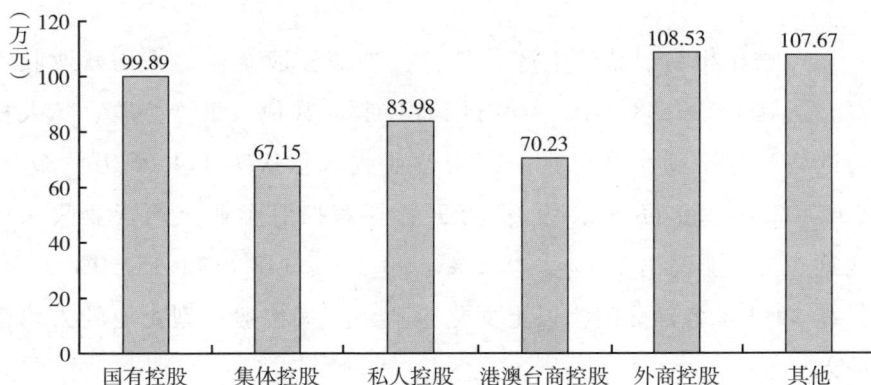

图 10　2013 年不同控股类型规模以上文化企业的人均营业收入

（二）各部分文化企业中不同控股类型企业的人均营业收入

1. 2013 年各部分文化企业中不同控股类型企业的人均营业收入

如图 11 所示，在"文化产品的生产"部分，2013 年港澳台商控股企业的人均营业收入最高，达到了 92.54 万元，同时国有控股、外商控股、其他、集体控股、私人控股 5 类企业的人均营业收入依次为 70.68 万、58.08 万、41.85 万、39.13 万、37.72 万元；港澳台商控股企业的人均营业收入比这 5 类企业依次高出 30.9%、59.3%、121.1%、136.5%、145.3%。

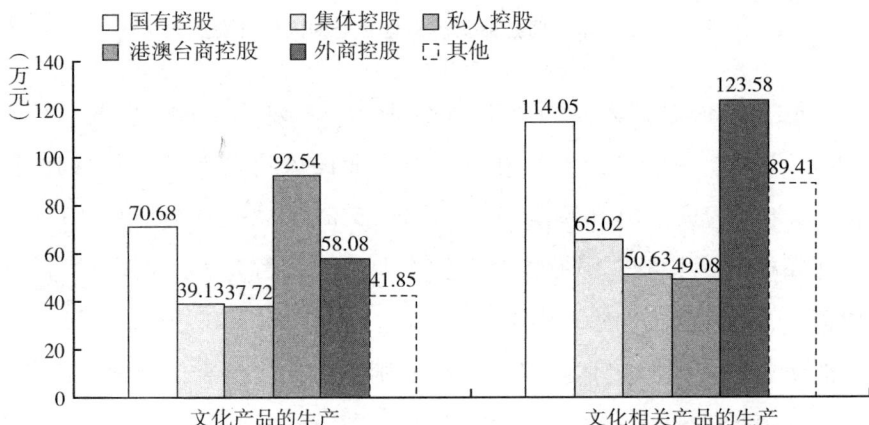

图 11　2013 年各部分不同控股类型文化企业的人均营业收入

在"文化相关产品的生产"部分，外商控股企业的人均营业收入最高，达到了 123.58 万元，同时国有控股、其他、集体控股、私人控股、港澳台商控股 5 类企业的人均营业收入依次为 114.05 万、89.42 万、65.02 万、50.68 万、49.03 万元；外商控股企业人均营业收入依次比这 5 类企业高出 8.4%、38.2%、90.1%、143.8%、152.0%。

2. 2013 年各部分规模以上文化企业中不同控股类型企业的人均营业收入

在 2013 年"文化产品的生产"部分规模以上文化企业中，港澳台商控股企业的人均营业收入最高，达到了 110.70 万元，同时国有控股、私人控股、其他、外商控股、集体控股 5 类企业的人均营业收入依次为 90.05 万、83.26 万、77.32 万、62.60 万、56.98 万元；港澳台商控股企业的人均营业收入比这 5 类企业依次高出 22.9%、33.0%、43.2%、76.8%、94.3%。在"文化相关产品的生产"部分规模以上文化企业中，其他类型企业的人均营业收入最高，达到了 146.36 万元，同时外商控股、国有控股、私人控股、集体控股、港澳台商控股企业 5 类企业的人均营业收入依次为 126.05 万、123.97 万、84.52 万、73.76 万、55.57 万元；其他类型企业的人均营业收入依次比这 5 类企业高出 16.1%、18.1%、73.2%、98.4%、163.4%（参见表 29）。

表 29　2013 年各部分不同控股类型规模以上文化企业的人均产出指标

单位：万元

	文化产品的生产	文化相关产品的生产
国有控股	90.05	123.97
集体控股	56.98	73.76
私人控股	83.26	84.52
港澳台商控股	110.70	55.57
外商控股	62.60	126.05
其他	77.32	146.36

（三）各大类不同控股类型文化企业的人均营业收入

1. 2013 年各大类不同控股类型文化企业的人均营业收入

在各大类文化企业中，2013 年不同控股类型的企业人均营业收入的分布特点如下（参见表 30）。

（1）国有控股企业的人均营业收入在工艺美术品的生产、文化用品的生产、文化产品生产的辅助生产、文化艺术服务 4 个大类最高，它们分别达到了 608.59 万、155.93 万、59.69 万、36.64 万元；港澳台商控股企业的人均营业收入在文化信息传输服务、文化创意和设计服务、广播电视电影服务 3 个大类中最高，分别达到了 201.93 万、112.11 万、63.87 万元；

表30　各大类文化企业中不同控股类型企业的人均营业收入

单位：万元

大类	国有控股	集体控股	私人控股	港澳台商控股	外商控股	其他	大类平均
新闻出版发行服务	67.40	39.15	43.65	36.77	97.28	39.66	58.58
广播电视电影服务	56.73	30.23	40.49	63.87	42.17	43.17	47.13
文化艺术服务	36.64	9.82	16.21	18.97	31.64	13.81	18.98
文化信息传输服务	38.80	16.77	44.20	201.93	43.94	34.64	52.02
文化创意和设计服务	78.18	39.40	32.98	112.11	75.23	40.37	42.27
文化休闲娱乐服务	25.01	17.81	14.93	20.80	31.02	14.50	16.33
工艺美术品的生产	608.59	64.42	55.33	75.24	46.42	77.45	64.96
文化产品生产的辅助生产	59.69	38.84	41.66	43.12	58.73	41.10	43.49
文化用品的生产	155.93	72.12	55.22	48.12	124.60	125.17	69.51
文化专用设备的生产	143.09	222.55	66.92	67.37	154.05	79.53	95.42

外商控股企业的人均营业收入在新闻出版发行服务、文化休闲娱乐服务2个大类中最高，分别达到了97.28万、31.02万元；集体控股企业的人均营业收入在文化专用设备的生产大类中最高，达到了222.55万元。

（2）私人控股企业的人均营业收入在全部10个大类中均低于各大类平均水平；集体控股企业的人均营业收入在新闻出版发行服务、广播电视电影服务、文化艺术服务、文化信息传输服务、文化创意和设计服务、工艺美术品的生产、文化产品生产的辅助生产7个大类中分别低于相应大类的平均水平；港澳台商控股企业的人均营业收入在新闻出版发行服务、文化艺术服务、文化产品生产的辅助生产、文化用品的生产、文化专用设备的生产5个大类中分别低于相应大类的平均水平；外商控股企业的人均营业收入在广播电视电影服务、文化信息传输服务、工艺美术品的生产3个大类中低于相应大类的平均水平。

2. 2013年各大类规模以上文化企业中不同控股类型企业的人均营业收入

2013年各大类规模以上文化企业中不同控股类型企业人均营业收入的分布主要有如下特点（参见表31）。

表 31　2013 年全国各大类规模以上文化企业中不同控股
类型企业的人均营业收入

单位：万元

	平均	国有控股	集体控股	私人控股	港澳台商控股	外商控股	其他
新闻出版发行服务	71.90	72.83	47.16	91.51	98.70	116.86	52.46
广播电视电影服务	101.98	108.85	54.25	111.61	96.21	62.13	73.90
文化艺术服务	48.35	77.56	17.94	37.84	5.66	84.55	22.41
文化信息传输服务	78.66	48.17	18.82	83.76	233.34	44.00	58.38
文化创意和设计服务	76.45	87.92	50.03	67.37	126.40	70.68	69.46
文化休闲娱乐服务	28.39	32.49	21.76	28.29	24.23	38.51	21.34
工艺美术品的生产	111.54	1173.77	91.58	101.14	91.87	55.59	151.41
文化产品生产的辅助生产	75.72	71.24	67.82	84.06	51.45	65.16	80.30
文化用品的生产	91.00	155.30	73.75	82.76	54.00	123.03	175.94
文化专用设备的生产	119.69	134.03	116.00	99.88	75.91	162.02	100.90

（1）外商控股企业在新闻出版发行服务、文化艺术服务、文化休闲娱乐服务、文化专用设备的生产 4 个大类中的人均营业收入居各控股类型企业之首，分别达到了 116.86 万、84.55 万、38.51 万、162.02 万元；私人控股企业在广播电视电影服务、文化产品生产的辅助生产 2 个大类中的人均营业收入最大，分别达到了 111.61 万、84.06 万元；港澳台商控股企业在文化信息传输服务、文化创意和设计服务 2 个大类中的人均营业收入最大，分别达到了 233.34 万、126.40 万元；国有控股企业在工艺美术品的生产大类的人均营业收入最大，达到了 1173.77 万元；其他类型的企业在文化用品的生产大类的人均营业收入最大，达到了 175.94 万元。

（2）集体控股企业的人均营业收入在全部 10 个大类规模以上文化企业中低于相应大类的平均水平；港澳台商控股企业的人均营业收入在 7 个大类中低于相应大类的平均水平，它们包括广播电视电影服务、文化艺术服务、文化休闲娱乐服务、工艺美术品的生产、文化产品生产的辅助生产、文化用品的生产、文化专用设备的生产；私人控股企业的人均营业收入在文化艺术服务、文化创意和设计服务、文化休闲娱乐服务、工艺美术品的生产、文化用品的生产、文化专用设备的生产6个大类中低于相应大类的平均水平；外商控股企业的人均营业收入在广播电视电影服务、文化信息传输服务、文化创意和设计服务、工艺美术品的生产、文化产品生产的辅助生产5个大类中低于相应大类的平均水平。

（四）各中类文化企业中不同控股类型企业的人均营业收入

1. 2013年各中类不同控股类型文化企业的人均营业收入

从中类层面来看，2013年各中类文化企业中不同控股类型企业人均营业收入的差别较大，它们分布的主要特点如下（参见表32）。

表32　2013年各中类不同控股类型文化企业的人均营业收入

单位：万元

大类	序号		国有控股	集体控股	私人控股	港澳台商控股	外商控股	其他
一	1	新闻服务	23.84	9.27	16.38	—	0.10	24.94
	2	出版服务	59.36	29.17	21.90	25.40	23.24	38.00
	3	发行服务	81.20	54.15	49.42	41.39	152.75	46.67
二	4	广播电视服务	66.88	35.63	64.22	8.45	—	51.50
	5	电影和影视录音服务	48.82	28.39	38.07	64.82	42.82	36.98
三	6	文艺创作与表演服务	34.98	8.06	14.32	17.17	62.34	12.42
	7	图书馆与档案馆服务	11.85	23.97	12.87	—	8.95	8.61
	8	文化遗产保护服务	21.04	14.77	14.59	13.78	80.08	15.44
	9	群众文化服务	25.19	10.67	18.26	37.52	38.24	13.02
	10	文化研究和社团服务	10.98	3.82	20.15	3.92	501.51	6.23
	11	文化艺术培训服务	16.02	6.99	12.60	20.80	25.99	11.43
	12	其他文化艺术服务	72.20	15.47	19.61	22.41	14.73	23.05
四	13	互联网信息服务	39.24	11.94	46.54	221.99	39.87	44.96
	14	增值电信服务（文化部分）	80.40	63.99	36.92	49.18	11.63	30.01
	15	广播电视传输服务	35.76	18.56	25.03	16.10	120.04	27.56
五	16	广告服务	87.20	46.32	37.08	343.61	360.39	43.77
	17	文化软件服务	90.54	46.91	32.74	65.68	37.96	50.57
	18	建筑设计服务	66.42	34.22	30.32	45.84	57.58	33.44
	19	专业设计服务	106.65	33.23	24.97	33.51	41.52	24.34

续表

大类	序号		国有控股	集体控股	私人控股	港澳台商控股	外商控股	其他
六	20	景区游览服务	24.46	19.83	19.12	27.44	35.91	18.46
	21	娱乐休闲服务	29.07	12.46	13.93	14.80	28.34	11.95
	22	摄影扩印服务	18.06	15.39	14.42	16.57	36.41	12.16
七	23	工艺美术品的制造	321.12	42.74	51.37	69.97	46.27	41.13
	24	园林、陈设艺术及其他陶瓷制品的制造	44.51	37.38	31.85	29.90	22.64	18.81
	25	工艺美术品的销售	985.66	212.55	82.22	128.71	101.00	188.08
八	26	版权服务	57.73	21.35	24.10	243.19	120.30	17.07
	27	印刷复制服务	45.36	38.22	43.50	40.78	46.35	44.36
	28	文化经纪代理服务	39.02	83.50	22.66	47.93	22.90	17.37
	29	文化贸易代理与拍卖服务	601.62	112.29	108.30	377.53	364.05	129.54
	30	文化出租服务	18.00	21.49	23.52	27.53	69.60	20.54
	31	会展服务	95.65	44.52	30.96	84.02	76.60	27.74
	32	其他文化辅助生产	51.60	26.41	22.21	57.57	65.86	23.55
九	33	办公用品的制造	39.53	45.28	37.95	27.45	37.64	31.60
	34	乐器的制造	35.23	30.00	37.66	36.23	35.14	34.71
	35	玩具的制造	15.63	21.80	30.94	17.31	29.40	17.83
	36	游艺器材及娱乐用品的制造	36.06	33.41	53.42	33.80	28.01	31.63
	37	视听设备的制造	157.34	53.81	52.51	76.84	156.43	89.04
	38	焰火、鞭炮产品的制造	56.40	27.89	29.51	32.38	40.51	40.36
	39	文化用纸的制造	99.85	123.09	78.72	138.91	175.58	173.93
	40	文化用油墨颜料的制造	74.53	96.71	81.46	90.76	120.64	72.15
	41	文化用化学品的制造	169.30	120.65	96.87	108.59	100.74	125.70
	42	其他文化用品的制造	353.43	35.41	50.04	68.39	111.65	47.13
	43	文具乐器照相器材的销售	410.92	40.78	87.14	383.80	606.85	90.52
	44	文化用家电的销售	500.95	429.70	109.99	225.72	315.32	491.38
	45	其他文化用品的销售	212.72	42.21	70.79	165.57	336.35	147.03
十	46	印刷专用设备的制造	29.54	45.95	51.81	40.48	95.43	33.88
	47	广播电视电影专用设备的制造	75.88	52.32	54.99	52.08	62.16	66.84
	48	其他文化专用设备的制造	51.61	14.38	46.28	78.96	78.07	46.65
	49	广播电视电影专用设备的批发	901.48	206.39	140.74	544.38	7083.59	186.92
	50	舞台照明设备的批发	563.28	600.14	84.49	405.40	626.33	75.15

（1）外商控股企业在 20 个中类中人均营业收入最大。这些中类包括：发行服务、文艺创作与表演服务、文化遗产保护服务、群众文化服务、文化研究和社团服务、文化艺术培训服务、广播电视传输服务、广告服务、景区游览服务、摄影扩印服务、印刷复制服务、文化出租服务、其他文化辅助生产、文化用纸的制造、文化用油墨颜料的制造、文具乐器照相器材的销售、其他文化用品的销售、印刷专用设备的制造、广播电视电影专用设备的批发、舞台照明设备的批发。

（2）国有控股企业在 19 个中类中人均营业收入最大。这些中类包括：出版服务，广播电视服务，其他文化艺术服务，增值电信服务（文化部分），文化软件服务，建筑设计服务，专业设计服务，娱乐休闲服务，工艺美术品的制造，园林、陈设艺术及其他陶瓷制品的制造，工艺美术品的销售，文化贸易代理与拍卖服务，会展服务，视听设备的制造，焰火、鞭炮产品的制造，文化用化学品的制造，其他文化用品的制造，文化用家电的销售，广播电视电影专用设备的制造。

（3）港澳台商控股企业在 4 个中类中人均营业收入最大。这些中类包括：电影和影视录音服务、互联网信息服务、版权服务、其他文化专用设备的制造。

（4）集体控股企业在 3 个中类中人均营业收入最大。这些中类包括：图书馆与档案馆服务、文化经纪代理服务、办公用品的制造。

（5）私人控股企业在 3 个中类中人均营业收入最大。这些中类包括：乐器的制造、玩具的制造、游艺器材及娱乐用品的制造。

（6）国有控股企业的人均营业收入低于 11 个中类的平均水平；集体控股企业的人均营业收入低于 35 个中类的平均水平；私人控股企业的人均营业收入低于 38 个中类的平均水平；港澳台商控股企业的人均营业收入低于 21 个中类的平均水平；外商控股企业的人均营业收入低于 15 个中类的平均水平；其他类型企业的人均营业收入低于 40 个中类的平均水平。

2. 2013 年各中类规模以上文化企业中不同控股类型企业的人均营业收入

2013 年各中类规模以上文化企业中不同控股类型企业人均营业收入的分布大致有如下特点（参见表 33）。

表 33　2013 年各中类不同控股类型文化企业的人均营业收入

单位：万元

	平均	国有控股	集体控股	私人控股	港澳台商控股	外商控股	其他
新闻服务	29.08	31.94	—		—		13.88
出版服务	59.07	61.74	32.50	56.45	45.18	44.63	51.75
发行服务	90.60	89.42	79.77	97.49	134.29	144.49	67.38
广播电视服务	106.71	115.19	43.57	173.71	—	—	71.02
电影和影视录音服务	98.85	102.43	61.44	104.24	96.21	65.80	78.17
文艺创作与表演服务	48.98	67.85	24.45	35.21	19.60	147.05	17.87
图书馆与档案馆服务	13.13	16.97	73.24	—	—	—	0.00
文化遗产保护服务	25.79	26.26	46.70	18.55	24.60	108.69	21.18
群众文化服务	69.58	104.88	33.71	70.19		—	31.56
文化研究和社团服务	19.96	19.89	—		—		28.07
文化艺术培训服务	13.85	36.39	2.07	17.71	0.00	59.53	21.03
其他文化艺术服务	128.06	280.14	37.54	75.03	43.61	—	127.80
互联网信息服务	120.43	54.51	13.80	95.94	241.97	46.28	96.13
增值电信服务（文化部分）	39.17	43.96	22.37	37.22	2.07	15.51	33.50
广播电视传输服务	46.58	48.29	22.07	29.19	0.00	46.29	44.67
广告服务	178.89	128.77	106.58	145.94	427.86	408.74	160.42
文化软件服务	45.71	78.85	35.53	42.03	61.88	32.47	58.18
建筑设计服务	56.75	66.04	43.22	48.15	71.83	72.75	43.03
专业设计服务	110.77	218.89	55.51	71.17	34.10	58.10	48.85
景区游览服务	30.48	31.71	22.58	31.74	31.62	47.57	26.63
娱乐休闲服务	26.42	36.70	18.08	25.97	17.42	34.04	17.80
摄影扩印服务	17.42	28.59	13.86	18.94	18.31	56.37	3.72
工艺美术品的制造	88.59	701.22	56.27	90.51	86.44	55.89	72.53
园林、陈设艺术及其他陶瓷制品的制造	52.36	87.44	94.24	55.42	36.87	28.66	50.23
工艺美术品的销售	335.47	1666.57	518.76	235.93	149.66	147.04	424.53
版权服务	38.05	38.32	14.98	25.06	113.48	125.40	25.71

续表

	平均	国有控股	集体控股	私人控股	港澳台商控股	外商控股	其他
印刷复制服务	72.50	55.08	67.36	84.07	48.82	53.24	80.71
文化经纪代理服务	80.07	65.92	240.79	66.23	129.15	32.53	26.76
文化贸易代理与拍卖服务	415.12	912.72	370.29	353.02	654.88	240.67	591.97
文化出租服务	56.01	22.32	28.91	63.14	—	82.33	11.37
会展服务	101.49	136.06	81.73	84.67	121.15	99.93	73.48
其他文化辅助生产	46.56	40.87	29.61	54.64	56.33	43.55	32.44
办公用品的制造	51.73	52.01	87.20	58.82	33.95	43.23	43.27
乐器的制造	45.62	32.44	34.78	60.29	38.48	34.74	38.11
玩具的制造	29.36	15.24	25.25	47.78	19.45	32.32	25.69
游艺器材及娱乐用品的制造	77.14	44.30	49.43	88.69	38.44	48.50	112.00
视听设备的制造	112.05	161.02	41.41	77.59	83.02	156.36	125.72
焰火、鞭炮产品的制造	48.30	99.11	32.26	48.82	36.30	48.52	67.15
文化用纸的制造	105.04	94.54	101.67	84.97	130.42	169.91	204.50
文化用油墨颜料的制造	103.32	54.57	109.85	106.47	96.70	121.32	87.24
文化用化学品的制造	113.65	117.62	120.54	122.31	145.83	85.83	166.18
其他文化用品的制造	74.27	184.09	26.48	66.95	77.57	89.97	36.19
文具乐器照相器材的销售	418.14	825.22	66.34	379.59	1255.19	720.77	293.86
文化用家电的销售	251.74	551.99	376.98	169.57	213.02	234.78	442.34
其他文化用品的销售	359.71	418.75	110.90	315.78	346.84	417.35	934.15
印刷专用设备的制造	72.73	26.52	60.56	85.88	53.08	94.06	37.47
广播电视电影专用设备的制造	74.27	62.23	74.64	78.63	61.97	71.61	96.16
其他文化专用设备的制造	78.84	51.50	13.44	69.48	85.32	81.16	70.27
广播电视电影专用设备的批发	856.85	1033.50	288.49	288.20	460.69	10307.72	153.58
舞台照明设备的批发	239.78	571.04	382.83	161.62	41.52	321.92	115.93

（1）国有控股企业在 18 个中类中人均营业收入最高。这些中类包括：新闻服务，出版服务，群众文化服务，其他文化艺术服务，增值电信服务（文化部分），广播电视传输服务，文化软件服务，专业设计服务，娱乐休闲服务，工艺美术品的制造，工艺美术品的销售，

文化贸易代理与拍卖服务，会展服务，视听设备的制造，焰火、鞭炮产品的制造，其他文化用品的制造，文化用家电的销售，舞台照明设备的批发。

（2）外商控股企业在12个中类中人均营业收入最高。这些中类包括：发行服务、文艺创作与表演服务、文化遗产保护服务、文化艺术培训服务、建筑设计服务、景区游览服务、摄影扩印服务、版权服务、文化出租服务、文化用油墨颜料的制造、印刷专用设备的制造、广播电视电影专用设备的批发。

（3）其他类型企业在6个中类中人均营业收入最高。这些中类包括：文化研究和社团服务、游艺器材及娱乐用品的制造、文化用纸的制造、文化用化学品的制造、其他文化用品的销售、广播电视电影专用设备的制造。

（4）私人控股企业在5个中类中人均营业收入最高。这些中类包括：广播电视服务、电影和影视录音服务、印刷复制服务、乐器的制造、玩具的制造。

（5）港澳台商控股企业在5个中类中人均营业收入最高。这些中类包括：互联网信息服务、广告服务、其他文化辅助生产、文具乐器照相器材的销售、其他文化专用设备的制造。

（6）集体控股企业在4个中类中人均营业收入最高。这些中类包括：图书馆与档案馆服务，园林、陈设艺术及其他陶瓷制品的制造，文化经纪代理服务，办公用品的制造。

（7）国有控股企业的人均营业收入低于16个中类的平均水平，集体控股企业的人均营业收入低于37个中类的平均水平，私人控股企业的人均营业收入低于27个中类的平均水平，港澳台商控股企业的人均营业收入低于27个中类的平均水平，外商控股企业的人均营业收入低于23个中类的平均水平，其他类型企业的人均营业收入低于36个中类的平均水平。

七　不同控股类型文化企业的盈利性

本部分选用了总资产报酬率、净资产收益率 2 个指标来反映 2013 年全国规模以上文化企业的盈利性。相对而言，在全部 6 个控股类型企业中，私人控股企业的盈利性明显较好，其平均总资产报酬率和平均净资产收益率均高于全部规模以上文化企业的平均水平，而且在多数大类、中类中，私人控股企业的这两项指标也相对高于相应大类、中类的平均水平。值得关注的是，国有控股企业的平均总资产报酬率和平均净资产收益率不公在各控股类型的企业中垫底，而且在绝大多数大类、中类中也相对低于相应大类、中类的平均水平。

（一）不同控股类型规模以上文化企业的盈利性

2013 年全国规模以上文化企业平均总资产报酬率、平均净资产收益率分别为 9.7%、16.8%。在不同控股类型规模以上文化企业中，港澳台商控股、私人控股 2 类企业的平均总资产报酬率相对较高，依次达到了 16.0%、12.1%；外商控股、集体控股、其他、国有控股 4 类企业的平均总资产报酬率则相对相低，依次为 8.8%、7.8%、7.7%、6.1%。

另外，港澳台商控股、私人控股 2 类企业的平均净资产收益率也相对较高，依次达到了 29.4%、22.2%；外商控股、集体控股、其他、国有控股 4 类企业的平均总资产报酬率则相对相低，依次为 15.8%、14.2%、13.0%、9.6%（参见图 12）。

（二）各部分不同控股类型规模以上文化企业的盈利性

1. 2013 年各部分不同控股类型规模以上文化企业的平均总资产报酬率

2013 年各部分规模以上文化企业中不同控股类型企业的平均总资

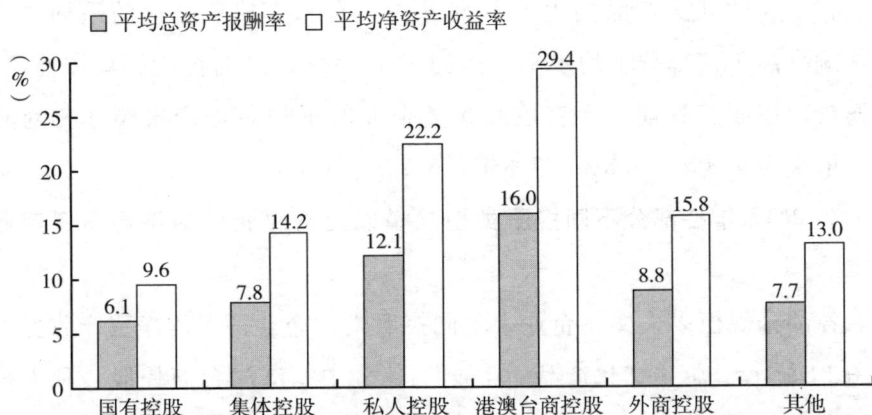

图 12　2013 年不同控股类型规模以上文化企业的平均总资产
报酬率和平均净资产收益率

产报酬率如图 13 所示。在"文化产品的生产"部分，港澳台商控股、私人控股 2 类企业的平均总资产报酬率相对较高，分别达到了24.7%、11.5%；同时，外商控股、其他、国有控股、集体控股 4 类企业的平均总资产报酬率相对较低，依次为 8.8%、8.6%、6.5%、6.4%。

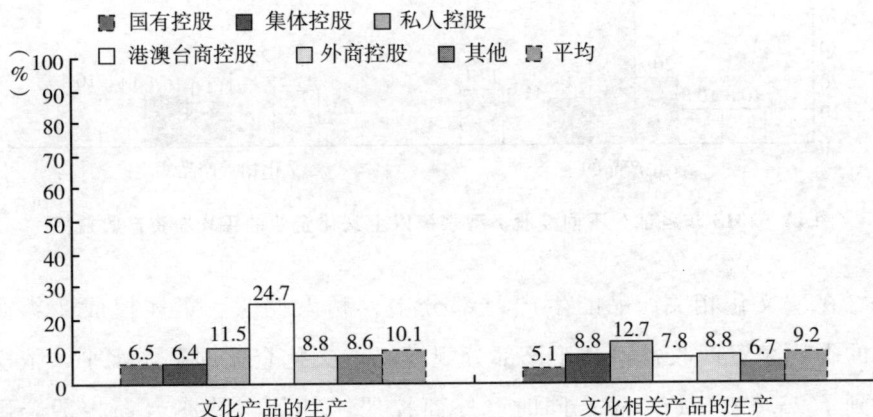

图 13　2013 年各部分不同控股类型规模以上文化企业的平均总资产报酬率

在"文化相关产品的生产"部分，只有私人控股企业的平均总资产报酬率高于该部分平均水平，达到了 12.7%；外商控股、集体控股、港澳台商控股、其他、国有控股 5 类企业的平均总资产报酬率相对较低，依次为 8.8%、8.8%、7.8%、6.7%、5.1%。

2. 2013 年各部分不同控股类型规模以上文化企业的平均净资产收益率

各部分规模以上文化企业中不同控股类型企业的平均净资产收益率如图 14 所示。在"文化产品的生产"部分中，港澳台商控股、私人控股 2 类企业的平均净资产收益率高于该部分规模以上文化企业的平均水平，依次达到了 43.2%、20.7%；同时，外商控股、其他、集体控股、国有控股 4 类企业的平均净资产收益率相对较低，依次为 14.5%、11.9%、10.8%、10.6%。

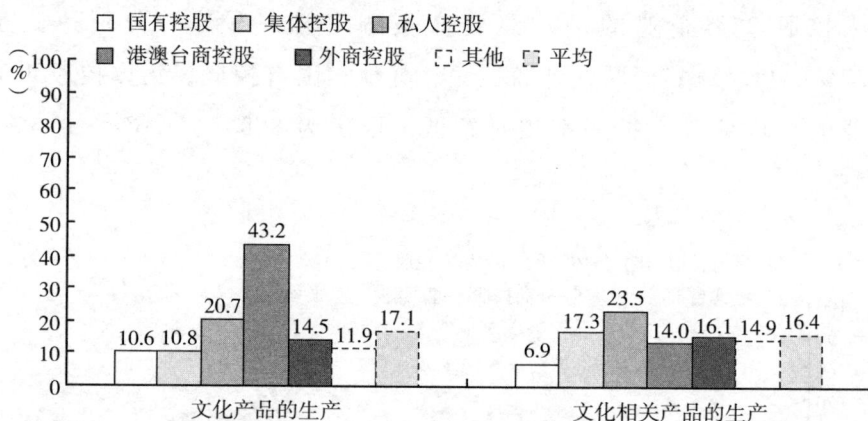

图 14　2013 年各部分不同控股类型规模以上文化企业的平均净资产收益率

在"文化相关产品的生产"部分中，私人控股、集体控股 2 类企业的平均净资产收益率高于该部分规模以上文化企业的平均水平，依次达到了 23.5%、17.3%；同时，外商控股、其他、港澳台商控股、国有控股 4 类企业的平均净资产收益率相对较低，依次为 16.1%、14.9%、14.0%、6.9%。

（三）各大类不同控股类型规模以上文化企业的盈利性

1. 2013 年各大类规模以上文化企业中不同控股类型企业的平均总资产报酬率

2013 年各大类规模以上文化企业中不同控股类型企业的平均总资产报酬率大致有如下特点（参见表34）。

表34　2013 年各大类规模以上文化企业中不同控股类型
企业的平均总资产报酬率

单位：%

	平均	国有控股	集体控股	私人控股	港澳台商控股	外商控股	其他
新闻出版发行服务	5.9	6.1	8.5	6.1	0.0	−0.2	4.7
广播电视电影服务	9.9	10.2	4.6	14.9	2.8	6.7	6.8
文化艺术服务	4.3	3.1	4.1	7.7	1.1	4.5	11.6
文化信息传输服务	17.0	6.2	−10.2	7.7	51.7	1.9	10.9
文化创意和设计服务	10.1	8.1	11.3	11.3	13.6	8.8	10.9
文化休闲娱乐服务	3.7	2.8	2.2	5.2	4.1	12.9	4.5
工艺美术品的生产	13.5	11.1	13.6	15.0	9.3	14.8	13.6
文化产品生产的辅助生产	10.4	6.4	11.5	13.8	9.1	9.3	10.0
文化用品的生产	8.7	4.5	8.4	12.4	7.4	8.6	6.0
文化专用设备的生产	9.1	2.5	2.0	11.3	7.7	9.6	4.6

（1）国有控股企业的平均总资产报酬率只是在广播电视电影服务、新闻出版发行服务 2 个大类中比相应大类的平均水平分别高出 0.3、0.2 个百分点，却在文化休闲娱乐服务、文化艺术服务、文化创意和设计服务、工艺美术品的生产、文化产品生产的辅助生产、文化用品的生产、文化专用设备的生产、文化信息传输服务 8 个大类中显得相对较低，并依次比相应大类的平均水平低 0.9、1.2、2.0、2.4、4.0、4.2、6.6、10.8 个百分点。

（2）集体控股企业在新闻出版发行服务、文化创意和设计服务、文化产品生产的辅助生产、工艺美术品的生产 4 个大类中的平均总资产报酬率相对较高，并分别比相应大类的平均水平高出 2.6、1.2、1.1、0.1 个百分点；同时，该类企业在文化艺术服务、文化用品的生产、文化休闲娱乐服务、广播电视电影服务、文化专用设备的生产、文化信息传输服务 6 个大类中相对较低，并依次比相应大类的平均水平低 0.2、0.3、1.5、5.3、7.1、27.2 个百分点。

（3）私人控股企业在广播电视电影服务、文化用品的生产、文化产品生产的辅助生产、文化艺术服务、文化专用设备的生产、工艺美术品的生产、文化休闲娱乐服务、文化创意和设计服务、新闻出版发行服务 9 个大类中的平均总资产报酬率相对较高，并依次比相应大类的平均水平高出 5.0、3.7、3.4、3.4、2.2、1.5、1.5、1.2、0.2 个百分点；只是在文化信息传输服务大类中该类企业的平均总资产报酬率比该大类的平均水平低 9.3 个百分点。

（4）港澳台商控股企业在文化信息传输服务、文化创意和设计服务、文化休闲娱乐服务 3 个大类中的平均总资产报酬率相对较高，并依次比相应大类的平均水平高出 34.7、3.5、0.4 个百分点；同时，该类企业在文化用品的生产、文化产品生产的辅助生产、文化专用设备的生产、文化艺术服务、工艺美术品的生产、新闻出版发行服务、广播电视电影服务 7 个大类中的平均总资产报酬率相对较低，并依次比相应大类的平均水平低 1.3、1.3、1.4、3.2、4.2、5.9、7.1 个百分点。

（5）外商控股企业在文化休闲娱乐服务、工艺美术品的生产、文化专用设备的生产、文化艺术服务 4 个大类中的平均总资产报酬率相对较高，并依次比相应大类的平均水平高出 9.2、1.3、0.5、0.2 个百分点；同时，该类企业在文化用品的生产、文化产品生产的辅助生产、文化创意和设计服务、广播电视电影服务、新闻出版发行服务、文化信息传输服务 6 个大类中的平均总资产报酬率相对较低，并依次比相应大类的平均水平低 0.1、1.1、1.3、3.2、6.1、15.1 个百分点。

2. 2013 年各大类规模以上文化企业中不同控股类型企业的净资产收益率

2013 年各大类规模以上文化企业中不同控股类型企业的平均净资产收益率的具体特点大致如下（参见表 35）。

表 35　2013 年各大类不同控股类型规模以上文化企业的平均净资产收益率

单位：%

大类	平均	国有控股	集体控股	私人控股	港澳台商控股	外商控股	其他
新闻出版发行服务	9.4	9.5	16.0	14.0	-3.2	-130.5	6.1
广播电视电影服务	13.0	13.4	37.3	22.3	-0.8	7.3	6.5
文化艺术服务	8.0	6.2	1.9	12.3	1.8	-2.7	22.2
文化信息传输服务	29.1	9.3	-88.7	15.9	81.5	1.9	17.7
文化创意和设计服务	18.5	17.2	19.7	18.9	22.0	15.9	17.5
文化休闲娱乐服务	4.8	3.0	2.7	7.9	7.6	16.0	6.7
工艺美术品的生产	24.9	21.6	22.6	29.4	14.8	22.7	19.9
文化产品生产的辅助生产	15.6	7.5	18.1	25.0	13.1	13.5	17.5
文化用品的生产	16.6	6.5	17.3	23.3	14.6	15.4	14.6
文化专用设备的生产	17.6	2.7	3.9	20.8	12.4	20.4	9.0

（1）私人控股企业的平均净资产收益率在文化产品生产的辅助生产、广播电视电影服务、文化用品的生产、新闻出版发行服务、工艺美术品的生产、文化艺术服务、文化专用设备的生产、文化休闲娱乐服务、文化创意和设计服务 9 个大类中的净资产收益率相对较高，依次比这些大类的平均水平高出 9.4、9.3、6.7、4.6、4.5、4.3、3.2、3.1、0.4 个百分点，不过其在文化信息传输服务大类中的平均净资产收益率低于该大类规模以上文化企业平均水平。

（2）集体控股企业在广播电视电影服务、新闻出版发行服务、文化产品生产的辅助生产、文化创意和设计服务、文化用品的生产 5 个大类中的平均净资产收益率相对较高，依次比这些大类的平均水平高出 24.3、6.6、2.5、1.2、0.7 个百分点；同时，其在文化休闲娱乐服务、工艺美术品的生产、文化艺术服务、文化专用设备的生产、文化信息传输服务 5 个大类中的平均净资产收益率相对较低，并依次比相应大类的平均水平低 2.1、2.3、6.1、13.7、117.8 个百分点。

（3）港澳台商控股企业在文化信息传输服务、文化创意和设计服务、文化休闲娱乐服务 3 个大类中的平均净资产收益率相对较高，依次比这些大类的平均水平高出 52.4、3.5、2.8 个百分点；同时，其在文化用品的生产、文化产品生产的辅助生产、文化专用设备的生产、文化艺术服务、工艺美术品的生产、新闻出版发行服务、广播电视电影服务 7 个大类中的平均净资产收益率相对较低，比相应大类的平均水平依次低 2.0、2.5、5.2、6.2、10.1、12.6、13.8 个百分点。

（4）外商控股企业在文化休闲娱乐服务、文化专用设备的生产 2 个大类中的平均净资产收益率相对较高，并依次比这些大类的平均水平高出 11.2、2.8 个百分点；同时，其在文化用品的生产、文化产品生产的辅助生产、工艺美术品的生产、文化创意和设计服务、广播电视电影服务、文化艺术服务、文化信息传输服务、新闻出版发行服务 8 个大类中的平均净资产收益率相对较低，比相应大类的平均水平依次低 1.2、2.1、2.2、2.6、5.7、10.7、27.2、139.9 个百分点。

（5）国有控股企业在广播电视电影服务、新闻出版发行服务 2 个大类中的平均净资产收益率相对较高，并依次比这些大类的平均水平高出 0.4、0.1 个百分点；同时，其在文化创意和设计服务、文化艺术服务、文化休闲娱乐服务、工艺美术品的生产、文化产品生产的辅助生产、文化用品的生产、文化专用设备的生产、文化信息传输服务 8 个大类中的平均净资产收益率相对较低，并依次比这些大类的平均水平低 1.3、1.8、1.8、3.3、8.1、10.1、14.9、19.8 个百分点。

（四）各中类不同控股类型规模以上文化企业的盈利性

1. 2013 年各中类规模以上文化企业中不同控股类型企业的总资产报酬率

2013 年各中类规模以上文化企业中不同控股类型的企业平均总资产报酬率大致有如下特点（参见表 36）。

表 36　2013 年各中类不同控股类型规模以上文化企业的平均总资产报酬率

单位：%

中类	平均	国有控股	集体控股	私人控股	港澳台商控股	外商控股	其他
新闻服务	2.2	2.4	—	—	—	—	−2.8
出版服务	6.6	6.8	2.5	10.2	8.7	−3.2	4.7
发行服务	5.2	5.3	20.5	5.5	−3.3	0.0	5.9
广播电视服务	11.0	12.3	4.8	9.4		0.0	6.5
电影和影视录音服务	9.2	8.2	4.6	16.1	2.8	6.7	6.8
文艺创作与表演服务	3.9	2.4	0.4	11.0	1.5	2.6	16.5
图书馆与档案馆服务	1.2	−0.1	4.4	—	—		0.0
文化遗产保护服务	2.1	1.3	23.0	4.3	130.2	21.3	2.6
群众文化服务	6.6	−1.1	132.8	11.2		0.0	13.0
文化研究和社团服务	2.1	1.6	—	0.0	—	—	119.6
文化艺术培训服务	4.7	3.0	6.9	6.8	0.0	−24.0	6.2
其他文化艺术服务	7.8	11.4	−6.9	2.6	0.8		32.4
互联网信息服务	27.8	9.8	−46.3	7.4	52.2	2.6	7.3
增值电信服务（文化部分）	4.7	3.1	1.9	13.0	−0.1	0.0	−2.5
广播电视传输服务	6.8	6.6	−0.2	4.0	0.0	−2.8	17.4
广告服务	10.4	13.5	15.0	9.9	6.9	9.4	10.2
文化软件服务	11.3	7.5	14.3	10.4	16.3	7.5	10.7
建筑设计服务	8.5	6.2	9.5	14.9	14.3	24.7	12.4
专业设计服务	11.0	10.8	8.2	12.3	7.2	11.7	10.6
景区游览服务	3.8	3.0	2.4	5.3	6.6	15.6	4.8
娱乐休闲服务	3.2	1.5	0.8	4.8	−2.3	10.8	3.9
摄影扩印服务	6.8	3.3	0.6	8.9	7.5	−2.6	1.5
工艺美术品的制造	15.7	15.5	12.1	17.0	11.7	17.1	11.4

续表

中类	平均	国有控股	集体控股	私人控股	港澳台商控股	外商控股	其他
园林、陈设艺术及其他陶瓷制品的制造	27.0	6.1	27.7	30.3	24.9	-2.5	13.7
工艺美术品的销售	8.1	9.7	17.0	7.6	2.5	-1.9	16.2
版权服务	6.0	2.8	3.8	11.3	7.0	10.9	3.4
印刷复制服务	13.2	10.5	13.3	15.3	9.1	10.7	13.5
文化经纪代理服务	9.5	4.5	14.3	8.5	4.3	1.9	16.6
文化贸易代理与拍卖服务	5.8	10.8	13.5	6.5	-0.7	2.4	0.5
文化出租服务	2.1	0.0	0.9	8.6	—	-10.6	1.1
会展服务	7.6	6.8	33.1	7.3	20.0	12.4	6.7
其他文化辅助生产	2.6	1.1	0.4	8.4	8.9	12.2	1.8
办公用品的制造	12.6	20.8	18.1	15.1	6.2	6.7	11.8
乐器的制造	10.9	5.2	11.3	20.6	12.0	3.7	8.5
玩具的制造	12.5	7.2	30.6	19.4	6.4	11.1	10.4
游艺器材及娱乐用品的制造	18.9	2.7	4.2	22.4	7.2	8.3	13.0
视听设备的制造	10.4	5.6	9.7	10.1	7.4	22.8	6.8
焰火、鞭炮产品的制造	36.5	12.1	16.2	38.1	19.9	31.5	49.2
文化用纸的制造	6.3	3.5	9.3	10.1	5.6	4.0	5.6
文化用油墨颜料的制造	11.7	2.6	21.3	14.3	8.0	9.3	9.9
文化用化学品的制造	5.6	2.1	2.0	8.4	4.5	3.3	15.1
其他文化用品的制造	11.8	6.9	5.9	14.9	12.6	6.5	4.5
文具乐器照相器材的销售	6.1	4.5	9.4	8.4	-1.1	1.7	3.9
文化用家电的销售	3.3	0.9	1.0	5.0	44.2	4.6	0.7
其他文化用品的销售	12.8	10.6	4.1	4.7	5.0	13.1	107.9
印刷专用设备的制造	9.5	-4.2	4.6	15.4	10.6	7.9	7.5
广播电视电影专用设备的制造	11.1	6.0	2.9	13.1	11.1	7.5	9.1
其他文化专用设备的制造	7.2	-1.1	68.5	12.5	5.3	7.2	1.7
广播电视电影专用设备的批发	10.8	5.5	2.0	5.6	5.6	17.8	1.3
舞台照明设备的批发	2.7	5.4	1.2	4.6	0.5	2.4	3.6

（1）国有控股企业在10个中类规模以上文化企业中的平均总资产报酬率相对较高，这些中类包括：办公用品的制造、文化贸易代理与拍卖服务、其他文化艺术服务、广告服务、舞台照明设备的批发、工艺美术品的销售、广播电视服务、出版服务、新闻服务、发行服务，这些中

类国有控股企业的平均总资产报酬率依次比相应中类的平均水平高出
8.2、5.0、3.6、3.1、2.7、1.6、1.3、0.2、0.2、0.1 个百分点；同
时，该类企业在余下的 40 个中类中的平均总资产报酬率则相对较低。

（2）集体控股企业在 21 个中类中的平均总资产报酬率相对较高，
这些中类包括：群众文化服务，其他文化专用设备的制造，会展服务，
文化遗产保护服务，玩具的制造，发行服务，文化用油墨颜料的制造，
工艺美术品的销售，文化贸易代理与拍卖服务，办公用品的制造，文化
经纪代理服务，广告服务，文具乐器照相器材的销售，图书馆与档案馆
服务，文化软件服务，文化用纸的制造，文化艺术培训服务，建筑设计
服务，园林、陈设艺术及其他陶瓷制品的制造，乐器的制造，印刷复制
服务，在这些中类中集体控股企业的平均总资产报酬率依次比相应中类
的平均水平高出 126.2、61.3、25.5、20.9、18.1、15.3、9.6、8.9、
7.7、5.5、4.8、4.6、3.3、3.2、3.0、3.0、2.2、1.0、0.7、0.4、
0.1。同时，该类企业却在其余 27 个中类中的平均总资产报酬率显得相
对较低。

（3）私人控股企业在 35 个中类的平均总资产报酬率相对较高，这
些中类包括：乐器的制造，增值电信服务（文化部分），文艺创作与表
演服务，玩具的制造，电影和影视录音服务，文化出租服务，建筑设计
服务，印刷专用设备的制造，其他文化辅助生产，版权服务，其他文化
专用设备的制造，群众文化服务，文化用纸的制造，出版服务，游艺器
材及娱乐用品的制造，园林、陈设艺术及其他陶瓷制品的制造，其他文
化用品的制造，文化用化学品的制造，文化用油墨颜料的制造，办公用
品的制造，文具乐器照相器材的销售，文化遗产保护服务，文化艺术培
训服务，印刷复制服务，摄影扩印服务，广播电视电影专用设备的制
造，舞台照明设备的批发，文化用家电的销售，娱乐休闲服务，焰火、
鞭炮产品的制造，景区游览服务，工艺美术品的制造，专业设计服务，
文化贸易代理与拍卖服务，发行服务，在这些中类中私人控股企业的平

均总资产报酬率依次比相应中类的平均水平高出 9.7、8.3、7.1、6.9、6.9、6.5、6.4、5.9、5.8、5.3、5.3、4.6、3.8、3.6、3.5、3.3、3.1、2.8、2.6、2.5、2.3、2.2、2.1、2.1、2.1、2.0、1.9、1.7、1.6、1.6、1.5、1.3、1.3、0.7、0.3 个百分点。同时，该类企业在余下 13 个中类中的平均资产报酬率显得相对较低。

（4）港澳台商控股企业在 14 个中类的平均总资产报酬率相对较高，这些中类包括：文化遗产保护服务、文化用家电的销售、互联网信息服务、会展服务、其他文化辅助生产、建筑设计服务、文化软件服务、景区游览服务、出版服务、乐器的制造、印刷专用设备的制造、版权服务、其他文化用品的制造、摄影扩印服务，在这些中类中港澳台商控股企业的平均总资产报酬率依次比相应中类的平均水平高出 128.1、40.9、24.4、12.4、6.3、5.8、5.0、2.8、2.1、1.1、1.1、1.0、0.8、0.7 个百分点。同时，该中类在余下 30 个中类中的平均总资产报酬率却显得相对较低。

（5）外商控股企业在 13 个中类的平均总资产报酬率相对较高，这些中类包括：文化遗产保护服务、建筑设计服务、视听设备的制造、景区游览服务、其他文化辅助生产、娱乐休闲服务、广播电视电影专用设备的批发、版权服务、会展服务、工艺美术品的制造、文化用家电的销售、专业设计服务、其他文化用品的销售、其他文化专用设备的制造；外商控股企业在这些中类的平均总资产报酬率依次比相应中类的平均水平高出 19.2、16.2、12.4、11.8、9.6、7.6、7.0、4.9、4.8、1.4、1.3、0.7、0.3 个百分点。同时，该类企业在余下 33 个中类中的平均总资产报酬率却显得相对较低。

2. 2013 年各中类规模以上文化企业中不同控股类型企业的净资产收益率

2013 年各中类不同控股类型规模以上文化企业净资产收益率大致呈现如下特点（参见表37）。

表 37　2013 年各中类不同控股类型规模以上文化企业的平均净资产收益率

单位：%

中类	平均	国有控股	集体控股	私人控股	港澳台商控股	外商控股	其他
新闻服务	3.0	3.4	—	—		—	-9.0
出版服务	9.2	9.6	3.7	15.2	15.1	-8.0	5.7
发行服务	10.3	9.7	63.8	13.7	-14.8	21.1	15.2
广播电视服务	14.1	15.5	37.8	14.3		0.0	7.2
电影和影视录音服务	12.3	11.2	37.1	23.7	-0.8	7.4	6.3
文艺创作与表演服务	7.5	4.9	-3.5	17.5	-1.4	1.5	24.4
图书馆与档案馆服务	0.8	3.6	18.1				0.0
文化遗产保护服务	2.6	1.8	21.4	6.3	123.7	3.1	2.2
群众文化服务	11.1	-2.6	179.5	18.7		0.0	34.6
文化研究和社团服务	5.4	4.2		0.0			711.3
文化艺术培训服务	10.5	4.1	7.2	12.6	0.0	308.7	17.1
其他文化艺术服务	15.9	28.6	-23.4	3.4	1.6		53.7
互联网信息服务	50.9	12.5	91.5	16.6	82.3	2.6	11.2
增值电信服务（文化部分）	5.9	3.8	7.2	16.3	-0.2	-0.1	-5.8
广播电视传输服务	10.9	10.5	-6.2	6.5	0.0	-17.1	25.3
广告服务	21.4	19.2	24.3	21.3	27.6	35.3	14.0
文化软件服务	16.5	13.6	25.8	14.8	21.6	10.3	17.9
建筑设计服务	18.7	15.2	16.6	26.3	25.9	33.4	21.6
专业设计服务	21.8	25.6	11.8	18.0	13.0	18.2	15.5
景区游览服务	4.8	3.4	3.0	7.2	12.9	22.1	6.9
娱乐休闲服务	4.5	0.2	0.3	9.9	-59.2	11.8	6.1
摄影扩印服务	11.5	6.7	0.3	15.5	12.3	-5.4	-5.2
工艺美术品的制造	27.6	37.1	18.2	32.2	18.1	25.1	14.6
园林、陈设艺术及其他陶瓷制品的制造	38.7	8.6	32.7	43.7	32.2	-15.0	19.9
工艺美术品的销售	15.8	17.4	38.9	16.4	1.2	-11.0	28.4
版权服务	12.7	5.5	4.7	26.7	80.7	25.8	-2.6
印刷复制服务	19.9	13.2	18.4	25.7	12.8	13.4	20.3
文化经纪代理服务	14.5	6.8	13.1	17.7	15.3	-0.3	30.5
文化贸易代理与拍卖服务	17.3	34.9	52.1	19.3	-1.8	5.8	4.0
文化出租服务	2.4	0.0	0.2	11.6	—	-40.8	3.6
会展服务	9.6	7.2	72.1	21.3	32.6	22.4	25.0
其他文化辅助生产	2.9	0.3	1.4	16.8	22.9	26.8	3.2

续表

中类	平均	国有控股	集体控股	私人控股	港澳台商控股	外商控股	其他
办公用品的制造	21.6	40.9	47.1	27.2	9.4	8.6	17.8
乐器的制造	15.2	5.6	17.3	37.6	21.3	3.3	12.3
玩具的制造	20.1	7.7	89.8	29.7	10.7	17.1	13.5
游艺器材及娱乐用品的制造	32.0	5.0	19.5	38.7	10.7	10.2	22.8
视听设备的制造	24.4	10.2	26.5	19.7	21.3	53.9	15.4
焰火、鞭炮产品的制造	45.7	17.1	22.9	46.4	32.3	64.5	76.7
文化用纸的制造	8.9	1.8	14.9	16.4	7.6	4.7	6.7
文化用油墨颜料的制造	17.5	3.4	35.2	23.7	11.2	11.3	13.2
文化用化学品的制造	7.2	1.2	3.6	12.0	5.9	3.0	24.4
其他文化用品的制造	18.7	12.7	11.5	22.7	20.2	10.7	8.3
文具乐器照相器材的销售	23.5	14.3	21.9	41.0	−5.1	0.2	6.7
文化用家电的销售	11.3	−1.2	4.6	14.9	38.1	12.0	3.1
其他文化用品的销售	43.0	25.7	3.9	20.6	11.2	23.0	450.0
印刷专用设备的制造	14.2	−9.6	4.4	24.6	14.6	9.7	9.5
广播电视电影专用设备的制造	18.3	8.6	−4.3	21.5	19.7	11.7	14.7
其他文化专用设备的制造	9.7	−6.7	99.9	22.3	7.8	8.9	3.7
广播电视电影专用设备的批发	52.1	14.3	2.9	15.1	8.1	177.8	3.0
舞台照明设备的批发	7.1	19.0	6.2	10.2	1.1	6.0	11.9

（1）11 个中类的国有控股企业平均净资产收益率相对较高，包括：办公用品的制造、文化贸易代理与拍卖服务、其他文化艺术服务、舞台照明设备的批发、工艺美术品的制造、专业设计服务、图书馆与档案馆服务、工艺美术品的销售、广播电视服务、新闻服务、出版服务。这些中类中国有控股企业的平均净资产收益率依次比各自中类的平均水平高出 19.3、17.6、12.7、11.9、9.5、3.8、2.8、1.6、1.4、0.4、0.4 个百分点。同时，其余 39 个中类的国有控股企业的平均净资产收益率则相对较低。

（2）20 个中类的集体控股企业平均净资产收益率相对较高，包括：群众文化服务、其他文化专用设备的制造、玩具的制造、会展服务、发行服务、互联网信息服务、文化贸易代理与拍卖服务、办公用品的制造、电影和影视录音服务、广播电视服务、工艺美术品的销售、文化遗产保护服务、文化用油墨颜料的制造、图书馆与档案馆服务、文化软件服务、文化用纸的制造、广告服务、乐器的制造、视听设备的制造、增值电信服务（文化部分）。这些中类中集体控股企业的平均净资产收益率依次比各自中类的平均水平高出 168.4、90.2、69.7、62.5、53.5、40.6、34.8、25.5、24.8、23.7、23.1、18.8、17.7、17.3、9.3、6.0、2.9、2.1、2.1、1.3 个百分点。同时，其余 28 个中类的集体控股企业的平均净资产收益率则相对较低。

（3）38 个中类的私人控股企业平均净资产收益率相对较高，包括：乐器的制造，文具乐器照相器材的销售，版权服务，其他文化辅助生产，其他文化专用设备的制造，会展服务，电影和影视录音服务，印刷专用设备的制造，增值电信服务（文化部分），文艺创作与表演服务，玩具的制造，文化出租服务，群众文化服务，建筑设计服务，文化用纸的制造，游艺器材及娱乐用品的制造，文化用油墨颜料的制造，出版服务，印刷复制服务，办公用品的制造，娱乐休闲服务，园林、陈设艺术及其他陶瓷制品的制造，文化用化学品的制造，工艺美术品的制造，摄影扩印服务，其他文化用品的制造，文化遗产保护服务，文化用家电的销售，发行服务，文化经纪代理服务，广播电视电影专用设备的制造，舞台照明设备的批发，景区游览服务，文化艺术培训服务，文化贸易代理与拍卖服务，焰火、鞭炮产品的制造，工艺美术品的销售，广播电视服务。这些中类中私人控股企业的平均净资产收益率依次比各自中类的平均水平高出 22.4、17.5、14.0、13.9、12.6、11.7、11.4、10.4、10.4、10.0、9.6、9.2、7.6、7.6、7.5、6.2、6.0、5.8、5.6、5.4、5.0、4.8、4.6、4.0、4.0、3.7、3.6、3.4、3.2、3.2、3.1、2.4、2.1、2.0、0.7、0.6、0.2 个百分点。同时，私人控股企业的平均净资产收益率在其余 10 个中类则相对低于相应中类的平均水平。

　　（4）17个中类的港澳台商控股企业平均净资产收益率相对较高，包括：文化遗产保护服务、版权服务、互联网信息服务、文化用家电的销售、会展服务、其他文化辅助生产、景区游览服务、建筑设计服务、广告服务、乐器的制造、出版服务、文化软件服务、其他文化用品的制造、广播电视电影专用设备的制造、摄影扩印服务、文化经纪代理服务、印刷专用设备的制造。这些中类中港澳台商控股企业的平均净资产收益率依次比各自中类的平均水平高出121.1、68.0、31.4、26.8、23.0、20.0、8.1、7.2、6.2、6.1、5.9、5.1、1.5、1.4、0.8、0.8、0.4。同时，港澳台商控股企业在其余27个中类中的平均净资产收益率显得相对较低。

　　（5）14个中类的外商控股企业平均净资产收益率相对较高，包括：文化艺术培训服务，广播电视电影专用设备的批发，视听设备的制造，其他文化辅助生产，焰火、鞭炮产品的制造，景区游览服务，建筑设计服务，广告服务，版权服务，会展服务，发行服务，娱乐休闲服务，文化用家电的销售，文化遗产保护服务。这些中类中外商控股企业的平均净资产收益率依次比各自中类的平均水平高出298.2、125.7、29.5、23.9、18.8、17.3、14.7、13.9、13.1、10.8、7.3、0.7、0.5。同时，在其余32个中类中外商控股企业的平均净资产收益率则相对较低。

专题报告四 2014 年沪、深两市文化类 上市公司研究

本报告所研究的文化产业类上市公司，是指在沪、深两地上市的，以广播、电影、电视、音像、图书出版和报纸传媒等为主营业务、被中国证监会归属于文化产业类的 A 股上市公司。①

一 本报告的研究对象

中国证监会于 2012 年 10 月 26 日发布了《上市公司行业分类指引》（2012 年修订）（以下简称《2012 年分类指引》），把所有上市公司分为 A - S 共 19 个门类、1 - 90 共 90 个大类。同时，证监会于 2001 年 4 月颁布的《上市公司行业分类指引》则自动废止。《2012 年分类指引》以上市公司营业收入等财务数据为主要分类标准和依据，其所采用的财务数据为经过会计师事务所审计并已公开披露的合并报表数据。具体规定如下：当上市公司某类业务的营业收入的比重大于或等于 50% ，则将其划入该业务相对应的行业；当上市公司没有一类业务的营业收入的比重大于或等于 50% ，但某类业务的营业收入和利润均在所有业务中最高，而且均占到公司总营业收入

---

① 本文所引的数据除特别注明出处者之外，均引自 Wind 资讯、中国证监会、上海证交所、深圳证交所以及有关上市公司网站。

和总利润的 30% 以上（含 30%），则该公司归属该业务对应的行业类别。不能按照上述分类方法确定行业归属的，由上市公司行业分类专家委员会根据公司实际经营状况判断公司行业归属；归属不明确的，划为综合类。

按照《2012 年分类指引》，文化类上市公司属于"文化、体育和娱乐业"门类（代码 R）。在该门类中，除"体育业"（代码 88）之外，文化类上市公司又具体分布于"新闻和出版业"（代码 85）、"广播、电视、电影和影视录音制作业"（代码 86）、"文化艺术业"（代码 87）、"娱乐业"（代码 89）四个大类产业中（参见表 1）。

表 1　《2012 年分类指引》中的"文化、体育和娱乐业"

门类 R	大类	类别名称
	85	新闻和出版业
	86	广播、电视、电影和影视录音制作业
文化、体育与娱乐业	87	文化艺术业
	88	体育业
	89	娱乐业

根据中国证监会网站公布的《2014 年 2 季度上市公司行业分类结果》，该门类上市公司共有 24 家（参见表 2）。在本报告中，我们将这 24 家文化类上市公司作为研究对象。

表 2　沪、深两市文化类上市公司概览*

证券代码	公司全称	证券简称	所属大类
000504. SZ	北京赛迪传媒投资股份有限公司	ST 传媒	新闻和出版业
000719. SZ	中原大地传媒股份有限公司	大地传媒	新闻和出版业
000793. SZ	华闻传媒投资集团股份有限公司	华闻传媒	新闻和出版业
300148. SZ	天舟文化股份有限公司	天舟文化	新闻和出版业
600373. SH	中文天地出版传媒股份有限公司	中文传媒	新闻和出版业

续表

证券代码	公司全称	证券简称	所属大类
600551. SH	时代出版传媒股份有限公司	时代出版	新闻和出版业
600633. SH	浙报传媒集团股份有限公司	浙报传媒	新闻和出版业
600757. SH	长江出版传媒股份有限公司	长江传媒	新闻和出版业
600825. SH	上海新华传媒股份有限公司	新华传媒	新闻和出版业
600880. SH	成都博瑞传播股份有限公司	博瑞传播	新闻和出版业
601098. SH	中南出版传媒集团股份有限公司	中南传媒	新闻和出版业
601801. SH	安徽新华传媒股份有限公司	皖新传媒	新闻和出版业
601928. SH	江苏凤凰出版传媒股份有限公司	凤凰传媒	新闻和出版业
601999. SH	北方联合出版传媒（集团）股份有限公司	出版传媒	新闻和出版业
000156. SZ	华数传媒控股股份有限公司	华数传媒	广播、电视、电影和影视录音制作业
000665. SZ	湖北省广播电视信息网络股份有限公司	湖北广电	广播、电视、电影和影视录音制作业
300027. SZ	华谊兄弟传媒股份有限公司	华谊兄弟	广播、电视、电影和影视录音制作业
300133. SZ	浙江华策影视股份有限公司	华策影视	广播、电视、电影和影视录音制作业
300251. SZ	北京光线传媒股份有限公司	光线传媒	广播、电视、电影和影视录音制作业
300291. SZ	北京华录百纳影视股份有限公司	华录百纳	广播、电视、电影和影视录音制作业
300336. SZ	上海新文化传媒集团股份有限公司	新文化	广播、电视、电影和影视录音制作业
600088. SH	中视传媒股份有限公司	中视传媒	广播、电视、电影和影视录音制作业
000673. SZ	当代东方投资股份有限公司	当代东方	文化艺术业
002699. SZ	美盛文化创意股份有限公司	美盛文化	文化艺术业

　　*虽然《2012 年分类指引》把"文化、体育和娱乐业"门类进一步分为 5 个大类，但根据《2014 年 2 季度上市公司行业分类结果》，全部 24 家文化类上市公司仅分布于新闻和出版业，广播、电视、电影和影视录音制作业，文化艺术业三个大类，而体育业、娱乐业两个大类中则未见有文化类上市公司。另外，为表述规范和简便，下文均以证券简称表示具体公司。

　　资料来源：Wind 资讯、上市公司年度报告，截止日期 2014 - 06 - 30。

　　需要指出的是，迄今我国半数文化类上市公司最初的主营业务并不属于文化产业。据我们统计，在全部 24 家文化类上市公司中，以"借壳上市"或其他资产重组方式进入文化类上市公司之列的有 12 家，占比为 50%（参见表3）。

表3　我国文化类上市公司上市时间

证券代码	证券简称	上市日期	进入文化产业时间	第一大股东（截至 2014 年 6 月 30 日）
000504. SZ	ST 传媒	1992 – 12 – 08	2000	湖南省信托有限责任公司
000719. SZ	大地传媒	1997 – 03 – 31	2011	中原出版传媒投资控股集团有限公司
000793. SZ	华闻传媒	1997 – 07 – 29	2006	国广环球资产管理有限公司（2013 年 12 月 31 日第一大股东为上海渝富资产管理有限公司）
300148. SZ	天舟文化	2010 – 12 – 15	2003	湖南天鸿投资集团有限公司
600373. SH	中文传媒	2002 – 03 – 04	2010	江西省出版集团公司
600551. SH	时代出版	2002 – 09 – 05	2008	安徽出版集团有限责任公司
600633. SH	浙报传媒	1993 – 03 – 04	2011	浙报传媒控股集团有限公司
600757. SH	长江传媒	1996 – 10 – 3	2011	湖北长江出版传媒集团有限公司
600825. SH	新华传媒	1994 – 02 – 04	2006	上海新华发行集团有限公司
600880. SH	博瑞传播	1995 – 11 – 16	2000	成都博瑞投资控股集团有限公司
601098. SH	中南传媒	2010 – 10 – 28	2008	湖南出版投资控股集团有限公司
601801. SH	皖新传媒	2010 – 01 – 18	2002	安徽新华发行(集团)控股有限公司
601928. SH	凤凰传媒	2011 – 11 – 30	2009	江苏凤凰出版传媒集团有限公司
601999. SH	出版传媒	2007 – 12 – 21	2006	辽宁出版集团有限公司
000156. SZ	华数传媒	2000 – 9 – 6	2012	华数数字电视传媒集团有限公司
000665. SZ	湖北广电	1996 – 12 – 10	2012	湖北省楚天数字电视有限公司
300027. SZ	华谊兄弟	2009 – 10 – 30	2004	王中军、王中磊兄弟
300133. SZ	华策影视	2010 – 10 – 26	2005	傅梅城
300251. SZ	光线传媒	2011 – 08 – 03	2000	上海光线投资控股有限公司
300291. SZ	华录百纳	2012 – 2 – 9	2002	华录文化产业有限公司
300336. SZ	新文化	2012 – 07 – 10	2004	上海渠丰国际贸易有限公司
600088. SH	中视传媒	1997 – 6 – 16	1997	中央电视台无锡太湖影视城
002699. SZ	美盛文化	2012 – 9 – 11	2010	浙江莱盛实业有限公司
000673. SZ	当代东方	1997 – 01 – 24	2011	厦门当代投资集团有限公司

二　2013 年以来文化类上市公司概况

截至 2014 年 6 月 30 日，沪、深两地共有文化类上市公司 24 家，总股本合计约为 206.17 亿股，总市值合计达 2974.86 亿元。需要说明的是，与 2013 年的报告相同，本报告将文化类 24 个上市公司按照主营业务不同分为新闻和出版业板块（简称"出版板块"，以下同）、广播、电视、电影和影视录音制作业板块（简称"影视板块"，以下同）和文化艺术板块进行分析，其中新闻和出版业板块包括 14 家上市公司，广播、电视、电影和影视录音制作业板块包括 8 家上市公司，文化艺术板块（简称"文艺板块"，以下同）包括 2 家上市公司。由于文艺板块上市公司样本较少（2012 年末该板块仅美盛文化一家上市公司，2013 年 6 月 30 日有 2 家上市公司），缺乏一定的普遍性，本报告不将该板块作为整体与其他板块相比较。

（一）股本与市值

1. 总股本及流通股本总体上呈增长之势

总股本是指股份公司发行的全部股票所占的股份总数，流通股本则是指在二级市场上流通的股份。2013 年以来，文化类上市公司总股本和流通股本均有较大程度的增加。截至 2014 年 6 月 30 日，全部 24 家上市公司的总股本合计约为 206.17 亿股，比 2012 年末增加了 30.1%，其中流通股合计近 129.13 亿股，更是比 2012 年底增加了 77.5%。由于限售股不断解禁等因素的影响，总股本中流通股合计所占的比重，也由 2012 年末的 45.9%，上升至 2014 年 6 月 30 日的 62.6%，18 个月内提高了 16.7 个百分点。

与 2012 年底相比较，截至 2014 年 6 月 30 日，超过半数的文化产业类上市公司的总股本和流通股本出于转增、增发上市等原因发生了变化（参见表4）。据统计，其间总股本有所增加的有华闻传媒（增加了约4.86亿股）、中文传媒（约6.18亿股）、浙报传媒（约7.59亿股）、长江传媒（约1.74亿股）、博瑞传播（约4.65亿股）、天舟文化（约2.00亿股）、华数传媒（约0.50亿股）、华录百纳（约2.04亿股）、华谊兄弟（约6.33亿股）、华策影视（约2.63亿股）、光线传媒（约5.06亿股）、新文化（约0.96亿股）和美盛文化（约1.12亿股）等13家公司。另外，流通股本同比有所增加的包括大地传媒（增加了约0.19亿股）、中文传媒（约9.98亿股）、时代出版（约2.96亿股）、浙报传媒（约4.23亿股）、博瑞传播（约2.48亿股）、中南传媒（约13.98亿股）、皖新传媒（约6.96亿股）、天舟文化（约1.75亿股）、华数传媒（约0.06亿股）、湖北广电（约0.53亿股）、华录百纳（约1.30亿股）、华谊兄弟（约4.58亿股）、华策影视（约2.83亿股）、光线传媒（约1.47亿股）、新文化（约0.5亿股）和美盛文化（约0.46亿股）等16家公司。

表4 文化类上市公司的总股本与流通股本情况

单位：百万股

证券简称	总股本			流通股本		
	2012年末	2013年末	2014-6-30	2012年末	2013年末	2014-6-30
ST传媒	311.6	311.6	311.6	310.0	310.0	310.0
大地传媒	439.7	439.7	439.7	87.9	91.5	106.5
华闻传媒	1360.1	1846.3	1846.3	1359.4	1359.4	1359.4
中文传媒	567.2	658.7	1185.7	187.5	567.2	1185.7
时代出版	505.8	505.8	505.8	210.2	505.8	505.8
浙报传媒	429.7	594.1	1188.3	152.1	152.1	578.7
长江传媒	1039.7	1213.7	1213.7	350.1	350.1	350.1
新华传媒	1044.9	1044.9	1044.9	1044.9	1044.9	1044.9
博瑞传播	628.0	683.3	1093.3	414.1	414.1	662.5
中南传媒	1796.0	1796.0	1796.0	398.0	1796.0	1796.0
皖新传媒	910.0	910.0	910.0	213.9	910.0	910.0
凤凰传媒	2544.9	2544.9	2544.9	659.0	659.0	657.9（高管增持）

续表

证券简称	总股本			流通股本		
	2012 年末	2013 年末	2014 - 6 - 30	2012 年末	2013 年末	2014 - 6 - 30
出版传媒	550.9	550.9	550.9	550.9	550.9	550.9
天舟文化	152.1	152.1	352.0	52.0	52.0	227.0
华数传媒	1097.0	1146.7	1146.7	63.9	70.3	70.3
湖北广电	388.8	388.8	388.8	137.2	190.0	190.0
华录百纳	60.0	132.0	264.0	15.0	72.6	145.2
中视传媒	331.4	331.4	331.4	331.4	331.4	331.4
华谊兄弟	604.8	1209.6	1237.6	408.7	812.1	866.9
华策影视	384.1	580.9	646.5	144.8	423.7	427.9
光线传媒	506.4	506.4	1012.7	138.2	142.4	284.8
新文化	96.0	96.0	192.0	24.0	35.9	74.0
美盛文化	93.5	93.5	205.7	23.5	31.5	69.4
当代东方	—	208.1	208.1	—	208.1	208.1
合　计	15842.6	17945.4	20616.9	7276.7	11081.0	12913.4

其间唯一流通股减少的公司是凤凰传媒，原因是凤凰传媒高管的增持使得流通股微减了 110 万股。一般而言，增持本公司股票往往体现了公司管理层对公司未来发展前景充满信心。

至 2014 年 6 月 30 日，已有 ST 传媒、中文传媒、时代出版、新华传媒、中南传媒、皖新传媒、出版传媒、中视传媒、当代东方等 9 家公司实现或基本实现了股本全流通，与 2013 年 6 月 30 日相比，增加了两家全流通公司——中文传媒和中南传媒，减少了一家全流通公司——华闻传媒（增发股票原因所致）。

2. 近半数公司第一大股东持股比例有所变化

第一大股东持股比例是指持有公司股票最多的股东所持股票数占公司发行的全部股票总数的比重。如表 5 所示，在全部 24 家文化类上市公司中，2013 年以来有 11 家企业第一大股东的持股比例有所变动。除了皖新传媒第一大股东持股比例微增 0.3 个百分点至 75.7% 之外，其他 10 家公司第一大股东持股比例均出现了不同程度的减少。其中，华数传媒下降了 2 个百分点、浙报传媒下降了 14.8 个百分点、长江传媒下降了 9.5 个百分点、中文传媒下降了 10.3 个百分点、博瑞传播下降了 0.3 个百分点、时代出版下降了 1.6 个百分点、华闻传媒下降了 5.2 个百分点、天舟文化下降了 22.9 个百分点、华谊兄弟下降了 2.7 个百分点，华策影视下降了 5.7 个百分点。另外，华闻传媒还更换了第一大股东，第一大股东由国广环球资产管理有限公司替换了上海渝富资产管理有限公司。

表 5 　文化类上市公司第一大股东的持股比例

单位：%

证券简称	2012 年末	2014 – 6 – 30	证券简称	2012 年末	2014 – 6 – 30
大地传媒	75.8	75.8	华数传媒	54.3	52.3
皖新传媒	75.4	75.7	浙报传媒	64.6	49.8
凤凰传媒	72.1	72.1	新华传媒	30.6	30.6
出版传媒	68.0	68.0	华录百纳	30.0	30.0
长江传媒	65.8	56.3	ST 传媒	25.6	25.6
中文传媒	74.0	63.7	博瑞传播	23.6	23.3
中南传媒	61.5	61.5	湖北广电	20.2	20.2
时代出版	58.4	56.8	华闻传媒	19.7	14.5
中视传媒	54.4	54.4	天舟文化	65.2	42.3
华谊兄弟	26.1	23.4	华策影视	35.7	30.0
光线传媒	54.1	54.1	新文化	31.3	31.3
美盛文化	46.4	46.4	当代东方	—	30.0

3. 总市值有了较大幅度增长

总市值是指在某一特定时间以总股本数乘以当时股价得出的股票总价值。伴随着 A 股市场的逐步回暖、文化产业政策频繁刺激和投资者正向预期的增强，文化类上市公司的市值得到大幅增长。

据统计，2013 年末文化类上市公司的总市值为 2781.07 亿元，比 2012 年年末（1576.9 亿元）大幅增长了 76.4%；2014 年 6 月 30 日文化类上市公司的总市值为 2974.86 亿元（ST 传媒和长江传媒因停牌而未被计算入内），分别比 2012 年末和 2013 年末增长了 88.7% 和 7.0%。

如果剔除 2013 年 6 月列入文化产业上市公司的当代东方，那么 2012 年底至 2014 年 6 月 30 日文化类上市公司的市值从 1576. 90 亿元增长至 2944. 48 亿元，合计增长了 86. 7% 。

自 2013 年以来，在政策的推动以及资本市场投资者的积极参与下，文化类上市公司市值合计较 2012 年底有较大增长的同时，全部 24 家文化产业上市公司无一例外实现了市值的正增长，2014 年 6 月 30 日它们的市值分别比 2012 年底增长了 25. 3% 至 266. 6% 等不同的幅度（参见表 6）。

表 6　文化类上市公司的总市值

单位：亿元

证券简称	2012 年末	2013 年末	2014 - 6 - 30	证券简称	2012 年末	2013 年末	2014 - 6 - 30
ST 传媒	16. 33	18. 57	停牌	皖新传媒	94. 46	113. 48	121. 67
大地传媒	41. 24	51. 09	52. 10	凤凰传媒	172. 54	243. 29	236. 17
华闻传媒	90. 17	219. 34	216. 94	出版传媒	34. 43	36. 41	43. 69
中文传媒	80. 88	117. 78	166. 00	华数传媒	114. 42	235. 76	322. 11
时代出版	48. 00	82. 50	84. 31	湖北广电	37. 09	42. 57	46. 46
浙报传媒	58. 01	180. 43	157. 69	华录百纳	36. 00	45. 28	92. 64
长江传媒	63. 94	91. 88	停牌	中视传媒	31. 02	51. 43	48. 12
新华传媒	50. 89	93. 00	81. 61	天舟文化	18. 08	38. 42	66. 28
博瑞传播	60. 54	116. 02	129. 45	华策影视	64. 53	185. 31	212. 40
华谊兄弟	86. 18	336. 51	296. 03	新文化	22. 39	49. 82	51. 53
光线传媒	177. 19	185. 24	224. 62	当代东方	—	19. 83	30. 38
美盛文化	18. 01	29. 73	35. 32	合　计	1576. 90	2781. 07	2974. 86
中南传媒	160. 56	197. 38	259. 34				

（二）总资产和净资产

资产总额反映的是企业拥有或控制的全部资产，是净资产（所有者权益）总额与负债总额之和。净资产就是资产负债表中的所有者权益，它是企业股东所有的并可以自由支配的财产。资产反映了企业的经济实力，是企业所有经营活动的基础，而企业的经营成果是资产使用效益的综合反映。

据统计，2013 年末，全部 24 家文化类上市公司的资产总额合计为 1136.82 亿元，比 2012 年 23 家文化类上市公司的资产总额（910.17 亿元，注：当代东方于 2013 年 6 月 30 日被列入文化产业类上市公司，下同）增长了 24.9%；同期净资产合计也达 739.83 亿元，比 2012 年（593.78 亿元）增长了 24.6%。2014 上半年，全部 24 家文化类上市公司的资产总额为 1225.06 亿元，分别比 2012 年和 2013 年增长了 34.6% 和 7.8%；净资产为 805.04 亿元，分别比 2012 年和 2013 年增长了 35.6% 和 8.8%。如果剔除 2013 年新进入文化类上市公司之列的当代东方，那么 2013 年 23 家上市公司的资产总额和净资产合计仍然比 2012 年分别增长了 24.9% 和 24.6%；2014 年上半年 24 家上市公司的资产总额和净资产合计比 2012 年分别增加了 34.6% 和 35.6%（参见表7）。

表 7　文化类上市公司的资产总额与净资产

单位：亿元

证券简称	资产总额			净资产		
	2012 年末	2013 年末	2014 年 6 月 30 日	2012 年末	2013 年末	2014 年 6 月 30 日
出版板块	716.68	886.32	943.60	472.04	580.46	621.24
ST 传媒	0.76	1.26	0.97	−0.21	0.04	0.05
大地传媒	25.96	29.33	30.11	17.54	20.45	21.29
华闻传媒	60.65	71.77	76.38	38.92	46.65	52.18
中文传媒	84.05	119.41	122.93	40.19	61.45	64.78
时代出版	46.94	54.67	58.86	32.52	34.95	36.01
浙报传媒	26.30	65.62	65.09	15.81	41.95	42.98
长江传媒	45.17	63.78	71.12	30.35	45.51	47.48
新华传媒	59.91	62.03	60.86	25.56	25.03	25.27
博瑞传播	31.36	48.37	49.16	25.78	39.31	40.35
中南传媒	118.49	130.13	140.04	86.34	94.80	100.66
皖新传媒	53.58	62.49	67.64	41.82	46.70	50.69
凤凰传媒	132.81	144.97	154.50	95.04	100.62	105.15
出版传媒	24.69	26.12	26.74	17.04	17.54	17.54

续表

证券简称	资产总额			净资产		
	2012年末	2013年末	2014年6月30日	2012年末	2013年末	2014年6月30日
天舟文化	6.01	6.37	19.20	5.34	5.46	16.81
影视板块	186.67	241.60	271.34	115.23	152.64	176.97
华数传媒	33.84	50.85	51.03	8.50	18.14	19.80
湖北广电	32.41	33.14	33.24	21.37	23.21	23.91
华录百纳	10.90	11.46	11.59	9.51	10.47	10.75
中视传媒	18.59	15.36	14.34	10.87	11.46	11.52
华谊兄弟	41.38	72.12	76.75	21.25	39.58	45.63
华策影视	17.67	21.05	44.92	15.25	18.20	33.15
光线传媒	21.57	25.90	27.97	19.89	22.19	22.72
新文化	10.31	11.72	11.50	8.59	9.39	9.49
文艺板块	6.82	8.90	10.12	6.51	6.73	6.83
美盛文化	6.82	8.08	9.08	6.51	6.62	6.69
当代东方	—	0.82	1.04	—	0.11	0.14
总　　计	910.17	1136.82	1225.06	593.78	739.83	805.04

如果企业的盈利能力强以及股权融资渠道畅通，企业净资产增长率应高于总资产增长率，说明企业主要依靠自身盈利和股权融资来增加企业的资产总额；反之，如果企业资产总额增长率高于净资产增长率，说明企业主要依靠债权融资来增加资产总额，而来自银行的债权融资的增加则直接加大了企业的财务风险。有时也可能是股权融资渠道不畅造成企业较多地依赖债权融资。

文化类上市公司总资产和净资产呈现以下特征。

1. 资产总额和净资产整体增长较快，但个别公司资产总额下降

2013年，文化类上市公司资产总额扩张较快。在全部24家公司中，除当代东方之外，仅有中视传媒一家公司的资产总额比2012年下降，其资产总额比2012年减少了17.4%，其余22家公司的资产总额比2012年都有了不同程度的增长。与此同时，在所有24家文化类上市公司中（除了当代东方之外），净资产比2012年有所下降的仅有新华传媒，其净资产下降了 2.1%。净资产增长最快的是 ST 传媒，其净资产由负转为正，同比增长了 119.0%，增长率最小的为美盛文化，同比仅增长了 1.7%。

2. 影视板块总资产和净资产增长率超过出版板块，但出版板块资产总量仍居主导地位

2013 年，出版板块总资产和净资产分别比 2012 年增长了 23.7% 和 23.0%；2014 年上半年，总资产和净资产分别比 2012 年增加了 31.7% 和 31.6%，比 2013 年则分别增加了 6.5% 和 7.0%。另外，2013 年影视板块上市公司的总资产和净资产比 2012 年分别增长了 29.4% 和 32.5%；2014 年上半年，影视板块上市公司总资产和净资产则比 2012 年分别增长了 45.4% 和 53.6%。

两个板块上市公司的总资产增长率和净资产增长率的比较显示，2013 年和 2014 年上半年影视板块上市公司资产规模扩张速度均高于出版板块上市公司，尤其是净资产规模的扩张。但是，出版板块的总资产和净资产仍居主导地位。2013 年，出版板块总资产占文化类上市公司总资产的 77.96%，比 2012 年所占比重微降了 0.78 个百分点；影视板块占 21.25%，同比微升了 0.74 个百分点；出版板块净资产占文化类上市公司净资产的 78.46%，同比微降了 1.04 个百分点，影视板块占 20.63%，同比微升了 1.22 个百分点。

（三）营业收入和主营业务收入

营业收入是指企业在一定时期内从事生产经营活动（销售商品、提供劳务和让渡资产使用权等）所取得的各项收入。营业收入是企业的主要经营成果，是企业取得利润的重要保障。按企业经营业务的主次分类，可分为主营业务收入和其他业务收入。主营业务收入来源于企业的核心业务，一般占企业营业收入的比重较大，是公司的核心竞争力所在，比企业的投资收益、营业外收入等具有更高的稳定性和持续性。由主营业务收入占营业收入的比重可以观察企业持续经营能力的大小。

1. 大多数公司继续保持增长势头

据统计，2013 年，全部 24 家文化类上市公司的营业收入合计达 630.02 亿元，比 2012 年 23 家上市公司（546.43 亿元，注：当代东方于 2013 年 6 月 30 日列入文化类上市公司）增加了 15.30%，继续保持 2010 年以来的高速增长势头，即使剔除 2013 年 6 月才进入文化类上市公司之列的当代东方，余下 23 家公司的营业收入合计也高达 629.85 亿元，比 2012 年增长了 15.27%（参见表 8）。不仅如此，除了 2013 年进入文化类上市公司之列的当代东方之外，在其余 23 家文化类上市公司中，2013 年营业收入实现正增长的有 19 家，比 2012 年有所减少的仅有 ST 传媒、华闻传媒、华录百纳、光线传媒等 4 家。

表 8　文化类上市公司的营业收入及主营业务收入

单位：百万元

	2012 年			2013 年		
	营业收入	主营业务收入	主营业务收入/营业收入	营业收入	主营业务收入	主营业务收入/营业收入
出版板块	46676.75	45684.94		53901.90	52802.14	
ST 传媒	76.82	74.73	0.97	26.28	23.93	0.91
大地传媒	2271.52	2215.40	0.98	2885.32	2827.22	0.98
华闻传媒	4251.40	4211.46	0.99	3749.56	3712.39	0.99
中文传媒	10003.37	9920.64	0.99	11386.78	11300.23	0.99
时代出版	3139.70	3079.73	0.98	4324.07	4272.25	0.99
浙报传媒	1475.72	1412.65	0.96	2355.75	2303.13	0.98
长江传媒	3485.69	3360.72	0.96	4208.06	4094.19	0.97
新华传媒	1795.49	1719.18	0.96	1847.48	1752.10	0.95
博瑞传播	1349.80	1337.65	0.99	1518.10	1492.36	0.98
中南传媒	6930.36	6811.45	0.98	8033.05	7872.75	0.98
皖新传媒	3643.11	3564.88	0.98	4595.76	4495.47	0.98
凤凰传媒	6705.80	6477.01	0.97	7315.87	7049.25	0.96
出版传媒	1268.06	1219.67	0.96	1327.87	1280.08	0.96
天舟文化	279.91	279.77	1.00	327.95	326.79	1.00

续表

	2012 年			2013 年		
	营业收入	主营业务收入	主营业务收入/营业收入	营业收入	主营业务收入	主营业务收入/营业收入
影视板块	7761.57	7681.57		8851.99	8771.97	
华数传媒	1550.95	1497.71	0.95	1801.18	1769.91	0.98
湖北广电	1061.35	1045.20	0.98	1153.63	1144.94	0.99
华录百纳	393.40	393.40	1.00	336.55	336.44	1.00
中视传媒	1228.65	1227.88	1.00	1240.33	1239.38	1.00
华谊兄弟	1386.40	1383.70	1.00	2013.96	1988.35	0.99
华策影视	720.91	713.93	0.99	920.46	908.17	0.99
光线传媒	1033.86	1033.86	1.00	904.17	904.17	1.00
新文化	386.05	385.89	1.00	481.71	480.61	1.00
文艺板块	205.05	203.88		247.92	244.63	
美盛文化	205.05	203.88	0.99	231.13	228.52	0.99
当代东方	—	—	—	16.79	16.11	0.96
合 计	54643.37	53570.39		63001.81	61818.74	

2. 影视板块营业收入增长率低于出版板块增长率

2013 年影视板块上市公司的营业收入为 88.52 亿元，比 2012 年增长了近 14.0%。与此同时，2013 年出版板块上市公司营业收入合计达 539.02 亿元，比 2012 年增加了 72.25 亿元，增幅为 15.48%。与 2012 年影视板块营业收入增长率远超出版板块不同，2013 年影视板块上市公司营业收入增长速度却低于出版板块的营收增长速度 1.48 个百分点。

另据统计，2013 年出版板块上市公司占全部文化类上市公司营业收入的比重为 85.56%，比 2012 年的 85.42% 微升了 0.14 个百分点，该板块在全部文化类上市公司中仍然居绝对优势地位。

3. 出版板块上市公司平均营收规模远大于影视板块

2013 年，全部 24 家文化类上市公司的平均营业收入约为 26.25 亿元，比 2012 年全部 23 家文化类上市公司的平均营业收入增长了 10.5%。其中，2013 年 14 家新闻和出版业公司的平均营业收入约为

38.50亿元，不仅比2012年增长了15.48%，而且还相当于同年8家广播、电视、电影和影视录音制作业公司平均营业收入（11.07亿元）的3.48倍。

4. 主营业务收入占比突出，但个股差异较大

2013年，在所有24家文化类上市公司中（除ST传媒之外），主营业务收入占营业收入的比重都超过95%，说明文化产业上市公司整体上专注于主营业务的生产经营。但仔细分析各公司的年度报告，发现有的文化类上市公司的部分主营业务与文化产业毫无关联，不将这部分营业收入予以甄别，将影响对其主营业务经营能力和核心竞争力的正确判断。

（1）华闻传媒。2013年，与文化产业无关的燃气生产和供应业、能源材料和机械电子设备批发业等业务实现营业收入合计为8.31亿元，占主营业务收入的22.38%。而在2012年，华闻传媒与文化产业无关的燃气生产和供应业、能源材料和机械电子设备批发业等营业收入合计为11.14亿元，占主营业务收入的27.47%。2013年，该企业主营业务收入出现了11.85%的下降，与文化产业相关的传播与文化产业实现了28.82亿元的营业收入，同比下降了6.97%。由上述数据可以看出，该企业与文化产业无关的业务的营业收入下降速度大于企业主营业务收入总体的下降速度。该企业未来应加大文化产业的经营力度，逐步减少与文化产业无关的其他主营业务，加强主营业务之间的协同性。

（2）中文传媒。2013年，中文传媒实现主营业务收入113.00亿元，比2012年增长了13.9%。该公司出版和发行业务合计实现营业收入48.27亿元，同比增长了17.68%，物资贸易业务实现营业收入66.69亿元，同比仅增长了8.07%，物资贸易业务实现的营业收入所占的比重由2012年的62.21%下降到了2013年的59.02%，尤其值得一提的是，该公司的新业态（影视、艺术品和新媒体）业务实现了1.27亿元的营业收入，同比暴增了7倍多。2013年，中文传媒与文化产业相关业务的增长速度超过了非文化产业业务的增长速度，前者的营业收入占比也出现了一定的提升。这是一个好的现象，未来可以关注该公司在新媒体等其他文化产业方面的业务拓展。

（3）时代出版。2013 年，时代出版实现主营业务收入 42.72 亿元，同比增长了 38.72%，其中新闻出版业务实现了 13.74 亿元的营业收入，同比仅微增了 1.8%，商品贸易实现营业收入 25.69 亿元，同比暴增了 81.81%。2013 年，商品贸易营业收入占主营业务收入的比重为 60.14%，而在 2012 年，该比重仅为 45.92%。该项营业收入很难体现文化类上市公司的核心竞争力。

（4）新华传媒。新华传媒的主营业务收入从 2011 年的 20.33 亿元减少至 2012 年的 17.19 亿元，下降了 15.45%，2013 年主营业务收入实现了 17.52 亿元，比 2012 年微增了 1.91%。其中图书从 8.34 亿元增长至 9.48 亿元，增长了 13.67%；文教用品从 2011 年的 1.33 亿元降至 2012 年的 1.27 亿元，2013 年降到了 1.21 亿元；公司的报刊及广告收入则从 2011 年的 8.98 亿元降至 2012 年的 6.13 亿元，大幅下降了 31.74%，而 2013 年则降至 4.38 亿元，又大幅下降了 28.55%。这是拖累新华传媒公司业绩的主要原因。从中可以看出在新媒体的持续影响下，传统广告媒体尤其是报刊媒体所面临的巨大挑战，而且这一趋势可能无法改变。新华传媒面临着严峻的考验，未来必须介入新媒体，实现渠道转型或者新老渠道的互动发展。

（5）出版传媒。2012 年，出版传媒主营业务收入为 12.20 亿元，比 2011 年的 13.57 亿元下降了 10.10%。2013 年，该公司主营业务收入实现 12.80 亿元，比 2012 年增长了 5.00%。其中，出版业务从 2011 年的 4.85 亿元减少至 2012 年的 3.90 亿元，下降了 19.59%，在 2013 年回升至 4.08 亿元，微升了 4.62%；发行业务从 2011 年的 6.94 亿元减少至 2012 年的 6.47 亿元，微降了 6.77%，而在 2013 年则降至 6.28 亿元，同比又微降了 2.94%。和文化产业关联度小的印刷物资销售业务却从 2011 年的 2.82 亿元微增至 2012 年的 2.83 亿元，2013 年又增至

3.47 亿元，比 2102 年大增了 22.61%，对公司 2013 年主营业务收入和营业收入的增长起了关键作用。在主营业务产品中，排名靠前的产品依次为教材教辅、一般图书和纸张印刷耗材等，分别为 4.94 亿元、4.93 亿元、3.47 亿元，传统业务的不景气则是未来企业发展的主要经营风险。公司对教材教辅和一般图书等传统业务依赖较大，未来向在线教育和教育数字化出版等业务转型应该成为公司的首要选择。

5. 某些公司客户集中度高，对少数客户依赖程度较大

如果一个客户的采购量超过企业营业收入的 25%，或者前几位客户的采购量超过企业营业收入的绝大部分，就要引起警惕。因为客户的集中度越高，由于某一个或几个主要债务人支付困难而导致较大比例的债权面临无法回收的风险就越大。有时候，一个大客户的支付危机可能就会直接导致企业陷入危险。客户集中度过高也会带来产品定价权问题，企业很有可能在大客户面前丧失议价能力，从而影响企业的毛利率和长期的经营效益。文化类上市公司中有以下公司存在客户集中度较高的现象。

（1）大地传媒。2012 年，第一大客户河南省新华书店发行集团有限公司为大地传媒公司带来了 8.40 亿元的主营业务收入，占其全部营业收入的比重为 36.99%；2013 年，该客户带来了 11.00 亿元，占全部营业收入的 38.13%，占比增加了 1.14 个百分点。不仅如此，前五大客户 2012 年为公司带来的主营业务收入合计为 13.12 亿元，占其全部营业收入的比重为 57.76%；2013 年前五大客户实现营业收入 16.00 亿元，占比为 55.45%，微降了 2.31 个百分点。另外，该公司向第一大客户销售的书籍和音像制品价格与 2012 年一样仍为协议价而非市场价，交易金额占同类交易金额的 84.24%。

（2）中文传媒。2012 年，第一大客户浙江宏磊控股集团有限公司为中文传媒带来了 28.9 亿元的营业收入，占全部营业收入的比例为 28.89%；2013 年，该客户带来 29.9 亿元，占比为 26.26%，同比下降了 2.63 个百分点。2012 年，前五大客户合计为公司带来 50.66 亿元营业收入，占公司全部营业收入的比重为 50.64%；2013 年，前五大客户带来 51.10 亿元，占比为 44.88%，下降了 5.76 个百分点。第一大客户浙江宏磊控股集团有限公司主营漆包线和高精度铜管材的研发、生产与销售，公司与第一大客户的交易与文化产业毫无关联。

（3）博瑞传播。2012 年，第一大客户成都商报社为博瑞传播带来 4.68 亿元营业收入，占全部营业收入的比重为 34.67%；2013 年，该客户带来了 4.05 亿元的营业收入，占比为 26.68%，下降了 8 个百分点。

（4）天舟文化。2012 年，第一大客户湖南省新华书店有限责任公司为天舟文化带来了 8774 万元的营业收入，占全部营业收入的比重为 31.35%；2013 年，该客户为公司带来 9425 万元，占比为 28.74%，微降了 2.60 个百分点。2012 年，前五大客户合计为公司带来 1.42 亿元营业收入，占公司全部营业收入的比重为 50.73%，2013 年，前五大客户带来 2.04 亿元，占比为 62.20%，提高了 11.47 个百分点。

（5）中视传媒。2012 年，中视传媒第一大客户为公司带来了 3.93 亿元的营业收入，占全部营业收入的比例为 31.99%；2013 年，该客户为公司带来 4.21 亿元营业收入，占比为 33.94%，微升了 1.96 个百分点。2012 年，前五大客户合计为公司带来营业收入 5.66 亿元，占全部营业收入的比重为 46.07%；2013 年，前五大客户合计带来营业收入 6.46 亿元，占比为 52.08%，增长了 6.02 个百分点。与 2012 年一样，2013 年财报中前五个客户也全部匿名，无法确认公司和这些客户之间是否有关联关系和关联交易。

（6）美盛文化。2012 年，美盛文化第一大客户为公司带来 9157 万元的营业收入，占全部收入的 44.66%，前五大客户合计为公司带来 1.54 亿元营业收入，占全部营业收入的 75.1%。2013 年，美盛文化第一大客户为公司带来 1.07 亿元营业收入，占全部收入的 46.29%，同比增长了 1.6 个百分点，前五大客户合计为公司带来 1.92 亿元营业收入，占比为 83.1%，同比增长了 7.97 个百分点。与中视传媒相似的是，财报附注中这五个客户全部匿名。

（7）当代东方。2013 年，当代东方第一大客户辽宁北方互动电视有限公司为公司带来营业收入 807 万元，占全部营业收入的 48.1%，前五大客户共实现营业收入 1423 万元，占全部营业收入的 84.8%。

（四）净利润和扣非后净利润

净利润是指在利润总额中按规定缴纳了所得税以后公司的利润留存。非经常性损益是指公司发生的与经营业务无直接关系的收支，以及虽与经营业务相关，但出于其性质、金额或发生频率等方面的原因，影响了真实公允地反映公司正常盈利能力的各项收支。因此，在分析时应排除非经常性损益的因素，否则会干扰对公司正常的经营盈利能力的正确判断。虽然非经常性损益也是公司收支的组成部分，但大多数不具备可持续性。非经常性损益包括但不限于政府补贴、非流动资产处置收益、债务重组收益等。

扣非后净利润是指扣去非经常性损益后的净利润，它是衡量企业依靠正常经营获取利润能力的重要指标。如果非经常性损益占公司净利润的比重较高，比如 30% 以上，就要引起注意。一般认为，一家公司报告期业绩如果包含太多非经常性损益因素，那么这家公司下一个会计期间的业绩便有大幅滑坡的可能。目前还没有一家上市公司可以连续 3 年以上依赖非经常性损益而实现净利润增长。

据统计，2013 年全部 24 家文化类上市公司均实现了盈利，它们归属于上市公司股东的净利润合计约为 77.84 亿元，比 2012 年全部 23 家文化产业上市公司（59.82 亿元，注：当代东方 2013 年 6 月列入文化类产业上市公司）增长了 30.12%，高于同期营业收入合计增长幅度约 14.82 个百分点。当年这 24 家公司扣非后净利润为 63.10 亿元，比 2012 年（扣非后净利润 51.67 亿元，）增长了 22.10%，高于同期营业收入合计增长幅度 6.8 个百分点，但低于净利润的增长幅度约 8.0 个百分点。另据统计，2013 年文化类上市公司扣非后净利润占净利润的比重为 81.07%（参见表 9）。

表 9　归属于文化类上市公司股东的净利润和扣非后净利润

单位：百万元

	2012 年			2013 年		
	净利润	扣非后净利润	扣非后净利润/净利润	净利润	扣非后净利润	扣非后净利润/净利润
出版板块	4553.22	3927.30		5744.25	4715.62	
ST 传媒	-149.23	-166.94	—	13.80	-22.70	—
大地传媒	197.18	194.17	0.98	285.41	270.12	0.95
华闻传媒	293.48	245.66	0.84	527.01	275.58	0.52
中文传媒	506.60	490.36	0.97	637.19	635.14	1.00
时代出版	309.26	259.20	0.84	346.67	279.69	0.81
浙报传媒	221.33	214.54	0.97	411.66	380.84	0.92
长江传媒	326.56	256.38	0.79	378.21	298.20	0.79
新华传媒	108.98	-1.75	—	59.50	-52.55	—
博瑞传播	285.78	284.64	1.00	338.05	328.32	0.97
中南传媒	940.46	880.11	0.94	1110.65	1024.10	0.92
皖新传媒	498.83	445.14	0.89	605.71	483.67	0.80
凤凰传媒	927.22	786.27	0.85	940.04	779.02	0.83
出版传媒	67.77	21.26	0.31	70.03	23.34	0.33
天舟文化	19.00	18.26	0.96	20.32	12.85	0.63
影视板块	1379.49	1202.69		1995.26	1565.89	
华数传媒	177.05	163.99	0.93	253.92	239.03	0.94
湖北广电	179.97	170.25	0.95	183.90	167.48	0.91
华录百纳	117.01	107.30	0.91	123.37	111.51	0.90
中视传媒	45.21	40.66	0.90	67.73	62.88	0.93
华谊兄弟	244.43	154.07	0.63	665.40	353.39	0.53
华策影视	215.04	190.56	0.89	258.26	216.13	0.84
光线传媒	310.22	293.13	0.95	327.94	310.01	0.95
新文化	90.56	82.73	0.91	114.74	105.46	0.92
文艺板块	49.02	37.31		43.99	28.47	
美盛文化	49.02	37.31	0.76	41.73	30.84	0.74
当代东方	—	—		2.26	-2.37	
合　计	5981.73	5167.3		7783.50	6309.98	

总体上看，文化产业的盈利主要依靠主业，而非不可持续的非经常性损益。进一步分析显示，2013 年文化类上市公司净利润的增长有以下五个重要特征。

1. 出版板块仍然占据了全部文化类上市公司大部分净利润，但增速低于影视板块上市公司

出版板块上市公司净利润在全部文化类上市公司净利润合计中占据了绝大多数。2013 年该板块 14 家公司的净利润合计约 57.44 亿元，占全部 24 家文化类上市公司净利润合计的 73.80%，比同年其营业收入占比低 11.76 个百分点，比 2012 年其净利润占比（76.12%）也低了 2.32 个百分点。

不过，2013 年该板块上市公司净利润合计比 2012 年增长了 26.16%，低于影视板块文化类上市公司净利润合计增长率约 18.48 个百分点，也低于整个文化类上市公司净利润增长率约 3.97 个百分点。

2. 企业净利润的增长幅度差别显著

在所有 24 家文化类上市公司都实现盈利的同时，除 2013 年新进入文化产业的当代东方之外，2013 年净利润比 2012 年增长的有 21 家公司，比 2012 年减少的仅有新华传媒和美盛文化 2 家。另外，对除 ST 传媒（净利润由负变正）之外的 22 家企业的进一步分析显示，净利润增长率最高的是华谊兄弟（172.2%），降幅最大的是新华传媒（-45.4%）。

3. 企业净利润增长质量总体良好，个别公司主营盈利能力堪忧

2013 年度，在全部 24 家文化类上市公司中，除了 ST 传媒、新华传媒和当代东方三家公司净利润为正，但扣非后净利润为负外（前两家公司 2012 年度报表也是如此），其他 21 家公司的净利润和扣非后净利润均为正。在这 21 家公司中，绝大部分公司扣非后净利润与净利润之比在 70% 以上，体现出良好的经营获利能力。但也有主营业务不突出、非经常性损益占比较大的现象。

（1）ST 传媒。2012 年公司净利润为 -14923 万元（注：ST 传媒

2012 年年报第一次公布数字为 136 万元，修正后的年报第二次公布的数据为 –14923 万元），营业外收入共计 1770 万元，其中非流动资产处置利得（本期转让海南房产所得）为 1169 万元，政府补贴 220 万元，除上述各项之外的其他营业外收入和支出约 220 万元，其他符合非经常性损益定义的损益项目 209 万元。因非流动资产处置利得是不可持续的，扣除这些非经常性损益项目，公司 2012 年的亏损扩大至 –16694 万元。

2013 年，ST 传媒实现净利润 1380 万元，但是非流动资产处置损益（包括已计提资产减值准备的冲销部分）539 万元，债务重组损益 4112 万元，其他营业外净收入 222 万元，所得税影响额为 1222 万元。该公司除去非经常性损益后的净利润为 –2270 万元。如果没有这些非经常性损益，该公司可能暂停上市。①。

（2）华闻传媒。2012 年，华闻传媒实现净利润 2.93 亿元，扣非后净利润 2.46 亿元，两者比值为 0.84。2013 年，公司实现净利润 5.27 亿元，同比增长了 79.6%，但扣非后净利润仅为 2.76 亿元，同比仅增长了 12.2%，两者比值为 0.52。2013 年，公司非流动资产处置损益（包括已计提资产减值准备的冲销部分）为 9966 万元，政府补贴 1082 万元，公允价值变动损益和投资收益合计 31655 万元，这三项合计 4.27 亿元，其中持有金融资产带来的公允价值变动和投资收益为公司的净利润贡献最大，而金融资产带来的利润很难持续增长。

（3）中文传媒。2011 年，公司净利润 4.83 亿元，扣非后净利润 2.87 亿元，扣非后净利润与净利润之比为 0.595，说明有约四成的利润来自非经常损益，其中包括政府补助 1602 万元，委托他人投资收益 2392 万元，处置金融资产及金融资产公允价值损益等合计 1.42 亿元。2012 年，公司净利润 5.07 亿元，扣非后净利润 4.90 亿元，扣非后净利润与净利润之比为 0.97，非经常性损益中主要是政府补助收入 1.68 亿

---

① 本报告写作期间，该公司筹划重大重组，股票停牌。

元。2013 年，公司实现净利润 6.37 亿元，扣非后净利润 6.35 亿元，两者比值约为 1。公司非流动资产处置损益为负的 1035 万元，政府补贴 6057 万元，其他营业外净收入为 -4885 万元，三者合计 137 万元，非经常性损益合计对公司 2013 年的净利润影响甚小。从这 3 年来看，公司非经常性损益对公司净利润的影响趋于减小，公司净利润可以基本反映公司的主营业务经营成果。

（4）新华传媒。2011 年度公司净利润为 1.80 亿元，扣非后净利润为 6688 万元，扣非后净利润与净利润之比值为 0.371。当年公司 6 成以上净利润来自非经常性损益项目，非经常性损益合计约为 1.14 亿元，其中包括政府补助收入 2935 万元，委托他人经营取得的投资收益 8481 万元，对外委托贷款收益 5042 万元。2012 年，公司净利润为 1.09 亿元，扣非后净利润为负的 175 万元。非经常性损益合计约 1.11 亿元，其中包括政府补助 2015 万元，非流动资产处置得利 1250 万元，委托经营取得的投资收益 5581 万元，对外委托贷款取得收益 8826 万元。公司主营业务获得了负的收益。换而言之，如果不是靠着与经营无关的收益，企业 2012 年度会出现亏损。而到了 2013 年，公司的净利润更是由 2012 年的 1.09 亿元减少至 5950 万元，扣非后净利润为 -5255 万元，不但延续前两年公司对非经常性损益的依赖，更是依靠非经常性损益来实现正收益，从而避免被特别处理的惩罚。2013 年，公司非经常性损益贡献了 1.12 亿元的利润，其中非流动资产处置损益 1.01 亿元，政府补贴 2480 万元，委托他人投资或管理资产的损益 5581 万元，对外委托贷款取得的损益 5958 万元，其他符合非经常性损益定义的损益项目为 -9309 万元，所得税影响为 -5286 万元，可以看出若没有非流动资产处置和金融投资收益，该公司将出现巨额亏损，而这三项与主业关联度不高且很难由公司掌控，也难以持续。

（5）出版传媒。2011 年，公司净利润为 6758 万元，扣非后净利润为 3553 万元，扣非后净利润与净利润之比为 0.524，说明企业近一半净利润来自非经常性损益项目，这部分利润很难持续。当年公司非经常性损益 3206 万元，其中政府补助 2968 万元，其他营业外收入 227 万元。2012 年，公司净利润 6777 万元，比 2011 年仅增长约 20 万元，扣非后净利润 2126 万元，比 2011 年扣非后净利润大幅下降了 40.16%，扣非后净利润与净利润之比更是降到了 0.314，约七成净利润来自公司非主业部分。当年公司非经常性损益合计 4651 万元，其中政府补助 4621 万元。2013 年，公司主营业务经营仍然没有大的改观，仅实现 7003 万元的净利润，比 2012 年增加了 226 万元，扣非后净利润仅为 2334 万元，两者比率为 0.33。2013 年，公司非经常性损益合计 4669 万元，其中主要是政府补贴 4583 万元，没有政府的补贴，公司的业绩将非常难看。

（6）天舟文化。2013 年，公司实现净利润 2032 万元，同比增长了 6.9%，但扣非后净利润为 1285 万元，比 2012 年扣非后净利润大幅下降了 29.6%。2013 年，公司非经常性损益合计 747 万元，其中非流动资产处置损益（包括已计提资产减值准备的冲销部分）为 721 万元，而 2012 年该项目为零；政府补贴 297 万元，2012 年该项目为 120 万元。2013 年，公司营业成本增长率大于营业收入的增长率，这导致营业利润出现负增长，如果没有非流动资产处置和政府补贴，公司净利润也将出现下滑。

（7）华谊兄弟。华谊兄弟 2012 年实现净利润 2.44 亿元，扣非后净利润 1.54 亿元，两者之比为 0.63，说明公司三成以上净利润来自非经常性损益。公司年报显示，2012 年，公司的非经常性损益中，政府补助 6539 万元；另外还有其他符合经常性损益的项目 5316 万元。2013 年，公司实现净利润 6.65 亿元，同比暴增了 172.5%，但是扣非后净利润为 3.53 亿元，两者比值为 0.53，低于 2012 年该比值。2013 年，非经常性损益合计 4.11 亿元，其中政府补贴 7921 万元；金融资产带来的公允价值变动损益和投资收益合计 3.23 亿元，仅此一项就贡献了近一半净利润，但是金融资产的公允价值变动性和投资收益是公司难以掌控的。

（8）美盛文化。2012 年，公司实现净利润 4902 万元，扣非后净利润为 3731 万元，两者比值为 0.76；2013 年，公司实现净利润 4173 万元，同比下降了 14.9%，扣非后净利润为 3084 万元，同比下降了 17.3%。2013 年，公司非经常性损益合计 1089 万元，其中政府补贴 739 万元；持有金融资产带来的公允价值变动损益和投资收益为 658 万元，仅此一项占据了净利润总额的 15.8%，而金融资产带来的收益是不确定性的，也是公司难以掌控的。

（9）当代东方。2013 年，公司仅实现净利润 226 万元，扣非后净利润为 −237 万元。公司非经常性损益合计 464 万元，其中最重要的是核销无法支付的应付款项及预收款项带来的营业外收入 618 万元，这种非经常性损益不但不能持续，反而显示公司有粉饰报表之嫌。

4. 平均净利润超越 2012 年

2013 年，全部 24 家文化类上市公司的平均净利润约为 3.24 亿元，比 2012 年 23 家文化类上市公司平均净利润（2.60 亿元，当代东方 2013 年列入文化产业上市公司）增长了 24.6%。不过需要特别指出的是，2013 年 14 家出版板块上市公司的平均净利润约为 4.10 亿元，不仅比 2012 年（3.25 亿元）增加了 26.2%，而且比当年 8 家影视板块上市公司的平均净利润（2.49 亿元）高出约 64.7%。

5. 政府补贴与公司利润总额之比下降，但多数公司获得政府补贴的额度加大

2012 年，文化类上市公司实现利润总额为 69.13 亿元，获得政府补贴 9.71 亿元，占利润总额的 14.0%；2013 年，文化类上市公司实现利润总额为 85.52 亿元，同年获得政府补贴合计 9.49 亿元，占总利润的 11.1%，同比下降了 2.9 个百分点，绝对量减少了 0.22 亿元。

2012 年，全部 23 家文化类上市公司（当代东方 2013 年进入文化产业）都得到了政府补贴。2013 年，仅有 ST 传媒和当代东方两家公司未得到政府补贴，其余 22 家公司中，政府补贴同比增加的有 17 家公司，只有中文传媒、新华传媒、凤凰传媒、出版传媒和美盛文化得到的政府补贴同比减少。

表 10　2012 年和 2013 年文化上市公司接受的政府补贴及利润总额

单位：万元

公司名称	2012 年政府补贴	2012 年利润总额	2013 年政府补贴	2013 年利润总额
ST 传媒	220	− 16779	0	2879
大地传媒	3606	15566	4918	24653
华闻传媒	616	72449	1082	103395
中文传媒	20261	52171	9864	72243
时代出版	5888	32176	7508	35579
浙报传媒	1522	14175	3184	19259
长江传媒	6252	61709	7054	31494
新华传媒	542	15535	539	11016
博瑞传播	747	37866	1678	50135
中南传媒	7183	76506	12075	85217
皖新传媒	618	50683	1721	61619
凤凰传媒	21758	93594	12623	94981
出版传媒	3873	6836	3254	6988
天舟文化	120	3006	297	2972
华数传媒	6616	18170	7223	25630
湖北广电	768	17974	1679	18377
华录百纳	1273	15627	1592	16571
中视传媒	614	6438	647	9742
华谊兄弟	6539	30003	7921	84988
华策影视	3173	29306	5652	35479
光线传媒	1826	39242	2460	40615
新文化	1035	12085	1186	15332
美盛文化	1730	6650	739	5717
当代东方	—	—	0	226
合　计	97140	691303	94896	855107

（五）基本每股收益

基本每股收益是衡量上市公司的经营成果和盈利能力、预测企业成长潜力的最重要的财务指标之一，它是测定股票投资价值的一个基础性指标。一般来说，每股收益指标值越高，表明股东的投资效益越好，股东获取高额股利的可能性越大。

表 11　全部文化类上市公司的每股收益

	2012 年（元）	2013 年（元）	本年比上年增减（%）	扣非后每股收益（元）
出版板块	0.34	0.46		0.38
ST 传媒	− 0.48	0.04	108.33	− 0.07
大地传媒	0.45	0.65	44.44	0.61
华闻传媒	0.20	0.39	95.00	0.20
中文传媒	0.89	1.00	12.36	1.00
时代出版	0.62	0.68	9.68	0.55
浙报传媒	0.52	0.76	46.15	0.71
长江传媒	0.31	0.35	12.90	0.28
新华传媒	0.10	0.06	− 40.00	− 0.05
博瑞传播	0.46	0.53	15.22	0.52
中南传媒	0.52	0.62	19.23	0.57
皖新传媒	0.55	0.67	21.82	0.53
凤凰传媒	0.36	0.37	2.78	0.31
出版传媒	0.12	0.13	8.33	0.04
天舟文化	0.15	0.13	− 13.33	0.08
影视板块	0.80	0.59		0.51
华数传媒	0.17	0.23	35.29	0.22
湖北广电	0.66	0.47	28.79	0.43
华录百纳	2.04	0.94	− 53.92	0.84
中视传媒	0.14	0.20	42.86	0.19
华谊兄弟	0.40	0.55	37.50	0.29
华策影视	0.56	0.45	− 19.64	0.37
光线传媒	1.29	0.65	− 49.61	0.61
新文化	1.10	1.20	9.09	1.10
文艺板块	—	0.23		0.16
美盛文化	0.65	0.45	− 30.77	0.33
当代东方	—	0.01	—	− 0.01
平均每股收益	0.51	0.48		0.40

据统计，2013 年全部 24 家文化类上市公司都实现了每股收益为正，它们的平均每股收益为 0.48 元，比 2012 年（0.51 元）下降了 0.03 元。与此同时，文化类上市公司基本每股收益及其变化还有如下特征。

1. 大多数公司每股收益增加

如表 11 所示，若不考虑 2013 年新进入文化类上市公司之列的当代东方，则当年每股收益高于 2012 年的有 ST 传媒、大地传媒、华闻传媒、中文传媒、时代出版、浙报传媒、长江传媒、博瑞传播、中南传媒、皖新传媒、凤凰传媒、出版传媒、华数传媒、湖北广电、中视传媒、华谊兄弟、新文化等 17 家公司，同时新华传媒、天舟文化、华录百纳、华策影视、光线传媒和美盛文化等 6 家公司的每股收益则低于 2012 年。除 ST 传媒扭亏为盈之外，2013 年每股收益增长幅度最大的是华闻传媒，增长率为 95.0%；每股收益减少幅度最大的是华录百纳，它比 2012 年减少了 53.9%。

2. 影视板块上市公司的平均每股收益下降，同时出版板块上市公司的平均每股收益提高

据统计，2013 年 8 家影视板块上市公司的平均每股收益为 0.59 元，比 2012 年减少了 0.21 元，降幅高达 26.3%。另外，2013 年 14 家出版板块上市公司的平均每股收益为 0.46 元，比 2012 年增长了 35.3%。

3. 不少公司扣非后每股收益下降较大，个别甚至由正转负

在扣除非经常性损益后，每股收益下降超过三成的有 ST 传媒、华闻传媒、新华传媒、出版传媒、天舟文化、华谊兄弟和当代东方等 7 家公司，其中 ST 传媒、新华传媒和当代东方在扣非后每股收益由正转负，出版传媒在扣非后每股收益下降了 69.2%，华闻传媒下降了 48.7%，华谊兄弟下降 47.3%，天舟文化下降了 38.5%。这说明上述企业依靠不可持续的非经常性损益支撑业绩，未来应关注其主营业务的经营情况。

三　文化类上市公司的资产结构和资本结构

（一）　文化类上市公司的资产结构

资产结构是指企业各类资产之间的比例关系，合理的资产配置结构可以提高资产的运营效率和企业经营效益。资产结构主要是由行业的技术构成决定的，不同行业的企业资产结构之间会有较大的不同。对资产结构的分析能够揭示企业的行业特点、经营管理特点、发展特点和偿债能力等，认识到企业生产经营与管理的优势与不足。固定资产在总资产中所占的比重越大，则意味着这家企业或者行业的退出门槛越高，转型越难，经营风险越大。流动资产占资产总额的比例越高，企业的日常经营管理活动越重要。

1. 文化类上市公司轻资产特征较为明显

文化产业类上市公司大多具备轻资产特征，其发展较少依赖传统意义上的有形资产，如土地、厂房、设备、矿产资源等，现金储备多、固定资产较少、有息负债（银行贷款）低等。文化企业的发展主要依靠商业模式的独特性，人的因素对该类企业的价值影响巨大。传媒企业应尽量保持较高比例现金以备支付和并购等。

表12和表13显示，2012年，23家文化类上市公司固定资产（注：本节固定资产指的是固定资产净值，下同）与资产总额之比为0.15，流动资产与总资产之比为0.63；2013年，24家文化类上市公司固定资产与总资产之比为0.14，流动资产与总资产之比为0.59。从总体上来看，文化产业类上市公司具有轻资产特征。

2011年末，出版板块14家上市公司固定资产占资产总额的比重为14.4%，流动资产占资产总额的比重为65%；影视板块4家上市公司固定资产占资产总额的比重为7.3%，流动资产占资产总额的比重为

表 12　全部文化类上市公司的固定资产净值及其占总资产比重

单位：百万元

	2012 年			2013 年		
	固定资产净值	资产总额	固定资产净值/资产总额	固定资产净值	资产总额	固定资产净值/资产总额
出版板块	9654.56	71667.26	0.13	10415.75	88635.43	0.12
ST 传媒	1.58	76.06	0.02	55.15	125.89	0.44
大地传媒	468.02	2596.32	0.18	495.07	2933.66	0.17
华闻传媒	1087.70	6064.70	0.18	1134.26	7177.48	0.16
中文传媒	975.12	8405.02	0.12	1250.00	11940.98	0.10
时代出版	616.26	4693.78	0.13	729.05	5467.71	0.13
浙报传媒	551.82	2630.04	0.21	571.12	6562.17	0.09
长江传媒	929.56	4517.35	0.21	932.63	6377.58	0.15
新华传媒	432.41	5990.89	0.07	419.40	6203.08	0.07
博瑞传播	601.47	3135.71	0.19	565.09	4837.38	0.12
中南传媒	1139.35	11849.16	0.10	1105.00	13012.61	0.08
皖新传媒	524.88	5357.77	0.10	515.41	6249.29	0.08
凤凰传媒	2083.97	13280.90	0.16	2418.80	14496.66	0.17
出版传媒	197.19	2468.78	0.08	186.56	2612.34	0.07
天舟文化	45.23	600.78	0.08	38.21	638.60	0.06
影视板块	3983.22	18667.65	0.21	4937.2	24159.97	0.20
华数传媒	1421.13	3383.57	0.42	2096.60	5084.53	0.41
湖北广电	1791.86	3241.30	0.55	2006.00	3313.50	0.61
华录百纳	2.47	1090.00	0.002	2.96	1145.65	0.003
中视传媒	435.99	1859.50	0.23	436.94	1536.34	0.28
华谊兄弟	272.80	4137.94	0.07	316.59	7212.35	0.04
华策影视	32.64	1767.28	0.02	47.76	2105.33	0.02
光线传媒	22.07	2156.84	0.01	25.22	2590.64	0.01
新文化	4.26	1031.22	0.004	5.13	1171.63	0.004
文艺板块	126.59	682.37	0.18	202.32	889.73	0.23
美盛文化	126.59	682.37	0.18	201.32	807.96	0.25
当代东方	—	—	—	1.00	81.77	0.01
合　计	13764.37	91017.28	0.15	15555.27	113685.10	0.14

表13　全部文化类上市公司的流动资产及其占总资产比重

单位：百万元

	2012			2013		
	流动资产	资产总额	流动资产/资产总额	流动资产	资产总额	流动资产/资产总额
出版板块	46337.24	71819.59	0.65	55103.07	88635.43	0.62
ST传媒	44.35	228.39	0.19	46.77	125.89	0.37
大地传媒	1821.10	2596.32	0.70	2148.40	2933.66	0.73
华闻传媒	2281.87	6064.70	0.38	2707.41	7177.48	0.38
中文传媒	5847.42	8405.02	0.70	8790.41	11940.98	0.74
时代出版	3278.55	4693.78	0.70	3847.34	5467.71	0.70
浙报传媒	1304.22	2630.04	0.50	2114.84	6562.17	0.32
长江传媒	2605.89	4517.35	0.58	4251.24	6377.58	0.67
新华传媒	2303.66	5990.89	0.38	2582.41	6203.08	0.42
博瑞传播	771.48	3135.71	0.25	1458.60	4837.38	0.30
中南传媒	9774.85	11849.16	0.82	10794.63	13012.61	0.83
皖新传媒	4246.44	5357.77	0.79	4689.39	6249.29	0.75
凤凰传媒	9651.86	13280.90	0.73	9153.57	14496.66	0.63
出版传媒	1892.42	2468.78	0.77	2035.78	2612.34	0.78
天舟文化	513.13	600.78	0.86	482.28	638.60	0.76
影视板块	10960.71	18667.65	0.59	11746.92	24159.97	0.49
华数传媒	724.07	3383.57	0.21	1344.31	5084.53	0.26
湖北广电	583.83	3241.30	0.18	587.22	3313.50	0.18
华录百纳	1083.17	1090.00	0.99	1116.34	1145.65	0.97
中视传媒	1396.13	1859.50	0.75	1071.11	1536.34	0.70
华谊兄弟	2793.87	4137.94	0.68	3393.15	7212.35	0.47
华策影视	1507.38	1767.28	0.85	1760.83	2105.33	0.84
光线传媒	1850.48	2156.84	0.86	1343.28	2590.64	0.52
新文化	1021.78	1031.22	0.99	1130.68	1171.63	0.96
文艺板块	522.30	682.37	0.77	467.48	889.73	0.53
美盛文化	522.30	682.37	0.77	459.41	807.96	0.57
当代东方	—	—		8.07	81.77	0.10
合　计	57820.25	91169.61	0.63	67317.47	113685.10	0.59

84.0%。2012年末，出版板块14家上市公司固定资产占资产总额的比重为13%，流动资产占资产总额的比重为65%；影视板块8家上市公司固定资产占资产总额的比重为21%，流动资产占资产总额59%。

2013 年末，出版板块 14 家上市公司固定资产占资产总额的比重为 12%，流动资产占资产总额的比重为 62%；影视板块 8 家上市公司固定资产占资产总额的比重为 20%，流动资产占资产总额的比重为 49%。

2. 少数公司除固定资产外的非流动资产比重较大，似不具备轻资产经营特征

2013 年，绝大多数文化类上市公司具有低固定资产比率和高流动资产比率的轻资产结构特征，但是少数企业两者的比率表现并不完全一致。如 ST 传媒的固定资产比率从 2012 年 2% 提高到了 2013 年的 44%，而且流动资产比率也从 19% 提升到了 2013 年的 37%。2013 年末，华闻传媒固定资产比率和流动资产比率分别是 16% 和 38%，浙报传媒这两个比率分别为 9% 和 32%，新华传媒这两个比率分别为 7% 和 42%，博瑞传播这两个比率分别为 12% 和 30%，这几家公司的流动资产比率大大低于文化类上市公司整体和该板块上市公司的平均水平。2013 年末，影视板块上市公司中华数传媒这两个比率分别为 41% 和 26%，湖北广电这两个比率分别为 61% 和 18%，出现较高固定资产比率和低流动资产比率的特征，似乎不属于轻资产结构。

另据有关公司年报，2013 年末，ST 传媒非流动资产中固定资产净值 5515 万元，而 2012 年公司固定资产仅有 158 万元，原因系公司回购了已过户给海南交行的海景湾大厦附楼（六层、十一层、十二层）房产，这与公司主业没有什么关联。公司无形资产 2232 万元（主要为《中国计算机报》的商标权 1620 万元），两项合计 7747 万元，占总资产的比重为 61.5%；公司的货币资金从 2012 年的 823 万元大幅提升到 2792 万元，应收账款从 3169 万元大幅下降至 1327 万元，货币资金的增加使得公司流动资产比率从 19% 增至 37%。

2013 年，华闻传媒非流动资产中无形资产为 26540 万元（其中土地使用权 22892 万元），商誉为 61203 元（2012 年商誉为 1973 万元），暴增原因主要系公司本期非公开发行股票收购澄怀科技股权，合并对价与澄怀科技公允价值的差额形成商誉，其他非流动资产 68461 万元，主要是支付的土地保证金和投资款，三项合计 156204 万元，占总资产比重为 21.8%。

2013 年年报显示，浙报传媒的非流动资产中，长期股权投资为 51310 万元，投资性房地产 28590 万元，无形资产 11128 万元，商誉则从 2012 年的 48 万元，猛增至 2013 年的 28.05 亿元，主要系收购杭州边锋网络技术有限公司所致，四项合计 37.15 亿元，占其总资产的 56.6%；公司的流动资产中，货币资金为 154230 万元（2012 年货币资金仅为 40668 万元），应收账款为 29287 万元（2012 年为 18499 万元），公司流动资产虽然增了 8.1 亿元，但非流动资产激增了 31.2 亿元，使得公司流动资产比率同比下降。

2013 年末，新华传媒公司的非流动资产中长期应收款 10.9 亿元（与 2012 年同），长期股权投资 5.96 亿元（2012 年为 8.26 亿元），投资性房地产 1.20 亿元，商誉 4.76 亿元（2012 年为 5.09 亿元），合计 22.82 亿元，占总资产的比重 36.8%；公司的流动资产合计比 2012 年增加了约 2.8 亿元，非流动资产合计减少了约 6656 万元。

2013 年末，博瑞传播的非流动资产中，长期股权投资 1.62 亿元，投资性房地产 4.97 亿元，无形资产 2.74 亿元，商誉为 11.68 亿元（2012 年为 3.69 亿元），系公司收购所致，合计 21.01 亿元，占总资产的比重为 43.4%。投资性房地产的直接收益是房屋出租带来的租金，与文化产业相关程度不高，商誉的增加可能会为公司带来超额收益，但不确定性很大。

2013 年末，华数传媒的固定资产中，网络设备 19.39 亿元，比 2012 年增加了 5.35 亿元，网络设备占固定资产的 92.5%（2012 年该比重为 69.5%）；2013 年末，湖北广电的固定资产中，传输网络设备占固定资产的比重也很大。这两家企业的主营业务是信息传播业和有线电视服务，与影视板块中其他六家公司的主营业务是影视制作等不同。所以，这两家公司呈现与其他六家公司完全不同的资产结构。

（二）文化类上市公司的资本结构

资本结构是指企业资金来源的构成比例，是由企业采用不同筹资方式而形成的。不同的资本结构，其资本成本和财务风险是不同的。企业负债筹资产生的利息具有强制性和固定性，不管企业是否盈利以及盈利多少，都要按约定的利率支付利息。但债务利息是税前支付，具有节税功能。一般而言，负债筹资成本较低、风险较大，而权益筹资成本较高、风险较小。通常情况下，企业会采用债务筹资和权益筹资的组合。

资本结构管理的一个重要前提是企业对未来销售的正确预测，因为销售额的较小变化会导致税后净利润的较大变化。负债程度越高，这种变化幅度就越大。如果预计到未来销售额会有很大增长时，可以采用少发行股票、多发行债券的方法，使企业的税后净利润有较大的增加。如果预计未来销售不会有较大增长，则应该少用债权融资，尽可能使用股权融资。

1. 资本结构总体较为合理

如表14和表15所示，2012年末，23家文化类上市公司负债总额为316.40亿元，净资产593.77亿元，两者之比为0.53，长短期银行借款46.75亿元，占负债总额的15%；2013年末，全部24家文化类上市公司负债总额为397.00亿元，净资产739.85亿元，两者比值为0.54，长短期借款41.90亿元，占负债总额的11%。这说明，文化类上市公司在整体资金来源上，债务筹资约占1/3，权益筹资约占2/3，也就是企业主要依靠股权融资而非债权融资，企业财务风险相对较小。

在债务来源上，企业对有息债务（即银行借款）依赖较小，从2012年有息负债占负债总额的15%下降至2013年的11%，大部分债务来源于经营环节的无息负债，即应付账款和预收账款等，也得益于公司自2013年以来从资本市场募集的股权资金。这样，企业可以依靠上下游企业的资金和资本市场的筹资，而较少依赖约束严格的银行贷款，大大降低了企业的财务成本和财务风险。

表 14　全部文化类上市公司的负债总额及所有者权益

单位：百万元

	2012 年			2013 年		
	负债总额	所有者权益	负债总额/所有者权益	负债总额	所有者权益	负债总额/所有者权益
出版板块	24463.60	47203.61	0.52	30588.32	58046.88	0.53
ST 传媒	96.86	−20.80	—	122.32	3.57	34.26
大地传媒	842.62	1753.69	0.48	888.35	2045.31	0.43
华闻传媒	2172.23	3892.46	0.56	2512.02	4665.46	0.54
中文传媒	4386.32	4018.70	1.09	5794.32	6146.66	0.94
时代出版	1442.25	3251.53	0.44	1972.61	3494.79	0.56
浙报传媒	1049.03	1581.00	0.66	2367.01	4195.16	0.56
长江传媒	1482.11	3035.24	0.49	1826.74	4550.84	0.40
新华传媒	3434.95	2555.94	1.34	3699.93	2503.14	1.48
博瑞传播	557.34	2578.36	0.22	906.47	3930.91	0.23
中南传媒	3214.67	8634.49	0.37	3532.66	9479.94	0.37
皖新传媒	1176.22	4181.55	0.28	1579.49	4669.80	0.34
凤凰传媒	3777.37	9503.53	0.40	4435.06	10061.60	0.44
出版传媒	764.48	1704.29	0.45	858.41	1753.93	0.49
天舟文化	67.15	533.63	0.13	92.83	545.77	0.17
影视板块	7145.28	11522.35	0.62	8895.27	15264.70	0.58
华数传媒	2533.38	850.19	2.98	3270.95	1813.58	1.80
湖北广电	1104.33	2136.97	0.52	992.63	2320.87	0.43
华录百纳	139.35	950.64	0.15	98.55	1047.10	0.09
中视传媒	772.59	1086.90	0.71	390.19	1146.15	0.34
华谊兄弟	2013.21	2124.73	0.95	3253.89	3958.46	0.82
华策影视	242.01	1525.27	0.16	285.36	1819.97	0.16
光线传媒	167.99	1988.85	0.08	371.26	2219.38	0.17
新文化	172.42	858.80	0.20	232.44	939.19	0.25
文艺板块	31.30	651.07	0.05	216.16	673.58	0.32
美盛文化	31.30	651.07	0.05	145.68	662.29	0.22
当代东方	—	—	—	70.48	11.29	6.36
合　计	31640.18	59377.03	0.53	39699.65	73985.16	0.54

表 15　全部文化类上市公司的银行借款及其占负债总额的比重

单位：百万元

	2012 年			2013 年		
	长短期借款	负债总额	长短期借款/负债总额	长短期借款	负债总额	长短期借款/负债总额
出版板块	2936.49	24463.60	0.12	2252.24	30588.22	0.07
ST 传媒	0	96.86	0	0	122.32	0
大地传媒	68.11	842.62	0.08	22.00	888.35	0.02
华闻传媒	597.93	2172.23	0.27	214.00	2512.02	0.09
中文传媒	100.00	4386.32	0.02	226.13	5794.32	0.04
时代出版	70.20	1442.25	0.05	176.91	1972.61	0.09
浙报传媒	390.00	1049.03	0.37	363.00	2367.01	0.15
长江传媒	45.25	1482.11	0.03	40.20	1826.74	0.02
新华传媒	1645.00	3434.95	0.48	1170.00	3699.93	0.32
博瑞传播	20.00	557.34	0.04	20.00	906.47	0.02
中南传媒	0	3214.67	0	0	3532.66	0
皖新传媒	0	1176.22	0	0	1579.49	0
凤凰传媒	0	3777.37	0	20.00	4435.06	0.005
出版传媒	0	764.48	0	0	858.41	0
天舟文化	0	67.15	0	0	92.83	0
影视板块	1738.16	7145.28	0.24	1868.51	8895.27	0.21
华数传媒	475.00	2533.38	0.19	498.50	3270.95	0.15
湖北广电	370.00	1104.33	0.335	199.80	992.63	0.20
华录百纳	0	139.35	0	0	98.55	0
中视传媒	0	772.59	0	0	390.19	0
华谊兄弟	893.16	2013.21	0.44	1170.21	3253.89	0.36
华策影视	0	242.01	0	0	285.36	0
光线传媒	0	167.99	0	0	371.26	0
新文化	0	172.42	0	0	232.44	0
文艺板块	31.30	31.30	0	69.31	216.16	0.32
美盛文化	0	31.30	0	69.31	145.68	0.48
当代东方	—	—	—	0	70.48	0
合　计	4674.65	31640.18	0.15	4190.06	39699.65	0.11

另据统计，2013 年以来，有多达 9 家文化类上市公司在资本市场共募集资金高达 124.5 亿元。其中，2013 年华闻传媒募集资金 31.5 亿元，中文传媒募集资金 12.6 亿元，浙报传媒募集资金 22.6 亿元，长江

传媒 11.4 亿元，博瑞传播 10.3 亿元，华数传媒 7.1 亿元；2014 年，天舟文化募集资金 11.2 亿元，华谊兄弟 4.4 亿元，华策影视 13.4 亿元。资本市场为文化上市公司提供了较为充足的资金来源和融资支持。

2. 影视板块对负债的依赖度相对高于出版板块上市公司

2012 年末，14 家出版板块上市公司负债总额 244.64 亿元，净资产 472.04 亿元，两者之比为 0.52。2013 年末，负债总额 305.88 亿元，净资产 580.47 亿元，两者之比为 0.53。2012 年末，影视板块 8 家上市公司负债总额 71.45 亿元，净资产 115.22 亿元，两者之比为 0.62。2013 年末，8 家影视板块上市公司负债总额为 88.95 亿元，净资产 152.65 亿元，两者之比为 0.58。比较两个板块的负债总额与净资产的比值可以看出，影视板块上市公司对债务融资的依赖程度相对大于出版板块上市公司。对债务融资的依赖程度增加可以提高企业的财务杠杆的作用，但同时也增加了企业的财务风险。

3. 出版板块和影视板块上市公司对银行借款的依赖度均降低

2012 年末，14 家出版板块上市公司长短期借款 29.37 亿元，占负债总额的 12%；2013 年末，该板块 14 家上市公司长短期借款合计 22.52 亿元，占负债总额的 7%。2011 年末，4 家影视板块上市公司长短期银行借款为 0，说明这四家影视公司在 2011 年底无银行借款。2012 年末，8 家影视板块上市公司长短期银行借款为 17.38 亿元，占负债总额的 24.3%；2013 年末，该板块 8 家上市公司长短期借款 18.69 亿元，占负债总额的 21.0%。出版板块上市公司对银行借款的依赖度出现大幅降低，可以减少利息费用支出，降低企业的财务风险；而影视板块上市公司对银行借款的依赖度也出现了小幅降低。

另外，2012 年末，14 家出版板块上市公司中，有 6 家长短期借款为 0；2013 年末，有 5 家长短期借款为 0。2012 年末，8 家影视板块上市公司中，有 5 家的长短期借款均为 0；2013 年末，8 家影视板块上市公司中，仍有 5 家长短期借款为 0。

四　文化类上市公司的偿债能力与资产运营效率

（一）偿债能力

负债分为流动负债和非流动负债，因此偿债能力通常可分为短期偿债能力和长期偿债能力。偿债能力是企业持续经营的基础，如果企业不能保持一定的短期偿债能力，就会面临生存危机。当然，如果企业只有短期偿债能力而缺乏长期偿债能力，企业可能只有短期生存的空间，而没有长期发展的空间。

1. 短期偿债能力总体较强

短期偿债能力是指企业在流动负债到期时，可以变现出现金用于偿还流动负债的能力。在分析企业短期偿债能力时，不太强调企业盈利能力的高低，更为关心的是企业流动资产的变现性。衡量企业短期偿债能力的指标主要有三个。

（1）流动比率。流动比率＝流动资产/流动负债。一般认为，制造类企业合理的最低流动比率为2。

（2）速动比率。速动比率＝（流动资产－存货）/流动负债，速动比率比流动比率更能体现企业的短期债务偿还能力。一般认为，在工业企业的全部流动资产中，存货大约占50%，所以，速动比率标准值为1。[①]

（3）现金比率。现金比率＝现金类资产/流动负债。现金比率中用作偿债的资产是变现能力几乎为百分之百的现金类资产，用该指标衡量

[①] 流动比率和速动比率并非越高越好。20世纪90年代之后，流动比率标准值已降为1.5左右，速动比率标准值已降为0.8左右。不同行业之间不存在统一的、标准的流动比率和速动比率数值。因此，流动比率和速动比率适合同行业企业比较以及同一企业不同历史时期的比较。赊销较多的企业流动比率可能远大于2，速动比率可能远大于1。而现销较多的企业，几乎没有应收账款，流动比率可能远小于2，速动比率可能远小于1，甚至许多具有持续性竞争优势的公司，其流动比率都小于1，不同于传统的评判标准。

企业短期偿债能力也就最为保险和安全。在对企业短期偿债能力进行分析时，一般把该比率作为流动比率和速动比率的补充或辅助指标。企业的现金比率一般不能太高，过高则说明企业的现金没有发挥最大的效率。标准值视企业规模和类型而定，美国会计界认为 0.2 比较合适。在这一水平上，企业的短期直接支付能力不会有太大的问题。由于现金比率指标过分严格，一般只在财务分析师怀疑企业存货和应收账款存在流动性问题时，或企业已将应收账款和存货作为抵押品的特殊情况下，以及对某些经营活动具有高度投机性的企业或企业已处于财务困境时，才是一个适当的比率。

如表 16 所示，2013 年，全部 24 家文化类上市公司的平均流动比率为 3.16，比 2012 年 23 家文化类上市公司下降了 20%；平均速动比率 2.58，比 2012 年下降了 25%；平均现金比率 1.41，比 2012 年下降了 39.7%。整体来看，文化类上市公司的短期偿债能力较强，不存在短期偿债能力问题。但从计算数据并结合有关财务报表来看，ST 传媒、当代东方两家公司的短期偿债能力似乎较差。

表 16　文化类上市公司的流动比率、速动比率和现金比率

	流动比率		速动比率		现金比率	
	2012 年	2013 年	2012 年	2013 年	2012 年	2013 年
ST 传媒	0.47	0.41	0.46	0.41	0.11	0.25
大地传媒	2.19	2.43	1.62	1.84	1.11	1.12
华闻传媒	1.16	1.61	0.97	1.47	0.57	0.89
中文传媒	1.71	1.83	1.52	1.70	0.61	0.92
时代出版	2.43	2.09	1.87	1.64	1.29	0.78
浙报传媒	1.26	1.68	1.23	1.64	0.40	1.23
长江传媒	1.78	2.34	1.16	1.80	0.76	0.81
新华传媒	0.87	0.92	0.79	0.81	0.39	0.46
博瑞传播	1.52	2.39	1.42	2.34	1.00	1.65
中南传媒	3.10	3.14	2.77	2.81	2.45	2.47
皖新传媒	3.62	2.97	3.32	2.52	1.95	1.58
凤凰传媒	3.31	2.58	2.78	2.10	2.01	1.25

续表

	流动比率		速动比率		现金比率	
	2012 年	2013 年	2012 年	2013 年	2012 年	2013 年
出版传媒	2.57	2.43	1.75	1.73	1.20	0.53
天舟文化	7.64	5.39	6.86	4.72	5.78	3.97
华数传媒	0.46	0.58	0.43	0.56	0.26	0.36
湖北广电	0.60	0.68	0.47	0.54	0.38	0.42
华录百纳	8.06	11.93	6.40	8.85	3.83	4.32
中视传媒	1.81	2.75	1.66	2.47	1.10	2.65
华谊兄弟	1.72	1.51	1.29	1.26	0.40	0.51
华策影视	6.23	6.46	5.06	4.63	2.61	1.57
光线传媒	11.07	3.62	10.27	3.12	3.90	1.68
新文化	5.93	4.86	4.58	2.91	2.84	1.45
美盛文化	21.48	10.12	20.38	8.87	18.77	2.99
当代东方	—	1.15	—	1.15	—	0.07
平　均	3.95	3.16	3.44	2.58	2.34	1.41

2. 长期偿债能力大多较强

长期偿债能力是指企业对长期债务的偿还能力，企业长期偿债能力与盈利能力有密切的关系。长远来看，企业长期的盈利和经营活动现金流量才是偿付债务本金和利息的最稳定、最可靠的来源。当然，如果借入负债占总资产的比例不大，企业可动用自有现金或变现部分非流动资产在债务到期时保证对债务本金与利息的足额偿付。因此，除了企业盈利能力外，企业资本结构对企业长期偿债能力也有非常重要的影响。

长期偿债能力的强弱是反映企业财务安全与稳健程度的重要标志，它不仅取决于资本结构的合理与否，还取决于企业未来的盈利能力高低。因此，衡量企业长期负债能力主要有两个指标。

（1）资产负债率。资产负债率 = 负债总额/资产总额 × 100%，它揭示了企业的资产负债结构、权益结构和偿债能力，过高或过低的资产负债率都会对企业产生不利影响。不同行业的资产负债率差异较大。一

296

般而言，资产负债率在 40% 至 60% 之间较为合理，有利于风险与收益的平衡。企业资产负债率是否合理需要结合该企业所处行业特征、经营模式、债务结构、行业平均水平等进行综合分析判断。在分析企业资产负债率时，不能片面地认为资产负债率高，企业财务风险就大，企业的长期偿债能力就差。而是要具体分析债务结构情况，如果企业负债主要来源于经营性的无息负债如预收账款和应付账款等，而不是金融性有息负债如银行借款，这种情况下的资产负债率越高，可能越说明企业盈利能力更强。

（2）现金流量利息保障倍数。现金流量利息保障倍数是指经营现金净流量为利息费用的倍数。现金流量利息保障倍数 = 经营现金净流量/利息费用，它是衡量企业偿付借款利息能力高低的指标。它比利润基础的利息保障倍数更可靠，因为实际用以支付利息的是现金，而非利润。一般而言，现金流量利息保障倍数越高，表明企业的债务偿还越有保障。为了考察企业偿付利息能力的稳定性，一般应计算 5 年或 5 年以上的现金流量利息保障倍数。因企业所处的行业不同，利息保障倍数有不同的标准，一般公认的现金流量利息保障倍数的界限为 3。不过有时企业的现金流量利息保障倍数低于 1，也不能说明企业就无法偿债。

现金流量利息保障倍数和资产负债率都是长期偿债能力指标。两者的不同在于，资产负债率反映的是对企业带息与不带息长期负债的偿还能力，特别是对长期负债本金的偿还能力。而现金流量利息保障倍数反映的是对带息长期负债的每年利息偿还的保障程度，并不一定反映企业偿还长期负债的本金能力。

首先，如表 17 所示，2013 年全部 24 家文化类上市公司的平均资产负债率为 35.24%，与 2012 年 23 家文化类上市公司的平均资产负债率 34.82% 相比，仅上升了 0.42 个百分点，总体处于较为合理的水平。

表 17　文化类上市公司的资产负债率和现金流量利息保障倍数

	资产负债率（%）		现金流量利息保障倍数	
	2012 年	2013 年	2012 年	2013 年
ST 传媒	127.35	97.16	-0.74	-8.35
大地传媒	32.5	30.3	58.25	31.37
华闻传媒	35.8	35.0	3.21	14.23
中文传媒	52.2	48.5	27.34	30.57
时代出版	30.7	36.08	132.37	40.75
浙报传媒	39.9	36.1	16.65	23.94
长江传媒	32.8	28.6	43.53	72.29
新华传媒	57.3	59.65	0.30	0.89
博瑞传播	17.8	18.74	-58.06	139.16
中南传媒	27.13	27.15	14838.70	6714.42
皖新传媒	22.0	25.27	792.81	709.46
凤凰传媒	28.4	30.59	年报显示无利息支出	2401.26
出版传媒	31.0	32.86	8.45	年报显示无利息支出
天舟文化	11.18	14.54	年报显示无利息支出	年报显示无利息支出
华数传媒	74.9	64.3	14.33	20.94
湖北广电	34.1	29.96	34.62	39.72
华录百纳	12.8	8.60	-58.98	年报显示无利息支出
中视传媒	41.55	25.40	年报显示无利息支出	年报显示无利息支出
华谊兄弟	48.65	45.12	-3.82	6.24
华策影视	13.69	13.55	年报显示无利息支出	-51.39
光线传媒	7.79	14.33	年报显示无利息支出	-42.47
新文化	16.72	19.84	-11.89	年报显示无利息支出
美盛文化	4.59	18.03	4606.68	99.18
当代东方	—	86.19	—	年报显示无利息支出
平　均	34.82	35.24		

　　其次，除了 ST 传媒之外，2012 年，全部 22 家文化类上市公司中，有 5 家公司年报显示无利息支出，有 5 家公司的现金流量利息保障倍数为负，新华传媒该数值为 0.3，其余 12 家文化类上市公司的现金流量利息保障倍数都大于 3，说明企业依靠经营利润产生的现金流量具有良好的利息偿还能力。至 2013 年末，除 ST 传媒外的 23 家文化类上市公

司中，有6家公司年报显示无利息支付，有2家现金流量利息保障倍数为负，其余14家上市公司的现金流量利息保障倍数都超过3，只有新华传媒为0.89，现金流量利息保障倍数高的企业如博瑞传播为139.16、中南传媒6714.42、皖新传媒709.46、凤凰传媒2401.26、美盛文化99.18等。

（二）资产运营效率

1. 文化类上市公司的资产运营在总体上处于良好状态

资产运营效率反映了企业合理配置和发挥内部资源效率的能力，反映了企业资产经营管理的效率和效果。从企业盈利的角度看，资产只有在周转运用过程中才能带来收益，资产周转越快，同样的时间内就能为企业带来更多的收益。从企业偿债的角度看，企业资产的周转本身也是不断变现的过程，资产周转速度越快，表明企业资产的流动性越强，企业的偿债能力也就越强。所以企业的资产运营效率高，有助于企业获利能力的增长，并保证企业具备良好的偿债能力。衡量企业运营效率的财务指标主要有4个。

（1）应收账款周转率。应收账款周转率＝销售收入净额/［（期初应收账款＋期末应收账款）/2］，该指标反映了应收账款的变现速度及管理效率的高低。应收账款周转率高，表明企业收账迅速，账龄期限较短，可以减少收账费用和坏账损失，提高企业的资产质量，从而增加企业流动资产的收益。应收账款周转率高，也表明资产流动性和变现性高，短期偿债能力强。应收账款周转率下降，可能预示着企业持续盈利能力的下降。一般而言，产品面向终端市场的企业应收账款周转率相对较高。

（2）存货周转率。存货周转率＝销售成本/［（期初存货＋期末存货）/2］，该指标反映了企业从购入原材料、投入生产到销售等各个环节的管理状况。一般来讲，存货周转速度越快，存货的占用水平越低、流动性越强，存货转换为现金或应收账款的速度越快。如果存货周转率过低，表明企业可能积压大量存货并有较大的资产减值风险。对不同行业存货周转率指标的判断标准是不同的。

（3）流动资产周转率。流动资产周转率＝销售收入净额／［（期初流动资产＋期末流动资产）／2］，它是反映全部流动资产周转速度和利用效率的指标。流动资产周转速度快，会相对节约流动资产，等于相对扩大资产投入，增强了企业的盈利能力；而周转速度延缓，则需要补充流动资产参加周转（多表现为增加银行短期借款和财务费用的支出），降低了企业的盈利能力。

（4）总资产周转率。总资产周转率＝销售收入净额／［（期初资产总额＋期末资产总额）／2］，该项指标反映了总资产的周转速度，是综合评价企业全部资产经营效率的重要指标。总资产周转率越高，说明销售能力越强，企业运用全部资产赚取利润的能力越强。总资产周转率的高低取决于企业营业收入水平和各项分类资产的利用状况，它受到应收账款周转率、存货周转率和流动资产周转率等指标的影响。在总资产中，周转速度最快的应属流动资产。因此，总资产周转速度受流动资产周转速度的影响较大。

表18　文化类上市公司资产运营效率

单位：次

	应收账款周转率		存货周转率		流动资产周转率		总资产周转率	
	2012 年	2013 年	2012 年	2013 年	2012 年	2013 年	2012 年	2013 年
出版板块平均	11.4	10.1	6.1	7.4	0.71	0.65	0.66	0.63
ST 传媒	2.11	1.17	55.09	64.20	1.30	0.58	0.44	0.26
大地传媒	7.5	7.08	3.7	4.6	1.4	1.45	0.9	1.04
华闻传媒	19.9	13.7	7.3	7.9	1.9	1.5	0.8	0.6
中文传媒	11.1	13.02	13.4	14.9	1.9	1.6	1.3	1.1
时代出版	8.5	6.99	3.3	4.6	1.0	1.2	0.7	0.85
浙报传媒	8.9	9.86	16.9	27.7	1.4	1.4	0.7	0.5
长江传媒	10.8	7.6	2.7	3.1	1.5	1.2	0.82	0.77
新华传媒	6.4	8.0	5.3	4.6	0.85	0.76	0.32	0.30
博瑞传播	15.0	8.0	12.3	18.99	1.5	1.43	0.5	0.4

续表

	应收账款周转率		存货周转率		流动资产周转率		总资产周转率	
	2012 年	2013 年	2012 年	2013 年	2012 年	2013 年	2012 年	2013 年
中南传媒	16.8	14.1	4.2	4.5	0.75	0.78	0.61	0.65
皖新传媒	13.9	13.5	7.1	6.3	0.9	1.0	0.7	0.79
凤凰传媒	27.8	26.2	2.7	2.8	0.7	0.78	0.5	0.5
出版传媒	4.4	4.2	1.5	1.7	0.7	0.7	0.5	0.5
天舟文化	6.6	7.3	4.7	4.2	0.6	0.66	0.48	0.53
影视板块平均	5.2	12.9	5.1	5.6	1.07	0.91	0.54	0.44
华数传媒	11.4	7.1	20.7	22.6	3.2	1.7	0.8	0.4
湖北广电	9.7	79.1	5.1	5.0	1.9	1.97	0.5	0.35
华录百纳	2.2	1.4	1.2	0.8	0.5	0.34	0.5	0.34
中视传媒	9.0	7.5	5.8	9.6	0.7	1.0	0.6	0.7
华谊兄弟	2.0	1.9	1.1	1.43		0.65	0.4	0.35
华策影视	3.0	2.1	1.6	1.3	0.5	0.6	0.5	0.5
光线传媒	2.3	1.9	4.5	3.1	0.6	0.6	0.5	0.4
新文化	2.0	1.8	0.9	0.45	0.53	0.45	0.53	0.44
文艺板块平均	5.7	8.3	5.3	3.6	0.7	0.5	0.5	0.3
美盛文化	5.7	6.9	5.3	3.6	0.7	0.5	0.5	0.3
当代东方	—	9.6		无存货		0.4	—	0.21
全部公司平均	9.0	10.8	8.1	9.5	1.1	1.0	0.6	0.53

表 18 显示：2013 年，全部 24 家文化类上市公司的平均应收账款周转率为 10.8 次，平均存货周转率为 9.5 次，平均流动资产周转率为 1.0 次，平均总资产周转率为 0.53 次。虽然其中的平均应收账款周转率、存贷周转率高于 2012 年，但是行业的平均流动资产周转率和平均总资产周转率 2 项指标均较之 2012 年有所减少，文化类上市公司的资产运营状况在总体上仍处于良好状态。

2. 出版板块上市公司的资产运营状况较之影视板块上市公司优劣参半

在 2013 年全部 24 家文化类上市公司中，14 家新闻和出版业公司的总体资产运营状况与 8 家广播、电视、电影和影视录音制作业公司相比好坏参半。2013 年新闻和出版上市公司的平均应收账款周转率和平均流动资产周转率分别为 10.1 和 0.65 次，低于影视板块相应的 12.9 次和 0.91 次，新闻出版板块的平均存货周转率和平均总资产周转率分别为 7.4 次和 0.63 次，高于影视板块上市公司相应指标（5.6 次和 0.44 次）。

2013 年，出版板块上市公司的平均应收账款周转率比 2012 年减少 1.3 次，平均存货周转率增加 1.3 次，平均流动资产周转率减少 0.06 次，平均总资产周转率减少 0.03 次；2013 年，影视板块上市公司的平均应收账款周转率比 2012 年增加 7.7 次，平均存货周转率增加 0.5 次，平均流动资产周转率减少 0.16 次，平均总资产周转率减少 0.1 次。

3. 2013 年企业各项资产运营指标减少数量超过增加数量

据统计，如果剔除 2013 年新进入文化类上市公司之列的当代东方之外，那么在余下的 23 家公司合计 92 个资产运营指标中，有 37 项高于 2012 年，6 项与 2012 年持平，有 49 项则低于 2012 年。

其中，在 23 家公司中，无 1 家企业的全部 4 项资产运营指标均高于 2012 年；当年有 3 项资产运营指标高于或与 2012 年持平的包括大地传媒、时代出版、浙报传媒、中南传媒、凤凰传媒、出版传媒、天舟文化和中视传媒等 8 家公司；当年有 2 项资产运营指标高于或与 2012 年持平的则有中文传媒、皖新传媒、湖北广电、华谊兄弟和华策影视等 5 家公司；当年只有 1 项资产运营指标高于或与 2012 年持平的包括 ST 传媒、华闻传媒、长江传媒、新华传媒、博瑞传播、华数传媒、光线传媒和美盛文化等 8 家公司；当年仅华录百纳和新文化两家公司的全部 4 项资产运营指标均低于 2012 年。

在应收账款周转率变动中，2013 年比 2012 年增加或持平的公司有 6 家；在存货周转率变动中，有 15 家公司较之 2012 年有所提高或持平；在流动资产周转率变动中，当年有 13 家公司比 2012 年有所提高或持平；在总资产周转率变动中，9 家公司高于或与 2012 年持平。

4. 流动资产周转率与总资产周转率有较高的关联性

若不计入当代东方，则在其余23家文化类上市公司中，流动资产周转率高于或与2012年持平的有13家公司，其中有9家公司的总资产周转率高于或与2012年持平，关联度较高。这也充分说明了文化产业类上市公司的轻资产特征。因此，提高流动资产周转率可以有效地提高企业的总资产周转率。

五　文化类上市公司盈利能力分析

企业盈利能力的大小不能仅凭企业获得利润的多少来判断，因为企业利润水平还受到企业规模、行业水平等诸多因素的影响。因此要用相对比率指标而非利润的绝对数量来衡量企业的盈利能力，唯有如此才能避免企业规模因素的影响，并便于比较不同行业、不同企业之间的盈利能力。衡量企业盈利能力的财务指标有毛利率、营业净利润率、期间费用利润率、总资产收益率以及净资产收益率等。

（一）毛利率、营业净利润率、期间费用利润率、总资产收益率

毛利率、营业净利润率、期间费用利润率、总资产收益率都是衡量企业盈利能力的常用专项指标。它们的计算方法及意义如下。

• 毛利率。毛利率 =（营业收入 – 营业成本）/营业收入 × 100%。营业收入减去营业成本即毛利，毛利是净利润的源泉。毛利率水平主要取决于企业所处的行业，个别取决于企业内部的运营效率。企业的毛利率越高，最终的利润空间越大。如果企业的毛利率持续下降，可能是行业竞争加剧使得产品价格下降，往往预示着企业盈利状况出现了问题。

• 营业净利润率。营业净利润率 = 净利润/营业收入 × 100%。营业净利润率越高，说明企业通过扩大销售获取利润的能力越强。通过

分析营业净利润率的变化，可以让企业注意改善经营管理、提高盈利水平。

● 期间费用利润率。期间费用利润率＝净利润／（销售费用＋管理费用＋财务费用）×100％。一般来说，该比率越高，说明企业期间费用投入的经济效益越好，企业的盈利能力越强。由于企业对期间费用的可控制程度较高，所以该比率反映了企业内部管理效率。控制期间费用利润率比直接控制三项期间费用的好处是，直接控制期间费用有可能使企业丧失一些销售和竞争机会，控制期间费用利润率则会鼓励企业消耗必要的期间费用以创造更多的利润。

● 总资产收益率。总资产收益率＝净利润／〔（期初资产总额＋期末资产总额）／2〕×100％，是用来衡量企业运用全部资产获利的能力。该指标越高，表明企业投入产出的水平越高，企业的资产运营越有效。总资产收益率是衡量企业盈利能力的关键。虽然净资产收益率由总资产收益率和财务杠杆共同决定，但提高财务杠杆（即提高负债水平）会同时增加企业的财务风险。此外，财务杠杆的提高有诸多限制，企业经常处于财务杠杆不可能再提高的临界状态。因此，提高净资产收益率的基础是提高总资产收益率。

1. 有关利润率指标总体上与 2012 年持平

如表 19 所示，2013 年，全部 24 家文化类上市公司平均毛利率为 34.66％，比 2012 年微降了 1.32 个百分点；营业净利润率为 16.6％，比 2012 年微增了 1.3 个百分点；期间费用利润率为 132.59％，比 2012 年下降了 5.67 个百分点；总资产收益率为 8.0％，比 2012 年微降了 0.7 个百分点。文化产业类上市公司的平均毛利率、平均营业净利润率、平均期间费用利润率和平均总资产收益率基本上与 2012 年持平，说明文化产业类上市公司整体运营比较平稳。

表 19　文化类上市公司各项盈利指标

单位：%

证券简称	毛利率		营业净利润率		期间费用利润率		总资产收益率	
	2012 年	2013 年	2012 年	2013 年	2012 年	2013 年	2012 年	2013 年
出版板块平均	32.4	29.0	11.4（ST 传媒除外）	12.2（ST 传媒除外）	63.49（ST 传媒除外）	69.21（ST 传媒除外）	7.4（ST 传媒除外）	7.5（ST 传媒除外）
ST 传媒	37.67	-4.26	-196.81	50.72	负值	70.33	-85.77	13.2
大地传媒	21.2	21.9	8.3	9.76	63.21	88.05	7.77	10.19
华闻传媒	38.1	40.9	13.7	24.1	71.28	101.12	10.3	13.6
中文传媒	15.14	15.46	5.19	6.03	53.95	69.50	6.49	6.75
时代出版	19.3	15.6	10.1	8.1	101.63	102.05	7.2	6.9
浙报传媒	46.1	48.1	19.5	20.9	86.61	82.71	13.2	10.7
长江传媒	32.39	30.05	9.35	8.83	39.66	40.39	7.67	6.82
新华传媒	33.1	34.2	6.1	3.2	22.79	11.16	1.94	0.98
博瑞传播	46.89	48.55	22.2	25.5	142.20	152.44	10.1	9.7
中南传媒	38.65	39.24	13.3	14.1	55.52	57.71	8.1	9.1
皖新传媒	32.1	27.0	13.8	13.3	72.69	86.57	9.9	10.5
凤凰传媒	38.3	37.7	12.2	12.2	54.31	50.47	7.3	6.8
出版传媒	23.7	24.0	5.4	5.3	24.05	26.05	2.79	2.77
天舟文化	31.1	28.6	7.2	6.2	37.78	31.54	3.4	3.3
影视板块平均	41.8	42.6	20.5	24.0	278.53	285.09	10.6	9.7
华数传媒	42.7	44.2	11.5	14.2	36.54	48.37	9.5	6.0
湖北广电	46.0	47.6	17.0	15.9	58.20	50.54	8.6	5.6
华录百纳	44.4	46.5	29.7	33.0	786.22	633.43	15.5	11.2
中视传媒	11.7	15.2	4.1	5.9	97.88	111.81	2.3	4.3
华谊兄弟	50.6	54.8	17.4	33.4	57.31	122.22	7.3	11.9
华策影视	53.9	45.9	30.9	29.8	256.50	278.22	13.7	14.1
光线传媒	43.6	46.3	30.0	36.3	664.12	741.11	15.3	13.8
新文化	41.7	40.3	23.5	23.8	271.64	294.98	12.3	10.4
文艺板块平均	39.3	42.34	23.9	15.7	—	63.92	10.9	4.2
美盛文化	39.3	35.44	23.9	17.9	176.61	108.38	10.9	5.56
当代东方	—	49.24	—	13.48	—	19.45	—	2.82
全部公司平均	35.98	34.66	15.3	16.6	138.26	132.59	8.7	8.0

2. 影视板块上市公司的盈利能力比出版板块相对高

2013 年，影视板块上市公司的平均盈利水平相对较高。2013 年，影视板块上市公司平均毛利率为 42.6%，营业净利润率为 24.0 个百分点，期间费用利润率为 285.09 个百分点，总资产收益率 9.7 个百分点，分别比出版板块上市公司这四项指标高出了 13.6 个百分点、11.8 个百分点、215.88 个百分点和 2.2 个百分点。

纵向比较来看，出版板块 2013 年四项指标和 2012 年相比，增减不一。2013 年，出版板块上市公司平均毛利率为 29.0%，比 2012 年减少了 3.4 个百分点；营业净利润率 12.2%，比 2012 年微增了 0.8 个百分点；期间费用利润率为 69.21%，比 2012 年增加了 5.72 个百分点；总资产收益率为 7.5%，比 2011 年微增了 0.1 个百分点。

2013 年，影视板块毛利率为 42.6%，比 2012 年微增了 0.8 个百分点；营业净利润率为 24.0%，比 2012 年增加了 3.5 个百分点；期间费用利润率为 285.09%，比 2011 年增加了 6.56 个百分点；总资产收益率为 9.7%，比 2012 年微减了 0.9 个百分点。

如果剔除 ST 传媒和 2013 年新进入文化类上市公司之列的当代东方之外，那么在 22 家公司中，大地传媒、华闻传媒、中文传媒、中南传媒、中视传媒、华谊兄弟的 4 项利润率指标全部高于 2012 年，仅凤凰传媒、天舟文化两家公司的四项利润指标均低于 2012 年，余下的 14 家公司四项利润率指标出现了不同程度的升降。

3. 两大板块上市公司毛利率多数上升

在 8 家影视板块上市公司中，仅华策影视和新文化毛利率低于 2012 年，其余六家公司毛利率均高于 2012 年。华策影视 2013 年营业收入为 9.20 亿元，比 2012 年增长了 27.7%，而营业成本为 4.98 亿元，比 2012 年增加 49.8%。正是营业成本在营业收入增加时，高于营业收入的增长速度，所以造成毛利率下降。新文化也是如此，公司 2013 年营业收入 4.82 亿元，比 2012 年增长了 24.9%，营业成本为 2.88 亿元，比2012年增长了25.2%，造成公司2013年毛利率比2012年微降了1.4个百分点。华谊兄弟2013年营业收入20.14亿元，比2012年大幅增长了45.3%，而营业成本为9.10亿元，比2012年增长了33.0%，远低于营业收入增长幅度，所以其2013年毛利率高于2012年。

2013年，在14家出版板块上市公司中，ST传媒、时代出版、长江传媒、皖新传媒、凤凰传媒和天舟文化等6家上市公司毛利率低于2012年，但除ST传媒外，其余5家下降幅度不大，在0.5%~5.1%之间。8家公司毛利率高于2012年，但增长幅度也不大，在0.3%~2.8%之间。时代出版2013年营业收入43.24亿元，比2011年增长了37.7%，而营业成本为36.49亿元，比2012年增长了44.0%，营业成本增长率远超营业收入增长率。皖新传媒2013年营业收入为45.96亿元，比2012年增长了26.1%，营业成本为33.54亿元，比2012年增长了35.6%，营业成本增长率超过营业收入的增长率。2013年，浙报传媒毛利率比2012年增长了2个百分点，其营业收入为23.56亿元，比2012年增长了63.8%，营业成本为19.00亿元，比2012年61.3%，略低于营业收入的增长率。

4. 大部分文化类上市公司营业净利润率同比上升，期间费用利润率同比下降

除湖北广电和华策影视外，其余6家影视板块上市公司营业净利润率均高于2012年。湖北广电2013年净利润为1.84亿元，仅比2012年微增了2.2%，而营业收入增长了8.7%，净利润增长率低于营业收入增长率，造成了公司销售净利润率下降。华策影视也是如此。华策影视2013年净利润为2.74亿元，比2012年增长了23.1%，而营业收入同比增长了27.7%。华谊兄弟2013年净利润6.73亿元，同比增长了180%，营业收入20.14亿元，同比仅增长了45.3%，净利润增长率远超营业收入增长率，所以销售净利润率同比大增。

2013年，8家影视板块上市公司中，湖北广电和华录百纳两家公司的期间费用利润率低于2012年，其他六家公司该指标高于2012年。

2013 年，除 ST 传媒外，其余 13 家出版板块上市公司营业净利润率增长的有 6 家，下跌的有 7 家。增加幅度最高的是华闻传媒，为 10.4%，跌幅最大的是新华传媒，为 2.9%。2013 年，华闻传媒营业收入比 2012 年减少了 11.8%，净利润却增长了 55.3%，所以营业净利润率上升。新华传媒 2013 年营业收入仅比 2012 年增长 2.9%，但净利润却大幅下降了 45.6%，所以造成营业净利润率大幅下跌。

2013 年，除 ST 传媒之外的 13 家出版板块上市公司中，浙报传媒、新华传媒、凤凰传媒和天舟文化四家公司的期间费用利润率同比下降，其余 9 家公司该指标均上升。

5. 大多数文化类上市公司总资产收益率同比下降

2013 年，除 ST 传媒和 2013 年新加入文化产业上市公司行列的当代东方之外，其余 22 家文化类上市公司中，仅大地传媒、华闻传媒、中文传媒、中南传媒、皖新传媒、中视传媒、华谊兄弟和华策影视等 8 家公司总资产收益率超过 2012 年，其余 14 家公司总资产收益率低于 2012 年。大地传媒公司 2013 年净利润 2.82 亿元，比 2012 年增长了 49.5%，而公司资产总额在 2013 年为 29.33 亿元，比 2012 年增加了 13.0%，公司净利润增长率超过了总资产增长率，所以公司的总资产收益率超过 2012 年。中视传媒 2013 年净利润为 7283 万元，比 2012 年增长了 49%，而总资产为 15.36 亿元，比 2012 年减少了 17.4%，净利润增加而总资产额减少，公司的总资产收益率得到了提升。

新华传媒 2013 年净利润为 5985 万元，同比下降了 45.6%，资产总额为 62.03 亿元，同比增长了 3.54%，净利润下降而总资产增加，所以总资产收益率下降。华数传媒 2013 年的净利润为 2.55 亿元，同比增长了 47.0%，资产总额为 50.85 亿元，同比增长了 50.3%，净利润增长率低于资产总额增长率，所以总资产收益率下降。

（二）净资产收益率和杜邦分析法

净资产收益率＝净利润／［（期初所有者权益＋期末所有者权益）／

2]　×100%，也叫权益报酬率或净资产利润率，它体现了企业股东自有资本获得净收益的能力，不断提高净资产收益率是实现股东价值最大化的基本保证。

净资产收益率是一个综合性很强的财务分析指标，它有很好的可比性，可以用于不同企业之间的比较。净资产收益率可以反映企业筹资、投资、经营等各项财务及管理活动的效率与效果。从企业财务活动和经营活动的相互关系来看，净资产收益率的变动取决于商品经营、资产经营和企业资本经营，所以净资产收益率是企业财务活动和经营活动效率的综合体现。

杜邦分析法是根据各主要财务指标之间的内在联系，建立财务分析指标体系，综合分析企业财务状况的方法。该体系以净资产收益率为龙头，将净资产收益率分解成营业净利润率（也叫营业净利率）、总资产周转率、权益乘数。营业净利率是对利润表的概括，权益乘数是对资产负债表的概括，总资产周转率把利润表和资产负债表联系起来，使净资产收益率可以综合衡量整家企业的经营活动和财务活动的业绩。

1. 净资产收益率总体下降

表 20 显示：2013 年文化类上市公司的平均净资产收益率为 12.2%，比 2012 年下降了 1.8 个百分点，虽然营业净利润率同比上升 1.2 个百分点，权益乘数上升 0.2，但总资产周转率同比下降了 0.1，所以文化类上市公司平均的净资产收益率低于 2012 年。

2. 影视板块上市公司平均净资产收益率高于出版板块上市公司，但增长动因不同

2013 年，影视板块上市公司平均净资产收益率为 14.1%，高于出版板块上市公司的 10.8%，但低于影视板块上市公司 2012 年的 19.5%。从表中可以看出，影视板块上市公司 2013 年平均营业净利润率为 24.0%，高于 2012 年的 20.5%；总资产周转率为 0.4，略低于 2012 年的 0.5，权益乘数为 1.6，低于 2012 年的 2.0，营业净利润的提

表 20　文化类上市公司净资产收益率及相关指标

证券简称	净资产收益率（%）		营业净利率（%）		总资产周转率		权益乘数	
	2012 年	2013 年	2012 年	2013 年	2012 年	2013 年	2012 年	2013 年
出版板块平均	10.8（ST 传媒除外）	10.8（ST 传媒除外）	11.4（ST 传媒除外）	12.1（ST 传媒除外）	0.68（ST 传媒除外）	0.66（ST 传媒除外）	1.6（ST 传媒除外）	1.6（ST 传媒除外）
ST 传媒	−288.83	—	−196.81	50.72	0.44	0.26	3.41	35.26
大地传媒	12.12	15.26	8.3	9.76	0.94	1.04	1.49	1.48
华闻传媒	10.34	14.18	13.67	24.08	0.75	0.57	1.99	1.78
中文传媒	13.13	13.22	5.19	6.03	1.25	1.12	2.07	2.11
时代出版	10.36	10.65	10.13	8.1	0.71	0.85	1.46	1.56
浙报传媒	22.77	18.01	19.5	20.93	0.68	0.51	2.18	2.01
长江传媒	11.76	10.23	9.4	8.8	0.82	0.77	1.5	1.47
新华传媒	4.35	2.37	6.13	3.24	0.32	0.3	2.26	2.42
博瑞传播	13.23	11.79	22.2	24.27	0.46	0.40	1.37	1.39
中南传媒	11.62	12.56	13.3	14.1	0.61	0.65	1.4	1.4
皖新传媒	12.65	13.83	13.8	13.3	0.72	0.79	1.3	1.33
凤凰传媒	10.44	10.1	13.9	12.8	0.52	0.53	1.4	1.49
出版传媒	4.1	4.1	5.4	5.3	0.52	0.52	1.5	1.5
天舟文化	3.6	3.8	7.2	6.2	0.48	0.53	1.1	1.2
影视板块平均	19.5	14.1	20.5	24.0	0.5	0.4	2.0	1.6
华数传媒	54.61	19.1	11.5	14.2	0.82	0.43	5.7	3.2
湖北广电	15.6	8.3	17.0	15.9	0.5	0.3	1.8	1.5
华录百纳	20.1	12.4	29.7	33.0	0.52	0.34	1.3	1.1
中视传媒	4.3	6.3	4.1	5.9	0.56	0.73	2.0	1.6
华谊兄弟	12.8	22.0	17.4	33.4	0.42	0.35	1.73	1.85
华策影视	15.60	15.93	30.87	29.75	0.45	0.48	1.18	1.19
光线传媒	16.43	15.59	30.01	36.27	0.51	0.38	1.07	1.13
新文化	16.93	12.88	23.45	23.78	0.53	0.44	1.37	1.24
文艺板块平均	11.89	14.36	23.9	15.7	0.46	0.3	1.09	4.5
美盛文化	11.89	6.44	23.90	17.91	0.46	0.31	1.09	1.15
当代东方	—	22.28	—	13.48		0.21	—	7.90
全部公司平均	14.0	12.2	15.3	16.5	0.6	0.5	1.7	1.9

高也没能使该板块的净资产收益率提升，总资产周转率和整体负债水平
的下降拖累了整个板块的净资产收益率。

出版板块 2013 年平均净资产收益率为 10.8%，与 2012 年的10.8% 持平，该板块 2013 年的平均总资产周转率为 0.66，略低于2012 年的 0.68，权益乘数为 1.6，也与 2012 年持平，总体负债水平不变。该板块上市公司平均净资产收益率的稳定得益于营业净利润率的增长。

3. 出版板块大部分上市公司净资产收益率同比增长

除 ST 传媒外，其余 13 家出版板块上市公司中，有 5 家公司净资产收益率低于 2012 年，7 家公司净资产收益率高于 2012 年，1 家公司持平。

在净资产收益率同比增长的公司中，大地传媒 2013 年净资产收益率为 15.26%，比 2012 年的 12.12% 高出 3.14 个百分点。尽管权益乘数低于 2012 年，但营业净利润率的增长以及总资产周转率的提高还是使该公司取得了净资产收益率的增长。皖新传媒则是在营业净利润率低于2012 年的情况下，依靠总资产周转率和负债水平高于 2012 年，而使得公司净资产收益率高于 2012 年。而中南传媒在营业净利润率、总资产周转率和负债水平均高于或与 2012 年持平的情况下，公司的净资产收益率超过 2012 年。

与中南传媒相反的是，长江传媒在营业净利润率、总资产周转率和负债水平均低于 2012 年的情况下，公司的净资产收益率低于 2012 年。新华传媒虽然提高了一些负债水平，使得公司的权益乘数高于 2012 年，但是公司的营业净利润率和总资产周转率都低于 2012 年，所以公司的净资产收益率低于 2012 年。浙报传媒虽然营业净利润率高于 2012 年，但总资产周转率的大幅度下降和权益乘数的减少使企业净资产收益率低于 2012 年。凤凰传媒虽然在总资产周转率和负债水平上高于 2012 年，但其营业净利润率的下降使得公司的净资产收益率低于 2012 年。

4. 影视板块半数上市公司净资产收益率同比下降

2013 年，在影视板块 8 家上市公司中，净资产收益率高于 2012 年的有中视传媒、华谊兄弟和华策影视 3 家上市公司。净资产收益率低于 2012 年的有 5 家上市公司。

2013 年，华数传媒和华录百纳的净资产收益率均低于 2012 年，虽然两家公司的营业净利润率均得到了提升，但是总资产周转率和负债水平均低于 2012 年，这使得这两家公司的净资产收益率低于 2012 年。湖北广电则是由于营业净利润率、总资产周转率和负债水平均低于 2012 年，该公司的净资产收益率自然低于 2012 年。华谊兄弟虽然总资产周转率低于 2012 年，但营业净利润率和权益乘数的提升使得公司净资产收益率高于 2012 年。

六　对六家文化类上市公司财务报表的简要分析

为了更好地分析和比较文化类上市公司的财务状况，本报告选取六家上市公司的财务报表进行分析，以更好地分析公司经营的持续性。报告选取的公司包括出版板块三家公司：以报纸传媒为主营业务的新华传媒，其 2013 年净资产收益率为 2.37%；以及以图书出版为主营业务的皖新传媒和天舟文化，它们 2012 年净资产收益率分别为 13.83% 和 3.8%。影视板块有 8 家上市公司，其中有四家上市公司于 2012 年进入文化产业，鉴于我们需要研究连续 5 年以上的报表，所以本报告在另外四家公司中选取了中视传媒、华谊兄弟和华策影视为研究对象，2013 年它们的净资产收益率分别为 6.3%、22.0% 和 15.9%。

本部分研究不局限于比较文化类上市公司 2013 年与 2012 年之间的财务数据，而是将 6 家上市公司 2008～2013 年的财务报表进行纵向分析和横向分析比较。纵向分析法也叫趋势分析法，是将某公司连续若干会计年度的报表资料进行纵向对比，例如将财务报表上的各项数据与某基年的数据进行比较，以此分析企业各报表项目的变动情况及变动趋势，据此判断企业财务状况和经营成果发展变化的一种方法。横向比较中可以运用结构分析法，将财务报表上各项目与某一基数（如资产总额或营业收入总额）进行比较，来反映同一财务报表各数据项目间的关系。结构分析法揭示的是企业的某项经营指标的局部与总体之间的关系，比如从每种资产占总资产的百分比，可以看出流动资产与固定资产的相对重要性，还可以看到总资产中分别有多大比例来自短期债款、长期债款及股东投资等。在使用这种分析法时，可以通过比较不同竞争对手之间的共同报表显示出不同企业在资金结构和资源分配方面的优劣势。

（一）出版板块上市公司的财务报表分析

1. 新华传媒纵向分析

表 21　新华传媒定基资产负债

单位：%

日期	2008 年 （单位：百万元）	2008 年 基期	2009 年	2010 年	2011 年	2012 年	2013 年
货币资金	380.9	100	145	189	223	273	339
应收账款	594.4	100	81	66	54	41	37
存货	559.9	100	94	40	43	37	57
流动资产合计	1818.5	100	91	103	106	127	142
固定资产（净值）	518.2	100	105	98	88	83	81
非流动资产合计	1837.6	100	94	164	187	201	197
资产总计	3656.1	100	93	133	147	177	170
短期借款	557.0	100	31	135	189	242	210
应付账款	484.7	100	99	108	115	95	118
预收款项	175.0	100	130	160	209	231	270
流动负债合计	1523.6	100	75	170	182	173	184
负债合计	1523.6	100	75	170	189	225	243
负债和所有者（或 股东权益）合计	3656.1	100	93	133	147	177	170

表 22   新华传媒定基利润

单位：%

日期	2008 年 （单位:百万元）	2008 年 基期	2009 年	2010 年	2011 年	2012 年	2013 年
一、营业收入	2905.1	100	78	79	73	62	64
减:营业成本	2020.0	100	71	72	70	59	60
销售费用	366.0	100	108	112	116	119	120
管理费用	163.7	100	79	79	87	80	82
财务费用	29.3	100	-64	22	-163	289	-121
投资收益	18.1	100	105	217	506	339	345
二、营业利润	246.7	100	109	98	83	43	30
三、利润总额	299.3	100	99	92	81	52	37
四、净利润	247.2	100	97	84	75	45	24

表 23   新华传媒定基现金流量

单位：%

日期	2008 年 （单位:百万元）	2008 年 基期	2009 年	2010 年	2011 年	2012 年	2013 年
销售商品、提供劳务收到的现金	2916.6	100	88	89	82	65	63
经营活动现金流入小计	3162.7	100	89	93	87	69	76
购买商品、接受劳务支付的现金	2277.4	100	64	81	72	57	53
支付给职工以及为职工支付的现金	296.6	100	88	90	99	99	102
经营活动现金流出小计	3041.0	100	78	86	89	71	75
经营活动产生的现金流量净额	121.7	100	376	250	37	26	96

从表 21、表 22、表 23 可以看出，新华传媒的主营业务状况不容乐观。2008 年以来，公司营业收入持续下降，其中 2012 年公司的营业收入比 2008 年下降了 38%，2013 年营业收入同比 2012 年微升了

2%，但仍比2008年下降了36%。2008~2013年，公司的资产总额虽然增长了70%，但是反映公司经营方面的主要会计科目如应收账款和存货却呈下降趋势，公司2013年的应收账款比2008年下降了63%，存货下降了43%，这从另一个方面反映了公司主营业务能力的下降。公司的货币资金2008~2013年增长了239%，但是同期短期借款也增长了110%，成为货币资金增长的主要动因，而短期借款的快速增长必然带来了财务费用的大幅提高，查看财报附注，2013年利息支出较2012年增长了23.9%，达到1.31亿元，如果不是收到向原上海成城购物广场实业发展有限公司提供项目财务资助所获得的利息收入等共计1.71亿元，公司财务费用将比2012年大幅提高，而这种利息收入和公司主营业务无关。公司应付账款虽然比2012年有所增加，但是增长速度仍低于总资产增长速度，说明利用供应商资金的能力不足，预收款项虽有大幅度上升，同期增长了170%，高于总资产增长率，但公司未在2013年和2012年年报附注中披露详细情况，只是笼统归为各项预收款，根据公司2011年年报附注披露，应该主要是公司子公司销售预付类卡所致。流动资产是直接创造企业利润的资产，流动资产2008~2013年增长速度低于总资产增长速度，而公司负债主要是流动负债，2013年增加了9亿元的应付债券，公司负债的增长主要是流动负债的增长。

2008~2013年，在营业收入呈下降趋势的同时，公司销售费用却逐年上升，2013年销售费用比2008年增长了20%，说明市场竞争激烈程度上升。公司营业利润、利润总额和净利润同期分别下降了70%、63%和76%，而公司投资收益却同期上涨了245%。2013年年报显示，公司投资净收益为6245万元，公司营业利润为7445元，投资净收益占营业利润的比重为83.9%，营业外收入3758万元，显然，若没有投资收益和营业外收入，则公司营业利润和利润总额将会更大幅度地下降。

该公司主营业务能力的下降也体现在现金流量表中。2008～2013年，公司销售商品、提供劳务收到的现金呈持续下降趋势，2013年比2008年下降了37%；经营性现金流入合计减少了24%；购买商品、接受劳务支付的现金也下降了47%；支付给职工以及为职工支付的现金微升了2%，在劳动力成本不断上升以及营业收入不断下降的这几年，公司支付职工以及为职工支付的现金保持微升，这也说明了公司员工待遇的水平在下降，或者公司通过裁员来减少劳动成本。公司的经营性现金流净额也呈下降趋势，虽然2013年比2012年有大幅度上升，但主要依靠收到其他与经营活动有关的现金，如租金收入等。公司依靠本身经营业务带来的现金流很难支持投资或者兼并收购业务，不得不借助于外部资本和资金市场。

2. 皖新传媒纵向分析

表 24　皖新传媒定基资产负债

单位：%

日期	2008 年（单位:百万元）	2008 年基期	2009 年	2010 年	2011 年	2012 年	2013 年
货币资金	1190.1	100	118	250	217	190	207
应收账款	262.9	100	138	146	90	110	168
存货	196.7	100	94	115	178	179	365
流动资产合计	1696.5	100	119	213	206	250	276
固定资产(净值)	643.2	100	83	83	82	81	80
无形资产	328.5	100	96	93	89	87	105
非流动资产合计	1006.2	100	99	96	131	110	155
资产总计	2702.7	100	111	170	178	198	231
应付账款	800.0	100	94	109	102	111	171
预收款项	33.8	100	215	233	519	564	580
流动负债合计	984.1	100	107	113	104	119	160
负债合计	984.1	100	108	114	105	120	160
负债和所有者(或股东权益)合计	2702.7	100	111	170	178	198	231

表 25 皖新传媒定基利润

单位：%

日期	2008 年 （单位：百万元）	2008 年 基期	2009 年	2010 年	2011 年	2012 年	2013 年
一、营业收入	2413.6	100	105	114	126	151	190
减：营业成本	1637.0	100	104	113	124	151	205
销售费用	298.0	100	103	114	179	150	150
管理费用	213.4	100	101	107	123	132	141
财务费用	−11.8	−100	−113	−218	−446	−332	−363
投资收益	10.2	100	101	23	135	749	993
二、营业利润	261.7	100	114	133	160	202	231
三、利润总额	252.3	100	110	128	159	201	244
四、净利润	252.3	100	110	127	158	199	242

表 26 皖新传媒定基现金流量

单位：%

日期	2008 年 （单位：百万元）	2008 年 基期	2009 年	2010 年	2011 年	2012 年	2013 年
销售商品、提供劳务收到的现金	2479.0	100	103	114	146	149	186
经营活动现金流入小计	2538.6	100	102	114	146	151	186
购买商品、接受劳务支付的现金	1577.0	100	121	122	164	160	224
支付给职工以及为职工支付的现金	252.3	100	104	100	129	151	152
经营活动现金流出小计	2134.3	100	119	119	158	156	206
经营活动产生的现金流量净额	404.3	100	13	88	80	125	78

表 24、表 25、表 26 显示：2008～2013 年，皖新传媒营业收入持续增长，2013 年比 2008 年增长了 90%，但营业成本同期也增长了 105%。公司资产总额同期增长了 131%，流动资产增长了 176%，超过了总资产增长率，使企业更加轻资产化。但流动资产中直接体现企业经营能力

的主要科目应收账款和存货同期分别只增长了68%和265%，低于流动资产增长率。应收账款增长率低于营业收入增长率，这是好的现象，但存货增长率高于营业收入和营业成本增长率，应注意加强存货管理。货币资金增长了107%，主要得益于公司2010年的上市股权融资。公司应付账款同期增长了71%，预收款项同期大幅增长了480%，从2008年的3380万元，增加到2013年的19589万元，占2013年总资产的3.1%和营业收入的4.3%。对企业的货币资金增长也做出了贡献，但存货的大幅增加对货币资金产生了压力。公司负债几乎全部由流动负债组成，流动负债和负债合计同期均增长了60%，远低于总资产131%的增长率，即总资产的增加主要得益于公司的权益融资，也就是从资本市场的融资（2010年公司上市，2010年资产总额比2009年大幅增加）和经营所得。同样得益于上市，企业账面上高额的货币资金为公司带来利息收入，使得公司的财务费用从2008年负的1185万元，变为2012年财务费用为负的3931万元。2008年，公司投资收益仅为1024万元，2012年增长为7673万元，2013年更是增长至1.02亿元，比2008年增加了893%，占2013年公司营业利润的16.9%。从公司的营业利润和利润总额来看，公司的营业外净收益占公司利润总额的比重较小。

随着公司营业收入的增长，公司销售商品、提供劳务收到的现金也实现了同步增长，2008～2013年，在营业收入同期增长90%的同时，公司销售商品、提供劳务收到的现金也实现了86%的增长，经营性现金流入同期增长了86%。购买商品、接受劳务支付的现金也增长了124%，支付给职工以及为职工支付的现金也同步增加了52%。公司经营活动产生的现金流净额同期下降了22%，系2013年存货大量增加所致。

3. 天舟文化纵向分析

如表27、表28、表29所示，2008～2013年，天舟文化的营业收入增长了258%，营业成本同期增长了228%。自2010年上市以来，2011

年和 2012 年，公司营业成本增长率超过营业收入增长率，直至 2013
年，公司营业收入增长率超过营业成本增长率，由此增加公司的毛利空
间。2008～2013 年，公司的销售费用大幅增长了 396%，凸显了经营竞
争的激烈程度，管理费用也增长了 397%。得益于公司的上市股权融
资，公司的货币资金除在 2009 年出现短暂下降外，2010 年上市后出现
爆炸式上升并维持到 2013 年，2013 年公司货币资金比 2008 年增长了
675%，由此带来的是公司的财务费用在 2008 年是负的 10.7 万元，而
到了 2013 年，财务费用为负的 841 万元。公司账面巨额的货币资金余
额固然可以为公司带来利息收入和投资并购的便利，但同时也意味着低
效使用的可能。公司营业利润和利润总额同期分别增长了 22% 和 45%，
2013 年，公司营业外收入 579 万元，占 2013 年利润总额的 19.5%，所
以公司在 2013 年营业利润较 2012 年下降的情况下，利润总额仅下降了
1.2%，主要就是得益于营业外收入，2012 年之前，营业外收入占比较
少，对利润总额影响不大。

表 27　天舟文化定基资产负债

单位：%

日期	2008 年 （单位:百万元）	2008 年 基期	2009 年	2010 年	2011 年	2012 年	2013 年
货币资金	45.9	100	95	983	896	860	775
应收账款	22.1	100	118	127	173	209	194
存货	11.1	100	127	173	264	473	539
流动资产合计	88.6	100	110	578	561	583	544
固定资产（净值）	19.9	100	95	91	242	237	192
非流动资产合计	20.5	100	99	122	405	427	761
资产总计	109.1	100	108	490	529	550	585
应付账款	9.0	100	101	234	483	577	816
预收款项	2.0	100	105	136	51	296	299
流动负债合计	25.7	100	80	124	196	268	349
负债合计	25.7	100	84	124	196	267	361
负债和所有者（或 股东权益）合计	109.1	100	108	490	529	550	585

表 28 天舟文化定基利润

单位：%

日期	2008 年 （单位:百万元）	2008 年 基期	2009 年	2010 年	2011 年	2012 年	2013 年
一、营业收入	91.6	100	144	234	304	307	358
减:营业成本	55.6	100	142	260	362	349	328
销售费用	8.2	100	155	173	242	416	496
管理费用	6.6	100	177	224	280	414	497
财务费用	-0.1	-100	-274	-377	-7906	-7032	-8400
二、营业利润	20.2	100	126	190	218	144	122
三、利润总额	20.2	100	131	192	225	149	145
四、净利润	15.1	100	135	208	220	134	135

表 29 天舟文化定基现金流量

单位：%

日期	2008 年 （单位:百万元）	2008 年 基期	2009 年	2010 年	2011 年	2012 年	2013 年
销售商品、提供劳 务收到的现金	88.4	100	164	268	341	350	428
经营活动现金流 入小计	97.8	100	153	251	321	330	400
购买商品、接受劳 务支付的现金	54.9	100	187	289	413	422	441
支付给职工以及 为职工支付的现金	4.5	100	159	205	298	614	720
经营活动现金流 出小计	91.4	100	156	226	316	348	377
经营活动产生的 现金流量净额	6.4	100	86	574	354	46	728

2008～2013 年，同样受益于上市，公司的资产总额同期增长了 485%，流动资产增长了 444%，而与生产经营直接相关的应收账款和存货同期分别增长了 94% 和 439%，低于流动资产和总资产的增长率，也低于货币资金增长率。应付账款和预收账款同期分别增长了 716% 和

199%，两者占公司流动负债的比重不断提高，预示着公司利用客户及供应商资金能力的提高，这对公司未来的经营是有利的。公司负债基本上由流动负债构成，流动负债增长率几乎和负债增长率相同，分别为249% 和 261%，远低于同期总资产增长率 485%，说明公司资产的增加主要来自股权融资和企业盈利的增长。

2008～2013 年，公司销售商品、提供劳务收到的现金增长了 328%，基本和营业收入 258% 的增长率保持同步，经营活动现金流入也同步增长了 300%，而购买商品、接受劳务支付的现金则增加了 341%，支付给职工以及为职工支付的现金增长了 620%，劳动成本大幅提升，由此使得经营活动现金流出增长了 277%。得益于公司经营性现金流入增长率大于流出增长率，公司 2013 年经营性现金净额为 2008 年的 728%。

4. 出版板块三家公司 2013 年财务报表横向比较

表 30　共同资产负债

单位：%

	新华传媒	皖新传媒	天舟文化
货币资金	20.8	39.5	55.6
应收账款	3.6	6.3	6.7
其他应收款	8.5	0.4	1.2
存货	5.1	11.5	9.4
流动资产合计	41.6	75.0	75.5
长期应收款	17.6	0	0
长期股权投资	9.6	0.9	17.3
固定资产（净值）	6.8	8.2	6.0
无形资产	0.6	5.5	0.1
商誉	7.7	0.6	0
其他非流动资产	13.0	2.4	0.9
非流动资产合计	58.4	25.0	24.5
资产总计	100	100	100
短期借款	18.9	0	0
应付账款	9.2	21.9	11.5

续表

	新华传媒	皖新传媒	天舟文化
预收款项	7.6	3.1	0.9
其他应付款	3.7	0.9	0.5
流动负债合计	45.1	25.2	14.0
长期借款	0	0	0
应付债券	14.5	0	0
非流动负债合计	14.5	0	0.5
负债合计	59.6	25.3	14.5
负债和所有者（或股东权益）合计	100	100	100

表31　共同利润

单位：%

日期	新华传媒	皖新传媒	天舟文化
一、营业收入	100	459575.62	32794.84
减：营业成本	65.8	73.0	71.4
销售费用	23.7	9.7	12.3
管理费用	7.3	6.6	9.9
财务费用	-1.9	-0.9	-2.6
二、营业利润	4.0	13.2	7.5
营业外收入	2.0	0.7	1.8
三、利润总额	6.0	13.4	9.1
四、净利润	3.2	13.3	6.2

　　由表30、表31可知，第一，天舟文化货币资金占总资产的比重最高，皖新传媒次之，新华传媒最少，应收账款和流动资产的占比也是这个排序。存货占比则是皖新传媒最高，天舟文化次之，新华传媒最低。非流动资产比重则排序相反，新华传媒非流动资产比重最高，皖新传媒次之，天舟文化最低。根据2013年新华传媒年报及附注，新华传媒流动资产中，仅次于货币资金的是其他应收款，高达4.81亿元，占总资产的7.8%，绝大部分是房产置业公司的房产销售保证金，与主业关联

度不高。公司的非流动资产中，比重较大的有长期应收款，占比为 17.6%，长期股权投资，占比为 9.6%，固定资产净值占比为 6.8%，商誉占比 7.7%，其他非流动资产占比 13.0%。长期应收款是公司向上海成城广场实业发展有限公司（该公司于 2013 年 12 月 25 日更名为上海港虹实业发展有限公司）提供的项目财务资助款。长期股权投资则是公司对合营企业、联营企业以及其他方的股权投资。商誉主要是由新华传媒并购上海中润解放传媒有限公司的同时收购该公司 45% 的少数股东股权以及购买上海杨航文化传媒有限公司 70% 的股权形成的，2013 年末，公司对形成商誉的被投资单位上海中润解放传媒有限公司未来 5 年经营现金流量进行预测，综合考虑市场环境、代理媒体影响力、公司规模及实际经营情况等因素，对中润解放计提 3300 万元商誉减值准备。其他非流动资产则主要是新华传媒公司的信托产品，即公司以信托的方式提供给上海新华成城资产管理有限公司 8 亿元借款，即由中信信托有限责任公司向新华成城管理有限公司发放信托贷款 8 亿元用于一新文化广场项目建设，贷款期限 60 个月，最初 12 个月年利率为 14%，其余时间里年利率为 13.5%。

第二，在负债中，新华传媒有短期借款，而另外两家公司没有该项。新华传媒应付账款占总资产的比重为 9.2%，低于天舟文化的 11.5%，不到皖新传媒该比重的一半。预收款项占比则是新华传媒最高。由于有短期借款，新华传媒的流动负债比重在三家公司中最高，而皖新传媒次之，天舟文化最低。新华传媒除了短期借款之外，还发行债券进行筹资，而其他两家公司皆无长期负债。因此，新华传媒的负债占总资产的比重在三家公司中最高，为 59.6%。

第三，新华传媒的销售费用率最高，约为其他两家公司的两倍。天舟文化管理费用率最高，新华传媒次之，皖新传媒最低。三家公司财务费用都为负，天舟文化更多受益于账面货币资金带来的利息收入，2013 年天舟文化利息收入达 852 万元，新华传媒利息收入 1.71

亿元，皖新传媒利息收入1185万元。从报表还可以看出，新华传媒的营业利润率最低，仅为4.0%，皖新传媒最高，为13.2%，天舟文化次之，为7.5%。依靠营业外净收入，新华传媒的税前利润率提升为6.0%，而皖新传媒和天舟文化的营业外收入对公司利润影响不大。

（二）影视板块上市公司的财务报表分析

1. 中视传媒纵向分析

从表32、表33、表34可以看出，2008~2013年，中视传媒总资产反而减少了14%，其中流动资产下降了19%，非流动资产减少了2%。流动资产中，货币资金同期下降了21%，应收账款同期却暴增了682%，主要系公司应收影视剧发行款及应收广告款增加所致，而存货同期减少了66%。应收账款的大幅增加固然可以促进销售，但毕竟增

表32 中视传媒定基资产负债

单位：%

日期	2008年（单位:百万元）	2008年基期	2009年	2010年	2011年	2012年	2013年
货币资金	815.4	100	84	120	179	103	79
应收账款	14.2	100	61	88	291	1559	782
存货	318.2	100	55	69	78	35	34
流动资产合计	1318.1	100	75	97	141	106	81
固定资产(净值)	446.6	100	95	93	97	98	98
非流动资产合计	475.1	100	95	93	98	97	98
资产总计	1793.3	100	80	96	129	104	86
应付账款	488.0	100	37	94	198	79	10
预收款项	360.7	100	52	38	56	78	68
流动负债合计	925.3	100	51	74	135	83	42
负债合计	925.3	100	51	74	135	83	42
负债和所有者(或股东权益)合计	1793.3	100	80	96	129	104	86

表 33　中视传媒定基利润

单位：%

日期	2008 年 （单位：百万元）	2008 年 基期	2009 年	2010 年	2011 年	2012 年	2013 年
一、营业收入	991.6	100	136	118	130	124	125
减：营业成本	850.8	100	132	116	131	128	124
销售费用	21.5	100	86	99	105	112	116
管理费用	40.8	100	111	101	120	133	144
财务费用	− 14.2	− 100	− 169	− 77	− 138	− 202	130
二、营业利润	68.0	100	233	158	146	87	134
三、利润总额	71.6	100	223	151	141	90	136
四、净利润	60.0	100	214	141	127	81	122

表 34　中视传媒定基现金流量

单位：%

日期	2008 年 （单位：百万元）	2008 年 基期	2009 年	2010 年	2011 年	2012 年	2013 年
销售商品、提供劳务收到的现金	1102.9	100	108	103	119	105	124
经营活动现金流入小计	1125.5	100	108	102	121	106	124
购买商品、接受劳务支付的现金	693.5	100	171	94	82	224	183
支付给职工以及为职工支付的现金	68.6	100	101	106	141	196	243
经营活动现金流出小计	831.3	100	158	99	94	213	186
经营活动产生的现金流量净额	294.2	100	− 32	113	198	− 196	− 49

加了经营风险和财务回收风险，同时还对公司的现金流带来压力。公司非流动资产主要由固定资产组成。公司应付账款和预收账款同期分别减少了 90% 和 32%，说明公司运用供应商和客户资金的能力下降。因此，公司同期流动负债减少了 58%，由于公司负债全部由流动负债构成，

流动负债的变化也就是负债总额的变化。

2008～2013年，公司的营业收入仅增长了25%，营业成本同期增长了24%，销售费用增长了16%，管理费用增长了44%。从2009年开始，公司营业利润逐步呈下降趋势，尤其是2012年下降至只有2008年的87%，虽然2013年较2012年的营业利润有了大幅增长，公司营业利润仍仅比2008年增长了34%。2008～2013年，公司销售商品、提供劳务收到的现金同期增长了24%，基本上与营业收入的增长同步，经营活动现金流入增长了24%，而购买商品、接受劳务支付的现金同期增长了83%，支付给职工以及为职工支付的现金增长了143%，公司的劳动力成本压力较大，造成2013年经营活动产生的现金流量净额为负。

2. 华谊兄弟纵向分析

表35　华谊兄弟定基资产负债

单位：%

日期	2008年（单位：百万元）	2008年基期	2009年	2010年	2011年	2012年	2013年
货币资金	80.8	100	1338	1058	664	801	1408
应收账款	178.6	100	122	257	230	562	642
存货	231.9	100	122	98	235	303	248
流动资产合计	525.8	100	316	316	362	532	645
固定资产（净值）	7.0	100	441	986	1685	3915	4548
非流动资产合计	29.3	100	172	1241	1934	4634	13035
资产总计	555.1	100	308	364	444	745	1299
应付账款	63.4	100	146	402	308	787	791
预收款项	48.7	100	202	169	285	181	158
流动负债合计	307.1	100	74	147	246	528	731
负债合计	307.1	100	74	147	246	659	1060
负债和所有者（或股东权益）合计	555.1	100	308	364	444	745	1299

表 36 华谊兄弟定基利润

单位：%

日期	2008 年（单位：百万元）	2008 年基期	2009 年	2010 年	2011 年	2012 年	2013 年
一、营业收入	409.3	100	148	262	218	339	492
减：营业成本	189.4	100	171	299	199	362	481
销售费用	63.1	100	140	368	243	446	606
管理费用	25.6	100	143	228	307	310	370
财务费用	9.0	100	116	−136	−89	679	817
二、营业利润	85.9	100	119	214	287	299	958
三、利润总额	83.9	100	139	229	329	386	1070
四、净利润	68.1	100	122	221	301	353	989

表 37 华谊兄弟定基现金流量

单位：%

日期	2008 年（单位：百万元）	2008 年基期	2009 年	2010 年	2011 年	2012 年	2013 年
销售商品、提供劳务收到的现金	393.7	100	166	241	254	251	464
经营活动现金流入小计	423.3	100	160	238	252	252	461
购买商品、接受劳务支付的现金	319.0	100	138	166	297	268	252
支付给职工以及为职工支付的现金	25.7	100	159	224	321	417	487
经营活动现金流出小计	484.4	100	129	189	268	272	297
经营活动产生的现金流量净额	−61.1	−100	85	149	−379	−407	837

　　表 35、表 36、表 37 显示：2008～2013 年，华谊兄弟资产总额暴增了 1199%。得益于 2009 年上市，公司 2009 年货币资金比 2008 年大幅飙升，2013 年的营业收入大幅提升以及投资收益的获得使得公司 2013 年的货币资金比 2008 年增长了 1308%，应收账款增长了 542%，存货

增长了148%，流动资产增长了545%。公司固定资产自上市后大幅增长，2013年固定资产净值为2008年的45.48倍。2008~2013年，公司的应付账款增长了691%，但预收账款同期仅增长了58%，预收账款往往预示着公司未来的营业收入。公司负债主要由流动负债构成。2013年以前，公司资产总额增长率远超负债增长率，说明公司资产的增加主要依靠权益融资和经营所得。

　　2008~2013年，华谊兄弟营业收入增长了392%，营业成本增长了381%，销售费用同期大幅增加了506%，反映了市场竞争的激烈程度。公司管理费用同期增长了270%，财务费用却大幅增长了717%，这是公司2013年长短期银行借款的结果。2013年，公司营业利润比2008年增长了858%，利润总额增长了970%，说明公司利润总额中有近一成利润为营业外净收益。在营业收入增长392%的同时，销售商品、提供劳务收到的现金同步增长了364%。公司购买商品、接受劳务支付的现金增长了152%，支付给职工以及为职工支付的现金大幅增加了387%，公司2012年经营活动产生的现金流净额继2011年为净流出外，又出现了净流出，金额为2.49亿元，在2013年，公司经营活动产生的现金流净额为5.11亿元。

3. 华策影视纵向分析

表38　华策影视定基资产负债

单位：%

日期	2008年（单位:百万元）	2008年基期	2009年	2010年	2011年	2012年	2013年
货币资金	27.9	100	252	3589	2863	2378	1499
应收账款	24.0	100	209	157	609	1452	2202
存货	52.4	100	94	152	258	542	951
流动资产合计	133.1	100	178	890	973	1133	1323
固定资产（净值）	1.7	100	119	245	907	1869	2745
非流动资产合计	1.7	100	190	1546	10214	14885	19799
资产总计	134.8	100	179	904	1099	1319	1561
应付账款	1.9	100	223	216	1484	5027	6981

续表

日期	2008 年 （单位：百万元）	2008 年 基期	2009 年	2010 年	2011 年	2012 年	2013 年
预收款项	18.3	100	163	48	197	95	303
流动负债合计	43.8	100	134	53	384	563	622
负债合计	43.8	100	134	53	384	563	651
负债和所有者（或股东权益）合计	134.8	100	179	904	1099	1319	1561

表 39　华策影视定基利润

单位：%

日期	2008 年 （单位：百万元）	2008 年 基期	2009 年	2010 年	2011 年	2012 年	2013 年
一、营业收入	104.7	100	159	270	388	692	879
减：营业成本	54.7	100	139	224	287	615	910
销售费用	2.8	100	130	422	590	815	1154
管理费用	5.5	100	159	362	516	1491	1391
财务费用	0.3	100	606	−1437	−7443	−6279	−3514
二、营业利润	36.0	100	185	325	539	725	833
三、利润总额	38.3	100	192	358	555	771	926
四、净利润	38.3	100	145	253	408	584	715

表 40　华策影视现金流量

单位：%

日期	2008 年 （单位：百万元）	2008 年 基期	2009 年	2010 年	2011 年	2012 年	2013 年
销售商品、提供劳务收到的现金	101.1	100	150	268	332	493	794
经营活动现金流入小计	184.5	100	104	155	203	297	478
购买商品、接受劳务支付的现金	107.2	100	104	168	289	398	583
支付给职工以及为职工支付的现金	1.5	100	201	405	750	1870	2451
经营活动现金流出小计	189.5	100	95	137	224	307	497
经营活动产生的现金流量净额	−5.0	−100	229	555	−985	−671	−1196

从表38、表39、表40来看，2008～2013年，华策影视资产总额增长了14.61倍，其中流动资产增长了12.23倍，非流动资产增长了196.99倍（主要是公司并购带来的商誉和长期股权投资增加）。受益于2010年上市，公司的货币资金在2010年出现跳跃式增长并一直维持较高的账面资金，2008～2013年，公司的货币资金增长了1399%，应收账款同期增长了2102%，存货增长了851%，固定资产（净值）增长了2645%。在负债方面，公司应付账款同期大幅增长了6881%，预收账款增长了203%。流动负债大幅增长了522%。公司2012年之前无非流动负债，2013年仅有1294万元的其他非流动负债（主要是递延收益），因此负债几乎全部由流动负债组成。公司总资产增长率远超负债增长率，说明公司资产的增加主要来自权益融资和经营所得。

2008～2013年，公司营业收入增长了779%，营业成本同期却增长了810%，2008～2012年，公司营业成本增长率低于营业收入，提高了公司的毛利率和毛利，但2013年公司的营业成本增长率大于营业收入的增长率。销售费用同期增长了1054%，管理费用同期增长了1291%，受益于公司巨额账面资金带来的利息收入，2013年公司的财务费用为负。公司营业利润同期增长了733%，低于营业收入的增长率。营业利润和利润总额差异在一成左右，说明公司的营业外净收益占利润总额的比重不高。

2008～2013年，华策影视销售商品、提供劳务收到的现金增长了694%，购买商品、接受劳务支付的现金增长了483%，支付给职工以及为职工支付的现金大幅增长了2351%，2012年经营活动产生的现金流净额和2011年一样为负，2013年，公司经营活动产生的现金流净额仍然为负。如果这样持续下去，公司将消耗更多的股市募集资金或者借贷来维持日常经营活动。

4. 影视板块三家公司2013年财务报表横向比较

表41、表42显示：第一，中视传媒的货币资金比重最高，华策影视次之，华谊兄弟最少。需要指出的是，账面维持高额的现金固然有利

表 41 共同资产负债

单位：%

	中视传媒	华谊兄弟	华策影视
货币资金	41.8	15.8	19.9
应收账款	7.2	15.9	25.1
预付款项	1.3	6.4	12.0
其他应收款	12.1	0.9	2.4
存货	7.0	8.0	23.7
流动资产合计	69.7	47.0	83.6
可供出售金融资产	0	30.4	0
长期股权投资	0	12.2	5.2
固定资产（净值）	28.4	4.4	2.3
商誉	0	4.9	5.6
非流动资产合计	30.3	53.0	16.4
资产总计	100	100	100
短期借款	0	9.3	0
应付账款	3.2	6.9	6.4
预收款项	15.9	1.1	2.6
流动负债合计	25.4	31.1	12.9
长期借款	0	7.0	0
非流动负债合计	0	14.0	0.6
负债合计	25.4	45.1	13.6
负债和所有者（或股东权益）合计	100	100	100

表 42 共同利润

单位：%

日期	中视传媒	华谊兄弟	华策影视
一、营业收入	100	100	100
减：营业成本	84.8	45.2	54.1
销售费用	2.0	19.0	3.5
管理费用	4.7	4.7	8.3
财务费用	−1.5	3.6	−1.1
二、营业利润	7.3	40.9	32.6
三、利润总额	7.9	44.6	38.5
四、净利润	5.9	33.4	29.8

于公司的支付以及兼并收购，但长期维持高额的账面资金说明公司现金使用效率低下，公司没有更好的赚钱机会等。应收账款和存货比重则是华策影视最高，华谊兄弟和中视传媒随后。华策影视流动资产比重最高，中视传媒次之，华谊兄弟最低。只有华谊兄弟拥有可供出售金融资产，而且占其总资产的30.4%。华谊兄弟的长期股权投资的比重也最高，占总资产的12.2%，华策影视为5.2%，这反映了这两家企业对外的并购发展策略，而中视传媒无长期股权投资。在商誉上也可以看出，华谊兄弟的商誉占总资产的4.9%，华策影视的商誉占其总资产的5.6%，而中视传媒则无商誉。

第二，在三家公司中，仅华谊兄弟有长期借款和短期借款，分别占其总资产的9.3%和7.0%。应付账款占比方面，华谊兄弟最高，华策影视次之，中视传媒最少。预收账款占比方面，中视传媒最高，华策影视次之，华谊兄弟最低。从负债程度上讲，华谊兄弟最高，中视传媒次之，华策影视最低。

第三，三家公司中中视传媒的毛利率最低，华谊兄弟最高。销售费用率则是华谊兄弟最高，竟高达营业收入的19.0%，其他两家公司的销售费用率分别为2.0%和3.5%。华策影视的管理费用率最高，达到8.3%，其他两家都是4.7%。华谊兄弟由于有长短期借款，所以其财务费用占营业收入的3.6%，而其他两家公司的财务费用率为负。得益于投资收益，华谊兄弟的营业利润率最高，为40.9%，华策影视次之，32.6%，中视传媒最低，为7.3%。

附录一　文化及相关产业分类（2012）[*]

一　目的和作用

（一）为深入贯彻落实党的十七届六中全会关于深化文化体制改革、推动社会主义文化大发展大繁荣的精神，建立科学可行的文化及相关产业统计制度，制定本分类。

（二）本分类为界定我国文化及相关单位的生产活动提供依据，为当前的社会主义文化建设、文化宏观管理提供参考，为文化及相关产业统计提供统一的定义和范围。

二　定义和范围

（一）定义

本分类规定的文化及相关产业是指为社会公众提供文化产品和文化相关产品的生产活动的集合。

---

[*] 《文化及相关产业分类（2012）》由国家统计局于 2012 年 7 月 2 日印发（国统字〔2012〕63 号）。

（二）范围

根据以上定义，我国文化及相关产业的范围包括：1. 以文化为核心内容，为直接满足人们的精神需要而进行的创作、制造、传播、展示等文化产品（包括货物和服务）的生产活动；2. 为实现文化产品生产所必需的辅助生产活动；3. 作为文化产品实物载体或制作（使用、传播、展示）工具的文化用品的生产活动（包括制造和销售）；4. 为实现文化产品生产所需专用设备的生产活动（包括制造和销售）。

三　分类原则

（一）以《国民经济行业分类》为基础

本分类以《国民经济行业分类》（GB/T4754—2011）为基础，根据文化及相关单位生产活动的特点，将行业分类中相关的类别重新组合，是《国民经济行业分类》的派生分类。

（二）兼顾部门管理需要和可操作性

根据我国文化体制改革和发展的实际，本分类在考虑文化生产活动特点的同时，兼顾政府部门管理的需要；立足于现行的统计制度和方法，充分考虑分类的可操作性。

（三）与国际分类标准相衔接

本分类借鉴了联合国教科文组织的《文化统计框架—2009》的分类方法，在定义和覆盖范围上可与其衔接。

四　分类方法

本分类依据上述分类原则，将文化及相关产业分为五层。

第一层包括文化产品的生产、文化相关产品的生产两部分，用"第一部分"、"第二部分"表示；第二层根据管理需要和文化生产活动的自身特点分为 10 个大类，用"一"、"二"……"十"表示；第三层依照文化生产活动的相近性分为 50 个中类，在每个大类下分别用"（一）"、"（二）"、"（三）"……表示；第四层共有 120 个小类，是文化及相关产业的具体活动类别，直接用《国民经济行业分类》（GB/T4754—2011）相对应行业小类的名称和代码表示。对于含有部分文化生产活动的小类，在其名称后用"＊"标出。

第五层为带"＊"小类下设置的延伸层。通过在类别名称前加"—"表示，不设代码和顺序号，其包含的活动内容在表 2 中加以说明。

五　文化及相关产业分类表

表 1　文化及相关产业的类别名称和行业代码

类别名称	国民经济行业代码
第一部分　文化产品的生产	
一、新闻出版发行服务	
（一）新闻服务	
新闻业	8510
（二）出版服务	
图书出版	8521
报纸出版	8522
期刊出版	8523
音像制品出版	8524

类别名称	国民经济行业代码
电子出版物出版	8525
其他出版业	8529
（三）发行服务	
图书批发	5143
报刊批发	5144
音像制品及电子出版物批发	5145
图书、报刊零售	5243
音像制品及电子出版物零售	5244
二、广播电视电影服务	
（一）广播电视服务	
广播	8610
电视	8620
（二）电影和影视录音服务	
电影和影视节目制作	8630
电影和影视节目发行	8640
电影放映	8650
录音制作	8660
三、文化艺术服务	
（一）文艺创作与表演服务	
文艺创作与表演	8710
艺术表演场馆	8720
（二）图书馆与档案馆服务	
图书馆	8731
档案馆	8732
（三）文化遗产保护服务	
文物及非物质文化遗产保护	8740
博物馆	8750
烈士陵园、纪念馆	8760
（四）群众文化服务	
群众文化活动	8770
（五）文化研究和社团服务	
社会人文科学研究	7350
专业性团体（的服务）*	9421
—学术理论社会团体的服务	

续表

类别名称	国民经济行业代码
—文化团体的服务	
（六）文化艺术培训服务	
文化艺术培训	8293
其他未列明教育 *	8299
—美术、舞蹈、音乐辅导服务	
（七）其他文化艺术服务	
其他文化艺术业	8790
四、文化信息传输服务	
（一）互联网信息服务	
互联网信息服务	6420
（二）增值电信服务（文化部分）	
其他电信服务 *	6319
—增值电信服务（文化部分）	
（三）广播电视传输服务	
有线广播电视传输服务	6321
无线广播电视传输服务	6322
卫星传输服务 *	6330
—传输、覆盖与接收服务	
—设计、安装、调试、测试、监测等服务	
五、文化创意和设计服务	
（一）广告服务	
广告业	7240
（二）文化软件服务	
软件开发 *	6510
—多媒体、动漫游戏软件开发	
数字内容服务 *	6591
—数字动漫、游戏设计制作	
（三）建筑设计服务	
工程勘察设计 *	7482
—房屋建筑工程设计服务	
—室内装饰设计服务	
—风景园林工程专项设计服务	
（四）专业设计服务	
专业化设计服务	7491

续表

类别名称	国民经济行业代码
六、文化休闲娱乐服务	
（一）景区游览服务	
公园管理	7851
游览景区管理	7852
野生动物保护 *	7712
—动物园和海洋馆、水族馆管理服务	
野生植物保护 *	7713
—植物园管理服务	
（二）娱乐休闲服务	
歌舞厅娱乐活动	8911
电子游艺厅娱乐活动	8912
网吧活动	8913
其他室内娱乐活动	8919
游乐园	8920
其他娱乐业	8990
（三）摄影扩印服务	
摄影扩印服务	7492
七、工艺美术品的生产	
（一）工艺美术品的制造	
雕塑工艺品制造	2431
金属工艺品制造	2432
漆器工艺品制造	2433
花画工艺品制造	2434
天然植物纤维编织工艺品制造	2435
抽纱刺绣工艺品制造	2436
地毯、挂毯制造	2437
珠宝首饰及有关物品制造	2438
其他工艺美术品制造	2439
（二）园林、陈设艺术及其他陶瓷制品的制造	
园林、陈设艺术及其他陶瓷制品制造 *	3079
—陈设艺术陶瓷制品制造	
（三）工艺美术品的销售	
首饰、工艺品及收藏品批发	5146
珠宝首饰零售	5245

类别名称	国民经济行业代码
工艺美术品及收藏品零售	5246
第二部分　文化相关产品的生产	
八、文化产品生产的辅助生产	
（一）版权服务	
知识产权服务*	7250
—版权和文化软件服务	
（二）印刷复制服务	
书、报刊印刷	2311
本册印制	2312
包装装潢及其他印刷	2319
装订及印刷相关服务	2320
记录媒介复制	2330
（三）文化经纪代理服务	
文化娱乐经纪人	8941
其他文化艺术经纪代理	8949
（四）文化贸易代理与拍卖服务	
贸易代理*	5181
—文化贸易代理服务	
拍卖*	5182
—艺(美)术品、文物、古董、字画拍卖服务	
（五）文化出租服务	
娱乐及体育设备出租*	7121
—视频设备、照相器材和娱乐设备的出租服务	
图书出租	7122
音像制品出租	7123
（六）会展服务	
会议及展览服务	7292
（七）其他文化辅助生产	
其他未列明商务服务业*	7299
—公司礼仪和模特服务	
—大型活动组织服务	
—票务服务	
九、文化用品的生产	
（一）办公用品的制造	

续表

类别名称	国民经济行业代码
文具制造	2411
笔的制造	2412
墨水、墨汁制造	2414
（二）乐器的制造	
中乐器制造	2421
西乐器制造	2422
电子乐器制造	2423
其他乐器及零件制造	2429
（三）玩具的制造	
玩具制造	2450
（四）游艺器材及娱乐用品的制造	
露天游乐场所游乐设备制造	2461
游艺用品及室内游艺器材制造	2462
其他娱乐用品制造	2469
（五）视听设备的制造	
电视机制造	3951
音响设备制造	3952
影视录放设备制造	3953
（六）焰火、鞭炮产品的制造	
焰火、鞭炮产品制造	2672
（七）文化用纸的制造	
机制纸及纸板制造 *	2221
—文化用机制纸及纸板制造	
手工纸制造	2222
（八）文化用油墨颜料的制造	
油墨及类似产品制造	2642
颜料制造 *	2643
—文化用颜料制造	
（九）文化用化学品的制造	
信息化学品制造 *	2664
—文化用信息化学品的制造	
（十）其他文化用品的制造	
照明灯具制造 *	3872

类别名称	国民经济行业代码
—装饰用灯和影视舞台灯制造	
其他电子设备制造*	3990
—电子快译通、电子记事本、电子词典等制造	
（十一）文具乐器照相器材的销售	
文具用品批发	5141
文具用品零售	5241
乐器零售	5247
照相器材零售	5248
（十二）文化用家电的销售	
家用电器批发*	5137
—文化用家用电器批发	
家用视听设备零售	5271
（十三）其他文化用品的销售	
其他文化用品批发	5149
其他文化用品零售	5249
十、文化专用设备的生产	
（一）印刷专用设备的制造	
印刷专用设备制造	3542
（二）广播电视电影专用设备的制造	
广播电视节目制作及发射设备制造	3931
广播电视接收设备及器材制造	3932
应用电视设备及其他广播电视设备制造	3939
电影机械制造	3471
（三）其他文化专用设备的制造	
幻灯及投影设备制造	3472
照相机及器材制造	3473
复印和胶印设备制造	3474
（四）广播电视电影专用设备的批发	
通信及广播电视设备批发*	5178
—广播电视电影专用设备批发	
（五）舞台照明设备的批发	
电气设备批发*	5176
—舞台照明设备的批发	

表 2　对延伸层文化生产活动内容的说明

序号	类别名称及代码		文化生产活动的内容
	小类	延伸层	
1	专业性团体（的服务）（9421）	学术理论社会团体的服务	包括党的理论研究、史学研究、思想工作研究、社会人文科学研究等团体的服务
		文化团体的服务	包括新闻、图书、报刊、音像、版权、广播、电视、电影、演员、作家、文学艺术、美术家、摄影家、文物、博物馆、图书馆、文化馆、游乐园、公园、文艺理论研究、民族文化等团体的服务
2	其他未列明教育（8299）	美术、舞蹈、音乐辅导服务	包括美术、舞蹈和音乐等辅导服务
3	其他电信服务（6319）	增值电信服务（文化部分）	包括手机报、个性化铃声、网络广告等业务服务
4	卫星传输服务（6330）	传输、覆盖与接收服务	包括卫星广播电视信号的传输、覆盖与接收服务
		设计、安装、调试、测试、监测等服务	包括卫星广播电视传输、覆盖、接收系统的设计、安装、调试、测试、监测等服务
5	软件开发（6510）	多媒体、动漫游戏软件开发	包括应用软件开发及经营中的多媒体软件和动漫游戏软件开发及经营活动
6	数字内容服务（6591）	数字动漫、游戏设计制作	包括数字动漫制作和游戏设计制作等服务
7	工程勘察设计（7482）	房屋建筑工程设计服务	包括房屋（住宅、商业用房、公用事业用房,其他房屋）建筑工程设计服务
		室内装饰设计服务	包括住宅室内装饰设计服务和其他室内装饰设计服务
		风景园林工程专项设计服务	包括各类风景园林工程专项设计服务
8	野生动物保护（7712）	动物园和海洋馆、水族馆管理服务	包括动物园管理服务,放养动物园管理服务,鸟类动物园管理服务,海洋馆、水族馆管理服务
9	野生植物保护（7713）	植物园管理服务	包括各类植物园管理服务
10	园林、陈设艺术及其他陶瓷制品制造（3079）	陈设艺术陶瓷制品制造	包括室内陈设艺术陶瓷制品、工艺陶瓷制品、陶瓷壁画、陶瓷制塑像和其他陈设艺术陶瓷制品的制造

续表

序号	类别名称及代码		文化生产活动的内容
	小类	延伸层	
11	知识产权服务（7250）	版权和文化软件服务	版权服务包括版权代理服务，版权鉴定服务，版权咨询服务，海外作品登记服务，涉外音像合同认证服务，著作权使用报酬收转服务，版权贸易服务和其他版权服务。文化软件服务指与文化有关的软件服务，包括软件代理、软件著作权登记、软件鉴定等服务
12	贸易代理（5181）	文化贸易代理服务	包括文化用品、图书、音像、文化用家用电器和广播电视器材等国际国内贸易代理服务
13	拍卖（5182）	艺（美）术品、文物、古董、字画拍卖服务	包括艺（美）术品拍卖服务，文物拍卖服务，古董、字画拍卖服务
14	娱乐及体育设备出租（7121）	视频设备、照相器材和娱乐设备的出租服务	包括视频设备出租服务，照相器材出租服务，娱乐设备出租服务
15	其他未列明商务服务业（7299）	公司礼仪和模特服务	公司礼仪服务包括开业典礼、庆典及其他重大活动的礼仪服务。模特服务包括服装模特、艺术模特和其他模特等服务
		大型活动组织服务	包括文艺晚会策划组织服务，大型庆典活动策划组织服务，艺术、模特大赛策划组织服务，艺术节、电影节等策划组织服务，民间活动策划组织服务，公益演出、展览等活动的策划组织服务，其他大型活动的策划组织服务
		票务服务	包括电影票务服务，文艺演出票务服务，展览、博览会票务服务
16	机制纸及纸板制造（2221）	文化用机制纸及纸板制造	包括未涂布印刷书写用纸制造，涂布类印刷用纸制造，感应纸及纸板制造
17	颜料制造（2643）	文化用颜料制造	包括水彩颜料、水粉颜料、油画颜料、国画颜料、调色料，其他艺术用颜料、美工塑型用膏等制造
18	信息化学品制造（2664）	文化用信息化学品的制造	包括感光胶片的制造，摄影感光纸、纸板及纺织物制造，摄影用化学制剂、复印机用化学制剂制造，空白磁带、空白磁盘、空盘制造
19	照明灯具制造（3872）	装饰用灯和影视舞台灯制造	包括装饰用灯（圣诞树用成套灯具，其他装饰用灯）和影视舞台灯的制造
20	其他电子设备制造（3990）	电子快译通、电子记事本、电子词典等制造	包括电子快译通、电子记事本、电子词典等电子设备的制造

序号	类别名称及代码		文化生产活动的内容
	小类	延伸层	
21	家用电器批发（5137）	文化用家用电器批发	包括电视机、摄录像设备、便携式收录放设备、音响设备等的批发
22	通信及广播电视设备批发（5178）	广播电视电影专用设备批发	包括广播设备、电视设备、电影设备、广播电视卫星设备等的批发
23	电气设备批发（5176）	舞台照明设备的批发	包括各类舞台照明设备的批发

附件：（1）《文化及相关产业分类（2012）》修订说明（略）。

（2）新旧《文化及相关产业分类》类别名称和代码对照表（略）。

附录二　中国文化企业大事记
（2013.7 ~ 2014.12）

2013 年

7 月 4 日　文化部文化体制改革工作领导小组下发《关于贯彻落实九部门〈关于支持转企改制国有文艺院团改革发展的指导意见〉的通知》，要求各地文化厅局积极贯彻落实《意见》精神。

7 月 5 日　百视通新媒体股份有限公司与上海东方广播有限公司宣布，以东方广播及旗下电台频率等产品为合作内容，以百视通新媒体为合作平台，展开全媒体立体合作，将广播内容与百视通全媒体业务等形成互动产品。

7 月 8 日　《文汇报》报道称，中国出版集团公司和凤凰出版传媒集团首次出现在《2013 全球出版业 50 强收入排名报告》中，其排名分别为第 22 和第 23 位，加上中国教育出版传媒集团有限公司，中国出版企业在 50 强中占据了 3 席。

7 月 9 日　国家新闻出版广电总局发布了《2012 年新闻出版产业分析报告》。《报告》显示，2012 年数字出版收入在全行业的占比首次突破 10%。

7 月 10 日　中国网络电视台（CNTV）分别与海南省、内蒙古签署协议，使得 CNTV 签署三网融合 IPTV 三方协议的地区达到 13 个，覆盖北京、上海、广东等重要试点地区。

7 月 17 日 中国政府网公布了经国务院批准的《国家新闻出版广电总局主要职责内设机构和人员编制规定》。按照规定，国家新闻出版广电总局共取消了 20 项审批职责。

7 月 26 日 IMAX 公司和亚洲最大的影院运营商万达电影院线公司共同宣布修订协议，在原有的 2011 年签订的合资共享协议基础上，在我国再建至少 40 座，最多达 120 座新的 IMAX 影院。

8 月 8 日 中国互联网新榜单出炉，中国互联网 100 强企业营收总规模超过 2000 亿元，腾讯、阿里巴巴、百度位列百强前三名，3 家企业营收之和逾千亿元。腾讯、百度入围全球互联网上市公司市值前 10 名。

8 月 14 日 百度宣布以 18.5 亿美元完成收购 91 无线，91 无线将成为百度的全资附属公司，并作为独立公司运营。

8 月 15 日 国家新闻出版广电总局信息中心与河北出版传媒集团公司在石家庄签署战略合作备忘录。此次合作旨在提升新闻出版行业信息化应用水平，推动出版传媒集团新业态发展，力求为行业转型升级合力打造一个具有示范意义的样本。

8 月 27 日 中南传媒拟与湖南教育电视台共同投资组建湖南教育电视传媒有限公司，投资总金额为 49228 万元，其中中南传媒以现金投资 29539 万元，资金来源为公司首次公开发行股票超募资金。

8 月 29 日 盛大游戏财报发布。在海外上市的 6 家网游巨头——腾讯、网易、畅游、盛大、完美、巨人，已经先后发布 2013 年第 2 季度财报。数据显示，6 家公司的网游收入增速均仍呈放缓态势。这 6 家公司的游戏业务收入总和约占整个国内网游市场的 9 成左右。

9 月 2 日 财政部印发《财政部关于加强中央文化企业国有产权转让管理的通知》（财文资〔2013〕5 号）和《中央文化企业国有产权交

易操作规则》（财文资〔2013〕6号）。

9月6日　《中国出版物在线信息交换》行业标准出版首发式暨新闻发布会在京举行，这也是中国发布的首个出版物信息交换行业标准。

9月6日　国内首家股份制交响乐团——中国东方演艺集团东方交响乐团宣告成立，并于8日在北京中山公园音乐堂上演了"东方之声"交响音乐会。

9月10日　"腾讯文学"品牌及业务体系全面亮相，成为腾讯旗下重要的互动娱乐业务之一。

9月16日　中国民营文化产业商会在北京成立，经商会第一次全体成员大会选举，百度创始人李彦宏当选为首届会长，完美世界董事长池宇峰等人当选为副会长。

9月22日　万达集团斥资300亿元建设的全球投资规模最大的影视产业项目——青岛东方影都影视产业园区开工。青岛东方影都是以影视产业为核心，涵盖旅游、商业等多种功能的大型综合性文化产业项目，也是世界唯一具有影视外景、影视制作、影视会展、影视旅游综合功能的项目。

9月29日　中国（上海）自由贸易试验区正式挂牌。百视通与微软的合资企业——上海百家合信息技术发展有限公司成为首家入驻企业，上海市市委书记韩正向合资公司代表微软全球资深副总裁、大中华区董事长贺乐赋（Ralph Haupter）颁发入驻企业001号证书。

10月28日　解放报业集团与文新报业集团合并后的上海报业集团挂牌。

11月11日　"为中国电子竞技梦想护航——七大跨领域产业战略联盟"新闻发布会在上海举行，由上海七煌信息科技联合中国数码文化、华奥星空、中国联通、凤凰新媒体、小马奔腾影业以及韩国CJ集团旗下的OGN电视台，共7家跨领域产业的代表企业组成的电子竞技战略联盟正式宣布成立。

11 月 22 日　由中国对外文化集团公司与美国国际管理艺术集团共同投资成立的中美环球演艺股份有限公司在美国纽约正式启动。

11 月 28 日　中国出版集团公司、中国出版传媒股份有限公司与中国工商银行、交通银行、中国农业银行、中信银行、北京银行签署战略合作协议。

12 月 10 日　上海电影股份有限公司旗下"天下票仓"网站正式上线。

12 月 15 日　万达集团与桂林市政府在广西壮族自治区首府南宁市签订协议，计划投资 240 亿元，建设桂林万达文化旅游城项目。这是迄今广西投资最大的文化旅游项目。

12 月 17 日　"北京国家数字出版基地"建设启动并落户北京市丰台区。

12 月 18 日　工业和信息化部宣布，其主管的两大出版企业人民邮电出版社与电子工业出版社重组为中国工信出版传媒集团有限责任公司，资产总额超过 20 亿元，由财政部代表国务院履行出资人职责。

12 月 23 日　上海报业集团旗下的《新闻晚报》宣布，将于 2014 年 1 月 1 日起停刊。

12 月 25 日　财政部和国家税务总局发布《关于延续宣传文化增值税和营业税优惠政策的通知》。《通知》规定，自 2013 年 1 月 1 日至 2017 年 12 月 31 日，出版物在出版环节及印刷、制作业务环节将实行增值税先征后退政策，退税比例为 50% 或 100%。

12 月 27 日　《国有文化企业发展报告（2013）》正式发布。报告显示，截至 2012 年末，全国国有文化企业超万户，资产总额超过 1.8 万亿元。

12 月 30 日　国家版权局联合国家互联网信息办公室、工业和信息化部、公安部公布 2013 年打击网络侵权盗版专项治理"剑网行动"工作成果，通报国家版权局直接查办的百度、快播侵权案等十大较为典型、社会影响力较大的案件。

2014 年

1 月 5 日 国家新闻出版广电总局发布的数据显示，2013 年，中国内地上映 305 部电影。其中，60 部电影票房过亿元，国产片占 33 部。在总票房中，国产片收入 127.67 亿元，同比增长 54.32%，占比为 58.65%；进口片票房 90.02 亿元，同比增长 2.30%，占比为 41.35%。

1 月 15 日 江西省文化企业协会在南昌举行成立大会。

1 月 16 日 财政部和国家新闻出版广电总局联合下发了《关于开展实体书店扶持试点工作的通知》，决定对北京、上海、南京、杭州等 12 个试点城市开展实体书店扶持试点，56 家实体书店共计获得 9000 万元中央文化产业发展专项资金。

1 月 19 日 中央歌剧院剧场建设开工仪式在北京举行，中央歌剧院将用 3 年的时间建成国内首家专业化的歌剧艺术剧场，并计划将其打造为推动国家歌剧艺术发展的主阵地。

1 月 25 日 文化部启动了全国演艺企业经营管理人才轮训规划制定和实施工作，将对全国约 5000 名演艺企业经营管理人才分批次进行科学化、系统化培训，并努力将这一培训项目打造成我国演艺行业的"黄埔军校"。

1 月 26 日 艾媒咨询发布了《2013～2014 年中国移动广告平台行业观察报告》。数据显示，2013 年，中国移动广告平台市场整体规模为 25.9 亿元，同比增长 144.3%，2014 年达到 50.1 亿元。

1 月 26 日 歌华有线与北京市邮政公司在北京签署了战略合作协议。

2 月 19 日 国家新闻出版广电总局通报了 2013 年度全国引进境外影视剧情况。2013 年，全国引进的境外影视剧共有 132 部。其中，电影 78 部、电视剧 54 部 1073 集。

2月19日　中国互联网络信息中心发布的报告显示，截至2013年12月，我国手机端在线收看或下载视频的用户数为2.47亿人，与2012年底相比增长了1.12亿人，增长率高达83.0%，手机视频跃升至移动互联网第五大应用。

2月26日　国家新闻出版广电总局已批准由江苏省广电有线信息网络股份有限公司牵头成立"下一代广播电视网物联网工程技术研究中心"。

2月28日　习近平总书记主持召开中央全面深化改革领导小组第二次会议，审议通过了《深化文化体制改革实施方案》，新一轮文化体制改革开始进入全面实施阶段。

2月28日　海南国际旅游岛先行试验区管理委员会与阿里巴巴集团日前在海口正式签署战略框架协议，双方将重点在信息产业、文化创意产业等领域展开重点合作，规划总投资额达50亿元。

3月1日　2011年停刊的《大众电影》杂志正式改版亮相。通过与万达集团的合作，新版《大众电影》预计于4月开始全面进驻万达院线。

3月3日　中国拍卖行业协会日前发布的"2013拍卖业蓝皮书"显示，当年，中国拍卖业年拍卖成交金额首次突破7000亿元，较2012年增长22.23%。其中，文物艺术品拍卖成交额达313.83亿元。

3月5日　文化部、财政部联合印发了《藏羌彝文化产业走廊总体规划》。这是我国第一个国家层面的区域文化产业发展专项规划。

3月6日　保利文化集团股份有限公司（股票简称"保利文化"，代码3636）成功登陆香港资本市场。

3月14日　国务院印发《关于推进文化创意和设计服务与相关产业融合发展的若干意见》，就加快推进文化创意和设计服务与实体经济深度融合做出明确要求。

3月17日　国务院印发《关于加快发展对外文化贸易的意见》，对加快发展对外文化贸易、推动文化产品和服务出口做出全面部署。

3月18日 光明网与微软在京联合发布信息：光明网将应用微软 Azure 云计算技术建立中国首个"媒体云"平台，在增强《光明日报》和光明网的传播力、影响力的同时，将帮助国内媒体同行利用云计算技术，完成向新媒体领域的拓展。

3月20日 为贯彻落实《国务院关于推进文化创意和设计服务与相关产业融合发展的若干意见》，文化部印发了《关于贯彻落实〈国务院关于推进文化创意和设计服务与相关产业融合发展的若干意见〉的实施意见》。

3月21日 国家级搜索平台中国搜索正式上线开通，英文域名为 chinaso.com。

3月25日 台湾艺术银行挂牌运作，这标志着台湾步入全球少数拥有"艺术银行"的地区行列。

3月25～26日 文化部、中国人民银行、财政部在江苏无锡联合召开全国文化金融合作会议，并发布了《关于深入推进文化金融合作的意见》。这标志着由文化部、中国人民银行、财政部等部门共同建立的文化金融合作部际会商机制正式启动。

3月26日 全国首家文化银行——无锡农村商业银行太湖文化支行揭牌暨签约仪式在江苏省无锡市举行。

4月11日 文化部发布《2013中国网络音乐市场年度报告》。《报告》显示，截至2013年底，我国有695家网络音乐企业，市场收入规模达74.1亿元，比2012年增长63.2%。

4月16日 国务院办公厅发布了《关于印发文化体制改革中经营性文化事业单位转制为企业和进一步支持文化企业发展两个规定的通知》（国办发〔2014〕15号，以下简称《通知》），《通知》包括《文化体制改革中经营性文化事业单位转制为企业的规定》和《进一步支持文化企业发展的规定》两个文件，主要涉及财政税收、投资融资、资产管理、土地处置、收入分配、社会保障、人员安置、工商管理等多方面支持政策。

4月23日 根据《国务院关于组建中国广播电视网络有限公司有关问题的批复》的要求，近日，财政部、国家新闻出版广电总局联合印发了《中国广播电视网络有限公司章程》，对中国广播电视网络有限公司管理体制、主要任务、法人治理结构等事项做出明确规定。

4月24日 央视"新闻频道"、《人民日报》法人微博联合百度、新浪、京东、亚马逊、零点研究咨询，共同推出中国首部《中国网民阅读大数据》。数据显示，2013年，全国图书整体零售市场继续保持增长。其中，在线零售渠道图书销售规模增长率超过30%，达到160亿元至170亿元。

4月28日 中国书法出版传媒有限责任公司暨中国书法出版社、中国书法报社揭牌仪式在北京举行。

4月28日 优酷土豆集团（NYSE：YOKU）今日宣布与阿里巴巴（滚动资讯）集团建立战略投资与合作伙伴关系。阿里巴巴和云锋基金以12.2亿美元收购优酷土豆A股普通股，其中阿里巴巴持股比例为16.5%，云锋基金持股比例为2%。

4月29日 国家新闻出版广电总局、财政部联合发布《关于推动新闻出版业数字化转型升级的指导意见》，提出主要目标是要用3年的时间，支持一批新闻出版企业、实施一批转型升级项目，带动和加快新闻出版业整体转型升级步伐。

5月6日 全国文化行业首家企业集团财务公司——湖南出版投资控股集团财务有限公司，举行创立暨文化金融战略合作签约仪式，挂牌运营。该财务公司注册资本为10亿元。其中，中南传媒出资7亿元，占比为70%。

5月8日 为全面贯彻落实《中国人民银行、文化部、财政部关于深入推进文化金融合作的意见》精神，中国人民银行营业管理部与北京市国有文化资产监督管理办公室联合签署了《文化金融战略合作协议》，就拓宽文化企业融资渠道、开展文化金融合作试验区建设、推进文化企业信用体系建设、搭建政银企合作平台四大方面的 16 项具体工作达成共识。

5 月 15 日　第十届文博会在深圳会展中心开幕。光明日报社、经济日报社联合发布了第六届中国"文化企业 30 强"名单。

5 月 16 日　根据财政部办公厅发布的《关于做好 2014 年中央文化企业国有资本收益申报工作的通知》，纳入中央国有资本经营预算实施范围的中央文化企业都要申报国有资本收益，其中一项重要内容是应缴利润，即国有独资企业按规定应当上交国家的利润。从 2014 年起，中央文化企业应缴利润收取比例在原基础上提高 5 个百分点，即 10%。

5 月 24 日　百视通新媒体股份有限公司从控股股东上海东方传媒集团有限公司处获悉：上海文化广播影视集团有限公司收到中国证券监督管理委员会出具的《关于核准上海文化广播影视集团有限公司公告百视通新媒体股份有限公司收购报告书并豁免其要约收购义务的批复》（证监许可〔2014〕516 号），中国证监会对文广集团公司公告百视通新媒体股份有限公司收购报告书无异议。

5 月 28 日　酝酿 4 年之久的中国广播电视网络有限公司挂牌成立。广电国网的注册资金为 45 亿元。作为"三网融合"的市场主体，该公司有望成为继中国电信、中国移动、中国联通之后的第四大运营商。

6 月 9 日　东方广播中心正式揭牌亮相，标志着上海广播电视台、上海文化广播影视集团有限公司旗下现有 12 个广播频率将整合于一体。

6 月 22 日　中影股份、上影集团、八一电影制片厂战略合作协议在沪签署，旨在实施中国电影产业发展的国家战略，共同打造一批优秀国产影片，繁荣中国电影市场，在日益开放的市场环境中，扩大国产电影的占有率。

6 月 27 日　新华网披露首次公开发行股票招股说明书。招股书显示，新华网拟发行 51902936 股新股，公司股东无公开发售股份。本次发行后，总股本为 207611744 股，拟上市的证券交易所为上海证券交易所，主承销商为中国国际金融有限公司。

7月21日 中国电信与中文在线、新华网、江苏凤凰传媒在北京举行"天翼阅读"引入战略投资合作伙伴签约仪式。

7月31日 中国摄影艺术发展专项基金在京设立，这是中国首个国家级摄影专项基金，由中国摄影家协会与山西省晋中市、平遥县共同发起成立。

8月9日 文化部艺术发展中心文化创意产业研究院在京揭牌成立。

8月26日 文化部、财政部联合印发了《关于推动特色文化产业发展的指导意见》。

8月27日 腾讯文学与吉林出版集团共同宣布，双方将就原创漫画改编、中文简体图书出版及相关的游戏、动画等一系列产业链的开发进行战略合作。

9月26日 安徽省文化厅与中国建设银行安徽分行签署战略合作框架协议，建行安徽分行近期将提供总额为 20 亿元的意向性信用额度，用于支持安徽省文化厅推荐的文化产业重点企业和项目。

10月8日 中国图书进出口（集团）总公司与英格拉姆内容集团（Ingram Content Group Company）下属闪电资源公司（Lightning Source Inc.）在法兰克福书展上正式签署"中图图书全球按需印刷协议"。

10月28日 财政部发布消息称，2014 年中央财政继续调整优化支出结构，加大对文化遗产保护的资金支持力度，2013 年实际下达文化遗产保护资金 88.43 亿元，比 2013 年增加了 11.1 亿元，增长 14.35%。

11月18日 教育部与国家新闻出版广电总局在京签署《关于"全国校园电影院线"会商备忘录》，启动建设全国校园电影院线。

11月19日 华谊兄弟（300027）发布公告称，公司拟以 24.83

元/股的价格非公开发行 A 股股票，本次非公开发行募集资金总额不超过人民币 360000 万元，发行对象为杭州阿里创业投资有限公司、平安资产管理有限责任公司、深圳市腾讯计算机系统有限公司与中信建投证券股份有限公司。

11 月 21 日　百视通和东方明珠双双发布公告，宣布将通过百视通吸收合并东方明珠的方式，实现两家上市公司合并。

11 月 26 日　百度、小米、爱奇艺和顺为资本联合宣布，小米以 3 亿美元战略入股爱奇艺，顺为资本参与小米的此次战略投资。同时，百度追加对爱奇艺的投资。

11 月 26 日　盛大网络董事长陈天桥将所持有的 18.2% 盛大游戏股份全数售出，正式宣告脱离盛大游戏。

12 月 9 日　北京演艺集团有限责任公司与宋城演艺（300144）在国家体育馆召开战略合作新闻发布会。宋城演艺在当日发布的公告显示，公司拟使用自有资金以现金增资的方式获得京演集团旗下两家控股子公司中国杂技团有限公司 38% 的股权和北京歌舞剧院有限责任公司 20% 的股权。

12 月 15 日　国家文化产业创新试验区揭牌仪式在北京市朝阳区规划艺术馆举行，标志着全国首家也是目前唯一的国家级文化产业创新试验区正式在京启动建设。

12 月 17 日　中央电视台和中央新影集团宣布两家单位合办的中央新影华夏文化产业园·华夏影都项目正式启动。

12 月 23 日　歌华有线（600037）已与东方有线网络有限公司、天津广播电视网络有限公司、重庆有线电视网络有限公司、河北广电信息网络集团股份有限公司等 25 个省份的有线网络公司签署了《电视院线项目合作协议》，并联合上述公司及后续拟签约的公司共计 30 余个省份的有线网络公司于 12 月 23 日在北京举办中国电视院线峰会，签署中国电视院线联盟宣言，发起成立中国电视院线联盟。

图书在版编目（CIP）数据

中国文化企业发展报告. 2015 / 张晓明，史东辉主编. -- 北京：社会科学文献出版社，2016.6
（文化发展智库报告系列）
ISBN 978 - 7 - 5097 - 8767 - 0

Ⅰ.①中…　Ⅱ.①张…②史…　Ⅲ.①文化产业 - 企业发展 - 研究报告 - 中国 - 2015　Ⅳ.①G124

中国版本图书馆 CIP 数据核字（2016）第 039689 号

文化发展智库报告系列
中国文化企业发展报告（2015）

主　　编／张晓明　史东辉

出 版 人／谢寿光
项目统筹／邓泳红　桂　芳
责任编辑／桂　芳

出　　版／社会科学文献出版社·皮书出版分社（010）59367127
　　　　　　地址：北京市北三环中路甲 29 号院华龙大厦　邮编：100029
　　　　　　网址：www. ssap. com. cn
发　　行／市场营销中心（010）59367081　59367018
印　　装／三河市尚艺印装有限公司

规　　格／开　本：787mm × 1092mm　1/16
　　　　　　印　张：23.25　字　数：319 千字
版　　次／2016 年 6 月第 1 版　2016 年 6 月第 1 次印刷
书　　号／ISBN 978 - 7 - 5097 - 8767 - 0
定　　价／79.00 元